Studien zur Ethik der Transaktion

Reihe herausgegeben von

Michael Schramm, Universität Hohenheim, Stuttgart-Hohenheim, Deutschlan

In dieser Reihe werden mikroanalytisch Faktoren identifiziert, die auf diversen Problemfeldern – wie CSR, Sustainability, transkulturelles Management oder Konsumentenethik – empirisch dafür relevant sind, ob Transaktionen moralisch integer ausfallen oder nicht. Diese Herangehensweise begründet sich aus der Tatsache, dass die konkrete Wirklichkeit der Wirtschaft aus „Transaktionen" – aus ökonomischen Ereignissen – besteht. Sie allein sind das, was wirtschaftlich tatsächlich geschieht. Natürlich spielen die (gesetzlichen, organisationalen oder kulturellen) Spielregeln der Wirtschaft oder die individuellen Charaktere der Akteure (Management, Konsumenten) eine wichtige Rolle, doch so wie die Verkehrsregeln nicht der wirkliche Verkehr sind, so gewinnen auch die (an sich noch abstrakten) wirtschaftlichen Spielregeln allererst in den konkreten Transaktionen wirkliche Realität. Das gesamte Wirtschaftssystem wird so zu einem dynamischen Gewebe unzähliger Transaktionen, und auch jedes Unternehmen erweist sich als ein sich dauerhaft reproduzierendes und weiterentwickelndes Transaktionsnetzwerk, eine „Gesellschaft" aus ökonomischen Transaktionen. Diese wirtschaftsmetaphysische Grundannahme ist das Besondere der Forschungsarbeiten, die in der Reihe „Studien zur Ethik der Transaktion" erscheinen.

Jens Bee

Moralisches Handeln in evolutionären Organisationen

Eine metaphysische Analyse

Springer Gabler

Jens Bee
Universität Hohenheim
Hohenheim, Deutschland

Dissertation Universität Hohenheim

ISSN 2662-3307 ISSN 2662-3315 (electronic)
Studien zur Ethik der Transaktion
ISBN 978-3-658-52226-1 ISBN 978-3-658-52227-8 (eBook)
https://doi.org/10.1007/978-3-658-52227-8

Die Deutsche Nationalbibliothek verzeichnet diese Publikation in der Deutschen Nationalbibliografie; detaillierte bibliografische Daten sind im Internet über https://portal.dnb.de abrufbar.

Planung/Lektorat: Elisabeth Horz
Springer Gabler ist ein Imprint der eingetragenen Gesellschaft Springer Fachmedien Wiesbaden GmbH und ist ein Teil von Springer Nature.
Die Anschrift der Gesellschaft ist: Abraham-Lincoln-Str. 46, 65189 Wiesbaden, Germany

Zusammenfassung

In der vorliegenden Dissertation wird eine ganzheitliche Konzeption evolutionärer Organisationen erarbeitet, die ein mikroanalytisches Theorieverständnis der Ökonomie mit einer Theorie basaler individueller Werte verbindet. Es werden die zugrunde liegenden metaphysischen Annahmen untersucht, die unser Verständnis von Wirtschaft und Moral formen. Eine prozessmetaphysische Sichtweise bildet den Ausgangspunkt für die Konzeption einer evolutionären Organisation als Netzwerk von Transaktionen. Jede dieser einzelnen Transaktionen umfasst die Interessen aller Stakeholder, die mit Hilfe eines Wertestempels dargestellt werden können. Die Ausprägung der einzelnen Werte dient als Ausgangspunkt für eine moralische Bewertung von organisationalem Handeln anhand von Ethikmodellen.

Zunächst wird ein metaphysisches Grundverständnis geschaffen, die Maschinen-Metaphysik und die Prozess-Metaphysik werden vorgestellt und ihre Relevanz für die Wirtschaftswissenschaften wird aufgezeigt. In der kosmologischen 'Philosophy of Organism' nach Alfred North Whitehead bilden konkrete Ereignisse den Ausgangspunkt der prozessmetaphysischen Betrachtung. Whitehead betont die prozessuale, evolutive Dimension der Wirklichkeit: Alles ist ein Prozess. Kreativität stellt das Grundprinzip für Neues dar: immer „entwickelt" sich etwas, unaufhaltsam gehen die Dinge weiter. In der Ökonomie entsprechen Transaktionen den kosmologischen Basisereignissen. Gemäß der 'Institutional Economics' nach John R. Commons gelten konkrete Transaktionen als 'ultimate units of activity'. Eine Organisation ('going concern') definiert Commons als komplexes Netzwerk vieler Transaktionen, die sich evolutionär als ‚Organismus' entwickelt, geformt durch 'working rules'. Ausgehend von diesem mikroanalytischen Ansatz verbinden die 'Business Metaphysics' nach Michael Schramm und die 'Relational Economics' nach Josef Wieland die 'Philosophy of Organism' nach Whitehead mit der 'Institutional Economics' nach Commons.

In dieser Arbeit wird eine evolutionäre Organisation auf Basis von mikroanalytischen Theorieansätzen der Ökonomik definiert. Dies ermöglicht es, eine evolutionäre Organisation als sozialontologisches Gebilde in einem evolutionären Universum als Organismus zu sehen. Diese folgt evolutionären Prinzipien: Eine Organisation wird gegründet, entwickelt sich und wird irgendwann liquidiert. Als „eigenständiger Akteur" umfasst diese Organisation alle individuellen Akteure und folgt einer kollektiven Intentionalität ('purpose'), die auf den individuellen Intentionalitäten der Mitarbeitenden beruht. Aus wirtschaftswissenschaftlicher Perspektive liegt der primäre Zweck eines Unternehmens in der Generierung von Gewinnen, da diese ihr langfristiges Fortbestehen sichern. Neben diesem zentralen Zweck bestimmen zusätzliche Einflussgrößen aus Ökologie und Gesellschaft die Ausrichtung und Zielsetzung einer Organisation. Übertragen auf organisationales Handeln kann es vorteilhaft sein, neben rein ökonomischen Interessen auch gesellschaftliche und ökologische Ziele zu berücksichtigen.

Die Welt kann aus unterschiedlichen Blickwinkeln wahrgenommen werden. Zwei zentrale Perspektiven in der Ethik sind der 'economic point of view' und der 'moral point of view'. Während der 'economic point of view' sich auf die Wahrnehmung von Eigeninteressen richtet, umfasst der 'moral point of view' sämtliche Interessen, also sowohl Eigeninteressen als auch Fremdinteressen von anderen Menschen und Lebewesen. In dieser Arbeit werden zwei zentrale ethische Anwendungsmodelle vorgestellt, die beide die Sicht des 'moral point of view' anerkennen, sich jedoch in ihrer Ausgestaltung deutlich unterscheiden. Das erste Modell ist der klassische Utilitarismus nach Jeremy Bentham, der das Prinzip des größten Glücks für die größte Zahl vertritt. Das zweite Modell ist die Gerechtigkeitstheorie von John Rawls mit der Maximin-Regel, nach der die Lösung zu bevorzugen ist, die den Schwächsten am meisten zugutekommt. Beide Modelle werden im letzten Kapitel auf ein konkretes Szenario angewendet.

In der vorliegenden Dissertation werden Werte im psychologischen Kontext beleuchtet und die für diese Arbeit zentrale Theorie der basalen individuellen Werte nach Shalom H. Schwartz vorgestellt. Aus sozialpsychologischer Sicht beeinflussen Werte das Verhalten. Dadurch lässt sich das organisationale Verhalten transparent darstellen und die Perspektiven des ökonomischen und moralischen Standpunkts mit den Ausprägungen einzelner Werte verknüpfen. Die Werteausprägungen einer konkreten Transaktion, markiert durch einen spezifischen Wertestempel, dienen als Ausgangspunkt für eine moralische Bewertung entsprechend der beiden zuvor eingeführten Ethikmodelle. Der Handlungsraum für moralisches Handeln ist auf Basis einer metaphysischen Analyse aller Werte zu bestimmen und in einem praktischen Diskurs aller Stakeholder zu konkretisieren. Das Ergebnis auf Mikroebene ist eine konkrete Transaktion T mit einem spezifischen Wertestempel VS (Value Stamp), dessen Werteausprägungen das Ergebnis der Abwägung diverser Interessen darstellen. Der Wertestempel VS ist verknüpft mit den Unternehmensleitwerten ('purpose') auf der Makroebene, dargestellt durch einen Wertestempel PS (Purpose Stamp). Eine evolutionäre Organisation entwickelt sich über einen Zeitraum t in Form vieler Transaktionen (Wertestempel VS), ausgerichtet auf den organisationalen Zweck (Wertestempel PS).

Diese mikroanalytische Konzeption evolutionärer Organisationen ermöglicht es moralisches Handeln ganzheitlich in seiner Komplexität darzustellen und als integralen Bestandteil von Organisationen zu bestimmen.

Summary

This dissertation develops a holistic concept of evolutionary organizations that combines a microanalytical understanding of economic theory with a theory of basic individual values. The underlying metaphysical assumptions that shape our understanding of economics and morality are examined. Starting from a process-metaphysical point of view, an evolutionary organization is conceptualized as a network of transactions. Each particular transaction includes the interests of all stakeholders, which can be described by a value stamp. The characteristics of the values serve as a starting point for a moral evaluation of organizational action based on ethical models.

Initially, a basic metaphysical understanding is established, machine metaphysics and process metaphysics are introduced, and their relevance to economics is outlined. In Alfred North Whitehead's cosmological 'Philosophy of Organism', actual occasions form the starting point of the process-metaphysical approach. Whitehead emphasizes the processual, evolutionary dimension of reality. Everything is a process. Creativity represents the basic principle for new things: something always develops, things continue inexorably. In economics, transactions correspond to the cosmological actual occasions. In John R. Commons' 'Institutional Economics', concrete transactions are considered 'ultimate units of activity'. Commons defines an organization ('going concern') as a complex network of many transactions that evolves as an organism, shaped by 'working rules'. Based on this microanalytical approach, Michael Schramm's 'Business Metaphysics' and Josef Wieland's 'Relational Economics' combine Whitehead's 'Philosophy of Organism' with Commons' 'Institutional Economics'.

This thesis defines an evolutionary organization based on microanalytical theoretical approaches in economics. This makes it possible to view an evolutionary organization, a socio-ontological construct, as an organism in an evolutionary universe. It follows evolutionary principles: an organization is founded, develops and is eventually liquidated. As an 'autonomous actor', an organization encompasses all individual actors and follows a collective intentionality ('purpose') based on the individual intentionalities of its employees. From an economic perspective, the primary purpose of a company is the generation of profits, as these ensure its long-term existence. Alongside this main purpose, additional ecological and societal factors contribute to the orientation and objectives of an organization. Applied to organizational behaviour, taking societal and ecological interests into account alongside purely economic interests is beneficial for humanity.

The world can be perceived from different perspectives. Two central perspectives in ethics are the 'economic point of view' and the 'moral point of view'. While the 'economic point of view' focuses on the perception of self-interest, the 'moral point of view' takes into account all interests, i. e. both self-interest and the interests of other people and living beings. This thesis presents two central ethical application models. Both acknowledge the 'moral point of view', but differ significantly in their design. The first model is classical utilitarianism by Jeremy Bentham, who advocates the principle of the greatest happiness for the greatest number of people. The second model is John Rawls' theory of justice, using the maximin principle by which the solution that benefits the least advantaged the most is to be pursued. Both models are applied to a concrete scenario in the last chapter.

This dissertation examines values in a psychological context and presents Shalom H. Schwartz's theory of basic individual values, which is central to this work. From a socio-psychological perspective, values influence behaviour. By this, organizational behaviour can be presented transparently and the perspectives of the economic and moral point of view can be linked to the characteristics of individual values. The characteristics of different values of a specific transaction, marked by a specific value stamp, serve as the starting point for a moral evaluation based on the two previously discussed ethical models. The scope for moral action is to be determined on the basis of a metaphysical analysis of all values and to be specified in a practical discourse involving all stakeholders. At the micro level, the result is a concrete transaction T with a specific value stamp VS, where the characteristics of the individual values are the result of the consideration of various interests. The value stamp VS is connected to the corporate values ('purpose') at the macro level, described by the purpose stamp PS. An evolutionary organization evolves over a period of time t in the form of many transactions (value stamp VS), aligned with the organizational purpose PS.

This microanalytical conception of evolutionary organizations makes it possible to describe moral behaviour holistically in all its complexity and to define it as an integral part of organizations.

Seefeld
06.11.2025

Inhaltsverzeichnis

Abkürzungsverzeichnis

BM	Business Metaphysics
FI	Formale Institution
FoMC	Fallacy of Misplaced Concreteness
IE	Institutional Economics
IF	Informale Institution
IÖ	Institutionenökonomie
IS	Individuelle Selbstbindung
NIE	Neue Institutionenökonomie
OKK	Organisationale Koordinations- und Kooperationsmechanismen
OV	Offenheit für Veränderungen
PS	Purpose Stamp: Wertestempel für Unternehmensleitwerte
SE	Selbsterhöhung
SMO	Self-Managing Organization
ST	Selbsttranszendenz
T_n	Transaktion(en) mit dem Index n
VS	Value Stamp: Wertestempel für konkrete Transaktionen
WB	Wahrung des Bestehenden

Abbildungsverzeichnis

Tabellenverzeichnis

1 Problemstellung, Zielsetzung und Aufbau der Arbeit

Das gegenwärtige Wirtschaftssystem hat bedeutende Fortschritte ermöglicht: Es hat Millionen von Menschen Wohlstand gebracht und in zahlreichen Regionen die Armut deutlich reduziert. Dennoch treten zunehmend alarmierende Probleme zutage, die die Nachhaltigkeit unseres wirtschaftlichen Handelns infrage stellen. Umweltzerstörung, soziale Ungleichheit und die Unzufriedenheit vieler Beschäftigter sind nur einige der drängenden Herausforderungen, die von unserer Gesellschaft neue Lösungswege erfordern. Bestehende Organisationsmodelle stoßen an ihre Grenzen und es wird immer deutlicher, dass ein Umdenken notwendig ist.

In der vorliegenden Dissertation wird die These vertreten, dass diese Problematik tief in den abstrakten metaphysischen Annahmen verwurzelt ist.[1] Die neoklassischen Annahmen, die die Komplexität realen organisationalen Handelns unzureichend abbilden, beeinflussen maßgeblich die Perspektive für das moralische Verhalten im ökonomischen Kontext. Je nach grundlegender Überzeugung werden neben ökonomischen auch gesellschaftliche und ökologische Aspekte in das organisationale Handeln integriert. Ziel dieser Arbeit ist es, die tiefgreifenden metaphysischen Annahmen, die unser Verständnis von Wirtschaft und Moral prägen, zu analysieren und Wege aufzuzeigen, wie ein nachhaltigeres und gerechteres Verständnis von Organisationen entwickelt werden kann. In dieser Arbeit

[1] Der Wirtschaftswissenschafter Peter Drucker (1994, S. 95 f.) formuliert dies treffend: "The assumptions on which the organization has been built and is being run no longer fit reality. These are the assumptions that shape any organization's behavior, dictate its decisions about what to do and what not to do, and define what the organization considers meaningful results. These assumptions are about […] values and behavior".

J. Bee, *Moralisches Handeln in evolutionären Organisationen*, Studien zur Ethik der Transaktion, https://doi.org/10.1007/978-3-658-52227-8_1

wird ein ganzheitliches Konzept von evolutionären Organisationen erarbeitet. Mit Hilfe von Wertestempeln soll das moralische Handeln transparent dargestellt und Anwendungsmöglichkeiten für die unternehmerische Praxis aufgezeigt werden.

Die Modellierung von Organisationen in der Neoklassik basiert auf der „Maschinen-Metaphysik". Diese Sichtweise führt zu einer monodimensionalen Konzeptionierung, die die moralische Dimension im wirtschaftlichen Handeln vernachlässigt. Dem gegenüber steht die durch die „Prozess-Metaphysik" geprägte konkrete, polydimensionale Betrachtung einer Organisation als „Netzwerk von Transaktionen", das in einem evolutionären Kontext existiert und auf einen organisationalen Zweck ausgerichtet ist. Ausgangspunkt für moralisches Handeln stellt die Wahrnehmung aller Interessen ('economic point of view' und 'moral point of view') dar. Die Art und Weise, in der diese Interessen in einer Transaktion berücksichtigt werden, ist wiederum eng mit den zugrundeliegenden Werten der Organisation sowie der Akteure verknüpft. Das Ergebnis zeigt sich in dem spezifischen Wertestempel VS (Value Stamp), der Transparenz über die Ausprägungen der einzelnen Werte in einer konkreten Transaktion schaffen soll. Die Konzeption eines Wertestempels vereint ein mikroanalytisches Theorieverständnis der Ökonomik, das auf der prozessmetaphysischen Sicht nach Whitehead beruht, mit der Theorie basaler individueller Werte. Die Mikroebene ist dabei bewusst gewählt, da Whitehead eine mikroanalytische Perspektive betont. Eine evolutionäre Organisation wird definiert als ein Netzwerk von Transaktionen, das sich kontinuierlich als komplexe „Kooperation" vieler Transaktionen reproduziert und auf einen bestimmten Zweck ausgerichtet ist. Eine Transaktion wird mit dem spezifischen Wertestempel VS dargestellt, während der organisationsspezifische Zweck durch den Wertestempel PS (Purpose Stamp) ausgedrückt wird.

Es sind Chancen und Herausforderungen für das moralische Verhalten in evolutionären Organisationen herauszuarbeiten. Daher werden Einsatzmöglichkeiten des Wertestempels im organisationalen Kontext diskutiert, um einzelne Transaktionen moralisch zu bewerten. Ein besonderes Augenmerk liegt auf dem moralischen Führungsverständnis, das als maßgeblich für moralisches Handeln in evolutionären Organisationen angesehen wird.

Aufbau der Arbeit

In Kapitel 2 wird die Metaphysik vorgestellt. Eine Organisation sowie eine Transaktion lassen sich gemäß Searle der 'social ontology' zuordnen. Diese menschlichen Konstrukte gewinnen als konkrete Geschehnisse im evolutionären Universum Wirklichkeit, dabei folgen sie den Prinzipien der 'natural ontology'. Der Bezug zur Metaphysik erlaubt es, eine differenziertere Sichtweise auf ökonomische Fragestellungen einzunehmen und den Einfluss der Metaphysik auf unser Wirklichkeitsverständnis und insbesondere auf die Konzeption der Ökonomie zu beleuchten. Die Analyse der Grundannahmen ökonomischer Theorien zeigt konzeptionelle Unterschiede zwischen Abstraktem und Konkretem auf. Die Neoklassik greift auf abstrakte Annahmen der Maschinen-Metaphysik zurück, diese bilden jedoch die Komplexität realer, organisationaler Handlungen nicht adäquat ab. Mithilfe der Prozess-Metaphysik kann das organisationale Handeln in seiner Komplexität angemessen dargestellt werden. In dieser Arbeit wird eine Organisation daher nach evolutionären Paradigmen konzipiert: Sie wird gegründet, entwickelt sich und wird irgendwann liquidiert. Dieser evolutionäre Prozess basiert auf unendlich vielen Transaktionen. Diese sind konkret und polydimensional. Hierfür wird ein metaphysisches Grundverständnis geschaffen und wichtige Begriffe der 'Philosophy of Organism' nach Alfred North Whitehead (1929 / 1979) werden erläutert. Whitehead betont die prozessuale, evolutive Dimension der Wirklichkeit: Alles ist ein Prozess.

In Kapitel 3 werden mikroanalytische Theorieansätze der Ökonomik herausgearbeitet, die auf der prozessmetaphysischen Sicht nach Whitehead beruhen. Die Mikroebene ist bewusst gewählt, da Whitehead eine mikroanalytische Perspektive betont. Die mikroanalytischen Ansätze nach Commons (1934), Schramm (2015a, 2016a, 2017a, 2017b) und Wieland (2020) ermöglichen eine Analyse von organisationalem Handeln ausgehend von dem Konkreten. Aus kosmologischer Sicht bilden konkrete Transaktionen die Basis für ökonomische Ansätze. Sie sind Ausgangspunkt der prozessmetaphysischen Betrachtungen und umfassen mindestens ökonomische, ökologische und gesellschaftliche Dimensionen.

Es wird der mikroanalytische Ansatz nach John R. Commons vorgestellt. Konkrete Transaktionen gelten als 'ultimate units of activity' und bilden den Ausgangspunkt der 'Institutional Economics'. Dieser Annahme folgen die 'Business Metaphysics' nach Michael Schramm (2015a, 2016a, 2017a, 2017b) und die 'Relational Economics' nach Josef Wieland (2020). Beide Ansätze verbinden die 'Philosophy of Organism' nach Whitehead mit der 'Institutional Economics' nach Commons.

In Kapitel 4 werden die notwendigen organisationstheoretischen Überlegungen erläutert. Transaktionen erscheinen nicht einzeln, sondern treten gebündelt auf und werden durch Organisationen realisiert. In dieser Arbeit wird eine Organisation anhand konkreter Transaktionen konzeptioniert: Sie entwickelt sich evolutionär als Netzwerk von Transaktionen und folgt einem Zweck ('purpose'). Es wird die Frage beleuchtet, warum Organisationen überhaupt existieren. Diese wird aus unterschiedlichen Blickwinkeln beantwortet. Das primäre Ziel eines Unternehmens besteht darin, Gewinne zu erwirtschaften, um dessen langfristige

Existenz zu sichern. Daneben beeinflussen weitere Faktoren die Ausrichtung und Zielsetzung der Organisation.

Im ersten Abschnitt von Kapitel 4 wird die neoklassische Perspektive analysiert: Eine Organisation entstehe vor allem durch die Erlangung von Kostenvorteilen und Effizienzsteigerungen. Eine andere Perspektive vertritt Edward Freeman (1984) mit dem vorgestellten Stakeholder-Ansatz: Zwar müsse sich eine Organisation langfristig auf die wirtschaftliche Perspektive fokussieren, dennoch sollten Organisationen Wert für all ihre Stakeholder schaffen. Aus evolutionsbiologischer Sicht hat menschliche Moralität sich evolutionär als ein Bündel von Kompetenzen und Antrieben entwickelt, die gemeinschaftliche Zusammenarbeit erleichtert. Diese wird im unternehmerischen Kontext durch den 'purpose' ausgedrückt und spiegelt die Absichten der involvierten Stakeholder wider.

Im zweiten Abschnitt von Kapitel 4 wird eine evolutionäre Organisation auf Basis von mikroanalytischen Theorieansätzen der Ökonomik definiert. Dies ermöglicht es, eine evolutionäre Organisation als sozialontologisches Gebilde in einem evolutionären Universum als Organismus zu sehen. Als „eigenständiger Akteur" umfasst diese alle individuellen Akteure und folgt einer kollektiven Intentionalität, die auf den individuellen Intentionalitäten der Mitarbeiter beruht, die Teil der Organisation sind. Diese sind auf einen bestimmten 'purpose' ausgerichtet. Der organisationale Zweck manifestiert die Werte einer Organisation, verankert in den „Handlungsspezifika". Als Leitbild geben diese den Mitarbeitenden Orientierung und lenken ihr Verhalten. Dabei kommt der Führung eine zentrale Funktion zu.

Gegenstand des 5. Kapitels ist eine ausführliche theoretische Annäherung an das moralische Handeln. Im organisationstheoretischen Bereich wird dieses vor allem durch ökonomische, rechtliche und ethische Entscheidungskriterien beeinflusst. Es wird erörtert, wie die verschiedenen Interessen der einzelnen Dimensionen wahrzunehmen und abzuwägen sind.

Im ersten Abschnitt wird ein Grundverständnis dafür geschaffen, wie moralisches Handeln in evolutionären Organisationen zu begründen und umzusetzen ist. Die Welt kann aus unterschiedlichen Blickwinkeln wahrgenommen werden. Zwei zentrale Perspektiven in der Ethik sind der 'economic point of view' und der 'moral point of view'. Während der 'economic point of view' auf die Wahrnehmung von Eigeninteressen fokussiert, umfasst der 'moral point of view' sämtliche Interessen, also sowohl die Eigen- als auch Fremdinteressen anderer Menschen und Lebewesen. Diese Wahrnehmung kann durch die fiktive Figur des 'impartial spectator' nach Adam Smith (1759) veranschaulicht werden, der eine zentrale Rolle in der Theorie der moralischen Vorstellungskraft nach Patricia Werhane (1998, 1999, 2002, 2008) einnimmt.

Im zweiten Abschnitt von Kapitel 5 werden zwei zentrale ethische Anwendungsmodelle vorgestellt. Beide Modelle erkennen die Sicht des ‘moral point of view’ an, unterscheiden sich jedoch deutlich in ihrer Ausgestaltung. Das erste Modell ist der klassische Utilitarismus nach Jeremy Bentham (1789) der das Prinzip des größten Glücks für die größte Zahl vertritt. Das zweite Modell ist die Gerechtigkeitstheorie von John Rawls (1971) mit der Maximin-Regel. Während der Utilitarismus unparteiisch die Maximierung des Gesamtnutzens als die beste Lösung einer Transaktion favorisiert, präferiert Rawls in einer Transaktion die Lösung, die den Schwächsten am meisten zugutekommt. Beide Modelle werden im letzten Kapitel auf ein konkretes Szenario angewendet.

Das Kapitel 6 behandelt das Thema der Werte, die als objektive Gründe sowohl den ‘economic point of view’ als auch den ‘moral point of view’ begründen. Diese unterschiedlichen Perspektiven sollen mit Ausprägungen bestimmter Werte in Verbindung gebracht werden, um das organisationale Handeln transparent darstellen zu können und Implikationen für das moralische Handeln abzuleiten.

Im ersten Kapitelabschnitt werden Werte anhand einer ontologischen Klassifizierung beschrieben. Sie lassen sich in wirtschaftliche, moralkulturelle und Wirklichkeitswerte unterteilen. Letztere sind ontologisch objektiv und begründen den ethischen Interessenrealismus nach Schramm (2020). Für moralisches Handeln gilt es, diese realen Interessen wahrzunehmen.

Im zweiten Abschnitt werden Werte im psychologischen Kontext beleuchtet und die für diese Arbeit zentrale Theorie basaler individueller Werte nach Shalom H. Schwartz (Schwartz, 1992; Schwartz et al., 2012) vorgestellt. Aus sozialpsychologischer Sicht beeinflussen Werte das Verhalten. Dadurch lässt sich das organisationale Verhalten transparent darstellen und die Perspektiven des ökonomischen sowie des moralischen Standpunkts mit den Ausprägungen einzelner Werte verknüpfen. Die Werteausprägungen einer konkreten Transaktion, markiert durch einen spezifischen Wertestempel, dienen als Ausgangspunkt für eine moralische Bewertung nach den beiden zuvor eingeführten Ethikmodellen.

In Kapitel 7 wird das Konzept des Wertestempels vorgestellt. Dieses verknüpft ein mikroanalytisches Theorieverständnis der Ökonomie mit der Theorie basaler individueller Werte. Eine evolutionäre Organisation als Netzwerk von Transaktionen ist auf einen bestimmten Zweck hin ausgerichtet. Die einzelnen Transaktionen können jeweils durch einen spezifischen Wertestempel VS dargestellt werden. Der organisationale Zweck wird durch den Wertestempel PS beschrieben. Die Ausprägungen der Werte im jeweiligen Wertestempel geben Aufschluss darüber, welche Werte für die betreffende Transaktion wichtig sind. Das Konzept des Wertestempels wird auf ein Praxisproblem angewandt. Es kann dabei zwischen der Mikro- und der Makroebene unterschieden werden. Während eine Organisation auf der Mikroebene in einer konkreten Transaktion mit einer Dilemma-Situation konfrontiert sein kann, stehen auf der Makroebene weitere zu entwickelnde Möglichkeiten zur Verfügung.

In Kapitel 8, dem zentralen Kapitel der Arbeit, erfolgt schließlich die Zusammenfassung und Diskussion moralischen Handelns in evolutionären Organisationen. Alle Erkenntnisse dieser Arbeit kumulieren im Konzept des Wertestempels. Dieser wird herangezogen, um eine evolutionäre Organisation als ein Netzwerk von Wertestempeln VS (Transaktionen) zu bestimmen, die auf den Wertestempel PS (Unternehmensleitwerte) ausgerichtet sind und sich im Laufe der Zeit evolutionär weiterentwickeln.

Neben der Definition von evolutionären Organisationen als ein Netzwerk von Transaktionen, die mit Wertestempeln beschrieben werden, wird die Bedeutung von Werten in Organisationen herausgestellt. Der Wertestempel PS kann in Organisationen Transparenz darüber schaffen, welche Werte grundsätzlich wichtig sind. Aufbauend darauf lässt sich die Abwägung verschiedener Werte in einer lokalen Situation anhand des Wertestempels VS durchführen, um moralisches Handeln in einer konkreten Transaktion zu bestimmen. Es werden die zentralen metaphysischen, mikroanalytischen, organisationstheoretischen und ethischen Grundlagen mit dem Konzept des Wertestempels verknüpft und potenzielle Anwendungsmöglichkeiten im organisationalen Kontext erörtert. Die beiden Ethikmodelle des Utilitarismus nach Bentham (1789) und der Gerechtigkeitsethik nach Rawls (1971) werden auf ein konkretes Fallbeispiel übertragen und jeweils unter Verwendung der Wertestempel dargestellt, um moralisches Handeln in evolutionären Organisationen zu bewerten. Die Arbeit endet mit einer zusammenfassenden Schlussbetrachtung und abschließenden Diskussion der Ergebnisse.

Metaphysik 2

Sowohl eine Organisation als auch eine Transaktion enthalten Elemente, die als menschliche Erfindungen im Sinne der 'social ontology' nach Searle einzuordnen sind. Da sie als konkrete Ereignisse in einem evolutionären Universum Wirklichkeit erlangen, funktionieren sie zugleich nach den Prinzipien der 'natural ontology'. Der Rückgriff auf die Metaphysik ermöglicht es, eine differenziertere, diese ontologische Pluralität analysierende Perspektive auf ökonomische Fragestellungen einzunehmen. Es gilt daher, die Relevanz der Metaphysik für das vorherrschende Wirklichkeitsverständnis, insbesondere die Konzeption der Ökonomie, zu beleuchten. Die Analyse ökonomischer Theorien kann auf konzeptionelle Unterschiede zwischen abstrakten und konkreten Annahmen hinweisen. Diese Arbeit folgt der These, dass die Neoklassik auf den abstrakten Annahmen der Maschinen-Metaphysik basiert, welche die Komplexität vom realen organisationalen Handeln nicht abbildet. Die Neoklassik folgt mechanistischen Paradigmen: Angebot und Nachfrage sowie Menge und Preis bestimmen das wirtschaftliche Handeln, der Homo oeconomicus optimiert ausschließlich seinen individuellen Nutzen. Im Gegensatz dazu wird in dieser Arbeit eine Organisation nach evolutionären Paradigmen konzipiert: Eine Organisation wird gegründet, entwickelt sich und wird irgendwann liquidiert. Dieser evolutionäre Prozess basiert auf unendlich vielen Transaktionen. Diese Transaktionen sind konkret und polydimensional, sie beinhalten mindestens die ökonomischen, gesellschaftlichen und ökologischen Dimensionen. Es wird die These vertreten, dass mithilfe der Prozess-Metaphysik organisationales Handeln in seiner Komplexität dargestellt werden kann.

J. Bee, *Moralisches Handeln in evolutionären Organisationen*, Studien zur Ethik der Transaktion, https://doi.org/10.1007/978-3-658-52227-8_2

2.1 Metaphysisches Grundverständnis

Das folgende Kapitel widmet sich der Auseinandersetzung mit dem metaphysischen Grundverständnis. Es werden sowohl die grundlegenden Begriffe als auch die historischen, theoretischen und praktischen Dimensionen der Metaphysik beleuchtet.

2.1.1 Terminologie: Metaphysik, Ontologie, Epistemologie[1], reduktiv und reduktionistisch

In der allgemeinen Wissenschaftstheorie weist Karl Popper (1973, S. 60) darauf hin, dass wir stets auf der Suche nach Wahrheit sind: „Wir suchen nach der Wahrheit, aber wir besitzen sie nicht.“ Weiter erörtert er:

> „Wir wissen nicht, sondern wir raten. Und unser Raten ist geleitet von dem unwissenschaftlichen, metaphysischen [...] Glauben, daß es Gesetzmäßigkeiten gibt, die wir entschleiern, entdecken können“ (Popper, 2005, S. 266).

Wir hätten zu keinem Zeitpunkt Gewissheit über die Wahrheit unserer Vermutung. Dies illustriere das bekannte Beispiel „Alle Schwäne sind weiß“. Aus der Beobachtung von ausschließlich weißen Schwänen folge der Induktionsschluss von vielen Einzelfällen auf eine Regel: „Alle Schwäne sind weiß“. Sofern ein schwarzer Schwan beobachtet werde, gelte die Hypothese als widerlegt. Karl Popper (2000, S. 287) differenziert drei Theorietypen, die sich nach der Art der Widerlegbarkeit unterscheiden:

> „Wir können für unsere Zwecke drei Arten von Theorien unterscheiden: erstens logisch-mathematische Theorien, zweitens empirisch-wissenschaftliche Theorien, drittens philosophische oder metaphysische Theorien“ (Popper, 2000, S. 287).

[1] Die Begriffe „Ontologie“, „Epistemologie“ und „Metaphysik“ werden in der vorliegenden Ar-beit an den angelsächsischen Sprachgebrauch angelehnt.

Tabelle 2.1 Widerlegbarkeit der drei Theorietypen nach Popper. (Quelle: Eigene Darstellung in Anlehnung an Schramm (2014c, S. 22, 2016a, S. 314, 2017a, S. 87))

Theoriearten	Widerlegbarkeit
Logische Theorien Beispiel: Wenn 1 + 1 = 2 gilt, dann ist logischerweise widerlegt: 1 + 1 = 3 (q. e. d.)	logisch
Empirische Theorien Beispiel: „Alle Schwäne sind weiß!“. Widerlegung durch Beobachtung eines einzigen schwarzen Schwans.	empirisch
Metaphysische Theorien Beispiel: „Es gibt wirklich nur eine Welt!“ gemäß dem metaphysischen Realismus.	[noch] keine

Das Charakteristikum von logischen Theorien ist die logische Widerlegbarkeit, die ihre Anwendung in abstrakten mathematischen Herleitungen findet (siehe Tabelle 2.1). Empirische Theorien sind vor allem in den Naturwissenschaften vorzufinden. Basierend auf Beobachtungen können diese empirisch widerlegt bzw. falsifiziert werden. Diese empirische Falsifizierbarkeit unterscheide die naturwissenschaftlichen (empirisch-wissenschaftlichen) Theorien von den metaphysischen Theorien:

> „Nach dieser Auffassung [...] soll ein System nur dann als wissenschaftlich gelten, wenn es Behauptungen aufstellt, die mit Beobachtungen kollidieren können. [...] Die nicht prüfbaren können wir als metaphysisch bezeichnen“ (Popper, 2000, S. 372–373).

Das Charakteristikum von metaphysischen Theorien liege darin, dass diese nicht empirisch falsifiziert werden könnten:

> „Wenn dieses „Kriterium der Widerlegbarkeit“ angenommen wird, dann sehen wir sofort, dass philosophische Theorien, oder metaphysische Theorien, per definitionem unwiderlegbar sind“ (Popper, 2000, S. 286).

Neben der Differenzierung der Theoriearten nach ihrer Widerlegbarkeit unterstreicht Karl Popper die Bedeutung metaphysischer Theorien für die Wissenschaft. Metaphysische Hypothesen seien wichtig für die Entwicklung eines kohärenten, umfassenden Verständnisses der Welt. Diese böten einen Rahmen, innerhalb dessen wissenschaftliche Theorien formuliert und interpretiert werden könnten:

„Doch metaphysische Hypothesen sind zumindest auf zweierlei Art für die Wissenschaft wichtig. Erstens brauchen wir metaphysische Hypothesen für ein allgemeines Weltbild. Zweitens werden wir beim praktischen Vorbereiten unseres Forschens von dem geleitet, was ich „metaphysische Forschungsprogramme“ genannt habe“ (Popper & Eccles, 1987, S. 524).

Eine wesentliche Gemeinsamkeit der empirischen und metaphysischen Theorien hebt Karl Popper in Bezug auf die „Wahrheitssuche“ hervor. In Poppers Wissenschaftstheorie wird „Wahrheit“ und „Metaphysik“ der Status von Unvermeidlichkeiten zugeschrieben: „Unser Wissen ist ein kritisches Raten; ein Netz von Hypothesen; ein Gewebe von Vermutungen“ (Popper, 1969, S. XXV), metaphysische Vermutungen seien unabwendbarer Bestandteil der wissenschaftlichen Wahrheitssuche.

Diese Position Poppers entspricht derjenigen von Charles Sanders Peirce. Peirce ist bekannt als ein Kritiker gewisser metaphysischer Konzeptionen wie der „Metaphysik der Substanz“ oder der „Maschinen-Metaphysik“. Gleichwohl erläutert er, dass jeder Mensch eine Metaphysik besitze. Dabei sei es hilfreich, sich dieser bewusst zu sein und ihr gegenüber eine kritische Haltung einnehmen zu können

“Find a scientific man who proposes to get along without any metaphysics – not by any means every man who holds the ordinary reasonings of metaphysicians in scorn – and you have found one whose doctrines are thoroughly vitiated by the crude and uncriticized metaphysics with which they are packed. We must philosophize, said the great naturalist Aristotle – if only to avoid philosophizing. Every man of us has a metaphysics, and has to have one; and it will influence his life greatly. Far better, then, that that metaphysics should be criticized and not be allowed to run loose” (Peirce, 1960, CP 1.129).

Diese Arbeit beschäftigt sich mit der Frage, wie die ökonomische Welt prinzipiell funktioniert – “how the world works in general” (Schramm, 2016a, S. 314).[2] Es werden die metaphysischen Annahmen der Ökonomie beleuchtet. Diese beeinflussen die Wahrnehmung und Interaktion mit der (ökonomischen) Welt.

Die Ontologie als philosophische Disziplin befasst sich mit der Frage, welche grundlegenden Arten von „Dingen“ es in unserem Universum gibt: “what exists”

[2] An dieser Stelle ist anzumerken, dass die Verwendung des Begriffs „Metaphysik“ im deutschsprachigen Raum tendenziell vermieden wird. Vielmehr findet der Terminus „Ontologie“ Anwendung, wobei eine Differenzierung zwischen Ontologie und Metaphysik oft ausbleibt. Im englischsprachigen Raum verwenden hingegen viele Philosophen den Begriff der ‘metaphysics’ (vgl. Schramm, 2015a, S. 7).

(Searle, 1999, S. 5). Dabei existieren ontologisch objektive Dinge unabhängig davon, ob sie jemand anders denkt. Diese ontologischen Dinge können physischer (bspw. ein Buch oder ein Planet), mentaler (bspw. ein Gedanke oder ein Gefühl) oder abstrakter Natur (bspw. Zahlen oder wissenschaftliche Theorien) sein. Physische, mentale und abstrakte Dinge sind ontologisch objektiv. Diese existieren unabhängig davon, ob jemand sie für real hält. Beispielsweise ist der Mount Everest ein Berg, unabhängig davon, ob es Menschen auf der Erde gibt, die diesen explizit so bezeichnen. Der Philosoph Searle ergänzt diese Unterteilung um die ontologisch subjektiven Dinge. Diese sozialen Dinge bezeichnen von Menschen selbst konstruierte gesellschaftliche Wirklichkeiten: "[W]e are inventing a reality out of nothing" (Searle, 2010, S. 105). Sozialontologische Dinge sind ontologisch subjektiv. Viele Aspekte unserer sozialen Welt sind nicht einfach gegeben, sondern werden durch menschliches Denken und Handeln konstruiert. Basierend auf gemeinsamen Annahmen und Vereinbarungen erschaffen sich Menschen eine „eigene Realität". Beispiele dafür sind Geld oder Aktiengesellschaften: "[A] type of phenomenon is money only if we think it is money [...], only if it is accepted as money" (Searle, 1999, S. 112 f.). Geld werde erst dadurch zu Geld, dass es von den Menschen dafürgehalten werde.[3] In Bezug auf Unternehmen verdeutlicht Searle (2010, S. 100) deren Entstehung durch menschliche kreative Schaffung:

> "God can create light by saying 'Let there be light!' Well, we cannot create light but we have a similar remarkable capacity. We can create [...] corporations by saying [...] 'Let there be a corporation!' ".

Die Epistemologie ist der philosophischen Erkenntnistheorie zuzuordnen und befasst sich mit der Frage, "how we know" (Searle, 1999, S. 5). Nach Searle kann zwischen epistemisch objektiven und subjektiven Dingen unterschieden werden (vgl. Searle, 1999, S. 5): Epistemisch objektiv seien Dinge, deren Wahrheit unabhängig von der Einstellung bzw. Meinung des Beobachters feststellbar sei. Der Mount Everest ist bspw. ein Berg, dessen „Existenz" objektiv nachweisbar ist. Epistemisch subjektiv seien Dinge, die abhängig von der Meinung des Beobachters seien. Es ist bspw. individuelle Geschmackssache, ob ein Fahrzeug der Marke VW oder BMW „schöner" ist (vgl. Pies & Schramm, 2020, S. 12 f.; Schramm, 2016a, S. 337 f.). Ein sozialontologisches Konstrukt wie ein Unternehmen ist nach John Searle ontologisch subjektiv und epistemisch objektiv zu bewerten.

---

[3] Siehe hierzu das Zitat nach Dennett (1991, S. 24): "If everyone forgot what money was, there wouldn't be any money anymore".

Unterscheidung zwischen „reduktiv“ und „reduktionistisch“

Der Anspruch von wissenschaftlichen Theorien ist stets der Versuch, die Essenz der Wirklichkeit zu erklären. Der Philosoph Thomas Nagel (2012, S. 54) differenziert einen „reduktionistischen“ von einem „reduktiven“ Ansatz:

> “I will use ‘reductive’ as the general term for theories that analyze the properties of complex wholes into the properties of their most basic elements. I will continue to use ‘reductionist’ for the more specific type of reductive theory that analyzes higher-level phenomena exclusively in terms of physical elements and their physical properties. [...] The point to keep in mind is that it is possible for an antireductionist theory to be reductive, provided that the elements to which it reduces higher-level phenomena are not exclusively physical. That is the kind of reductive theory I am talking about here”.

Ein „reduktiver“ Ansatz unterteilt das komplexe Ganze in seine grundlegendsten Elemente. Es wird angenommen, dass die gesamte Wirklichkeit aus ‘basic elements’ (bei Schramm ‘basic units’) besteht. Dies sind bspw. in der Physik elementare Teilchen.

Der reduktionistische Ansatz[4] als Methode vereinfacht komplexe Systeme oder Phänomene in Form abstrakter Modelle. Weinberg (1993, S. 53) plädiert dafür, dass der reduktionistische Ansatz unsere Weltsicht bestimmen sollte:

> “The reductionist worldview is chilling and impersonal. It has to be accepted as it is, not because we like it, but because that is the way the world works”.

Es besteht jedoch das Risiko, dass nicht alle Aspekte eines Systems, insbesondere dessen Polydimensionalität, erfasst werden können bzw. nicht der „richtige“ Grad der Komplexitätsreduktion angewendet wird (vgl. Schramm, 2022, S. 258 f.). Ein

[4] Der Physiker und Nobelpreisgewinner Steven Weinberg plädiert für „reduktionistisch“; im Buch “Dreams of a Final Theory” im Kapitel “Two Cheers for Reductionism” schreibt er: “[O]ne common feature of everyone’s idea of reductionism is a sense of hierarchy, that some truths are less fundamental than others to which they may be reduced, as chemistry may be reduced to physics” (Weinberg, 1993, S. 51). Demnach gebe es im „Reduktionistischen“ eine Art Hierarchie der Wahrheit, dass bestimmte Wahrheiten fundamentaler Art seien und diesen andere Wahrheiten untergeordnet seien. Das Fachgebiet der Chemie könne bspw. auf das Fachgebiet der Physik reduziert werden, alles Leben würde in Form physikalischer Partikel betrachtet (vgl. Schramm, 2022, S. 258): “The reason we give the impression that we think elementary particle physics is more fundamental than other branches of physics is because it is” (Weinberg, 1993, S. 55).

„reduktiver" Ansatz kann zugleich reduktionistisch sein – sofern unterstellt wird, dass die 'basic units' einen monodimensionalen Charakter haben.[5]

Eine Analyse von ökonomischen Ansätzen, die „reduktiv" und nicht „reduktionistisch" vorgehen, wird im Verlauf der Arbeit angewendet.

2.1.2 Metaphysische Epochen

Die Geschichte der Menschheit kann nach dem Philosophen Heinrich Rombach in drei grundlegende „metaphysische" Epochen unterschieden werden: „Substanz", „System" und „Struktur" (vgl. Rombach, 2010).[6] Jede dieser drei Epochen habe ein vorherrschendes Denkmuster:

> „Die philosophischen Grundereignisse der europäischen Geschichte sind durch die drei Grundworte Substanz, System, Struktur gefaßt. Wer die europäische Geistesgeschichte verstehen will, muß diese drei Grundworte begreifen und sie aus ihrem geschichtlichen Zusammenhang verstehen" (Rombach, 2010, S. XI).

Die drei Epochen Substanz[7], System[8] und Struktur[9] sind nach Rombach essenziell für die europäische Geschichte. Jede Epoche könne zeitlich verortet werden und habe eine vorherrschende Denkweise, die Rombach (2010, S. XI) als „Grundwort" bezeichnet:

> „Die Grundworte nennen jeweils [...] ein Wirklichkeitsverständnis, in dem alle dazugehörigen Auffassungsweisen und Denkformen schlüssig zusammenhängen und jeweils eine ganze „Welt" ausmachen."

---

[5] Ein Beispiel für ökonomischen „Reduktionismus" liefert Williamson mit der Negierung der ethischen Dimension in der Ökonomie (vgl. Schramm, 2022, S. 259), siehe Abschnitt 3.2.2.

[6] Der Philosoph Heinrich Rombach verwendet hierbei den Begriff „Ontologie" anstatt „Metaphysik", um eine klare Abgrenzung zum Philosophen Heidegger zu ziehen, dessen Rolle im Nationalsozialismus sehr umstritten ist.

[7] „Substanz ist das Grundwort, das […] ungefähr von 500 v. Chr. bis 1500 n. Chr. seine Gültigkeit hat" (Rombach, 2010, S. XI).

[8] „System gilt als Grundwort grob gerechnet von 1500 bis 2000 n. Chr. Es ist die Grundlage für das Entstehen der neuzeitlichen Naturwissenschaft" (Rombach, 2010, S. XI).

[9] „Struktur ist das Grundwort der Gegenwart und der nächsten Zukunft, so daß man grob gerechnet seine Zeit von 2000 bis in eine unbestimmte Zukunft hinein ansetzen kann" (Rombach, 2010, S. XI).

Diese drei grundlegenden „metaphysischen“ Paradigmen greift Michael Schramm zur Einteilung in drei aufeinanderfolgende Epochen der Metaphysik auf. Die metaphysische Leitfrage “How the world works in general?” wird in jeder Epoche durch das vorherrschende Wirklichkeitsverständnis beantwortet (vgl. Schramm, 2015a, S. 13–16, 2016a, S. 316–319).

1. Die Metaphysik der „Substanz“: Diese hatte seine Gültigkeit ungefähr im Zeitraum von 500 v. Chr. bis 1500 n. Chr. Geprägt wurde diese Zeit durch Beobachtungen des Lebensprozesses: Aus einem Samenkorn entwickelt sich eine Pflanze, die Früchte trägt und schließlich wieder Samenkörner generiert und „stirbt“. Dies habe die Menschen der Antike und des Mittelalters vermuten lassen, dass in einer Pflanze ein Lebensprinzip enthalten sein müsse – die „pflanzliche Seele“ („anima vegetativa“). Diese Seele basiere auf der ganzen teleologischen Entwicklung:

> „Jede dieser großen Konzeptionen basiert auf einer Grunderfahrung. Die Substanzenkonzeption auf der Entdeckung des frühen Bauerntums, daß etwas zuerst als Samenkorn, dann als ausgewachsene Pflanze, dann wieder als reife Frucht erscheint, also ganz verschiedene „Erscheinungen“ annehmen kann und doch im „Grunde“ dasselbe bleibt, Weizen oder Hafer oder Apfel“ (Rombach, 2010, S. XVI).

Es entstand die Metaphysik der „Substanz“ (lat.: sub-stare = zugrunde liegen, bestehen bleiben), die vor allem von Aristoteles (384–322 v. Chr.) und Thomas von Aquin (1225–1274) ausgearbeitet wurde. Die Erklärung für den Lebensweg bspw. einer Pflanze lautete, dass es etwas „Zugrundeliegendes“ (Substanz), das während des gesamten Wandlungsprozesses wirke, geben müsse. Diese „Seele“ sei als die „Substanz“ (gr. ὑποκείμενον), das unsichtbare Innen („Wesen“ = οὐσία), zu sehen, während die sichtbaren Äußerlichkeiten sich veränderten bzw. als dazukommende Eigenschaften, „Akzidentien“ (lat. adcadere), zu betrachten seien. Mit neuen Erkenntnissen in den Naturwissenschaften, insbesondere in der Mathematik, wurde die Metaphysik der Substanzen skeptischer betrachtet und schließlich von einer neuen metaphysischen Weltsicht abgelöst (vgl. Schramm, 2014a, S. 54 f., 2015a, S. 13 f., 2016a, S. 316).

2. Die „Maschinen“-Metaphysik: Im Laufe des 16. Jahrhunderts wurde die Metaphysik der Substanz durch die „Maschinen“-Metaphysik abgelöst. Diese Epoche herrschte im Zeitraum 1500 bis 2000 n. Chr. vor und wird bei Rombach mit dem Grundwort „System“ beschrieben, das auf der neuen Grunderfahrung der Gestirne basiere (vgl. Rombach, 2010, S. XVI). Die neue Weltanschauung

fußte maßgeblich auf neuen wissenschaftlichen Erkenntnissen: der mathematisierbaren „Himmelsmechanik“ nach Johannes Keppler (*1571)[10] sowie den daran anknüpfenden Ausarbeitungen nach Rene Descartes (*1596). Nach Descartes besitzt alles einen mechanischen Charakter. „Dinge“ besäßen kein inneres Geheimnis, sondern seien als eine rein mechanische Rekonstruktion[11] darstellbar. Das Wirklichkeitsverständnis der Maschinen-Metaphysik wird vornehmlich durch die mechanischen Gesetze nach Isaac Newton (*1642) geprägt, dessen Errungenschaften heute noch vorzufinden sind:

> „Autos und Züge, Schiffe, Flug- und Raumfahrzeuge fahren, schwimmen und fliegen nach wie vor problemlos getreu seiner *[Newtons]* Gleichungen“ (Neffe, 2006, S. 70).[12]

In dieser metaphysischen Epoche veränderte sich das metaphysische Denkmuster. Anstatt einer zugrundeliegenden Seele werden mechanische Gesetze angenommen. Diese würden von einer zugrundeliegenden und unveränderten partikularen Materie geprägt:

> „Die Maschine hat Teile. Sie ist [...] nur eine auf vorgängige Substanzen aufgelegte Funktionalität“ (Rombach, 1971, S. 30).

Die Metaphysik der „Maschine“ basiere auf den einzelnen Teilen von Substanzen, die dauerhaft und unverändert liefen, bis diese kaputt gingen. Die Maschine sei ein bloßes Aggregat von substanziellen Fixbestandteilen. Die neuesten Erkenntnisse der Physik stellten die Denkmuster der „Maschinen-Metaphysik“ infrage, eine neue Epoche der „Prozess-Metaphysik“ begann (vgl. Schramm, 2014a, S. 55, 2016a, S. 317 f.).

3. Die „Prozess“-Metaphysik: Wie bereits neue naturwissenschaftliche Erkenntnisse den Wandel der Metaphysik der „Substanz“ zur „Maschinen“-Metaphysik einläuteten, sind es erneut naturwissenschaftliche Erkenntnisse, die die „Maschinen“-Metaphysik zur Prozess–Metaphysik evolvieren lassen. Wichtige Vertreter dieser Epoche sind Charles Darwin, Albert Einstein und

[10] „Mein Ziel ist es zu zeigen, dass die himmlische Maschine nicht eine Art göttlichen Lebewesens ist, sondern gleichsam ein Uhrwerk“ (Kepler, 1930, S. 219).

[11] Vgl. bspw. die maschinelle Ente von Jaques de Vaucanson aus dem Jahr 1731.

[12] Später werden diese mechanischen Prinzipien auch auf die Wirtschaftswissenschaften übertragen, die sowohl Märkte als auch einzelne Akteure in ihrem Handeln charakterisieren (Schramm, 2015a, S. 14 f.).

Werner Heisenberg. Rombach beschreibt die Prozess-Metaphysik mit dem Grundwort Struktur[13], das ungefähr seit dem Jahre 2000 seine Gültigkeit habe (vgl. Schramm, 2014c, S. 18).[14] Das bisherige mechanische Denkmuster sei mit diesem neuen Wissen obsolet geworden. Nach Schramm (vgl. 2014b, S. 55, 2016a, S. 318 f.) ist eine Erneuerung der Metaphysik erforderlich, die auf Basis der aktuellen Erkenntnisse ein modernisiertes Weltbild hin zu „evolutionären Prozessen" aufzeigt.[15]

2.1.3 Notwendigkeit einer Metaphysik

Die Metaphysik befasst sich als konzeptioneller Rahmen mit der Frage, wie diese eine Welt prinzipiell funktioniert. Das jeweilige Wirklichkeitsverständnis ist sehr komplex. Es bedarf einer fortlaufenden Evaluierung, welche Metaphysik der Wahrheit am nächsten kommt:

> „Unsere Aufgabe besteht darin, zu erklären, wie es uns gelingt, unser Leben in genau *einer* Welt zu führen, und inwiefern alle diese verschiedenen Phänomene [...] Teile dieser einen Welt sind" (Searle, 2012, S. 12).

Nach Schramm (2016a, S. 330 f.) ist eine „Metaphysik völlig unausweichlich". Metaphysische Hintergrundüberzeugungen hätten eine enorme Auswirkung auf die wissenschaftliche Theorie und Praxis. Es stelle sich die Frage, ob die jeweilige metaphysische Weltsicht vernünftig bzw. zutreffend sei oder nicht:

---

[13] Die „Strukturontologie" nach Heinrich Rombach wird in Abschnitt 2.2.3 vertieft.

[14] Die wichtigsten wissenschaftlichen Erkenntnisse lauten in Kürze: Charles Darwins Theorie der 'natural selection' implementierte das Prinzip der Evolution in das biologische Wirklichkeitsverständnis. Dieses wurde kosmologisch durch die Erkenntnisse eines seit dem Urknall evolvierenden Universums erweitert. Albert Einsteins Relativitätstheorie stellte die bisherigen Erkenntnisse der Physik auf den Kopf. Entgegen den Erkenntnissen von absolutem Raum und absoluter Zeit nach Sir Isaac Newton zeigte Einstein auf, dass Raum und Zeit relativ sind. Werner Heisenberg zeigte in der Quantenphysik, dass sich neben dem Universum auch kleinste „Bauteile" zu quantisierten Energieereignissen (Prozessen) verflüssigen (vgl. Schramm, 2014c, S. 19).

[15] Einige wichtige Metaphysiker sind Charles Sanders Peirce (Philosoph), Alfred North Whitehead (Mathematiker & Philosoph), John Searle (Philosoph), Colin McGinn (Philosoph), David Ray Griffin (Theologe), Freeman Dyson (Physiker), Rupert Sheldrake (Biologe) und John R. Commons (Ökonom).

> "It is the office of metaphysics to determine the limits of the applicability of such abstract notions" (Whitehead, 1929 / 1979, S. 93). "[P]hilosophy is the critic of abstractions" (Whitehead, 1925 / 1967, S. 88).

In Abgrenzung zur Metaphysik beschäftigen sich einzelne Wissenschaften mit der Frage, "how the world works in detail" (Schramm, 2017b, S. 6). Nach Schramm ist es für die Menschheit sinnvoll und unausweichlich, das Wirklichkeitsverständnis auszudifferenzieren und vom Komplexen zu abstrahieren. Die Anwendung von gedanklichen Modellen ermögliche es, die Welt besser verstehen zu können (vgl. Schramm, 2016b, S. 162). Die gewonnenen Erkenntnisse können eine Aktualisierung der Metaphysik bewirken. Weiterhin können sie herangezogen werden, um die Grundannahmen der jeweiligen Einzelwissenschaft zu reflektieren und ihre Grenzen zu erkennen (vgl. Schramm, 2014b, S. 14, 2016a, S. 312; 342).

2.1.4 Metaphysik in den Wirtschaftswissenschaften

Die Bedeutung der Metaphysik für Wirtschaft und Politik wird von John Maynard Keynes (1936, S. 306) in seiner 'General Theory' hervorgehoben:[16]

> "The ideas of economists and political philosophers, both when they are right and when they are wrong, are more powerful than is commonly understood. Indeed the world is run by little else. Practical men, who believe themselves to be quite exempt from any intellectual influences are usually the slaves of some defunct economist. [...] It is ideas, not vested interests, which are dangerous for good or evil."

---

[16] In dem 1936 veröffentlichten Buch "A General Theory of Employment, Interest and Money" stellt Keynes dar, dass die Wirtschaft über die Nachfrage nach Gütern und Dienstleistungen gesteuert werden könne. Bei fehlender Nachfrage solle der Staat mittels expansiver Geldpolitik die Staatsausgaben erhöhen. Diese Intervention stütze die Wirtschaft bzw. das Wirtschaftswachstum. Sei die Nachfrage nach Gütern und Dienstleistungen zu hoch, könne der Staat diese mittels einer konservativen Geldpolitik reduzieren, was das Wirtschaftswachstum bzw. die Wirtschaft abkühlen lasse. Das Modell sieht den Markt als zentral für die Steuerung der Wirtschaft und der Beschäftigung an. Aus dieser Perspektive heraus kann das Werk als eine Kritik an der Neoklassik verstanden werden. Diese schreibt dem Staat eine minimale Rolle zu und sieht die Steuerung über „Gleichgewichtsmechanismen" als vollkommen an (vgl. Collins, 2017). Im weiteren Verlauf der Arbeit wird der keynesianische Ansatz nicht weiterverfolgt, da die Neoklassik als das vorherrschende Wirtschaftsparadigma angenommen wird.

Nach Schramm kommt der Maschinen-Metaphysik, die viele der heute noch gültigen Fortschritte ermöglichte, ein besonderer Stellenwert für die Wirtschaftswissenschaften zu. Das Marktsystem mit seiner Gleichgewichtsmechanik hätte die „Wohlstandsmaschinerie“ (Schramm, 2015a, S. 17) der Marktwirtschaft hervorgebracht. Die Menschheit vertraue sich einem an sich abstrakten Marktmechanismus an (vgl. Wieland, 1996, S. 52) und lasse sich in Transaktionen von den Spielregeln dieses abstrakten Wirtschaftssystems zumindest partiell leiten. Ab dem 16. Jahrhundert evolvierte die Metaphysik der Substanz schrittweise in die Maschinen-Metaphysik. Ausgelöst wurde der Paradigmenwechsel in den Naturwissenschaften durch neue Erkenntnisse in der Astronomie. Johannes Kepler (1571–1639) erklärte den Lauf der Gestirne innerhalb eines mechanischen Systems (Kepler, 1930, S. 219). Galileo Galilei (1564–1642) stellte das Universum als einen mathematisch funktionierenden Mechanismus vor (Sheldrake, 2012, S. 49).[17] René Descartes (1596–1650) konstruierte alle Lebewesen inklusive des Menschen als Maschine. Seine metaphysische Hintergrundannahme war, dass alle biologischen Körper durch einen allmächtigen Ingenieur, nämlich Gott, geschaffen wurden (Schramm, 2015a, S. 14 f., 2017b, S. 8). Isaac Newton (1643–1726) brachte in der Physik die mechanischen Gesetze hervor (Schramm, 2017b, S. 8). Sowohl die Planeten des Makrokosmos als auch der Apfel des Mikrokosmos konnten mit dem universal gültigen metaphysischen Prinzip der „Maschine“ erklärt werden. Als im 19. Jahrhundert der Gott des Theisten Newton aus dem naturwissenschaftlichen Weltbild abhandenkam, blieb das Weltbild einer sich bewegenden, in sich leblosen Weltmaschine zurück (vgl. Schramm, 2015a, S. 17 f.). In den Wirtschaftswissenschaften findet diese Metaphysik heute noch ihre Anwendung, da die frühen Ökonomen das Wirtschaftssystem vor dem Hintergrund der Maschinen-Metaphysik modellierten. Léon Walras (1834–1910) versuchte in seiner Konstruktion dieses Leitbild zu integrieren:

> “science of economic forces, analogous to the science of astronomical forces” (Walras, zit. nach Mirowski, 1999, S. 255). “The pure theory of economics is a science which resembles the physico-mathematical sciences in every respect” (Walras, 1874, S. 71). “Our task then is to discover the laws to which these purchases and sales tend to conform automatically. To this end, we shall suppose that the market is perfectly competitive, just as in pure mechanics we suppose, to start with, that machines are perfectly frictionless” (Walras, 1874, S. 84).

---

[17] „Wenn Gott die Welt hervorbringt, so bringt er einen durch und durch mathematischen Bau hervor, der den Gesetzen der Zahl, der geometrischen Figur und der quantitativen Funktion gehorcht. Die Natur ist ein verkörpertes mathematisches System“ (Galileo Galilei, zitiert nach: Collins (1965), S. 81; dt. nach Sheldrake, 2012, S. 49).

Das ökonomische Lehrbuch „Éléments d'économie pure ou théorie de la richesse sociale" von Léon Walras aus dem Jahr 1874 wurde durch das naturwissenschaftliche Werk „Éléments de Statique" (1803) von Louis Poinsot maßgeblich beeinflusst. Das mechanistische Paradigma findet sich auch bei William Stanley Jevons (1965, S. xvii) in den Wirtschaftswissenschaften:

> "But as all the physical sciences have their basis more or less obviously in the general principles of mechanics, so all branches and divisions of economic science must be pervaded by certain general principles".

Die Neoklassik basiert auf den Paradigmen der Maschinen-Metaphysik. Die Zusammenhänge von Angebot und Nachfrage sowie von Menge und Preis bestimmen das wirtschaftliche Handeln. Der Markt tritt als eine mechanisch funktionierende „Maschine" auf. Kennzeichnend für die Maschinen-Vorstellung ist Paul Samuelsons Metapher, dass der Markt eine „Kalkulationsmaschine" sei:

> "[A]n omniscient calculating machine [...]. No such machine now exists. But it is well known that an 'analogue calculating machine' can be provided by competitive market pricing" (Samuelson, 1954, S. 388).

Die „Maschinen-Metaphysik" ist bis heute in den ökonomischen Lehrbüchern vorzufinden. Die dieser zugrundeliegenden physikalischen Annahmen haben sich mit Georges Lemaitre (1894–1966) und Edwin Hubble (1889–1953) durch die Idee einer Expansion des Universums überholt. Das Universum kann als ein Organismus gesehen werden, der sich seit dem Urknall ('Big Bang') ausdehnt bzw. wächst. Eine Infragestellung der „Maschinen-Metaphysik" im Bereich der Wirtschaftswissenschaften bzw. eine Aktualisierung des Weltbildes erfolgte noch nicht (vgl. Schramm, 2015a, S. 19).

2.1.5 Relevanz der Maschinen-Metaphysik für die Konzeption des Wirtschaftssystems

Eine Maschine besteht aus starren und unveränderlichen Einzelteilen, die Teile eines mechanischen Funktionszusammenhangs darstellen. Dies wird in der Mechanik nach Newton deutlich. Die absolut passiven Materieteilchen benötigten einen Agenten im Sinne eines Gottes für deren Existenz und Bewegung:

> „Nach allen diesen Betrachtungen ist es mir wahrscheinlich, dass Gott im Anfange der Dinge die Materie in massiven, festen, harten, undurchdringlichen und beweglichen

> Partikeln erschuf [...]. Solange die Theilchen als Ganzes bestehen bleiben, können sie zu allen Zeiten Körper einer und derselben Natur und Bauart zusammensetzen" (Newton, 1898, S. 266).

Die klassische Mechanik erschafft das Weltbild, dass sich die Welt aus bloßem „Material" wie Billardkugeln zusammensetzt. Die Konzeption eines kleinsten Partikels findet in den Wirtschaftswissenschaften durch die Modellierung eines Individuums analoge Anwendung. Irving Fisher (1892, S. 85) stellt fest:

"In Mechanics.		In Economics.
A particle	corresponds to	An Individual".

Diese Vorstellung von Bausteinen der Materie als statische „Billardkugeln" wurde allerdings durch die neueren Erkenntnisse in der Quantenphysik überholt:

> „Die Elementarteilchen sind nicht, wie man früher etwa angenommen hätte, unveränderliche, unteilbare Grundbausteine der Materie" (Heisenberg, 1963, S. 3).

In diesem Bild benötigt eine Maschine, die aus Teilen wie „Billardkugeln" zusammengesetzt ist, eine Kraft von außen, um in Bewegung gesetzt zu werden. Newton postulierte mit der Gravitationskraft, dass sich alle Körper aufgrund ihrer Masse gegenseitig anziehen. Die Bewegungen der von mathematischen Gesetzen geregelten Maschine des Universums kämen dabei der Dynamik gleich, die durch die Gravitation entsteht (vgl. Schramm, 2015a, S. 20 f.). In den Wirtschaftswissenschaften entspreche das Eigeninteresse des Menschen der Gravitationskraft:

> "Utility only exists when there is on the one side the person wanting and on the other the thing wanted. [...] Just as the gravitating force of a material body depends not alone on the mass of that body, but upon the masses and relative positions and distances of the surrounding material bodies, so utility is an attraction between a wanting being and what is wanted" (Jevons, 1981, S. 80).

Jevons beschreibt dabei das Eigeninteresse als Anziehungskraft in einem mechanischen System, das das Gesamtsystem berechenbar mache:

> "[T]he theory here given may be described as the mechanics of utility and self-interest" (Jevons, 1965, S. 21).

Das Wirtschaftssystem, insbesondere der Markt als ein maschinenartiger Mechanismus, werde durch die Anziehungskräfte 'utility and self-interest' in Bewegung gesetzt. Die Mechanik von Angebot und Nachfrage bzw. Menge und Preis bestimme den individuellen Nutzen. Das Zusammenwirken dieser mechanischen Gesetze bzw. Kräfte lenke das „Verhalten" des Individuums (vgl. Schramm, 2015a, S. 21 f., 2016a, S. 322).

In den physikalischen Erklärungen der Naturwissenschaften werden oft „unveränderliche" Gesetze angenommen. Diese absolut unwandelbaren Naturgesetze und Naturkonstanten werden auch von Newton (1872, S. 1) vertreten:

> „Die Alten hielten [...] die *Mechanik* für sehr wichtig bei der Erforschung der Natur, und die Neuern haben, nachdem sie die Lehre von den substantiellen Formen [...] aufgegeben, angefangen die Erscheinungen der Natur auf *mathematische Gesetze* zurückzuführen".

Im Weltbild von Newton, der sich als gläubiger Christ bezeichnete, sind die Naturgesetze so zu erklären, dass der allmächtige Schöpfer alle Dinge festsetzt:

> „Zur wahren Forschung gehört, die Natur der Dinge aus wirklich existierenden Ursachen abzuleiten und die Gesetze aufzusuchen, nach denen der hohe Weltschöpfer die schönste Ordnung herstellen wollte" (Newton, 1872, S. 12). „Auf keine Weise konnte die, durch die schönste Mannichfaltigkeit der Formen und Bewegungen ausgezeichnete Welt anders, als aus dem freien Willen des alles vorhersehenden und beherrschenden Gottes hervorgehen. Aus dieser Quelle sind alle jene sogenannten Naturgesetze hervorgegangen" (Newton, 1872, S. 17 f.).

Diese metaphysische Vorstellung von ehernen Gesetzen in den Naturwissenschaften mit Gott als Gesetzgeber löste sich im 19. Jahrhundert auf, wobei die mechanischen Gesetze weiterhin bestehen blieben. Somit war bei der Konzeption der mechanischen Systeme in den Wirtschaftswissenschaften Gott als Schöpfer bereits obsolet, die mechanischen Prinzipien wurden aber auch hier weiter anerkannt. Jevons, 1965, S. vi) konstatiert hierzu:

> "the unquestionable truth of the Laws of Supply and Demand [...] As founded upon facts, those laws cannot be shaken by any theory".

Dabei wird die Analogie der mechanischen Naturgesetze mit den Gesetzen der Wirtschaft hervorgehoben:

> "The Theory of Economy thus treated presents a close analogy to the science of Statical Mechanics, and the Laws of Exchange are found to resemble the Laws of

Equilibrium of a lever as determined by the principle of virtual velocities" (Jevons, 1965, S. vii).

In der Forschung der Naturwissenschaften wird in den letzten Jahren vermehrt der Standpunkt vertreten, dass auch „Naturkonstanten“ wie die Gravitationskraft G oder die Lichtgeschwindigkeit c in einem sich expandierenden Universum veränderlich sein könnten. Erste empirische Evidenzen hätten weitreichende metaphysische Veränderungen zur Folge. Die amerikanischen Philosophen William James, Charles Sanders Peirce sowie der Prozessphilosoph Alfred N. Whitehead vertreten die Hypothese, dass in einem durch und durch evolutiven Universum die Naturgesetze und Konstanten evolvieren (können) und dass die offenbaren Regelmäßigkeiten der Natur besser als 'habits' im Sinne von Gewohnheiten zu verstehen sind, und nicht als Gesetze (vgl. James, 2012, S. 79; Peirce, 1999, S. 53; Peirce, 1992, S. 277; Schramm, 2015a, S. 23 f.; Whitehead, 1938 / 1968, S. 154, 1954 / 2001, S. 363). Eng mit den fixierten und unwandelbaren Naturgesetzen und -konstanten geht die metaphysische Vorstellung des Determinismus einher. Bekannte Vertreter des naturwissenschaftlichen Determinismus waren der französische Physiker Pierre-Simon Laplace und der britische Biologe Thomas Henry Huxley. Die Sicht des Determinismus ist in den Wirtschaftswissenschaften weit verbreitet: Gesetze bzw. die Mechanik der Marktmaschine bestimmten die Wirtschaft.[18] Metaphysisch ist die Sichtweise des Determinismus umstritten, da die Quantenphysik in den Naturwissenschaften neue Kenntnisse dazu lieferte, inwieweit Ereignisse durch Vorbedingungen eindeutig festgelegt sind oder eben nicht (vgl. Schramm, 2015a, S. 25).

Dieser Abschnitt beschäftigt sich eingehend mit dem metaphysischen Grundverständnis. Dabei steht der Einfluss metaphysischer Überzeugungen auf unser Verständnis der Wirklichkeit sowie auf die Konzeptionen der Ökonomie im Fokus. Während die Neoklassik auf den abstrakten Annahmen der Maschinen-Metaphysik basiert, soll in dieser Arbeit eine Organisation nach evolutionären

[18] John M. Gowdy et al. (2013) kritisieren die metaphysischen Überzeugungen, die den Wirtschaftswissenschaften zugrunde liegen. Ihrer Ansicht nach befassen sich sowohl die Evolutionsbiologie als auch die Wirtschaftswissenschaften mit lebenden, komplexen und sich entwickelnden Systemen. Die Autoren heben drei zentrale Kritikpunkte hervor: Erstens werde der „natürliche Mensch“ oft als rationales, autarkes und egoistisches Individuum betrachtet. Zweitens werde angenommen, dass der Wettbewerb zwischen Individuen zu einer funktionierenden Gesellschaft führen könne. Drittens werde die Vorstellung vertreten, dass es einen idealen, optimalen Zustand in der Natur gebe (vgl. Gowdy et al., 2013). David Colander et al. (2004) sprechen von einem 'holy trinity' of orthodox economics (Colander et al., 2004, S. 485): Rationalität, Gier und Gleichgewicht.

Paradigmen konzipiert werden. Hierfür werden im nächsten Abschnitt die 'Philosophy of Organism' nach Whitehead (1929 / 1979) erörtert und zentrale Punkte auf den organisationstheoretischen Bereich übertragen.

2.2 Whitehead: 'Philosophy of Organism'

Konstrukte wie eine ökonomische Organisation, juristische oder ethische Regeln sind als „menschliche Erfindungen" dem Bereich der 'social ontology' zuzuordnen. Diese sind aus Sicht der 'cosmological ontology' Geschehnisse dieser einen Welt, dieses Kosmos. Unter Rückgriff auf Whiteheads kosmologische Metaphysik werden in dieser Arbeit organisationstheoretische Überlegungen im Sinne der 'Philosophy of Organism' angestellt. Nach Whitehead (1929 / 1979) ist die prozessuale bzw. evolutive Dimension der Wirklichkeit hervorzuheben: Alles ist ein Prozess. Unsere Welt besteht aus Ereignissen ('actual occasions'), die man sich als mikroskopische Prozesse vorstellen kann. Diese sind konkret und bilden in dieser Arbeit die Basis für die Konzeption von Organisationen. Eine Organisation ('society') als makroskopischer Prozess ist ein Netzwerk von vielen 'actual occasions' und nur dann konkrete Wirklichkeit, wenn sie sich als komplexe „Kooperation" vieler 'actual occasions' fortwährend reproduziert. Eine organisationale 'society' wächst, sammelt Erfahrungen und löst sich irgendwann wieder auf. Ausschließlich während dieses fortlaufenden Reproduktionsprozesses ist eine Organisation konkret und somit wirklich. Allen 'actual occasions' einer Organisation wird eine 'defining characteristic' zugeschrieben. Diese ist als Teil dieser einen Organisation identitätsstiftend. Löst sich eine Organisation im Sinne einer 'social society' wieder auf (Firmenliquidation bzw. Insolvenz), so entfällt die 'defining characteristic'.

Vorbemerkung zur Person Alfred N. Whitehead

Alfred N. Whitehead wurde im Jahre 1861 in Ramsgate, einer kleinen Hafenstadt an der Südostküste Englands, geboren und verstarb 1947 in seiner Wahlheimat in Cambridge, Massachusetts. 1880 besuchte er zum Studium der Mathematik das Trinity College in Cambridge, an dem er von 1885 bis 1910 als Dozent (Fellow) für angewandte Mathematik (Physik) tätig war. 1898 wurde sein mathematisches Erstlingswerk ("A Treatise on Universal Algebra") veröffentlicht. Zusammen mit seinem Schüler Bertrand Russell verfasste er ein klassisches dreibändiges Werk der mathematischen Logik: die „Principia Mathematica", die von 1910 bis 1913 erschienen. Dieses Werk machte Whitehead zu einem bekannten Mathematiker auf dem Gebiet der Logik. Nachdem er 1911 bis 1914 am University College in London angewandte Mathematik und Mechanik gelehrt hatte, wurde er 1914 am Imperial College of Science and Technology in Kensington zum Professor für angewandte Mathematik ernannt. Whitehead publizierte in dieser Zeit keine mathematischen Schriften mehr, sondern vor allem einige Werke, die sich spekulativ mit den philosophischen Grundlagen der modernen Physik befassten: "An Enquiry Concerning the Principles of Natural Knowledge" (1919), "The Concept of Nature" (1920) und "The Principle of Relativity" (1922). 1924 erhielt er im Alter von 63 Jahren die Berufung auf den philosophischen Lehrstuhl der Harvard University (USA), den er bis zu seiner Emeritierung 1937 innehatte. In dieser Zeit entstanden seine bedeutenden philosophischen Werke, die den prozessmetaphysischen Entwurf begründeten – insbesondere sein philosophisches Hauptwerk "Process and Reality" (1929). Weitere Werke sind "Science and the Modern World" (1925), "Religion in the Making" (1926), "The Function of Reason" (1929), "Adventures of Ideas" (1933) und "Modes of Thought" (1938) (vgl. Hampe, 1998, S. 11–30).

Metaphysik als „spekulative Philosophie"

Whiteheads philosophisches Werk "Process and Reality", das er selbst als Essay spekulativer Philosophie beschrieb, sieht die Herausforderung für die Philosophie darin, das „große Ganze" zu erfassen und zu deuten:

> "First, that the movement of historical, and philosophical, criticism of detached questions, which on the whole has dominated the last two centuries, has done its work, and requires to be supplemented by a more sustained effort of constructive thought" (Whitehead, 1929 / 1979, S. xiv).

Whitehead forderte einen neuen, gesamtheitlicheren Blick auf unsere Welt – in Abgrenzung zu der zeitgenössischen Philosophie, die sich mit einzelnen Fragestellungen beschäftigte. Durch eine vertiefte Auseinandersetzung mit der Konzeption unserer gesamten Wirklichkeit solle ein tieferes Verständnis der grundlegenden Prinzipien unserer Realität geschaffen werden. Whitehead (1929 / 1979, S. 3) sah das Ideal der Philosophie als spekulativ an:

> "It is the ideal of speculative philosophy that its fundamental notions shall not seem capable of abstraction from each other. In other words, it is presupposed that no entity can be conceived in complete abstraction from the system of the universe, and that it is the business of speculative philosophy to exhibit this truth".

Whiteheads Werke sind geprägt durch das Zusammenspiel von empirischen Tatsachen und Spekulationen, „um diese Wahrheit an den Tag zu legen". Er formulierte dies in seinem Bild vom „Flug" der Erkenntnisgewinnung:

> "Our datum is the actual world, including ourselves [...]. The true method of discovery is like the flight of an aeroplane. It starts from the ground of particular observation; it makes a flight in the thin air of imaginative generalization; and it again lands for renewed observation rendered acute by rational interpretation" (Whitehead, 1929 / 1979, S. 4 f.).

Whitehead schuf sowohl neue Wörter als auch neue Definitionen für bestehende Fachausdrücke. Sein Ziel war es, philosophische Begrifflichkeiten mit universaler Anwendbarkeit zu finden, die sowohl den aktuellen Erfahrungen angemessen sind als auch eine Allgemeinheit wie die traditionellen philosophischen Terminologien besitzen. Ein besonderes Augenmerk galt den Terminologien von Platon, Aristoteles, Descartes, Berkeley, Hume und Locke. Der Anspruch der Kosmologie nach Whitehead sei die Verwendung einer philosophischen Terminologie, der eine Allgemeinheit wie der Aristotelischen Substanzmetaphysik zugeschrieben werden könne (vgl. Hampe, 1998, S. 105 f.).

Philosophie der Organismen

In Whiteheads Kosmologie werden alle Dinge ('actual occasions', 'societies', 'universe') als dynamische Organismen gesehen: "Science is [...] becoming the study of organisms" (Whitehead, 1925 / 1967, S. 103). Das ganze Universum wachse, verändere seine Form, werde älter und sterbe irgendwann. In Folge dieser Argumentation nennt Alfred N. Whitehead sein metaphysisches Konzept die 'Philosophy of Organism' (Whitehead, 1929 / 1979, S. 18 f.).[19]

---

[19] Ähnliche Ziele wie Whitehead verfolgt der Philosoph Rombach mit der „Strukturontologie". Das Methodenwerk als ein Ansatz der Phänomenologie beruht auf der Vorarbeit zahlreicher vorausgehender Phänomenologen, insbesondere Husserl und Heidegger. Analog zu Heidegger bezeichnet Rombach seine Phänomenologie als fundamentale Ontologie, die sich strikt von der klassischen Substanzontologie abgrenzt. In einer strukturalen Analyse der Weltphänomene lassen diese sich bis in die tiefsten ontologischen Schichten differenzieren und erscheinen in unzähligen Facetten. Der Vorteil von Rombachs Strukturphänomenologie stellt die unmittelbare praktische Anwendbarkeit auf soziale, ökonomische und politische Phänomene dar (Asjoma, 2015, S. 25).

Nach Rombach kann alles, das eine Autogenese darstellt, als Werdegang verstanden werden. Das Strukturdenken sieht eine ontologische Identität zwischen dem Einzelnen und dem Ganzen. Ontologisch gesehen sei das Einzelne nicht vom Ganzen getrennt. Der Moment habe einen funktionalen Zusammenhang und sei relational: Strukturen seien Momente relationaler Art. Das Hervorbringen von Strukturen sei Genesen als Organismus. Jede Struktur sei Bewegtheit (nach innen), endlich und auf sich selbst bezogen: „Strukturen sind Ruf- und Antwortgeschehen" (Rombach, 1994, S. 85). Das Grundprinzip ist Lebendigkeit, die strukturiert ist und sich verändert: Die Dynamik bzw. der Prozess ist das ontologisch Grundlegende. Der kokreative Prozess zeigt, dass Neues aus Bestehendem mit neuer Sinndeutung entsteht. Die

2.2.1 „Prozess" und „Kreativität"

In seinem Hauptwerk „Prozess und Realität“ entwickelte Alfred N. Whitehead eine kosmologische Metaphysik. Whitehead bezeichnete diese Theorie als „Philosophie des Organismus“. Mittlerweile ist sie häufiger als „Prozessphilosophie“ bekannt, da der Begriff des Prozesses in der kosmologischen Metaphysik zentral ist: “ ‘[P]rocess’ is the fundamental idea” (Whitehead, 1925 / 1967, S. 202). Der Prozess sei die grundlegende Idee. Dabei unterstreicht Whitehead (1933 / 1967, S. 274), dass jeder reale Vorgang im Kern einen Prozess darstellt:

> “One principle is that the very essence of real actuality – that is, of the completely real – is process. [...] There is no halt”.[20]

In Anlehnung an die Quantenphysik, die Energie als Grundstoff des Universums ansieht und Elementarteilchen als konkrete Verkörperungen dieser Energie auffasst, bezeichnet Whiteheads Metaphysik den Grundstoff als Kreativität (‘creativity’). Die Kreativität als Grundcharakter der Welt sei inhaltlich konträr zur „Materie“ („materia prima“) nach Aristoteles oder Thomas von Aquin zu sehen. Diese sei zwar ebenfalls formlos, jedoch passiv und tot (Schramm, 2015a, 2016a, 2017a, 2022):

Philosophin Karen Barad bezeichnet den Prozess als den Akteur (Barad, 2007). Der Funktionalismus beschreibt die Beziehungen der Dinge zueinander. Es herrscht ein relationales Grundverständnis der Wirklichkeit. Das Einzelne geht ins Ganze über und das Ganze erreicht ein neues Niveau, sofern dies von einem bestimmten Geist getragen wird. Das Einzelne wird Teil eines größeren Ganzen, was bei Rombach die Soziogenese darstellt. Die transzendentale Ordnung umfasst nach Stenger Dimensionen, die ihr eigenes Feld herausarbeiten und mit eigenen Regeln selbst strukturieren (Stenger, 2006, S. 566 f.). Der Rahmen wie auch die Regeln sind beweglich, nicht starr. Das bedeutet für das menschliche Zusammenleben, dass alles im Diskurs mit allen Beteiligten zu bestimmen ist: Wie wird miteinander geredet, welche Regeln gelten, wie wird moralisches Handeln grundsätzlich definiert und wie findet dies in der konkreten Situation Anwendung.

Die Struktur nach Rombach und die ‘actual occasions’ nach Whitehead verfolgen das gleiche Ziel, eine entsubstantialisierte Ontologie. Beide Philosophen stellen den Prozess ins Zentrum ihrer Überlegungen. Rombach selbst beschreibt seine Strukturphänomenologie als eine „Wahrnehmungs-Metaphysik (als Real-Metaphysik)“ (Rombach, 1980, S. 242), was bezeichnend für gewisse Ähnlichkeiten der Theorien ist.

[20] Whitehead konzipierte die ‘Philosophy of Organism’ zunächst als Vorlesung und veröffentlichte diese später in einem Buch. Die Komplexität dieser Arbeit pointiert der Wissenschaftler Sheldrake: „Vermutlich war Whitehead der erste Philosoph, dem die radikalen Schlussfolgerungen aus der Quantentheorie aufgingen“ (Sheldrake, 2012, S. 163).

> " 'Creativity' is another rendering of the Aristotelian 'matter,' and of the modern 'neutral stuff.' But it is divested of the notion of passive receptivity [...]; it is the pure notion of the activity [...]. Creativity is without a character of its own in exactly the same sense in which the Aristotelian 'matter' is without a character of its own. It is that ultimate notion of the highest generality at the base of actuality" (Whitehead, 1929 / 1979, S. 31).

So könne die Kreativität als das ultimative Prinzip der Wirklichkeit gesehen werden. Die Kreativität sei der Grundcharakter alles Wirklichen: " 'Creativity' is the universal of universals characterizing ultimate matter of fact" (Whitehead, 1929 / 1979, S. 21). Die 'creativity' sei als Prinzip zu verstehen, das nicht freischwebend als solches vorhanden sei. Es bleibe so lange abstrakt, bis es sich in 'actual occasions' konkret verkörpere. Aufgrund dieses kreativen Grundcharakters der Wirklichkeit könnten „Dinge" als evolutiv verflüssigt und dynamisiert beschrieben werden. Analog zu Heraklits πάντα ῥεῖ (dt. „alles fließt") sei alles im Fluss: Neue Dinge würden geboren, wuchsen und stürben wieder. Das philosophische Verständnis des ständigen Wandels bezeichnet Whitehead (1929 / 1979, S. 208) mit 'the flux of things':

> "[T]he flux of things is one ultimate generalization around which we must weave our philosophical system. At this point we have transformed the phrase, 'all things flow,' into the alternative phrase, 'the flux of things.' "

In der Prozess-Metaphysik nach Whitehead liegt hier ein elementarer Unterschied: "Creativity is the principle of novelty" (Whitehead, 1929 / 1979, S. 21). Demnach ist die Kreativität das Grundprinzip für Neues, das elementare metaphysische Prinzip, welches die grundlegende Weise, "how the world works (in principle)", darstellt. Vereinfacht ausgedrückt bedeutet Kreativität bei Whitehead, dass es voran geht, es sich „entwickelt".

2.2.2 'Actual occasions'

Diese Auslegung der Kreativität als Grundcharakter des Universums hat metaphysisch weitreichende Folgen. In Abgrenzung zur Metaphysik der „Substanz" in der Antike und im Mittelalter ist der Grundstoff der Welt die passive und tote Materie („materia prima"). Um den Lebewesen eigenes Leben einzuhauchen, ist in dieser metaphysischen Konzeption eine Seelensubstanz notwendig. In der neuzeitlichen Metaphysik der „Maschine" ist die passive und tote Materie aufgrund von weiteren wissenschaftlichen Ergebnissen zu ebenfalls toten Atomen der bloßen Materie umdefiniert worden. Die „Seelensubstanz“ konnte in der neuzeitlichen Geschichte nicht weiter fortbestehen. In der Metaphysik der Neuzeit, einer Maschinen-Metaphysik, sind die Maschinen konkret. Maschinen funktionieren oder gehen kaputt, diese sind weder kreativ noch wachsen oder sterben sie. Die Maschinen in Bewegung zu setzen sowie Neuerungen zu entwickeln, bedarf einer energetischen Zufuhr von außen (Schramm, 2015a).

Im Gegensatz dazu beschreibt Whiteheads ‘ultimate metaphysical principle’ den Prozess der Wirklichkeit als ein Netzwerk aus einzelnen Prozessfasern:

> “The ultimate metaphysical principle is the advance from disjunction to conjunction, creating a novel entity [...]. The many become one, and are increased by one” (Whitehead, 1929 / 1979, S. 21).

Eine ähnliche Metapher verwendet der Philosoph Wittgenstein (1989, S. 278):

> „[...] wie wir beim Spinnen eines Fadens Faser an Faser drehen. Und die Stärke des Fadens liegt nicht darin, daß irgendeine Faser durch seine ganze Länge läuft, sondern darin, daß viele Fasern einander übergreifen“.

Unter Rückgriff auf die Quantenphysik zeigt Whitehead auf, dass das Wirkliche grundsätzlich Geschehnis im Sinne eines Ereignisses ist, nicht Dinglichkeit oder Substanz. Dies bedeutet, dass es etwas Wirkliches nur gibt, wenn irgendetwas geschieht. Dieses wirkliche Geschehen wird von Whitehead mit dem Terminus ‘actual occasion’ im Sinne eines wirklichen Ereignisses bezeichnet und stellt den Schlüsselbegriff in Whiteheads Metaphysik dar. Als ein Synonym verwendet Whitehead (1929 / 1979, S. 18) den Begriff ‘actual entity’:[21]

> “ ‘Actual entities’ – also termed ‘actual occasions’ – are the final real things of which the world is made up”.

Wirkliche Ereignisse – ‘actual occasions’ – seien die letzten realen Dinge, aus denen die Welt zusammengesetzt sei. Sie stellten die weltlichen Basisereignisse im Sinne von Quantenevents dar:

> “This epoch is characterized by electronic and protonic actual entities, and by yet more ultimate actual entities which can be dimly discerned in the quanta of energy” (Whitehead, 1929 / 1979, S. 18).

---

[21] In früheren Werken bezeichnet Whitehead diese allgemeiner als ‘events’.

Letzte Fakten, aus denen die Welt bestehe bzw. welche die Welt ausmachten, seien weder Materie noch Ideen, sondern ausnahmslos komplexe, ineinander verwobene Ereignisse: 'drops of experience' – Erfahrungströpfchen:

> "The final facts are, all alike, actual entities; and these actual entities are drops of experience, complex and interdependent" (Whitehead, 1929 / 1979, S. 18).

Das konkrete Wirkliche basiere auf diesen elementaren Prozesströpfchen ('actual occasions'). Diese könnten als Ausgangspunkt für alles in diesem Universum angesehen werden, die konkrete Wirklichkeit seien nur diese 'actual occasions'. Dies beschreibt Whitehead (1929 / 1979, S. 40) mit seinem 'ontological principle':

> "[A]part from things that are actual, there is nothing – nothing either in fact or in efficacy. [...] This general principle will be termed the ‚ontological principle' ".

2.2.3 'Societies'

Auf der Mikroebene basiere das Universum auf Prozesströpfchen ('actual entities', 'actual occasions', 'events') – oder in den Worten Wittgensteins ausgedrückt aus vielen einzelnen Fasern, die einander übergreifen.

Auf der Makroebene prägten 'societies' unsere Erfahrung. Es handele sich um komplexere und beständigere Dinge, die als makroskopische Strukturen bezeichnet werden. Konkrete Beispiele für kosmologische 'societies' seien etwa Moleküle, Zellen, menschliche Körper oder Planeten. Diese dauerhafteren Dinge ('real actual things') bestünden aus 'actual occasions', die enger kooperierten und dabei eine gewisse Strukturstabilität aufwiesen. Im Gegensatz zu den „Prozesströpfchen" dauerten 'societies' an und seien somit keine 'actual occasions':

> "The real actual things that endure are all societies. They are not actual occasions" (Whitehead, 1933 / 1967, S. 204).

Whitehead spezifiziert 'societies' im Rahmen seines Begriffs von 'nexūs'. Diese seien Komplexe, in denen die wirklichen Einzelwesen existierten, also ein Zusammensein von einigen 'actual occasions' oder 'actual entities':

> "Any such particular fact of togetherness among actual entities is called a 'nexus' (plural form is written 'nexūs')" (Whitehead, 1929 / 1979, S. 20).

Whitehead unterscheidet im Rahmen seiner 'nexus'-Begrifflichkeit zwischen 'non-social' und 'social' 'societies'. 'Non-social' sind Komplexe von mehreren 'actual occasions' oder 'actual entities' ohne 'defining characteristic'. Es handele sich um ein chaotisches Zusammensein, wie bspw. herumfliegende Bruchstücke nach einer Explosion: "A non-social nexus is what answers to the notion of 'chaos'" (Whitehead, 1929 / 1979, S. 72). Besitze ein Nexus eine „soziale Ordnung" ('social order'), handele es sich um eine 'society':

> "A 'society', in the sense in which that term is here used, is a nexus with social order" (Whitehead, 1929 / 1979, S. 34).

Whitehead versteht unter 'social order':

> "A nexus enjoys 'social order' where [...] there is a common element of form illustrated in the definiteness of each of its included actual entities [...]. Such a nexus is called a 'society', and the common form is the 'defining characteristic' of the society" (Whitehead, 1929 / 1979, S. 34).

'Societies' seien komplexe Gebilde, die als „bedingt" abgegrenzte Komplexe ein gemeinsames Charakteristikum benötigten. Das Charakteristikum definiere eine zusammengehörige 'society' bzw. stelle ein Identitätselement dar. Gleichzeitig grenze sich eine 'society' von anderen ab:

> "A society has an essential character, whereby it is the society that it is" (Whitehead, 1933 / 1967, S. 204). "[T]he common form is the 'defining characteristic' of that 'society' " (Whitehead, 1933 / 1967, S. 203). "The self-identity of a society is founded upon the self-identity of its defining characteristic, and upon the mutual immanence of its occasions" (Whitehead, 1929 / 1979, S. 204).

Hervorzuheben ist die prozessuale oder evolutive Dimension der Wirklichkeit von 'societies'. Eine 'society' sei nur dann konkrete Wirklichkeit, wenn sie sich als komplexe „Kooperation" vieler 'actual occasions' fortwährend reproduziere. Dies wird durch Wittgensteins Metapher verdeutlicht: Der Lebens-„Faden" einer menschlichen Person bestehe nicht etwa darin, dass irgendeine Faser – also eine „substanzielle" Faser – durch seine ganze Länge laufe, sondern darin, dass der Faden immer weiter gesponnen werde, dass immer neue Fasern – die hier den 'actual occasions' entsprechen – hinzugefügt würden, dass Faser an Faser gedreht werde, so dass durch die Zeit hindurch insgesamt eine „Gesellschaft" von Fasern entstehe, die dann den Lebens-„Faden" eine menschlichen Person verkörpere. Betrachtet man diesen Lebens-„Faden" als Prozess des Lebens, dann zeigt sich, dass sich dieser jeden Tag neu zu reproduzieren hat. Das fortwährende Weiterspinnen stilisiert dabei die abgegrenzte Identität dieser Person über den Lebensprozess hinweg. Dieser Mensch – diese menschliche 'society' von 'actual occasions' – bleibt allerdings nicht „substanziell" gleich, sondern ändert sich im Verlauf seines Lebens ständig: Er wächst, sammelt Erfahrungen, altert und irgendwann löst sich diese menschliche 'society' auf. Ausschließlich während dieses fortlaufenden Reproduktionsprozesses sei diese Person konkret und somit wirklich (vgl. Schramm, 2015a, 2022).

Aus metaphysischer Betrachtung unterscheidet sich diese Perspektive deutlich von den Vorstellungen der alten Substanzmetaphysik und der frühmodernen Maschinen-Metaphysik. In der antiken und mittelalterlichen Substanzmetaphysik besteht die Einheit und Identität eines Lebewesens in der „(Seelen)Substanz". Diese bleibt als „substanzielle Form" unverändert und begründet die Identität des Lebewesens für das gesamte Leben. Diese „Substanz" bildet in der antiken und mittelalterlichen Metaphysik das „Wirkliche", während äußerlich wahrnehmbare Dinge nur zufällig „hinzugeworfene" Eigenschaften seien. Die neuzeitliche Metaphysik der „Maschine" ersetzt die wundersame (Seelen)Substanz durch eine andere Art von Substanz: die atomaren „Billardkugeln". Das Neue ist der Funktionalismus der Maschinenvorstellung. Die „Billardkugeln" ballen sich zu mechanischen Teilen der Maschine und funktionieren zusammen als Maschine. Whitehead übte Kritik an der Vorstellung von in sich „toten" und nur mechanisch zusammen funktionierenden „Billardkugeln". Diese „Billardkugeln" seien abstrakt und ein Teil der 'mechanistic theory of nature' (Whitehead, 1925 / 1967, S. 51). Nach Whitehead ist das bloß Mechanische der Maschinen unangebracht. Der Lebensweg eines Menschen könne als eine durch und durch organische Angelegenheit angesehen werden: Der Mensch werde geboren, wachse, verändere sich und sterbe irgendwann. Im Gegensatz hierzu wüchsen Maschinen nicht, veränderten sich nicht und stürben nicht. Weitere Abgrenzungen der 'society' Mensch zu der Maschinen-Metaphysik seien das menschliche Bewusstsein sowie diverse eigene Interessen (ökonomischer, moralischer, ästhetischer, religiöser Art etc.) (vgl. Schramm, 2015a, S. 34 f.).[22]

[22] Eine Organisation nicht als „Ding" oder „soziale Entität" aufzufassen, vertiefen Chia und King (1998) in "The Organizational Structuring of Novelty". Sie zeigen Parallelen zwischen A. N. Whitehead und H. Bergson dazu auf, wie eine Organisation als fortlaufender kreativer Prozess der Strukturierung und Stabilisierung einer sozialen Realität zu verstehen ist.

„Gewohnheiten" der Natur

Whiteheads Annahme war, dass die primären Gegebenheiten des Universums konkrete Prozesse sind – in anderen Worten: Die "final real things of which the world is made up" seien 'actual occasions' (Whitehead, 1929 / 1979, S. 18). Diese Auffassung hat metaphysisch weitreichende Konsequenzen. Die Philosophen William James und Charles Sanders Peirce stellten Anfang des 20. Jahrhunderts fest, dass in einem durch und durch prozessualen und evolutiven Universum auch die Naturgesetze und Konstanten evolvieren (können). Whitehead war der Ansicht, dass die Naturgesetze[23] keine unveränderlichen Konstanten seien.[24] Die offenbaren Regelmäßigkeiten der Natur könnten vielmehr als evolutionäre 'habits' angesehen werden:[25]

> "People make the mistake of talking about 'natural laws'. There are no natural laws. There are only temporary habits of nature" (Whitehead, 1954 / 2001, S. 363). "The 'natural laws' are in fact widespread habits of nature" (Whitehead, 1938 / 1968, S. 154).

Entscheidend für organisationstheoretische Überlegungen ist hier die mikroanalytische Sicht auf das konkrete, wirkliche Geschehen. „Naturgesetze" stellten eine Abstraktion der Realität dar. Die tatsächliche, konkrete Wirklichkeit ('actual occasions') sei aus kosmologischer Sicht stets polydimensional. Für die Konzeption der ökonomischen Wirklichkeit bedeuteten diese 'habits of nature' des Universums, dass selbst der „Rahmen" für die konkreten Prozesse des Universums evolvieren könne (vgl. Schramm, 2015a, S. 43 f.).

---

[23] Beispiele für Naturgesetze sind die Lichtgeschwindigkeit oder die Gravitation.

[24] William James (2012, S. 98 f.) als Vertreter des metaphysischen Standpunkts, dass in einem evolvierenden Universum die Naturgesetze als 'habits' anzusehen sind, schreibt: "If […] one takes the theory of evolution radically, one ought to apply it not only to the rock-strata, the animals and plants, but to the stars, to the chemical elements, and to the laws of nature. There must have been a far-off antiquity, one is then tempted to suppose, when things were really chaotic. Little by little, out of all the haphazard possibilities of that time, a few connected things and habits arose, and the rudiments of regular performance began".

[25] Whitehead liefert keine detaillierten Informationen zu den sogenannten 'habits' und führt keine spezifischen Beispiele an. In der gegenwärtigen wissenschaftlichen Diskussion ist dieses Thema umstritten. Eine kleinere Gruppe von Naturwissenschaftlern vertritt die Auffassung, dass sich die Naturgesetze tatsächlich verändert haben. Im Gegensatz dazu ist die überwiegende Mehrheit der Meinung, dass es sich um konstante und unveränderliche Naturgesetze handelt.

'Actuality'

In der 'Philosophy of Organism' besitzt alles, was geschieht, „Wirklichkeit". Sowohl vorübergehende, subjektive Zustände wie Träume, Wahrnehmungen und Gedanken als auch feste Gegenstände wie Steine, Tische oder Planeten seien wirklich.[26] Alles Wirkliche sei im Kern ein Prozess, „Wirkliches geschieht" (Hampe, 1998, S. 110). Whitehead (1929 / 1979, S. 22) erklärt:

> "That the actual world is a process, and that the process is the becoming of actual entities. [...]; they are also termed 'actual occasions' ".

Sowohl die 'actual occasion' (wirkliches Ereignis) als auch allgemeiner die 'actual entity' („wirkliche Entität", „wirkliches Einzelwesen") sind in Whiteheads Kosmologie Wirklichkeit und somit konkret.

2.2.4 Möglichkeiten und Wirklichkeiten

Neben der konkreten Wirklichkeit gibt es in Whiteheads Kosmologie noch die abstrakten Möglichkeiten ('eternal objects'). Die 'eternal objects' („zeitlose Gegenstände") nehmen einen zentralen Stellenwert in der Metaphysik von Whitehead ein. Diese lösen in der kosmologischen Metaphysik das Problem des Neuen in einer evolutiven Welt und sind als „Möglichkeiten" anzusehen:

> "The eternal objects are the pure potentials of the universe; and the actual entities differ from each other in their realization of potentials" (Whitehead, 1929 / 1979, S. 149).

'Eternal objects' nehmen den Status einer Potenzialität ein. Als Möglichkeiten für die Wirklichkeit seien diese abstrakt:

> "Eternal objects are [...], in their nature, abstract" (Whitehead, 1925 / 1967, S. 159).

Die 'eternal objects' als abstrakte Möglichkeiten der Natur seien Ausgangspunkt für eine konkrete Wirklichkeit und existierten somit objektiv. In den Worten von Michael Hampe: „Möglichkeiten existieren tatsächlich" (Hampe, 1998, S. 116).

---

[26] Eine Differenzierung von physischen oder psychischen Dingen übernimmt Whitehead nicht.

Jedes 'eternal object' stelle eine distinkte Möglichkeit dar. Dabei sei eine Möglichkeit nichts in sich selbst Wirkliches, sondern eine Eigenschaft von vielen Ereigniskonstellationen zu diversen Zeiten. Im Prozess treffe das Alte auf das Neue, Möglichkeiten würden im Prozess konkret: "In the process, the old meets the new" (Whitehead, 1929 / 1979, S. 164); "actuality and potentiality require each other" (Whitehead, 1938 / 1968, S. 71). Der Prozess sei die Transformation von Potenzialität in Aktualität, die zueinander in einem rezi-proken Verhältnis ständen. Whitehead (1929 / 1979, S. 65) grenzt die „ideale" bzw. „allgemeine" und „absolute" oder unbegrenzte Potenzialität von der „realen" und „relativen" oder begrenzten (bedingten) Potenzialität ab:

> "Thus we have always to consider two meanings of potentiality: (a) the 'general' potentiality, which is the bundle of possibilities, mutually consistent or alternative, provided by the multiplicity of eternal objects, and (b) the 'real' potentiality, which is conditioned by the data provided by the actual world. General potentiality is absolute, and real potentiality is relative to some actual entity, taken as a standpoint whereby the actual world is defined".

Prinzipiell seien alle denkbaren Möglichkeiten („allgemeine" Potenzialität aller „zeitlosen Gegenstände") realisierbar. Die allgemeine Potenzialität treffe in der lokalen „wirklichen Welt" auf ein konkret gewordenes „wirkliches Ereignis" ('actual occasion'), aus dem sich ein neues „wirklichen Ereignis" entwickele. Diese „reale" und „relative" oder begrenzte (bedingte) Potenzialität sei lokal eingeschränkt:

> "That the actual world, in so far as it is a community of entities which are settled, actual, and already become, conditions and limits the potentiality for creativeness beyond itself. This 'given' world provides determinate data in the form of those objectifications of themselves which the characters of its actual entities can provide. This is a limitation laid upon the general potentiality provided by eternal objects, considered merely in respect to the generality of their natures" (Whitehead, 1929 / 1979, S. 65).

Die tatsächliche Welt ('actual world') bedinge und begrenze die Potenzialität für Kreativität. Diese liefere „bestimmte Daten" als Ausgangspunkt für neues Werden, was eine Einschränkung der allgemeinen Potenzialität darstelle: "The actual world is the 'objective content' of each new creation" (Whitehead, 1929 / 1979, S. 65). Die „allgemeine" Potenzialität entwickele sich im fortschreitenden Prozess des Universums zu einer realen Möglichkeit. Das, was möglich sei und einem lokalen Verwirklichungsgeschehen direkt zur Verfügung stehe, stelle eine

„reale" bzw. begrenzte (bedingte) Potenzialität dar. Diese bleibe so lange abstrakt, bis diese in einer 'actual entity' oder 'actual occasion' konkret werde.

'Concrescence' und 'Transition'

Abstrakte Dinge seien unveränderlich, nur die konkreten Dinge wie die 'actual occasions' und 'societies' seien dem 'becoming' und 'perishing' ausgesetzt. Whitehead beschreibt das Werden und Vergehen dieser Dinge ('actual entities' bzw. 'actual occasions') im Rahmen eines komplexen Prozesses:

> "There are two species of process, macroscopic process, and microscopic process" (Whitehead, 1929 / 1979, S. 214).

Auf der einen Seite gebe es den mikroskopischen Konkretisierungsprozess. Diesen nennt Whitehead 'concrescence' und beschreibt damit das individuelle Werden eines neuen konkreten Ereignisses ('actual occasion'):

> "It is a process proceeding from phase to phase, each phase being the real basis from which its successor proceeds towards the completion of the thing in question" (Whitehead, 1929 / 1979, S. 215).

Alle vorausgehenden 'actual occasions' seien Teil des Werdeprozesses einer neuen 'actual occasion'. Der Grundgedanke der 'Philosophy of Organism' – „Alles ist ein Prozess" – zeige sich im Werden einer 'actual occasion' als 'organic process':

> "[E]ach actual entity is itself only describable as an organic process. It repeats in microcosm what the universe is in macrocosm" (Whitehead, 1929 / 1979, S. 215).

Dabei beeinflusse die gesamte Vergangenheit, also alles, was sich bisher ereignet habe, dieses neue Werden. Alle vorausgehenden Ereignisse ('actual occasions') seien Teil des Werdeprozesses eines neuen Ereignisses ('actual occasion').

Auf der anderen Seite betrachte Whitehead (1929 / 1979, S. 214) den komplexen Prozess aus einer makroskopischen Perspektive:

> "The macroscopic process is the transition from attained actuality to actuality in attainment".

Whitehead verwendet den Begriff 'transition' auf der makroskopischen Ebene. 'Transition' beschreibt demnach den Prozess des Übergangs von einem Zustand, der bereits erreicht wurde (erreichte Aktualität), zu einem Zustand, der noch angestrebt wird (Aktualität in Erreichung).

2.2.5 'Subjective Aim' und 'Superject'

Jedes neue Ereignis ('actual occasion') verfolge im Werden sein eigenes subjektives Ziel ('subjective aim'). Zur Abgrenzung bzw. zur Bestimmung dessen, was das subjektive Ziel eines neuen Ereignisses ('actual occasion') darstellt, gibt das „ontologische Prinzip" nach Whitehead (1929 / 1979, S. 244) Aufschluss:

> "According to the ontological principle there is nothing which floats into the world from nowhere. Everything in the actual world is referable to some actual entity. It is either transmitted from an actual entity in the past, or belongs to the subjective aim of the actual entity to whose concrescence it belongs. This subjective aim is both an example and a limitation of the ontological principle. It is an example, in that the principle is here applied to the immediacy of concrescent fact."

Das ontologische Prinzip[27] besagt, dass alles in der aktuellen Welt auf irgendeine tatsächliche Entität ('actual entity') zurückzuführen sei. Verkürzt ausgedrückt, sei alles Konkrete auf etwas Konkretes zurückzuführen. Es gebe nichts, das aus dem „Nichts" in der Welt schwebe. Es werde entweder von einer aktuellen Entität in der Vergangenheit übertragen oder gehöre zum subjektiven Ziel einer aktuellen Entität, zu deren Konkretisierungsprozess ('concrescence'). Dieser beschreibe das individuelle Werden eines neuen konkreten Ereignisses; dabei seien alle vorangegangenen 'actual occasions' Teil des Werdeprozesses einer neuen 'actual occasion'. Dieser Prozess des individuellen Werdens eines neuen konkreten Ereignisses ist nach Whitehead (1929 / 1979, S. 22) verbunden mit dem „Prinzip der Relativität":

> "That the potentiality for being an element in a real concrescence of many entities into one actuality is the one general metaphysical character attaching to all entities, actual and non-actual; and that every item in its universe is involved in each concrescence. In other words, it belongs to the nature of a 'being' that it is a potential for every 'becoming'. This is the 'principle of relativity' ".

Das „Prinzip der Relativität" drückt aus, dass es zum Wesen eines wirklichen Ereignisses ('actual occasion') gehöre, „Potential" für jedes „Werden" zu sein.

---

[27] An einer anderen Stelle schreibt Whitehead (1929 / 1979, S. 43) zum ontologischen Prinzip: "[A]part from things that are actual, there is nothing – nothing either in fact or in efficacy. [...] This general principle will be termed the ‚ontological principle'" (Whitehead, 1929 / 1979, S. 40). "The ontological principle declares that [...] in separation from actual entities there is nothing, merely nonentity – 'The rest is silence'".

Alles sei mit allem verbunden. Alles könne ein Element im Konkretisierungsprozess ('concrescence') eines neuen wirklichen Ereignisses ('actual occasion') darstellen. Jeder Gegenstand ('item', 'actual entity') sei in unserem Universum an jeder Konkretisierung beteiligt.

In Verbindung mit dem ontologischen Prinzip folgert Whitehead (1929 / 1979, S. 24), dass jede Bedingung, die von einem wirklichen Geschehnis ('actual entity') in ihrem Prozess erfüllt werden muss, entweder eine Tatsache über die „wirklichen inneren Zustände" einiger anderer tatsächlicher Geschehnisse oder über das „subjektive Ziel", das diesen Prozess bedinge, darstelle. Anders ausgedrückt: Warum eine tatsächliche Entität ('actual entity') ist, wie sie ist, sei auf eine oder mehrere tatsächliche Entitäten zurückzuführen. Entweder entspringe der Grund aus inneren Zuständen anderer Entitäten oder sei dem subjektiven Ziel des Werdeprozesses eines Subjekts zuzuschreiben:

> "This ontological principle means that actual entities are the only reasons; so that to search for a reason is to search for one or more actual entities. It follows that any condition to be satisfied by one actual entity in its process expresses a fact either about the 'real internal constitutions' of some other actual entities, or about the 'subjective aim' conditioning that process" (Whitehead, 1929 / 1979, S. 24).

Das „subjektive Ziel", das den mikroskopischen Konkretisierungsprozess 'concrescence' bedinge, steuere das Werden ('becoming') eines neuen konkreten Ereignisses, eines Subjekts. 'Concrescence' beschreibe das individuelle Werden, während das „subjektive Ziel" eines Subjekts einen Plan dafür darstelle, wie die subjektive Form des Zwecks im Prozess der 'self-creation' zu realisieren sei:

> "The 'subjective aim', which controls the becoming of a subject, is that subject feeling a proposition with the subjective form of purpose to realize it in that process of self-creation" (Whitehead, 1929 / 1979, S. 25).

Der Prozess der Selbstschöpfung ('self-creation') steuere das „subjektive Ziel", ausgehend von einer Vorahnung über die 'subjective form'. Das „subjektive Ziel" sei das, worauf der Konkretisierungsprozess einer 'actual entity' hinauslaufe. Sowohl vorangegangene Entitäten als auch das „subjektive Ziel", das den mikroskopischen Konkretisierungsprozess 'concrescence' bedinge, beeinflussten das Werden eines neuen konkreten Ereignisses:

> "The doctrine of the philosophy of organism is that, however far the sphere of efficient causation be pushed in the determination of components of a concrescence – its data, its emotions, its appreciations, its purposes, its phases of subjective aim – beyond the

determination of these components there always remains the final reaction of the self-creative unity of the universe" (Whitehead, 1929 / 1979, S. 47).

Die 'Philosophy of Organism' legt im Rahmen des Konkretisierungsprozesses 'concrescence' eine Kausalität in der Bestimmung der Komponenten nahe, schreibt jedoch die endgültige Reaktion der selbstschöpferischen Einheit zu. Diese endgültige Reaktion gehe über die Bestimmung dieser Komponenten hinaus:

> "The concrescence is dominated by a subjective aim which essentially concerns the creature as a final superject. This subjective aim is this subject itself determining its own self-creation as one creature" (Whitehead, 1929 / 1979, S. 69).

Das 'subjective aim' sei letztlich das Subjekt selbst, das seine eigene Selbstschöpfung als ein Geschöpf bestimme. Der Konkretisierungsprozess einer 'actual entity' laufe auf das 'subjective aim' hinaus, wobei viele Gegebenheiten den Ausgangspunkt für den selbstbestimmten Selbstschöpfungsprozess darstellten

'Superject' bezeichne dabei den Entwurf der Zukunft, der aus dem Ziel in der Wirksamkeit jeder Wirklichkeit folge. Die Zukunft sei nicht nur die unentrinnbare Folge des Vergangenen. Unter der Kategorie "Freedom and Determination" schreibt Whitehead (1929 / 1979, S. 27 f.):

> "The concrescence of each individual actual entity is internally determined and is externally free. This category can be condensed into the formula, that in each concrescence whatever is determinable is determined, but that there is always a remainder for the decision of the subject-superject of that concrescence. This subject-superject is the universe in that synthesis, and beyond it there is nonentity. This final decision is the reaction of the unity of the whole to its own internal determination. This reaction is the final modification of emotion, appreciation, and purpose. But the decision of the whole arises out of the determination of the parts, so as to be strictly relevant to it"

Whitehead beschreibt die Konkretisierung ('concrescence') als einen Prozess, bei dem jedes individuelle tatsächliche Wesen sowohl intern bestimmt als auch extern frei ist. Zwar seien innerhalb jedes Konkretisierungsprozesses alle zu bestimmenden Determinanten festgelegt, jedoch bleibe stets ein Rest übrig, der der Entscheidung des 'subject-superjects' überlassen bleibe. Die endgültige Entscheidung sei demnach die Reaktion der Einheit als Teil des Ganzen auf ihre eigene interne Bestimmung, die letzte Modifikation von Emotion, Wertschätzung und Zweck. Whiteheads Philosophie legt einen starken Fokus auf die Wechselwirkungen zwischen den Teilen und dem Ganzen ('res vera'), wobei die Freiheit und die

Entscheidungen des Individuums innerhalb eines größeren kosmischen Kontexts betrachtet werden. Zwar beeinflussten vorangegangene Entitäten das neue Werden, jedoch bleibe dem mentalen Pol eine gewisse Entscheidungsfreiheit über die subjektive Form vorenthalten. Dieser Pol sei untrennbar mit dem „Ganzen“ ('res vera') verbunden: "[T]he mental pole determines the subjective forms and that this pole is inseparable from the total res vera" (Whitehead, 1929 / 1979, S. 70).

2.2.6 'Fallacy of Misplaced Concreteness'

Ein zentraler Begriff bei Whitehead ist der 'Fallacy of Misplaced Concreteness' (FoMC), der als ein Trugschluss der deplatzierten Konkretheit übersetzt werden kann. Nach Whitehead (1933 / 1967, S. 52) liegt die Verwechslung des Abstrakten mit dem Konkreten vor, wenn mit abstrakten Begriffen die konkrete Wirklichkeit nicht abgebildet wird:

> "There is an error; [...] it is [...] the [...] error of mistaking the abstract for the concrete. It is an example of what I will call the 'Fallacy of Misplaced Concreteness' ".

So werde die Modellwelt fälschlicherweise für die Realwelt gehalten. Ein Fehlschluss beruhe dabei auf einer selektiven, unvollständigen Wirklichkeitswahrnehmung. Whitehead sieht hier die Aufgabe der Philosophie bzw. der Metaphysik.[28] Diese habe zu prüfen, ob die abstrakten Begriffe mit den konkreten Inhalten übereinstimmen bzw. ob diese Inhalte dienlich sind, um die Erfahrungen abzubilden:

> "You cannot think without abstractions; accordingly, it is of the utmost importance to be vigilant in critically revising your modes of abstraction. It is here that philosophy finds its niche as essential to the healthy progress of society. It is the critic of abstractions" (Whitehead, 1933 / 1967, S. 59).

Mithilfe des FoMC können bestehende Systeme in Bezug auf die diesen grundsätzlichen metaphysischen Annahmen analysiert werden.[29] Beispielsweise kann

---

[28] "It is the office of metaphysics to determine the limits of the applicability of such abstract notions" (Whitehead, 1929 / 1979, S. 93).

[29] Ein anschauliches und weitreichendes Beispiel liefern Lesch et al. (2019) in ihrem Buch „Ein Physiker und eine Philosophin spielen mit der Zeit“. Demnach liegt ein FoMC vor, wenn der abstrakte Begriff „Zeit“ mit der Uhrzeit gleichgesetzt und diese für die konkrete Wirklichkeit gehalten wird.

die Maschinen-Metaphysik als eine äußerst erfolgreiche Periode in Bezug auf naturwissenschaftliche und wirtschaftliche Entwicklung gesehen werden.[30] Diese ermöglichte die Konzeption eines an sich abstrakten Marktmechanismus, der in verschiedenen Ausprägungen weltweit Anwendung findet. Nach Whitehead unterliegt die vereinfachte abstrakte Metaphysik der Marktmaschine einem 'Fallacy of Misplaced Concreteness' (oder FoMC), indem dieses abstrakte Wirtschaftssystem für die konkrete Wirklichkeit gehalten wird. Dies wird durch das Zitat nach William Stanley Jevons (1965, S. 93) deutlich:

> "The theoretical conception of a perfect market is more or less completely carried out in practice".

Die Verkennung des Konkreten mit dem Abstrakten habe zur Folge, dass die Metaphysik der Marktmaschinerie nur mit dem abstrakten und eindimensionalen „Handwerkszeug" arbeitet. Konkrete, polydimensionale Methoden blieben außen vor (Schramm, 2014a, S. 55 f.). Aus der Sicht der 'Philosophy of Organism' erlangt ein an sich abstraktes Wirtschaftssystem erst in den Spielzügen bzw. konkreten Transaktionen Wirklichkeit. Jene Ebene dieser konkreten Transaktionen sei die konkrete Wirklichkeit unseres Kosmos und unterliege den gleichen metaphysischen Kategorien, die Whitehead in seiner Kosmologie untersucht hat.

2.2.7 Organisationstheoretische Erkenntnisse

Die grundsätzliche Übertragung der 'Philosophy of Organism' auf den Bereich der Ökonomie wird J. R. Commons zugeschrieben. Auf Basis der metaphysischen Kosmologie nach Whitehead konzipierte J. R. Commons die 'Institutional Economics'. In diesem Abschnitt werden zentrale Thesen Whiteheads für organisationstheoretische Überlegungen festgehalten. Die weitreichenden Überlegungen von J. R. Commons werden hier nur teilweise genannt, diese werden in Abschnitt 4.2.3 vertieft.

a) Der Rückgriff auf Whiteheads kosmologische Metaphysik ermöglicht organisationstheoretische Überlegungen, die vom Konkreten ausgehen. Das, was wirklich passiert, sind 'actual occasions'.[31] Eine 'actual occasion' ist als

---

[30] Siehe auch Abschnitt 2.1.

[31] Im Gegensatz dazu stellen die Vorstellungen eines perfekten „Marktmechanismus" eine Abstraktion der Realität dar. Es besteht die Gefahr, einen FoMC zu begehen, das Abstrakte mit dem Konkreten zu verwechseln.

'basic unit' der Ausgangspunkt für alles in diesem Universum. Die tatsächliche, konkrete Wirklichkeit geschieht in vielen einzelnen Ereignissen ('actual occasions'). Die Konzeption der ökonomischen Wirklichkeit basiert in dieser Arbeit auf diesen konkreten Prozessen. Den kosmologischen 'actual occasions' entsprechen ökonomisch die Transaktionen als 'basic units' der Wirtschaft.[32]

b) Als organisationstheoretische Überlegung im Sinne der 'Philosophy of Organism' nach Whitehead ist die prozessuale bzw. evolutive Dimension der Wirklichkeit von 'societies' hervorzuheben.[33] Eine 'society' ist nur dann konkrete Wirklichkeit, wenn sie sich als komplexe „Kooperation" vieler 'actual occasions' fortwährend reproduziert. Sie wächst, sammelt Erfahrungen, und irgendwann löst sich diese organisationale 'society' wieder auf. Auf den ökonomischen Kontext übertragen ist eine Organisation ein Netzwerk von unendlich vielen Transaktionen. Eine Organisation wird gegründet, entwickelt sich und irgendwann wird diese liquidiert. Ausschließlich während dieses fortlaufenden Reproduktionsprozesses ist die Organisation konkret und somit wirklich.

c) Während dieses Prozesses werden die einzelnen Transaktionen durch eine 'defining characteristic' zusammengehalten, die identitätsstiftend für die Organisation ist.[34] Dabei ist alles, was eine Transaktion der Organisation charakterisiert, ein Teil der 'defining characteristic'. Wird eine Organisation im Sinne einer 'social society' aufgelöst (Firmenliquidation), so entfällt die 'defining characteristic'. Es liegt eine 'non-social society' vor. Die einzelnen Bestandteile der ehemaligen Organisation, wie bspw. Gebäude, Maschinen oder der Fuhrpark, werden nicht weiter der Organisation zugerechnet. Es handelt sich um ein chaotisches Zusammensein der Bruchstücke der ehemaligen Organisation, sofern diese nicht von anderen Organisationen erworben werden. Die 'defining characteristic' kann im organisationalen Kontext weiter spezifiziert werden. Jeder bestimmten Rolle, jedem Team oder jeder Abteilung ist eine identitätsstiftende 'defining characteristic' zuzuschreiben. Je nach Rolle oder Abteilung kann die 'defining characteristic' spezifischer zugeordnet werden,

---

[32] Das wirkliche Ereignis ist bei Commons Institutionenökonomie eine Transaktion, die er als zentralen Ausgangspunkt für die Konzeption der Ökonomie ansieht: "Thus the ultimate unit of activity [...] is a transaction" (Commons, 2009, S. 58). Die Transaktion stellt die 'basic unit' dar.

[33] Eine 'society' bei Whitehead entspricht einem 'going concern' bei Commons Institutionenökonomie.

[34] 'Defining characteristics' eines 'going concern' sind bei Commons Institutionenökonomie 'working rules'.

wobei diese stets Teil der 'defining characteristic' der ganzen Organisation darstellt.

d) Der Prozess einer 'society' als komplexe „Kooperation“ vieler Transaktionen, die sich fortwährend reproduziert, ist gekennzeichnet durch das Zusammenspiel von Möglichkeiten und Wirklichkeiten. Möglichkeiten werden im Prozess konkret. Im Prozess bestimmen sowohl „reale“ Möglichkeiten als auch ideale Möglichkeiten das Werden. Die realen Möglichkeiten ergeben sich aus der tatsächlichen Wirklichkeit, also aus allen vollzogenen unternehmerischen Handlungen. Die idealen Möglichkeiten sind abstrakt und können als unternehmerische Potentiale gesehen werden. Diese können schrittweise durch unternehmerisches Handeln zu „realen Möglichkeiten“ entwickelt und erschlossen werden. Für eine Organisation bedeutet das, dass reale Möglichkeiten den Handlungsspielraum in einer konkreten Situation bestimmen. Setzt sich eine Organisation das Ziel, den Handlungsspielraum zu erweitern und unternehmerische Potentiale zu erschließen, erfolgt dies schrittweise Transaktion für Transaktion über einen langen Zeitraum hinweg.

e) Alle vorherigen Ereignisse ('actual occasions') sind Teil des Werdeprozesses einer neuen 'actual occasion'. Auf mikroskopischer Ebene wird das Werden einer neuen 'actual occasion' betrachtet. Auf der makroskopischen Ebene wird der Prozess des Übergangs von einem Zustand, der bereits erreicht wurde (erreichte Aktualität), zu einem Zustand, der noch angestrebt wird (Aktualität in Erreichung), beleuchtet.[35] Für eine Organisation bedeutet das, dass alle vorangegangenen Transaktionen das Werden einer neuen Transaktion beeinflussen: Alle vollzogenen unternehmerischen Handlungen beeinflussen das aktuelle Geschehen und die künftigen Handlungen. Alle Handlungen prägen die Identität des Unternehmens und bilden den Ausgangspunkt für weiteres unternehmerisches Handeln.

f) In Whiteheads Kosmologie beeinflussen alle vorangegangenen Entitäten das neue Werden, jedoch bleibt dem mentalen Pol eine Entscheidungsfreiheit. Das Subjekt bestimmt selbst über die subjektive Form. Das Erschließen von neuen Handlungsmöglichkeiten kann als Ausdruck der Selbstbestimmtheit des organisationalen Akteurs im Prozess gesehen werden. Dieser verfügt in einer konkreten Situation stets über die Entscheidungshoheit, worauf der Konkretisierungsprozess einer 'actual entity' hinausläuft. Die Zukunft ist nicht nur die unentrinnbare Folge des Vergangenen. 'Superject' ist dabei der Entwurf

[35] Die unterschiedlichen Perspektiven der mikroskopischen Ebene und makroskopischen Ebene sind im weiteren Verlauf der Arbeit für die Betrachtung von moralischem Handeln relevant. Siehe hierzu Abschnitt 5.2 (moralisches Stufenmodell).

der Zukunft, der aus dem Ziel in der Wirksamkeit jeder Wirklichkeit folgt. Im ökonomischen Kontext kann der 'purpose' als „Entwurf der Zukunft" ein Leitbild der Organisation darstellen. Die tatsächlichen Handlungen können Schritt für Schritt auf den 'purpose' ausgerichtet werden. Dies ermöglicht es neue Potentiale zu erschließen.

g) Whiteheads kosmologische Metaphysik eröffnet eine fundamental andere Sicht auf moralisches Handeln als die Neoklassik. Die vielen einzelnen Transaktionen sind als Teil des Ganzen stets polydimensional und relational. Eine Transaktion als eine unternehmerische Handlung steht in Verbindung mit allem in unserem Kosmos. Dies impliziert, dass in einer unternehmerischen Handlung alle denkbaren Stakeholder (direkt oder indirekt) beteiligt sind. Diese fundamentale Erkenntnis erfordert, alles und jeden beim unternehmerischen Handeln zu berücksichtigen. Neben der ökonomischen Dimension sind die rechtliche und ethische Dimension integraler Bestandteil des organisationalen Handelns. Alle Stakeholder sollten im unternehmerischen Handeln Berücksichtigung finden. Angenommen eine Organisation im Sinne einer 'society' setzt sich das Ziel einer „integren" Gewinnung von Rohstoffen ('superject'), dies ist zum heutigen Zeitpunkt jedoch noch nicht möglich und somit keine „reale" Möglichkeit. Verfolgt die Organisation dieses Ziel Transaktion für Transaktion über einen langen Zeitraum hinweg, wird es Transaktion für Transaktion möglicher, tatsächlich integer Rohstoffe zu beziehen. In diesem Prozess werden tatsächliche Möglichkeiten, die zuvor noch gänzlich abstrakt (oder „ideal") waren, schrittweise zu „realen Möglichkeiten". Die vielen 'transitions' von einer Transaktion zur nächsten Transaktion erweitern den „real" erreichbaren Handlungsspielraum. Eine Organisation im Sinne einer 'society' besitzt die Freiheit zu entscheiden, worauf ein Konkretisierungsprozess auf der mikroskopischen und makroskopischen Ebene hinausläuft.

Zur Betrachtung der Polydimensionalität von Transaktionen im unternehmerischen Alltag bedarf es eines Ansatzes, der alle Stakeholder berücksichtigt und zugleich eine gewisse Praktikabilität in der organisationalen Steuerung aufweist. Jede unternehmerische Handlung ist transparent in Bezug auf die Auswirkungen auf die Stakeholder darzustellen. Die Annahme in der vorliegenden Arbeit ist, dass die Beteiligung der einzelnen Stakeholder an einer Transaktion mithilfe von Werten dargestellt werden kann. Verkürzt ausgedrückt sind Werte das, was wichtig ist. Der Wertestempel[36] einer konkreten unternehmerischen Handlung (Transaktion) als reduktiver Ansatz zeigt die

[36] Die Ausarbeitung und Anwendung der Wertestempel werden in Kapitel 7 vorgenommen.

einzelnen Interessen und Werte aller Beteiligten hinsichtlich zehn verschiedener Werte (hier Werte-Cluster) an. Die Ausprägungen der einzelnen Werte offenbaren, inwieweit diese jeweils in der konkreten Handlung berücksichtigt werden. Generell ist ein Wertestempel Ausdruck der Polydimensionalität sowie der Relationalität einer unternehmerischen Handlung.

Dieser Abschnitt stellt die Prozess-Metaphysik nach Alfred N. Whitehead vor. Konkrete Ereignisse, also Transaktionen, bilden den Ausgangspunkt der prozessmetaphysischen Betrachtung, der Prozess stellt die grundlegende Idee dar. In dieser Arbeit soll eine Organisation definiert werden als ein Netzwerk von Transaktionen, das sich evolutionär entwickelt. Daraus ergibt sich die Notwendigkeit, ökonomische Ansätze einzubinden, die von konkreten Ereignissen ausgehen. Im nächsten Abschnitt werden hierfür die mikroanalytischen Theorieansätze nach Commons (1934), Schramm (2015a, 2016a, 2017a, 2017b) und Wieland (2020) vorgestellt. Während Commons die grundsätzliche Übertragung der Prozess-Metaphysik in den Bereich der Ökonomie zuzuordnen ist, entspringen die beiden letzteren Ansätze der Wirtschaftsethik, was deren Relevanz für moralisches Handeln in evolutionären Organisationen besonders hervorhebt.

3 Mikroanalytische Theorieansätze der Ökonomik

In diesem Kapitel werden mikroanalytische Theorieansätze herangezogen, die eine Transaktion als grundlegende Einheit ('basic unit') betrachten. Die Fokussierung auf die Mikroebene ist dabei bewusst gewählt, da Whitehead eine mikroanalytische Perspektive vertritt. In der Kosmologie nach Whitehead entsprechen die grundlegenden Einheiten den 'actual occasions', während in der Ökonomie die Transaktionen als solche fungieren. Alle Phänomene lassen sich auf die 'basic units' zurückführen. Da wir in dieser einen Welt leben, bilden Transaktionen als 'basic units' die Grundlage für die ökonomischen Ansätze aus einer kosmologischen Perspektive. Vor diesem Hintergrund erscheint es zweckmäßig, in dieser Arbeit mikroanalytische Theorieansätze wie jene von Commons (1934), Schramm (2015a, 2016a, 2017a, 2017b) und Wieland (2020) heranzuziehen. Diese greifen auf die Prozess-Metaphysik nach Whitehead zurück. Die Sicht der Prozess-Metaphysik ermöglicht es, organisationales Handeln in seiner Komplexität darzustellen. Konkrete Transaktionen bilden den Ausgangspunkt der prozessmetaphysischen Betrachtung, jede Transaktion umschließt mindestens die ökonomische, ökologische und gesellschaftliche Dimension. Eine Organisation wird konzipiert als ein sich evolutionär entwickelnder und einen 'purpose' anstrebender Organismus, der auf konkreten Transaktionen basiert. Zunächst wird auf die 'Institutional Economics' nach John R. Commons (1934) eingegangen, die sowohl die 'Business Metaphysics' nach Michael Schramm (2014b, 2015a, 2016a, 2017a) als auch die 'Relational Economics' nach Josef Wieland (2018, 2020) beeinflusst hat.

J. Bee, *Moralisches Handeln in evolutionären Organisationen*, Studien zur Ethik der Transaktion, https://doi.org/10.1007/978-3-658-52227-8_3

3.1 Commons: 'Institutional Economics'

Die 'Institutional Economics' (IE) nach John R. Commons (1934) als interdisziplinärer Ansatz verfolgt das Ziel, die Neoklassik mittels einer institutionenorientierten Theorie zu kritisieren. Die Überlegungen greifen auch auf die kosmologische Metaphysik von Whitehead zurück. Commons hebt analog zu Whitehead die prozessuale bzw. evolutive Dimension der Wirklichkeit hervor. Zudem sieht er die gesellschaftliche Verortung von Unternehmen bzw. die Einbettung der Ökonomie in die Gesellschaft als zentral an. Die „Wirtschaftswelt" besteht gemäß Commons aus Transaktionen ('transactions').[1] Eine Transaktion wird als ein komplexes Zusammenspiel von verschiedenen Faktoren gesehen, die das wirtschaftliche und soziale Leben prägen. Eine Transaktion umfasse mindestens die drei Dimensionen Recht, Ökonomie und Ethik, wobei diese Dimensionen die theoretische Betrachtung und Analyse von Transaktionen formen. Als 'basic unit' bildet eine Transaktion den Ausgangspunkt für die Konzeption einer Organisation als 'going concern'. Analog zu einem Organismus evolvieren Organisationen als eine in ihren Transaktionen existierende Form. Allen 'transactions' einer Organisation ('going concern') werden 'working rules' zugeschrieben. Als gemeinsames Charakteristikum seien diese sowohl ausschlaggebend für das Fortbestehen der Organisation als auch leitend für das organisationale Handeln selbst. Die 'working rules' spezifizierten den Zweck ('purpose') einer Organisation ('going concern'). Ein 'purpose' treibe eine Organisation an und gebe dieser als Leitbild Orientierung. Das Fortbestehen einer Organisation werde geprägt durch Selektion ('survival of the fittest'). Es würden sich im Laufe der Zeit nur die Transaktionen durchsetzen, die „bestimmte" Merkmale enthielten. Nach Commons agieren Organisationen somit ähnlich wie ein Organismus, der seine Energie und Nährstoffe sorgfältig verwalten muss, um zu überleben und zu gedeihen. Der strategische Einsatz von Ressourcen sei für Organisationen essenziell, um in einem sich wandelnden Umfeld erfolgreich zu agieren (vgl. Commons, 2009).

[1] "A transaction [...] is the smallest unit of institutional economics" (Commons, 2009, S. 58).

Einordnung der 'Institutional Economics'

Ausgehend von konkreten Problemen diverser Interessengruppen der amerikanischen Wirtschaft war das Ziel der Institutionenökonomie (IÖ) bzw. 'Institutional Economics' (IE) die Lehre der Neoklassik mit einer institutionenorientierten Theorie zu vervollständigen.[2] Im Gegensatz zur neoklassischen Gleichgewichtstheorie, die den Güteraustausch als Zusammentreffen von Angebot und Nachfrage definiert, verbindet die IÖ diesen mit weiteren Rechten und Pflichten. Diese sind in Traditionen, Gewohnheiten, Gesetzen und der Rechtsprechung begründet. J. R. Commons gilt neben Thorstein Veblen, Wesley Mitchell, Walton Hamilton und John Maurice Clark (Kaufman, 2007, S. 4) als einer der Gründerväter der IÖ. Die IE und die neoklassische Ökonomie haben nach Commons den gleichen Ursprung sowie inhaltlich signifikante Übereinstimmungen (vgl. Biddle, 1991; Erlei et al., 2016; Rutherford, 2000). Den Ausgangspunkt für beide Paradigmen bilde Adam Smiths[3] "Wealth of Nations":

> "I would begin teaching the science of economics with Adam Smith" (Commons, 1934, S. 1).

Die 'Institutional Economics' sei als "return to the true spirit of Adam Smith" (Commons, 2012, S. 363) zu verstehen. Dabei sieht Commons (2012, S. 362) die Entwicklung der neoklassischen Ökonomie kritisch:

> "Adam Smith started with a view of the forest but his followers lost themselves in the woods".

Nach Adam Smith bedeutet der wahre Kern ('true spirit'), eine breite politische, ökonomische Perspektive auf die Wirtschaftswissenschaften einzunehmen.[4]

---

[2] Der Begriff „Institutionenökonomie" (IÖ) stellt die deutsche Übersetzung der 'Institutional Economics' (IE) dar.

[3] Adam Smith (1723–1790) gilt als der „Urvater" der Ökonomie. Er beleuchtete als Erster die wohlstandsfördernde Wirkung von Arbeitsteilung und freiem Markt. Die zentrale Botschaft nach Adam Smith lautet, dass der wirtschaftliche Fortschritt auf dem Eigennutz der Akteure beruht. Der Staat solle sich demnach weitgehend aus dem Privaten, dem unternehmerischen Handeln, heraushalten (vgl. Tichy, 2012).

[4] Die kritische Haltung von Adam Smith (1978, S. 213) gegenüber den Eigeninteressen bestimmter Stakeholder wird in „Der Wohlstand der Nationen" deutlich: „Das Interesse der Kaufleute aller Branchen in Handel und Gewerbe weicht aber in mancher Hinsicht stets vom öffentlichen ab, gelegentlich steht es ihm auch entgegen. Kaufleute sind immer daran interessiert, den Markt zu erweitern und den Wettbewerb einzuschränken [...] Jedem Vorschlag zu einem neuen Gesetz oder einer neuen Regelung über den Handel, der von ihnen

Den Institutionen wird für das erfolgreiche Agieren in einer Wirtschaft eine "well governed society" (Kaufman, 2007, S. 8) zugeschrieben. Commons kritisiert Smiths Nachfolger dafür, den Blick für das große Ganze verloren zu haben. Soziale Beziehungen sowie das institutionelle Rahmenwerk würden als gegeben hingenommen. Die Arbeiten beschränkten sich im Wesentlichen auf Detaillierungen der Logik des Marktaustausches. Ausgehend von Smiths ökonomischen Erkenntnissen entwickelte sich im 18. Jahrhundert mit Thomas Robert Malthus[5] und David Ricardo[6] die Ökonomie in zwei unterschiedliche Richtungen weiter.

Malthus stützte sich bei seiner Theoriekonzeption auf empirisch fundierte Prämissen: Sowohl die imperfekte menschliche Rationalität als auch die Rolle von Institutionen wie Kirche, Familie oder Staat für die Regulierung individuellen Verhaltens wurden miteinbezogen. Malthus lehnte sowohl die Says Gesetze[7] als auch die Idee eines sich selbst regulierenden Marktes ab. Hingegen befürwortete er die politische Position, dass der Staat im Markt regulierend einzugreifen habe.

Die Ökonomie nach Ricardo basiert auf Vorstellungen abstrakter Natur: Die deduktiv abgeleiteten a priori Annahmen sprechen den Institutionen in der Wirtschaft eine geringe Bedeutung zu. Der Freihandel und die selbstregulierende Natur des Marktes stehen im Fokus. Eine politische Einflussnahme auf den Markt wird abgelehnt.

Den Ursprung der IE sieht Commons bei Malthus, während die neoklassische Ökonomie sich mit Ricardo fortsetzt. Die IE baut auf Kenntnissen der Ökonomen

---

kommt, sollte man immer mit großer Vorsicht begegnen. Man sollte ihn niemals übernehmen, ohne ihn vorher gründlich und sorgfältig, ja, sogar mißtrauisch und argwöhnisch geprüft zu haben, denn er stammt von einer Gruppe von Menschen, deren Interesse niemals dem öffentlichen Wohl genau entspricht, und die in der Regel vielmehr daran interessiert sind, die Allgemeinheit zu täuschen, ja, sogar zu mißbrauchen".

[5] Thomas Robert Malthus (1776–1834) gilt als ein führender Ökonom der klassischen Nationalökonomie. Seine zwei wichtigsten Werke sind "An Essay on the Principle of Population" (1789) und "Principles of Economics" (1820). Seine Überlegungen zum „Bevölkerungsgesetz" inspirierten Charles Darwin und Alfred Russel Wallace zur Entwicklung der Evolutionstheorie. Obwohl fachlich unterschiedliche Auffassungen zur Auslegung der Ökonomie vorherrschten, pflegten Malthus und Ricardo eine enge Freundschaft (vgl. Holub, 2010).

[6] Auch David Ricardo (1772–1823) gilt als ein führender Vertreter der klassischen Nationalökonomie. Als Abgeordneter im britischen Unterhaus setzt sich Ricardo für Freihandel und die Abschaffung von Zöllen auf Getreide ein. Seine Hauptwerke sind "Essay on the Influence of low Price of Corn on the Profits of Stock" (1815) und "On the Principles of Political Economy and Taxation" (1817) (vgl. Holub, 2010).

[7] Die Says Gesetze nach Jean-Baptiste Say und James Mill zählen zum Verständnis der modernen angebotsorientierten Wirtschaftspolitik. Diese formulieren einen Kausalzusammenhang zwischen den volkswirtschaftlichen Größen Angebot und Nachfrage (vgl. Wächter, 2017).

Henry Carey, Karl Marx, Gustav Schmoller, Thorsten Veblen, John Hobson und Sidney Beatrice Webb auf. Der interdisziplinäre Forschungsansatz der IÖ inkludiert wichtige Erkenntnisse aus weiteren Fachbereichen, wie der Biologie mit Charles Darwin, der Soziologie mit Emile Durkheim, der Psychologie mit Max Weber und der Politik mit William James (vgl. Kaufman, 2007).

Nach Commons befasst sich die IE mit unternehmerischem Handeln, das die ökonomische, ethische und gesetzliche Dimension beinhaltet. Jede Dimension widme sich den gleichen Verhaltensregeln und bewerte diese aus einer unterschiedlichen Perspektive:

> "Taking our cue from Hume and the modern rise of such a term as 'business ethics', ethics deals with the rules of conduct arising from conflict of interests and enforced by the moral sanctions of collective opinion. Economics deals with the same rules of conduct enforced by the collective sanctions of economic gain or loss. Jurisprudence deals with the same rules enforced by the organized sanctions of physical force. Institutional economics is continually dealing with the relative merits of these three types of sanctions" (Commons, 2009, S. 71).

Die ethische Dimension beschäftige sich mit Interessenkonflikten, die durch moralische Sanktionen der kollektiven Meinung durchgesetzt werden könnten. Die ökonomische Dimension bewerte die Verhaltensregeln mittels der wirtschaftlichen Größen „Gewinn und Verlust". Die rechtliche Dimension beurteile diese Regeln im Hinblick auf die Einhaltung von Gesetzen und Vorschriften, die sich mit der ausführenden Gewalt durchsetzen lassen. Commons sieht es als die Aufgabe der IE an, sich mit den relativen Vorzügen dieser drei Arten von Sanktionen auseinanderzusetzen.

3.1.1 'Transaction'

Commons mikroanalytischer Ansatz sieht die Transaktion als zentralen Ausgangspunkt für die Konzeption der Ökonomie an:

> "Thus the ultimate unit of activity [...] is a transaction" (Commons, 2009, S. 58).

Als grundlegende Einheit von Aktivität sei eine Transaktion die kleinste Einheit der Institutionenökonomie – und damit entscheidend für die konzeptionellen Überlegungen. Commons (2009, S. 96) bezieht sich bei der Definition von Transaktionen explizit auf Whitehead:

> "These [...] transactions are to economics what Whitehead's [...] 'event*[s]*' are to physics".

Unter Rückgriff auf Whiteheads kosmologische Metaphysik sei eine Transaktion grundsätzlich als ein Ereignis, aber nicht als ein 'actual occasion' zu verstehen. Eine Transaktion existiere nur, wenn irgendetwas geschehe. Folglich sei eine Transaktion nicht dinglich oder substanziell zu bewerten, sondern vielmehr in der kosmologischen Metaphysik als Teil des Ganzen zu betrachten. Diese ultimative Einheit sieht Commons (2009, S. 55) auch in anderen naturwissenschaftlichen Disziplinen wie der Physik, der Chemie oder der Astronomie:

> "This falls in with an analogy to the recent correlation of the separate sciences of physics, chemistry, and astronomy, by the discovery of a unit of activity common to all of them. Roughly speaking, the former units in physics had been molecules, the units in chemistry had been atoms, the units in astronomy had been planets and stars. And the 'energies' which made these units go were heat, electricity, chemical affinity, gravity. But nowadays the unit common to all of them is a unit of activity, the interaction of corpuscular wave-lengths, and the concept of 'energy' disappears".

Das, was allem unabhängig von der jeweiligen Disziplin zugrunde liege, sei eine 'unit of activity'. Die Transaktion als 'ultimate unit of activity' sei die kleinste Einheit der IÖ und als eine Einheit von wechselseitig abhängigen Interessen zu verstehen:

> "The ultimate unit of activity must also be a unit of mutually dependent interests. The relation of man to man is one of interdependence as well as conflict" (Commons, 2009, S. 57).

Die Beziehungen der einzelnen Individuen würden in einer Transaktion konkret.[8] Nach Commons basiert die grundlegende Einheit menschlichen Handelns auf gegenseitigen Interessen. Die einzelnen Interessen stünden in Wechselwirkungen zueinander, die von Interdependenzen geprägt seien.

Die grundsätzliche Funktionsweise der IÖ, basierend auf Transaktionen, folgt Whiteheads kosmologischer Metaphysik. Alles wird als ein organischer Prozess verstanden, eine fortwährende Verflechtung von wechselnden Ereignissen:[9]

---

[8] Im Vorwort zu 'Institutional Economics' wird der relationale Charakter von Transaktionen betont: "The transaction is a relationship between individuals" (Commons, 2009, S. xxi).

[9] Vgl. hierzu Whitehead, Abschnitt 2.2.9 'Concrescence' und 'Transition'.

"But the mechanism itself is 'organic' in that it is a kind of prolonged interweaving of changing events, having, as Whitehead says, a past, a present realization and a future life in its present events" (Commons, 2009, S. 619).

Transaktionen trügen die Vergangenheit, die Gegenwart und auch die noch zu realisierende Zukunft in sich. Gemäß Whiteheads 'Philosophy of Organism' beeinflusst die gesamte Vergangenheit, also alles, was sich bisher ereignet hat, das neue Werden. Auf mikroskopischer Ebene seien alle vorangegangenen Transaktionen Teil des Werdens einer neuen Transaktion. Die makroskopische Ebene ist nach Whitehead der Prozess des Übergangs von einem Zustand, der bereits erreicht wurde (abgeschlossene Transaktion), hin zu einem Zustand, der noch angestrebt wird (angestrebte Transaktion).

Commons (2009, S. xxi) sieht Transaktionen als Übertragungen von Eigentumsrechten ('property rights') an: "what is transacted is the right to property of various kinds". Diese ließen sich in Verhandlungs-, Management- und Rationierungstransaktionen untergliedern:

"When we analyze transactions, which are the transfers of ownership, we find that they resolve themselves into three types, which may be distinguished as Bargaining, Managerial, and Rationing transactions" (Commons, 2009, S. 58).

Eine Verhandlungstransaktion ('bargaining transaction') betrachte den Prozess von der Verhandlung bis hin zur Übertragung der Eigentumsrechte, einschließlich der finalen Vereinbarungen über deren Aufteilung:

"A bargaining transaction is the negotiations and agreement which transfer ownerships under the 'operation of law'" (Commons, 1956, S. 45).

Das Ziel einer 'bargaining transaction' sei die Übertragung von rechtlichem Eigentum im Rahmen von rechtmäßigen Verhandlungen. Verhandlungstransaktionen seien nach ethischen Idealen zwischen Individuen auf „Augenhöhe" zu führen:

"While the law of bargaining transactions sets up an ethical ideal of persuasion between individuals who are equally free" (Commons, 1956, S. 54).

Zentral bei 'bargaining transactions' sei, dass jedes Individuum frei entscheiden könne, wie und in welcher Form es sich an der Transaktion beteiligen möchte.

Eine Managementtransaktion ('managerial transaction') fokussiere auf die Erfüllung von wirtschaftlichen Pflichten. Das rechtliche Eigentum könne als

Ergebnis von Verhandlungstransaktionen ('bargaining transaction') angesehen werden und ermögliche es dem Eigentümer, seine Interessen durchzusetzen. Die rechtlichen Befugnisse versetzten den Eigentümer in die Lage, die Pflichterfüllung von den Arbeitnehmern einzufordern:

> "The kinds of debts, above mentioned, are simply economic duties arising at law from the acquisition of ownerships. The fulfillment of these duties is effected by [...] managerial transaction. [...] This also has a legal foundation. Before a managerial transaction can lawfully be carried through, legal ownership must be obtained. This is obtained by lawful bargaining transactions. With legal ownership thus obtained, the owner has the legal power to issue commands and require obedience of laborers" (Commons, 1956, S. 54).

Eine 'bargaining transaction' könne als Voraussetzung für eine „Managementtransaktion" ('managerial transaction') gesehen werden. Während eine Verhandlungstransaktion dem Individuum Entscheidungsfreiheit zuspreche, obliege die Entscheidungsgewalt von Managementtransaktion dem Inhaber der Eigentumsrechte.[10] Dies ermögliche dem Eigentümer gegenüber Arbeitnehmern weisungsbefugt zu sein. Es sei auf Basis der Vereinbarungen die Pflicht der Arbeitnehmer, den Anweisungen des „Eigentümers" zu folgen.[11]

Die dritte Art ist die Rationierungstransaktion ('rationing transaction'). Diese Ziele ebenfalls auf den Transfer von Eigentumsrechten ab. Im Gegensatz zu

[10] Ein Beispiel stellt die Anbahnung eines Arbeitsvertrages dar. Im Bewerbungsprozess sind sowohl der potenzielle Arbeitgeber als auch ein potenzieller Kandidat frei sich zu entscheiden ('equally free'): Jede Seite hat die Wahlmöglichkeit, an einem Vorstellungsgespräch teilzunehmen, frei über die Rahmenbedingungen wie Bezahlung oder Arbeitszeit zu verhandeln. Sind sich beide Parteien einig und schließen eine Vereinbarung, ist dieser Prozess als 'bargaining transactions' zu werten. Im Folgenden hat der Arbeitgeber als „Inhaber der Eigentumsrechte" Weisungsbefugnis gegenüber dem Angestellten, die vertraglichen Vereinbarungen gemäß der Rechtsprechung einzufordern. Es ist die vertragliche Pflicht des Arbeitnehmers, sich an die Vereinbarungen des Arbeitsvertrages zu halten. Es handelt sich um 'managerial transactions'. Managementtransaktionen ergeben sich aus vertraglichen Vereinbarungen, beide Seiten können nicht „frei" entscheiden.

[11] "[...] the law of managerial transactions rests on the legal right of the owner to issue commands to laborers and on the correlative duty of obedience by the laborers to the commands of owners" (Commons, 1956, S. 54). "The law of managerial transactions is plainly a law of inequality compared with the assumptions of equality in bargaining transactions. The present day assumption is that when the free laborer enters upon the premises of the owner, not as a visitor or a thief but with the joint intention of owner and laborer to become; producer of wealth, he thereby accepts the obligation to obey the commands of the owner, delegated perhaps to foremen" (Commons, 1956, S. 54).

einer 'managerial transaction' habe die Rationierungstransaktion jedoch einen monopolistischen Charakter:

> "Rationing transactions are monopolistic" (Commons, 1956, S. 289).

Eine Rationierungstransaktion übertrage Eigentumsverhältnisse. Im Unterschied zu einer 'managerial transaction' werde bei einer 'rationing transaction' die Menge bzw. der Preis von einer autorisierten höheren Macht wie dem Staat bestimmt. Ein Beispiel stellen Vorgaben wie Gesetze oder eine Abgabenordnung dar:

> "Rationing transactions transfer ownerships where either the quantity or the price, or both, are determined by some authorized superior power" (Commons, 1956, S. 48).

Commons unterscheidet die drei Arten von Transaktionen sowohl nach wirtschaftlichen als auch nach rechtlichen Gesichtspunkten. Während in 'bargaining transactions' den Beteiligten die Souveränität zugestanden werde, Entscheidungen nach freiem Willen zu treffen, ermöglichten 'managerial transactions' dem Eigentümer diese Rechte durchzusetzen. 'Rationing transactions' entzögen sich der Souveränität Einzelner. Diese würden durch eine zentrale Stelle koordiniert und vorgegeben:

> "Commons distinguishes types of transactions from one another by means of both economic and legal relationships. For example, bargaining transactions occur between persons deemed equal by the law although there may be a world of difference in economic power" (Commons, 1956, S. 353).

Die drei Arten von Transaktionen (Verhandlungs-, Management- und Rationierungstransaktionen) seien funktional unabhängig voneinander. Zusammen ergäben diese das „große Ganze", was Commons (2009, S. 58) als 'going concern' bezeichnet:

> "[Transactions] are functionally interdependent and together constitute the whole which we name a Going Concern."

3.1.2 'Going concern'

Organisationen sind gemäß Commons (1934) Formen kollektiven Handelns. Die Differenzierung zwischen 'transactions' und 'going concerns' schließt an die Unterscheidung zwischen 'events' ('actual occasions') und 'societies' nach Whitehead (1929) an.[12] Die Mikroebene sei geprägt durch Transaktionen, diese „Prozesströpfchen" werden bei Whitehead 'actual entities', 'actual occasions' oder 'events' genannt. Whiteheads Prozesströpfchen werden als elementare Aktionen angesehen, die nicht in der Zeit verankert sind, sondern Zeit konstituieren. Im Gegensatz dazu seien Transaktionen in der Zeit verankert, da sie einen gewissen Zeitraum andauerten. Die Makroebene konstituiert sich aus 'going concerns', die als komplexere und beständigere Dinge existieren. Diese dauerhafteren Dinge (bei Whitehead 'societies') setzen sich aus 'transactions' zusammen. Im Gegensatz zu den 'transactions' dauerten 'going concerns' lange an und seien somit keine 'transactions'. Jede Transaktion sei ein Teil des Ganzen. Das große Ganze im ökonomischen Kontext bezeichnet Commons als einen 'going concern'. Ein 'going concern' sei selbst eine größere Einheit – analog zu dem, was in der Biologie einen „Organismus" oder in der Physik einen „Mechanismus" darstelle:

> "[T]ransactions [...] are functionally interdependent, and their interdependence constitutes the whole which, following American usage, we name a going concern. [...] This going concern is itself a larger unit, and is analogous to that which in biology is an 'organism', or in physics a 'mechanism'. But its components are not living cells, nor electrons, nor atoms – they are transactions" (Commons, 1996, S. 454).

Ein 'going concern' bestehe aus Transaktionen, die funktional voneinander abhängig seien. Die gegenseitige Abhängigkeit bilde das Ganze, was Commons als einen 'going concern' bezeichnet.[13] Eine Organisation als Form kollektiven Handelns erlaube die Durchführung verschiedener Arten von gesellschaftlichen Transaktionen: Verhandlungs-, Management- und Rationierungstransaktionen.

Diese Transaktionen würden durch ein gemeinsames Charakteristikum zu einem 'going concern'. Analog zu Whiteheads 'societies', die durch eine 'defining characteristic' zusammengehalten werden, werde ein 'going concern' durch 'working rules' geformt:

> "A going concern is a joint expectation of [...] transactions, kept together by 'working rules'. When the expectations cease, then the concern quits going" (Commons, 1996, S. 454).

---

[12] "These going concerns and transactions are to economics what Whitehead's ‚organic mechanism' and 'event' are to physics" (Commons, 2009, S. 96).

[13] Siehe hierzu das Zitat von Commons: "[Transactions] are functionally interdependent and together constitute the whole which we name a Going Concern" (Commons, 2009, S. 58).

Commons sieht ein Unternehmen als 'going concern' an. Eine Organisation reproduziere ihre existierende Form in einzelnen Transaktionen. Die gesellschaftliche Einbettung und Verortung des Unternehmens als Teil des Ganzen werde in jeder einzelnen wirtschaftlichen Transaktion produziert und reproduziert. Die Fortsetzung eines Unternehmens werde durch 'joint expectations' bedingt. Alle Beteiligten müssten die Erwartung haben, dass es weitergehe. Analog zur 'Philosophy of Organism' werde eine Organisation gegründet, entwickele sich und irgendwann werde diese liquidiert. Ausschließlich während des fortlaufenden Reproduktionsprozesses in Form unendlich vieler Transaktionen sei die Organisation konkret und somit wirklich. Während dieses Prozesses würden die einzelnen 'transactions' durch 'working rules' zusammengehalten. 'Working rules' seien analog zu den 'defining characteristics' nach Whitehead identitätsstiftend. Werde eine Organisation im Sinne eines 'going concern' aufgelöst (Firmenliquidation), so entfielen die 'working rules'. Die Organisation höre auf zu existieren:

> "When the expectations cease then the concern quits going and production stops" (Commons, 2009, S 58).

Neben 'working rules' werde eine Organisation als ein 'going concern' auch durch strategische oder limitierende Faktoren zusammengehalten. Diese hätten das Potential andere Stakeholder zu beeinflussen oder sogar zu kontrollieren:

> "A going concern is a – joint expectation of [...] transactions, kept together by 'working rules' and by control of the changeable strategic or 'limiting' factors which are expected to control the others" (Commons, 2009, S. 58).

Limitierende Faktoren ('limiting factors') könnten als Ressourcen Einzelner angesehen werden. Diese Ressourcen seien essenziell für die Durchführung einer Transaktion. Sie ermöglichten es Einzelnen, Einfluss auf andere auszuüben und könnten je nach Transaktion variieren. Die aus unternehmerischer Sicht für die Durchführung einer Transaktion wichtigsten Faktoren nennt Commons 'strategic factors': "The one whose variation is most important at any point of time becomes, at that time, the strategic factor" (Commons, 2009, S. 561). Commons sieht es als die Aufgabe der Führungskräfte an, diese zu identifizieren und darüber Entscheidungen zu treffen:

> "Like any great leader, in time of crisis, he chooses whatever, at the time, seems to be the strategic factor, and then, having made a decision on that, he leaves its routine application to subordinates while he passes on immediately to the next strategic factor" (Commons, 2009, S. 612).

3.1.3 'Principles of conflict, dependence and order'

Eine Transaktion wird als ein komplexes Zusammenspiel von verschiedenen Faktoren gesehen, die das wirtschaftliche und soziale Leben prägen. Als gemeinsamer Referenzpunkt für das wirtschaftliche und ethische Handeln innerhalb eines rechtlichen Rahmenkonstrukts unterliege die Transaktion den drei Prinzipien Konflikt, wechselseitige Abhängigkeit und Ordnung:

> "Thus, the ultimate unit of activity, which correlates law, economics, ethics, must contain in itself the three principles of conflict, dependence, and order. This unit is a transaction, with its participants, is the smallest unit of institutional economics" (Commons, 2009, S. 58).

Diese Prinzipien bestimmten die Wechselwirkungen zwischen Recht, Wirtschaft und Ethik. Commons (2009, S. 57) führt bei Transaktionen das „Prinzip Konflikt" vor allem auf die unterschiedlichen Interessen der Beteiligten ('conflict of interests') zurück:

> "Hence the ultimate unit to be sought in the problem of correlating law, economics, and ethics is a unit of conflicting interests of ownership".

Eine 'ultimate unit' könne als eine Einheit der widerstreitenden Interessen verstanden werden. Im Zentrum stünden verschiedene Auffassungen des menschlichen Eigentums an der Natur:

> "The ultimate unit of activity must also be a unit of mutually dependent interests. The relation of man to man is one of interdependence as well as conflict" (Commons, 2009, S. 57).

Die grundlegende Einheit der Aktivität könne als ein Netzwerk von wechselseitigen Interessen gedeutet werden. Die Beziehungen zwischen Menschen seien sowohl von Abhängigkeiten als auch von Konflikten geprägt. Die Interdependenz zeige sich darin, dass das Handeln eines Beteiligten Auswirkungen auf das Handeln eines anderen Beteiligten habe. Die wechselseitige Abhängigkeit ('dependence') binde die Beteiligten gewissermaßen an die jeweilige Transaktion.

Die Akteure einer Transaktion müssten darauf vertrauen können, dass zukünftige Ereignisse ähnlich verliefen wie gegenwärtige bzw. vergangene Ereignisse. Diese Sicherheit hinsichtlich der Erwartungen wird als „Ordnung" bezeichnet. Jede Transaktion sei so zu konstruieren, dass diese in einem geordneten

Rahmen ('order') durchgeführt werden könne (vgl. Commons, 2009, S. 64). Ordnung sei somit ein zentraler Aspekt, der es den Teilnehmern ermögliche, ihre Entscheidungen und Handlungen auf der Grundlage von „vorhersehbaren" Ereignissen zu treffen. Die Beteiligten müssten davon ausgehen können, dass sich die Transaktion in ähnlicher Weise wiederholen werde:

> "Still further, this ultimate unit must be one which not only is continually repeating itself, with variations, but also one whose repetitions are expected by the participants to continue, in the future, substantially similar to what they are in the present and have been in the past. The unit must contain security of expectations. This kind of expectation we name Order" (Commons, 2009, S. 57).

Commons geht davon aus, dass die Zukunft grundsätzlich ungewiss ist. Jedoch könnten auf Basis von Erfahrungswerten der Vergangenheit zuverlässige Schlussfolgerungen für gegenwärtiges Handeln gezogen werden. Eine 'unit of activity' beinhalte einen Faktor, der das Vorwegnehmen von begrenzenden oder strategischen Faktoren ermögliche, um Einfluss auf das künftige Ergebnis nehmen zu können. Zentral bei dieser Annahme ist die Verlässlichkeit der Erwartungen, die 'security of expectations' (Commons, 2009, S. 58). Commons sieht dies als ein Merkmal jedes menschlichen Verhaltens an. Das Prinzip der Antizipation bzw. Prognose wird bei Commons im Weiteren als "principle of futurity" (Commons, 2009, S. 58, S. 84) bezeichnet.

Die drei Prinzipien Konflikt, Abhängigkeit und Ordnung sind zentrale Themen der IE und Ausgangspunkt für die 'working rules' einer jeden Transaktion. Die Beteiligten hätten in einem Diskurs festzulegen, wie die Konflikte, verursacht durch unterschiedliche Interessen, in eine funktionierende Gegenseitigkeit und eine geordnete Erwartung von Eigentum und Freiheit zu integrieren seien. Diese drei Prinzipien stünden in Wechselwirkung mit den Prinzipien der Knappheit, Effizienz, Zukunftsorientierung sowie Arbeitsregeln und strategischen Faktoren. Das Ergebnis des Diskurses, wie und in welcher Art und Weise die Zusammenarbeit vollzogen werde, stellten die 'working rules' dar:

> "The working rule is not a foreordained harmony of interests, as assumed in the hypotheses of divine or natural rights, or mechanical equilibrium of the classical and hedonic schools, but it actually creates, out of conflict of interests, a workable mutuality and orderly expectation of property and liberty. Thus conflict, dependence, and order become the field of institutional economics, builded upon the principles of scarcity, efficiency, futurity, working rules, and strategic factors; but correlated under the modern notions of collective action controlling, liberating, and expanding individual action" (Commons, 2009, S. 92).

'Principle of scarcity'

Commons verknüpfte wirtschaftliche Prozesse (Transaktionen) mit evolutionären Prinzipien, die Charles Darwin in der Natur entdeckte. Nach Commons spielt das „Prinzip der Knappheit" ('principle of scarcity') in ökonomischen Transaktionen eine ähnliche Rolle bzw. weist ähnliche Muster auf wie genetische Faktoren, die Darwin in Organismen nachwies:

> "And these transactions, since the principle of scarcity runs through them, have curious analogies to the factors which Darwin discovered in organisms" (Commons, 2009, S. 638).

Transaktionen seien durch das „Prinzip der Knappheit" ('principle of scarcity') geprägt. So wie ein Organismus seine Energie und Nährstoffe verwalten müsse, um zu überleben und zu wachsen, müsse ein Unternehmen seine Mittel strategisch einsetzen, um in einem sich ändernden Umfeld weiterhin erfolgreich zu sein. Entscheidungen seien so zu treffen, dass Ressourcen als limitierende Faktoren möglichst effizient genutzt würden. Commons vergleicht ein Unternehmen mit einem Organismus, beide würden vom „Prinzip der Knappheit" beeinflusst:

> "Likewise a going business is similar to an organism in that the principle of scarcity runs through all of its transactions. This principle takes the form of conflict, variability, competition, survival" (Commons, 2009, S. 638).

Das „Prinzip der Knappheit" zeige sich in verschiedenen Formen – unter anderem als Konflikt, Variabilität, Wettbewerb und Überleben.

3.1.4 'Habit' und 'custom'

Die Gewohnheit ('custom') bewirke in ökonomischen Transaktionen Ähnliches wie genetische Faktoren, die Darwin in Organismen entdeckte. Beide seien auf das „Prinzip der Knappheit" ('principle of scarcity') zurückzuführen:

> "Custom, the repetition of transactions, is analogous to heredity; the duplication and multiplication of transactions arise from pressure of population; their variability is evident, and out of the variabilities come changes in customs and survival" (Commons, 2009, S. 638).

Die Gewohnheit ('custom'), also die wiederholte Durchführung von Transaktionen, wird mit der Vererbungslehre in der Biologie verglichen. Bestimmte wirtschaftliche Praktiken könnten sich über Generationen hinweg entwickeln. Die Wiederholung bzw. Häufung von Transaktionen wird auf eine höhere Nachfrage durch die Bevölkerung zurückgeführt. Aus der variablen Menge an möglichen Transaktionen würden spezifische Transaktionen aufgrund der Nachfrage der Bevölkerung häufiger wiederholt. Kurz gesagt, eine steigende Nachfrage führe zu häufigeren spezifischen Transaktionen, um diese Nachfrage zu decken. Durch die Wiederholung spezifischer Transaktionen würden gesellschaftliche Änderungen abgebildet, wirtschaftliche Aktivitäten passten sich an gesellschaftliche Änderungen an. Gleichzeitig könnten sich gesellschaftliche Aktivitäten an wirtschaftliche Änderungen anpassen. Es bestehe eine wechselseitige Beziehung.

Die Funktionsweise von Organisationen könne mithilfe von 'habits' und 'customs' näher beschrieben werden. Diese kennzeichneten gewisse Regelmäßigkeiten, wie sich Akteure verhielten:

> "Habit is repetition by one person. Custom is repetition by the continuing group of changing persons" (Commons, 2009, S. 155).

Das wiederkehrende Verhalten eines einzelnen Akteurs wird als 'habit' bezeichnet. Das Verhalten mehrerer Akteure wird mit 'custom' beschrieben, unabhängig von der Gruppenzusammensetzung. Die Gewohnheit eines Akteurs ('habit') wird verstanden als eine wiederholte Erfahrung, die durch stetige Repetition internalisiert wird:

> "Experience repeated becomes habit" (Commons, 2009, S. 156).

Diese Rekonstruktion der Gewohnheitsbildung im Sinne von 'habit' ist zunächst individualistisch konzipiert.[14] Das Konzept der 'custom' ziele dabei auf das kollektive Verhalten:[15]

---

[14] Im organisationstheoretischen Bereich hebt Hodgson (2013, S. 977) die Bedeutung von Gewohnheiten für die organisationale Entwicklung hervor: "Habits are the most elementary replicators in social evolution". Gewohnheiten seien die elementarsten Replikatoren in der sozialen Evolution. Unter Rückgriff auf Charles Sanders Peirce, William James und John Dewey werden psychologische Gewohnheiten als die Grundlagen und Voraussetzungen für Ideen betrachtet.

[15] Gemäß Hodgson (2013, S. 977) entsprechen 'customs' Routinen ('routines'), die sich auf die Fähigkeiten von Gruppen beziehen, bestimmte Abläufe oder Handlungssequenzen auszuführen. Routinen unterschieden sich von den 'habits': "Routines are hosted by organizations as their interactors, and in turn are built on the habits of the individuals involved".

> "But custom is more than habit. It is the social habit which creates individual habit" (Commons, 2009, S. 45).

'Habit' charakterisiert demnach die individuelle Gewohnheit von Individuen, während 'custom' die kollektive Gewohnheit von Akteuren in einer Gesellschaft darstellt:

> "Habit is individual repetition. Custom is a kind of social compulsion imposed on individuals by the collective opinion of those who feel and act alike" (Commons, 2009, S. 153).

Eine „kollektive Meinung" ('collective opinion') beschreibe gemeinsame Überzeugungen, die durch soziale Normen oder Werte geprägt würden. Diese könnten einen starken Einfluss auf das Verhalten und die Entscheidungen der Einzelnen haben und dienten diesen als Orientierung. Persönliche Verhaltensweisen und gesellschaftliche Normen und Werte seien eng miteinander verknüpft:

> "We do not start as isolated individuals – we start in infancy with discipline and obedience, and we continue as members of concerns already going, so that conformity to repeated and duplicated practices – which is all that is meant by going concerns – is the only way to obtain life, liberty, and property with ease, safety, and consent" (Commons, 2009, S. 45).

Commons legt dar, dass bestimmte gesellschaftliche Gewohnheiten von Einzelnen übernommen werden. Dies erleichtere es Individuen in bestehenden Systemen erfolgreich zu sein und sichere ihren Fortbestand.[16] Das individuelle und gesellschaftliche Verhalten stehe in engem Austausch miteinander und werde durch Werte und Normen beeinflusst.[17] In dem Zitat hebt Commons die Werte „Konformität", „Tradition" und „Leistung" hervor. Disziplin und Gehorsam ('discipline and obedience') können dem Wert „Konformität"[18] zugeschrieben werden. Wiederholende und duplizierende Praktiken ('repeated and duplicated practices') sind

---

[16] Die Gewohnheit eines Individuums als Wiederholung von erfolgversprechendem Verhalten habe Einfluss auf das künftige Verhalten. Es könne davon ausgegangen werden, dass das individuelle Verhalten sich fortschreibe: "Habit is another principle, which determines me to expect the same for the future" (Commons, 2009, S. 156).

[17] Die Definition und Herleitung von Werten wird in Abschnitt 5.4.3 vorgenommen.

[18] Der Wert „Konformität" bedeutet, dass Handlungen, Neigungen und Impulse, die gegen soziale Erwartungen oder Normen verstoßen könnten, zurückgehalten werden. Im Fokus steht die Erfüllung von gesellschaftlichen Bedürfnissen und sozialen Interaktionen.

dem Wert „Tradition“[19] zuzurechnen. Den Wert „Leistung“[20] unterstreicht Commons durch folgendes Zitat: „Es ist der einzige Weg, um Leben, Freiheit und Eigentum mit Leichtigkeit, Sicherheit und Zustimmung zu erlangen“ (Commons, 2009, S. 45, dt. Übersetzung).

3.1.5 'Purpose'

Commons unterscheidet zwischen einem physischen Mechanismus, einem lebenden Organismus und einer sozialen Institution ('going concern'). Während ein physischer Mechanismus aus einer Abfolge toter Ereignisse bestehe, sei ein lebender Organismus als ein dynamisches Wesen zu sehen, das geboren werde, sich weiterentwickele und irgendwann sterbe. Analog zu einem lebenden Organismus beschreibt Commons (2009, S. 619) auch soziale Institutionen als eine dynamische Abfolge von Ereignissen (Transaktionen):

> "We need, therefore, to distinguish a physical mechanism from a living organism, and an organism from the corresponding social institution, which we name a going concern. Whitehead's 'organic mechanism' is, less metaphorically, a moving mechanism; but a living body, from microbe to man, is a going and dying organism; while a social institution is a purposeful going concern which lives in the future but acts in the present. If we seek to carry out the parallelism, then a mechanism is a succession of dead events; that which corresponds, in a living organism, to an event in physics is the metabolism which changes dead matter into living matter and back again; and the corresponding 'events' in a social organization are the transactions whose expected repetition and working rules are a going concern".

Commons definiert eine soziale Institution ('going concern') als eine zweckverfolgende ('purposeful') Organisation. Lebende Organismen und soziale Institutionen besäßen eine ähnliche Art von Dynamik und Zweckmäßigkeit. Commons konzeptioniert eine soziale Institution ('going concern') unter Rückgriff auf Whiteheads 'Philosophy of Organism': Die 'events' eines lebenden Organismus (bspw. des Menschen als einer 'society') entsprechen den Transaktionen einer

[19] „Traditionen“ zeigen sich oft in Glaubensvorstellungen und Verhaltensnormen und prägen alltägliche Verhaltensweisen einer Gesellschaft. Der Wert „Tradition“ repräsentiert Praktiken, Symbole, Ideen und Überzeugungen von Gruppen, die auf gesellschaftliche Bedürfnisse abzielen.

[20] Der Wert „Leistung“ beschreibt das Generieren von Ressourcen bzw. Kompetenzen, die für das Überleben des Einzelnen genauso wie für Gruppen und Institutionen notwendig sind. Dieser wird durch vorherrschende kulturelle Normen definiert. Beispiele sind Erfolg, Fähigkeiten und Ehrgeiz.

sozialen Organisation. Eine soziale Institution lebe in der Zukunft, handele aber im Hier und Jetzt. Während im Jetzt der Fokus auf dem konkreten Handlungsraum (bei Whitehead reelle Möglichkeiten) liege, werde in der Zukunft der 'purpose' als abstrakter Lösungsraum betrachtet.[21] Nach Commons wird eine Organisation von einem gemeinsamen Zweck ('purpose') angetrieben. Dieser gebe der Organisation als Leitbild Orientierung.[22] Der Zweck sei individuell unter Betrachtung des Anwendungsfeldes zu bestimmen und sei essenziell für die Ausrichtung des Unternehmens:

> "The going concern is animated by a common purpose, governed by common rules of its own making, and the collective behavior in attaining that purpose we distinguish as a 'going business'. It is this collective behavior of this collective will, this flow of transactions along lines indicated by its own working rules, this going business of a going concern, that constitutes the invisible, intangible being of Marshall´s definition. It is not an artificial 'creature of law' – it exists prior to the law in the very nature of the human will as well as 'in contemplation of law' " (Commons, 2012, S. 145).

Der Zweck ('purpose') werde durch eigene, selbst geschaffene Regeln ('working rules') spezifiziert. Jede Organisation habe seine eigenen Regeln und Normen, die das Verhalten der Beteiligten formten. Diese Regeln seien nicht von außen auferlegt, sondern entstünden aus dem „kollektiven Willen" der Mitglieder. Das Verhalten, das durch den gemeinsamen Zweck und die individuellen Regeln beeinflusst wird, bezeichnet Commons als 'going business'. Nach Commons ist eine Organisation kein „künstliches Wesen des Rechts". Eine Organisation bzw. ein Unternehmen stelle vielmehr eine eigenständige Entität, eine „unsichtbare, immaterielle Existenz" dar, die unabhängig von rechtlichen Rahmenbedingungen existiere (Commons, 2012, S. 145). Das Wesen einer Organisation besitzt demnach eine eigene Realität, die vor der rechtlichen Einordnung Bestand hat.

3.1.6 'Natural and artificial selection'

Die Grundannahmen von Commons (2009, S. 636) zu 'natural selection' und 'artificial selection' beruhen auf den Überlegungen Darwins:

---

[21] Der abstrakte Handlungsraum im Sinne eines 'purpose' wird in Abschnitt 5.2 mit dem Wertestempel PS als Ausdruck der Unternehmensleitwerte dargestellt.

[22] Vgl. Abschnitt 4.1: Zweck von Organisationen.

"[...] Darwin distinguished between 'natural selection' and 'artificial selection'. [...] It is 'artificial' simply because it is Purpose, Futurity, Planning, injected into and greatly controlling the struggle for life".

Die prinzipielle Unterscheidung zwischen „natürlicher Selektion" und „künstlicher Selektion" geht auf Darwin zurück und stellt ein grundlegendes Konzept in der Evolutionstheorie[23] dar. Mit der künstlichen Selektion werde ein bestimmter Zweck ('purpose') verfolgt bzw. eine vorweggenommene zukünftige Entwicklung geplant. Diese sei durch menschliches Eingreifen geprägt, um bestimmte Eigenschaften zu fördern, die für den Menschen von Nutzen seien:

"['Natural selection'] is more properly blind selection, while the artificial kind is purposeful selection. Natural selection, which is natural survival of the 'fit' " (Commons, 2009, S. 636).

Die natürliche Selektion ('natural selection') ist ein Prozess in der Natur, bedingt durch natürliche Umweltfaktoren. Diejenigen Organismen überleben, die sich am besten an ihre Umgebung anpassen können. Diese Anpassungen können sich auf verschiedene Merkmale beziehen, wie z. B. Größe, Farbe oder Verhalten. Im Laufe der Zeit führt dies dazu, dass vorteilhafte Eigenschaften in einer Population häufiger werden. Die Individuen, die am besten an ihre Umgebung angepasst sind, können eher ihre Gene an die nächste Generation weitergeben. Im Gegensatz zur künstlichen Selektion kann die natürliche Selektion als „blind" betrachtet werden. Diese erfolgt ohne gezielte Absicht oder Planung. Nach Commons (2009,

[23] Im Jahr 1895 veröffentlichte der Biologe Charles Darwin das Buch "On the Origin of Species by Means of Natural Selection, or the Preservation of Favoured Races in the Struggle for Life". In Kürze ausgedrückt vertritt Darwin die wissenschaftliche Theorie, dass sich Populationen durch einen Prozess der natürlichen Selektion über Generationen hinweg entwickeln. Der Evolutionsgedanke liegt aller Entwicklung zugrunde. Mit der „natürlichen Selektion" postuliert Darwin, dass Individuen innerhalb einer Art verschiedene Merkmale aufweisen. Diese Unterschiede ermöglichten es einigen Individuen, sich besser an ihre Umwelt anzupassen, was zu einer höheren Überlebens- und Fortpflanzungsrate führe. Diese vorteilhaften Merkmale setzten sich über Generationen hinweg in der Population durch. Dabei sei 'survival of the fittest' als Fähigkeit anzusehen, wie ein Individuum bzw. eine Population sich an dic Umwelt anpassen könne (vgl. Darwin, 1859).

Die Evolutionstheorie wird als interdisziplinärer Ansatz verwendet, um in verschiedenen Disziplinen das Verhalten von Individuen und Organisationen zu erklären. In den Bereichen Psychologie, Politik und Recht sind Barkow (2006), Fowler and Schreiber (2008) und Gintis (2007) zu nennen, im Bereich der Wirtschaftswissenschaften sind Vertreter Fagerberg (2003), Nelson and Winter (1982), Veblen (1898) und Witt (2003) (vgl. Johnson et al., 2013).

S. 636) verhält sich die künstliche Selektion ('artificial selection') zur natürlichen Selektion ('natural selection') wie die Maschine zum Mechanismus:

> "Artificial selection bears to Natural selection the relation that Machine bears to Mechanism".

Die künstliche Selektion ('artificial selection') sieht Commons in Übereinstimmung mit Darwin als eine effektive Methode an, um bestehende Organismen für menschliche Zwecke zu optimieren. Bei der künstlichen Selektion spielen der Zweck und die Planung eine zentrale Rolle:

> "[A]rtificial selection converts wolves into dogs, nature´s poisons into medicines, eliminates the wicked microbes, and multiplies the good microbes. A Holstein cow could not survive if left to natural selection-she is a monstrosity created by artificial selection for the sake of the good she can do for man in the future. She is truly, not Whitehead's organic mechanism, but man´s organic machine, relieved from nature's principle of scarcity and converted into man's institution of private property" (Commons, 2009, S. 636).

Die künstliche Auslese ermögliche es bspw. einen natürlich vorkommenden Wirkstoff für ein Medikament zu nutzen. Mithilfe dieser könnten „organische Maschinen" ('organic machines') kreiert werden, die vom natürlichen Prinzip der Knappheit ('principle of scarcity') befreit seien. „Organische Maschinen", wie das Beispiel des Holsteinrinds, seien für die menschliche Verwendung optimiert und ein Teil der menschlichen Institution des Privateigentums. „Organische Maschinen" würden in einer natürlichen Selektion nicht fortbestehen und stünden im Gegensatz zu Whiteheads 'organic mechanism'. Die künstliche Selektion ('artificial selection') wird durch menschliches Eingreifen und Auswahlprozesse beeinflusst. Nach Commons (2009, S. 657) ist das Prinzip der 'artificial selection' zentral für die in der IÖ:

> "But Darwin had two kinds of 'selection' among the variabilities: Natural Selection and Artificial Selection. Ours is a theory of artificial selection".

Neben dem Prinzip der Knappheit sei es für die künstliche Selektion ('artificial selection') im ökonomischen Kontext essenziell, die gegebenen Ressourcen effizient einzusetzen. Einzelne Transaktionen passten sich den sich ändernden Umweltbedingungen an, um die sich verändernde Nachfrage zu decken:[24]

---

[24] In "A naturalistic theory of economic organization" werden wirtschaftliche Organisationen im Kontext der biologischen, verhaltens- und sozialwissenschaftlichen Disziplinen

> "Likewise a going business is similar to an organism in that the principle of scarcity runs through all of its transactions [...] Hence it is artificial selection, not natural selection" (Commons, 2009, S. 638).

Commons zieht Parallelen zwischen einem Organismus und einem Unternehmen. Diejenigen Unternehmen überlebten, die sich am besten an ein dynamisches Umfeld anpassen könnten.[25] Das Prinzip der Knappheit ziehe sich durch alle Transaktionen hindurch. Die Ressourcen seien so einzusetzen, dass diese möglichst effizient genutzt werden könnten. Unternehmen entwickelten gezielt Strategien und Strukturen, um in einem wettbewerbsintensiven Markt zu überleben und zu gedeihen:

> "But here the survival is the 'artificial selection' of good customs and punishment of bad customs, and it is this artificiality, which is merely the human will in action, that converts mechanisms into machines, living organisms into institutionalized minds, and unorganized custom or habit into orderly transactions and going concerns" (Commons, 2009, S. 638).

Mit der künstlichen Selektion werde ein bestimmter Zweck ('purpose') verfolgt. Durch menschliches Eingreifen sollten bestimmte Eigenschaften gezielt gefördert werden. Der Prozess der künstlichen Selektion sei geprägt durch die bewusste Förderung von erwünschten Verhaltensweisen (bspw. Anerkennung durch monetären Bonus) und die Bestrafung von unerwünschten Verhaltensweisen (bspw. geringerer Bonus). Diese Selektion habe zur Folge, dass nur die Transaktionen häufiger aufträten, die bestimmte Merkmale enthielten. Es entstehe eine Art Ordnung und Struktur als Ergebnis menschlichen Handelns und Wollens. „Lebendige Organismen" würden in institutionalisierte Denkweisen umgewandelt und unorganisierte Gewohnheiten entwickelten sich zu geordneten Transaktionen und Organisationen ('going concerns'):

---

gesehen. Menschliche Organisationsfähigkeiten sind einzigartig im Tierreich. Als einzige Spezies können Menschen großangelegte Kooperationen unter Individuen aufrechterhalten, die genetisch nicht eng verwandt sind. Gemäß Stoelhorst und Richerson (2013) ermöglicht der Mechanismus kulturell übertragene Normen und Institutionen. Diese Fähigkeit stellt den Ausgangspunkt für moderne Organisationen dar.

[25] Johnson et al. (2013, S. 128 f.) pointieren die Notwendigkeit der Anpassungsfähigkeit von Unternehmen an eine dynamische ökonomische Umgebung: "Economic systems can be considered as Darwinian arenas in which a "survival of the fittest" environment means successful firms survive while unsuccessful ones die".

> "The institutional theories, or, as we term them, the going concern theories, are built upon both the equilibrium and the process theories. Their attention, however, is directed towards intended or purposeful changes, and to a managed equilibrium instead of an automatic equilibrium. This purposeful control was named by Darwin 'artificial selection', by which was meant that the minds of men, by individual or collective action, control evolution itself according to their own ideas of fitness" (Commons, 2009, S. 120).

Die Theorie von 'going concerns' basiert sowohl auf Gleichgewichtstheorien[26] als auch auf Prozesstheorien[27]. Der Fokus liegt auf beabsichtigten, zielgerichteten Veränderungen sowie auf einem gesteuerten Gleichgewicht. Die „künstliche Selektion" als zweckorientierte Kontrolle ermöglicht es Individuen, die Evolution gemäß eigenen Vorstellungen zu beeinflussen.

3.1.7 Organisationstheoretische Erkenntnisse

a. Der Rückgriff auf Commons IE ermöglicht organisationstheoretische Überlegungen, die vom Konkreten ('basic units') ausgehen. Commons überträgt die metaphysische Kosmologie ('Philosophy of Organism') nach Whitehead auf den Bereich der Ökonomie. In der IE stellt eine Transaktion die 'basic unit' dar. Das, was wirklich passiert, sind Transaktionen. Eine Transaktion ist als 'basic unit' der Ausgangspunkt für wirtschaftliches Handeln. Die tatsächliche, konkrete Wirklichkeit der Geschäftswelt geschieht in vielen einzelnen Transaktionen (bei Whitehead 'actual occasions').
b. Die Transaktion als 'ultimate unit of activity' ist von wechselseitig abhängigen Interessen geprägt. Die unterschiedlichen Interessen beeinflussen sich gegenseitig und sind von Interdependenzen gekennzeichnet. Nach Commons werden die Beziehungen der Individuen in einzelnen Transaktionen konkret.

---

[26] "The 'equilibrium' theories, or rather automatic equilibrium or molecular theories of a natural mechanism, by personification, inject a purpose, like the waves of the ocean 'seeking their level'; or the 'harmony of the universe' with its 'music of the spheres'. Their model is Sir Isaac Newton's 'laws of motion', in his Principia (1687). They tend towards theories of harmony of interests and they look upon law and its conflict of interests as 'pathological', not belonging to economics" (Commons, 2009, S. 120).

[27] "The 'process' theories direct their attention to the changes and the evolution that results from infinitesimal but unintended or accidental changes. Their model is the 'natural selection' of Charles Darwin, in his Origin of Species (1859), where he developed the fivefold process of heredity, over-population, variability, struggle for existence, and survival of the fit, the whole process derived from the Malthusian principle of Scarcity" (Commons, 2009, S. 120).

c. Eine Organisation ('going concern') ist nur dann konkrete Wirklichkeit, wenn diese sich als komplexe „Kooperation" vieler Transaktionen fortwährend reproduziert. Diese kann als Organismus gesehen werden, der als eine in seinen Transaktionsprozessen existierende Form evolviert. Eine Organisation wird gegründet, entwickelt sich und irgendwann wird diese liquidiert. Ausschließlich während dieses fortlaufenden Reproduktionsprozesses ist eine Organisation ('going concern') konkret und somit wirklich.
d. Eine Organisation als ein Netzwerk von vielen Transaktionen wird durch 'working rules' zusammengehalten. 'Working rules' als gemeinsame Erwartungen sind essenziell für das Fortbestehen einer Organisation. Die einzelnen Transaktionen werden erst durch das gemeinsame Charakteristikum ('working rules') zu einem 'going concern'. 'Working rules' sind sowohl identitätsstiftend als auch formbestimmend. Die 'working rules' geben Aufschluss darüber, in welcher Art und Weise die Zusammenarbeit innerhalb sowie außerhalb einer Organisation abläuft. Wird eine Organisation ('going concern') gegründet, sind die organisationsspezifischen 'working rules' integraler Bestandteil jeder Transaktion der Organisation. Eine Organisation entwickelt sich, neue Geschäftsfelder werden erschlossen, neue Mitarbeiter eingestellt oder die Produktionsprozesse angepasst. Diese Veränderungen spiegeln sich in den 'working rules' wider. Wird eine Organisation im Sinne eines 'going concern' aufgelöst (Firmenliquidation), so entfällt das gemeinsame Charakteristikum ('working rules').
e. Eine Transaktion wird als ein komplexes Zusammenspiel von verschiedenen Faktoren gesehen, die das wirtschaftliche und soziale Leben prägen. Die drei Prinzipien 'conflict', 'dependence' und 'order' bestimmen die Wechselwirkungen zwischen Recht, Wirtschaft und Ethik. Während das „Prinzip Konflikt" auf unterschiedliche Interessen der Beteiligten ('conflict of interests') zurückzuführen ist, unterstreicht 'dependence' die wechselseitige Abhängigkeit der Beteiligten an der Transaktion. Das dritte Prinzip „Ordnung" ('order') zielt auf die „Vorhersehbarkeit" ab. Die Beteiligten müssen davon ausgehen können, dass sich die Transaktion in ähnlicher Weise wiederholen wird. In dieser Arbeit wird die Annahme vertreten, dass diese drei Prinzipien ('conflict', 'dependence' und 'order') elementar für das wirtschaftliche und soziale Leben sind. Diese Prinzipien gestalten den Diskurs der Entscheidungsfindung.
f. Nach Commons wird sowohl ein funktionierendes Unternehmen als auch ein Organismus vom „Prinzip der Knappheit" beeinflusst. Ähnlich wie ein Organismus, der seine Energie und Nährstoffe sorgfältig verwalten muss, um zu überleben und zu gedeihen, sollte auch eine Organisation seine Ressourcen strategisch einsetzen, um in einem sich wandelnden Umfeld erfolgreich

zu agieren. Die wiederholte Durchführung bestimmter Transaktionen spiegelt gesellschaftliche Veränderungen wider; wirtschaftliche Aktivitäten gleichen sich an diese gesellschaftlichen Veränderungen an. Bestimmte gesellschaftliche Gewohnheiten werden von Einzelnen übernommen. Dies erlaubt es Individuen in bestehenden Systemen erfolgreich zu sein. Gleichzeitig können gesellschaftliche Veränderungen auch wirtschaftliche Veränderungen hervorrufen. Die Gesellschaft gleicht sich an wirtschaftliche Aktivitäten an. Somit besteht eine Wechselbeziehung zwischen gesellschaftlichen und wirtschaftlichen Aktivitäten.

g. Das tatsächliche Verhalten von einzelnen bzw. kollektiven Akteuren erläutert Commons mit den Begriffen 'habit' bzw. 'custom'. 'Habit' bezeichnet das wiederkehrende Verhalten eines einzelnen Akteurs, 'custom' beschreibt das Verhalten mehrere Akteure. 'Habit' bzw. 'custom' werden durch die Wiederholung von erfolgversprechendem Verhalten fortgeschrieben. Dabei beeinflussen „kollektive Meinungen" ('collective opinions') als gemeinsame Überzeugungen sowie soziale Normen und Werte das Verhalten. Die persönlichen und die gesellschaftlichen Normen und Werte sind eng miteinander verwoben und geben in einer konkreten Transaktion Orientierung.

h. Eine Organisation ('going concern') wird von einem Zweck ('purpose') angetrieben, dieser gibt der Organisation als Leitbild Orientierung. Jeder Zweck ist individuell unter Betrachtung des Anwendungsfeldes zu bestimmen und essenziell für die Ausrichtung des Unternehmens. Dieser wird durch eigene, selbst geschaffene Regeln ('working rules') spezifiziert. Diese Regeln entwickeln sich aus dem „kollektiven Willen" der Mitglieder und beeinflussen das Verhalten der Beteiligten. Commons überträgt das Prinzip der Selektion ('survival of the fittest') gemäß der Evolutionstheorie nach Charles Darwin auf Organisationen. Im Fokus steht die künstliche Selektion. Es treten jene Transaktionen häufiger auf, die bestimmte Merkmale enthalten. Organisationen als „lebendige Organismen" entwickeln spontane Handlungen zu Gewohnheiten. Dieser Prozess ist gekennzeichnet durch die bewusste Förderung von „guten" Verhaltensweisen und die Bestrafung von „schlechten" Verhaltensweisen. Es überleben die Organisationen, die sich am besten anpassen bzw. ihre Ressourcen möglichst effizient einsetzen. Eine Organisation als ein Netzwerk von Transaktionen entwickelt gezielt Strategien und Strukturen ('working rules'), um in einer wettbewerbsintensiven Umgebung zu überleben. Einzelne Transaktionen passen sich den sich ändernden Rahmenbedingungen an. Transaktionen und Rahmenbedingungen stehen miteinander in

Wechselwirkung: Im ökonomischen Kontext formen Organisationen die Rahmenbedingungen (bspw. durch Lobbyarbeit) und werden zugleich durch die Rahmenbedingungen (bspw. Gesetze) geformt.

i. Der reduktive Ansatz[28] nach Commons unterscheidet in einer Transaktion mindestens die drei Dimensionen Recht, Ökonomie und Ethik. Diese grundlegenden Überlegungen sind für die vorliegende Arbeit besonders relevant, da beim mikroanalytischen Ansatz die Polydimensionalität von Transaktionen im Zentrum steht. Eine Transaktion als 'basic unit' ist der Ausgangspunkt für die Konzeption von Organisationen ('going concerns'). Eine Organisation als Organismus ('going concern') wird bestimmt durch die erwartete Repetition von Transaktionen, die auf einen 'purpose' ausgerichtet sind. Dieser wird in den 'working rules' näher bestimmt. Sowohl 'working rules' als auch 'limiting factors' sind für den Fortbestand einer Organisation essenziell. Die Selektion ('survival of the fittest') fördert nur die Transaktionen, die bestimmte Merkmale enthalten. Organisationen als 'going concerns' sind als bewegliche Organismen zu sehen, die auf spontane Veränderungen reagieren. Dabei können unvorhersehbare, neue Möglichkeiten in einer Transaktion konkret werden. Es überleben nur die Organisationen, die sich am besten auf das Umfeld einstellen bzw. die das Umfeld am besten zu ihren Gunsten beeinflussen können. Dies setzt eine möglichst effiziente Nutzung von Ressourcen voraus.

In diesem Abschnitt wird der mikroanalytische Theorieansatz nach Commons besprochen. Der interdisziplinäre Ansatz greift auf die prozessmetaphysischen Überlegungen der 'Philosophy of Organism' nach Whitehead zurück. Konkrete Transaktionen als 'ultimate units of activity' bilden den Ausgangspunkt der IE. Eine Organisation ('going concern') als komplexe „Kooperation" vieler Transaktionen kann als Organismus gesehen werden, der als eine in seinen Transaktionsprozessen existierende Form evolviert und durch 'working rules' zusammengehalten wird. Jede Transaktion wird von wechselseitig abhängigen Interessen geprägt, die sich gegenseitig beeinflussen. Die Beziehungen der Individuen werden in einzelnen Transaktionen konkret und sind durch Interdependenzen gekennzeichnet. Es bleibt die zentrale Frage, wie diese unterschiedlichen Interessen wahrgenommen und in einer konkreten Transaktion angemessen gegeneinander abgewogen werden können, um schließlich moralisch verantwortbares Handeln zu ermöglichen. Folglich ist es unerlässlich, weitere Ansätze

---

[28] Reduktive Ansätze unterteilen das komplexe Ganze in ihre grundlegendsten Elemente: 'basic units'.

aus dem Bereich der Wirtschaftsethik einzubinden, die es ermöglichen, moralisches Handeln im organisationalen Kontext angemessen zu analysieren. Im nächsten Abschnitt wird die 'Business Metaphysics' nach Michael Schramm (2015a, 2017b, 2017a) erörtert, welche die prozessmetaphysischen Betrachtungen nach Whitehead mit den ökonomischen Erkenntnissen nach Commons verbindet. Der Fokus des Forschungsprogramms der 'Business Metaphysics' liegt auf der Unterscheidung zwischen Konkretem und Abstraktem.

3.2 Schramm: 'Business Metaphysics'

Das Forschungsprogramm der 'Business Metaphysics' (BM) setzt sich zum Ziel, Erkenntnisse über wirtschaftsrelevante Fragen aus der metaphysischen Perspektive abzuleiten. Michael Schramm greift auf Alfred North Whiteheads 'Process Metaphysics' sowie auf die 'Institutional Economics' nach John Roger Commons als Ausgangspunkt für eine BM zurück. Die metaphysische Leitfrage "how the world works in general" evolviert in der BM zu der wirtschaftsmetaphysischen Leitfrage "how the business world works in general".

Die BM basieren auf der Annahme, dass die Funktionsweise der Welt, einschließlich der konkreten Geschehnisse in der Wirtschaft, im Rahmen des Paradigmas „evolutiver Prozesse" beschrieben werden kann (vgl. Schramm, 2014c, 2015b, 2015a, 2016a, 2017a, 2019, 2025c). Die Basis für die Konzeption der Wirtschaft bilden Transaktionen als 'basic units'. Eine Transaktion als konkretes Geschehnis beinhaltet mindestens die drei Dimensionen Ökonomie, Ökologie und Gesellschaft. Eine Organisation wird als ein Netzwerk von Transaktionen definiert, das als korporativer Akteur evolutionären Prinzipien folgt. Gemäß dem prozessualen Grundgedanken wird eine Organisation gegründet, entwickelt sich und wird irgendwann liquidiert. Die Grundüberlegungen der BM nach Michael Schramm sind für die vorliegende ökonomische Arbeit besonders relevant, da die metaphysischen Grundannahmen der Ökonomie beleuchtet werden. Der Fokus liegt auf der Differenzierung zwischen abstrakten Regeln und dem konkreten, wirklichen Geschehen.

3.2.1 Einordnung der 'Business Metaphysics'

Bei den 'Business Metaphysics' nach Schramm handelt es sich um ein multiperspektivisches Konzept, das die ökonomischen Rahmenbedingungen für das reale Wirtschaften mit dem Wohl der Gesellschaft verknüpft. Es versteht sich als

Ergänzung bzw. Gegenprogramm zu der Ausdifferenzierung in einzelne Funktionssysteme. Ziel ist es, aus einer metaphysischen Perspektive Erkenntnisse für wirtschaftsrelevante Fragen abzuleiten, welche im Weiteren von den ausdifferenzierten Einzelwissenschaften (z. B. Naturwissenschaften wie Chemie und Physik oder Gesellschaftswissenschaften wie die Wirtschaftswissenschaften) konstruktiv verwendet werden können. Die Leitfrage "how the business world works in general" (Schramm, 2017a, S. 85, 96, 97) zielt darauf ab, den Unterschied zwischen dem Abstrakten und dem Konkreten in der Geschäftswelt transparent zu machen (vgl. Schramm, 2014a, S. 52 f., 2015a, S. 56, 2025a, S. 270 f.).[29] Nach Schramm birgt jedes abstrakte Weltbild die Gefahr, den Kontakt zur konkreten Wirklichkeit zu verlieren. In diesen Fällen kann von einem FoMC gesprochen werden, einer Verwechslung des Abstrakten mit dem Konkreten. Als ein Beispiel im Bereich der Wirtschaftswissenschaften nennt Schramm (2014b, S. 52 f.) die Frage der unternehmerischen Verantwortung ("Corporate Social Responsibility") im Rahmen der "Theory of the Firm". Gemäß dem Nobelpreisträger Milton Friedman kann nur Personen moralische Verantwortung zugesprochen werden, nicht jedoch Unternehmen.[30] Ähnlich argumentieren Jensen & Meckling (1976, S. 310) zur "essence of the firm".[31]

Ein Unternehmen als 'legal fiction' stellt nach Jensen & Meckling etwas „Abstraktes" dar, das die unterschiedlichen Interessen der beteiligten Individuen (Shareholder, Manager, Mitarbeiter, Kunden usw.) ins (neoklassische) „Gleichgewicht" zu bringen versucht. Die Hintergrundannahme bildet die 'nature' bzw. 'essence of the firm':

[29] Nach Schramm beschäftigt sich die Metaphysik mit dem mentalen Rahmenwerk – also damit, wie die Welt grundsätzlich funktioniert ("how the world works in general"). Im Gegensatz dazu beschäftigten sich die ausdifferenzierten Einzelwissenschaften (Naturwissenschaften wie Chemie oder Physik, Gesellschaftswissenschaften wie die Wirtschaftswissenschaften) mit der Frage, wie die Welt im Detail funktioniere ("how the world works in detail") (vgl. Schramm, 2017b, S. 6).

[30] "Only people can have responsibilities" (Friedman 1970). Friedman argumentiert, dass Unternehmen aufgrund ihrer „Natur" keine moralische Verantwortung tragen können: "Can a building have moral opinions? Can a building have social responsibility? If a building can't have social responsibility, what does it mean to say that a corporation can? A corporation is simply an artificial legal structure. But the people, who are engaged in it – whether the stockholders, whether the executives in it, whether the employees – they all have moral responsibilities" (Friedman, 2003).

[31] "[O]rganizations are simply legal fictions" (Jensen & Meckling, 1976, S. 310).

> "The firm [...] is a legal fiction which serves as a focus for a complex process in which the conflicting objectives of individuals [...] are brought into equilibrium within a framework of contractual relations" (Jensen & Meckling, 1976, S. 311).

Ein Unternehmen sei als eine juristisch fiktionale „Als-ob-Person" zu sehen (etwas „Abstraktes"), das marktartige Gleichgewichtsmechanismen vollziehe, um die Stakeholderinteressen auszubalancieren. Dabei stelle ein Unternehmen keine handlungsfähige Person dar:

> "By legal fiction we mean the artificial construct under the law which allows [...] organizations to be treated as individuals" (Jensen & Meckling, 1976, S. 310). „In this sense the 'behavior' of the firm is like the behavior of a market; i.e., the outcome of a complex equilibrium process" (Jensen & Meckling, 1976, S. 311).

Die Konzeption einer Organisation als 'legal fiction' stellt nach Michael Schramm (2017a, S. 105) einen FoMC dar. Die konkrete Wirklichkeit sei stets „bunter" (vielfältiger) als die Abstraktion (abstrakte Regeln) (Schramm, 2014a, S. 4; 67, 2015a, S. 4; 44). Die Konzeption von Unternehmen analog zu Märkten hat aus Sicht der BM unternehmensethisch fatale Effekte. Werde ein Unternehmen als eine „Markt-Maschine" konzipiert, die einfach nur funktioniert, exkludiere dies die moralische Dimension. Maschinen könnten sich weder „gut" noch „böse" verhalten, diese Eigenschaften würden nur menschlichen Individuen zugesprochen (Schramm, 2015a, S. 37 f.). Die Verdeutlichung des Unterschieds zwischen dem Abstrakten und dem Konkreten vollzieht Schramm mithilfe einer metaphysischen Analyse: Die mechanistische Metaphysik bilde die Grundlage für die Herleitung von Organisationen der Neoklassik. Die Übertragung von Elementen der Konzeption von Märkten auf Unternehmen stelle eine Abstraktion der Wirklichkeit dar.[32] Nach Schramm ist die konkrete Wirklichkeit von Organisationen mithilfe der Prozess-Metaphysik darzustellen (Schramm, 2014a, S. 55–57, 2015a, S. 17–28).

3.2.2 Organisation als „Gesellschaft" von Transaktionen

Für die Konzeption einer Organisation greift Schramm auf die 'Philosophy of Organism' und auf die IE zurück. Die 'Philosophy of Organism' nach Whitehead wird zur Veranschaulichung einer „angemessenen" Metaphysik herangezogen.

[32] Eine metaphysische Analyse über die Konzeption von Organisationen (vgl. Schramm, 2025a, S. 4–8).

Die IE nach John R. Commons ergänzt die Metaphysik um die ökonomische Perspektive. Schramm sieht sowohl bei Whitehead als auch bei Commons einen mikroanalytischen Fokus auf das tatsächliche Geschehnis (Schramm, 2017a, S. 97 f.). Die Grundzüge der 'Process Metaphysics' nach Whitehead und der BM nach Commons zeigt Schramm schematisch in tabellarischer Form auf (siehe Tabelle 3.1).

Tabelle 3.1 Prozess Metaphysics und Business Metaphysics. (Quelle: Eigene Darstellung in Anlehnung an Schramm (2015a, S. 54, 2017a, S. 98))

	Process Metaphysics (Whitehead)	Business Metaphysics (Schramm)
1	'Creativity'	'Activity'
2	'Events', 'actual occasions'	'Transactions' (correlate law, economics and ethics)
3	'Societies' with 'defining characteristics'	'Going concerns' with 'working rules'
4	'Events', 'societies' and the whole universe as 'organisms' ('Philosophy of Organism')	'Transactions', 'going concerns' and the whole economy as 'organisms'
5	'Origination' of 'value' ("the world as a realm of [...] values, mutually intensifying or mutually destructive")	Integrity of creating value as a tough challenge

1) 'Activity': Whitehead beschreibt den universellen grundlegenden Charakter der Welt mit dem Begriff der „Kreativität"[33]. Ähnlich bezeichnet Commons das grundlegende „Material", aus dem die Geschäftswelt bestehe, als „Aktivität". Was in der Wirtschaft tatsächlich geschehe, seien Formen dieser (geschäftlichen) Aktivität. Die Aktivität sei der Grundcharakter alles Wirklichen. In den Worten von Schramm (2017a, S. 98) ausgedrückt:

> "What *really* happens in business are forms of this (business) activity".

2) 'Transactions': 'Events' bzw. 'actual occasions' sind bei Whitehead das, was wirklich geschieht; sie stellen die letzten Fakten dar, aus denen die Welt

[33] " 'Creativity' is the universal of universals characterizing ultimate matter of fact. It is that ultimate principle [...]. 'Creativity' is the principle of novelty" (Whitehead, 1929 / 1979, S. 21).

besteht. Bei Commons sind diese letzten Fakten ‘transactions’, die ultimative Einheit der Aktivität.[34] Eine Transaktion sei als die kleinste Einheit der IÖ zu sehen. Commons bezieht sich dabei explizit auf Whitehead.[35] Commons’ ‘transactions’ entsprechen Whiteheads ‘actual occasions’. Schramm unterstreicht diese Analogie mit einer Paraphrasierung des Whitehead-Zitats:

> “ ‘Transactions’ are the final real things of which the *world of economy* is made up” (Schramm, 2017a, S. 99; Whitehead, 1929 / 1979, S. 18).[36]

Alles, was in der konkreten Wirklichkeit der Geschäftswelt existiere, bestehe aus diesen ‘transactions’. Nur Transaktionen seien in der ökonomischen Welt konkret und somit real. Würde man etwas anderes als das konkret Wirkliche ansehen – etwa die Konzeption von Unternehmen im Sinne der Neoklassik – beginge man den ‘Fallacy of Misplaced Concreteness’ (vgl. Schramm, 2015a, 2017a, 2023):

> “What is metaphysically meaningful in this is that, in the world of economics, it is only these transactions that are *real*. Economic actors exist *economically* in their transactions only, regardless of whether they are individual (manager, consumers) or corporate economic actors (companies). In the same way, economic ‘laws’ or ‘game rules’ only *concretely* exists in corresponding transactions which give life to these ‘laws’. This is because these ‘laws’ or ‘game rules’ remain *abstract* precisely until they reproduce in *concrete* transactions, ‘become incarnate’, *become concrete*” (Schramm, 2017a, S. 99).

Sowohl individuelle Akteure (Mitarbeiter, Manager oder Konsumenten) als auch ökonomische Akteure (Organisationen) blieben so lange abstrakte Akteure, bis diese direkt oder indirekt in einer Transaktion mitwirkten. Allgemeiner ausgedrückt: Alles bleibe so lange abstrakt, bis es in einer konkreten Transaktion aufgehe (inkarniere). Die Natur einer Transaktion könne dabei als relational angesehen werden:

> “the nature of ‘transactions’ is ‘*relational*’ ”(Schramm, 2024a, S. 183).

---

[34] “A transaction […] is the smallest unit of institutional economics” (Commons, 2009, S. 58).

[35] “These […] transactions are to economics what Whitehead’s […] ‘event[s]’ are to physics” (Commons, 2009, S. 96).

[36] Das ursprüngliche Zitat nach Whitehead (1929 / 1979, S. 18) lautet: “ ‘Actual entities’ – also termed ‘actual occasions’ – are the final real things of which the world is made up”.

Alles sei mit allem verbunden. Metaphysisch von Bedeutung sei die polydimensionale Konzeption einer Transaktion:

> "The concrete 'transactions' are precisely 'events' in which (at least) three monodimensional dimensions which are abstract themselves come together and become concrete ('actual')" (Schramm, 2017a, S. 100).

Eine Transaktion als ultimative Einheit sei stets polydimensional und beinhalte mindestens die drei Dimensionen Recht, Ökonomie und Ethik. Während einer einzelnen Dimension ein monodimensionaler Charakter zugeschrieben werden könne, bildeten alle Dimensionen zusammen die konkrete Wirklichkeit ab. Transaktionen stellen als 'final real things' die Mikroebene in der 'Business Metaphysics' dar.

3) 'Going concerns': Auf der Mesoebene sind nach Whitehead 'societies' zu nennen. Dabei handele es sich um komplexere und beständigere Dinge, die aus 'actual occasions' bestünden und eng kooperierten. Die 'final real things' seien als „Mikroprozesse" Teil von größeren Gebilden.[37] 'Going concerns' existierten in Transaktionen. In der Konzeption eines 'going concern' schließt Commons explizit an Whitehead an.[38] 'Going concerns' in der Geschäftswelt seien größere Einheiten wie Organisationen. Was Teil einer Organisation ist oder kein Teil, differenziert Commons anhand von 'working rules'. 'Working rules' sind ähnlich konzeptioniert wie 'defining characteristics' bei Whiteheads 'Philosophy of Organism'. 'Working rules' können als eine Art identitätsstiftender Charakter gesehen werden, der einen 'going concern' zusammenhält. Entscheidend für die Existenz einer Organisation als 'going concern' seien gemeinsame Erwartungen über nützliche Handlungen, geschäftsführende und regelnde Transaktionen.[39] Nach

---

[37] „Was wir konkret in unserer Erfahrung erleben, sind ja nicht diese elementaren Mikroprozesse, sondern weitaus größere Gebilde wie etwa Steine, Bäume, Menschen oder Planeten" (Schramm, 2015a, S. 32).

[38] "These going concerns and transactions are to economics what Whitehead's 'organic mechanism' and 'event' are to physics" (Commons, 2009, S. 96). "This going concern is itself a larger unit, and is analogous to that which in biology is Filmer's 'organism,' or in physics is Locke's 'mechanism'. But its components are not living cells, nor electrons, nor atoms – they are Transactions" (Commons, 2009, S. 58 f.).

[39] "A going concern is a joint expectation of beneficial bargaining, managerial, and rationing transactions, kept together by 'working rules' […] When the expectations cease then the concern quits going" (Commons, 1996, S. 58).

Schramm sind sowohl 'societies' als auch 'going concerns' analog zu „Organismen" in der Biologie zu sehen, die sich fortwährend über 'actual occasions' bzw. 'transactions' reproduzieren:

> "Whitehead's 'societies' are, in any case, 'organic' forms which (have to) reproduce their 'defining characteristic' every day in an evolutionary 'life'-process" (Schramm, 2017a, S. 93).

4) 'Organism': In der BM prägt der „organische" Charakter alle Arten von Dingen auf der Erde. In ähnlicher Weise wie Menschen geboren würden, wüchsen, alterten und stürben, würden auch Organisationen „gegründet", entwickelten sich und würden irgendwann liquidiert:

> "In the same way that human beings are born, grow, age and die, so companies – Commons' 'going concerns' –, too, can be 'born' (emerge), they can grow, they can shrink or 'die' " (Schramm, 2017a, S. 101).

In der 'Business Metaphysics' sind Organisationen Wirklichkeiten, die im fortlaufenden „Spinnen" von „Transaktionen" („Fasern") existieren. Für die fortlaufende Existenz einer Organisation sind in der BM die 'working rules' zentral. Schwänden die Erwartungen, höre eine Organisation auf zu existieren. Organisationen stellten demnach nicht „einfach rechtliche Fiktionen" dar, die nur in der Dimension „Recht" existierten:

> "Viewed as actualities, organizations are […] 'threads' existing in the ongoing 'spinning' of 'fibres' ('transactions')" (Schramm, 2017a, S. 101).

5) 'Creating value': Die Entstehung von (gemeinsamen) Werten ('Shared Value Creation') erfolgt gemäß der BM in diesem einen Universum. Die Schaffung von gemeinsamen Werten sei ein Prozess, bestehend aus wirtschaftlicher und sozialer Wertschöpfung. Dieser Prozess stehe im Kontext zahlreicher Spannungen zwischen verschiedenen Stakeholdern. Die fortwährende Auseinandersetzung mit den unterschiedlichen Interessen der einzelnen Stakeholder sieht Schramm als Aufgabe der Wirtschaftsethik an. Ziel sei es, die ethische Integrität im 'messy' Alltag der Wirtschaft sicherzustellen (Schramm, 2017a, S. 85).

Schramm unterstreicht den mikroanalytischen Fokus, der sowohl bei Whitehead als auch bei Commons gesetzt wird. Alles, was in der konkreten Wirklichkeit der Geschäftswelt existiere, bestehe aus 'transactions'.[40] Organisationen ('going concerns') existierten in Transaktionen. Diese würden durch identitätsstiftende 'working rules' zusammengehalten. Als sich organisch reproduzierende Netzwerke von Transaktionen werde in der 'Business Metaphysics' die an sich abstrakte Existenz einer Organisation erst in tatsächlichen Ereignissen (Transaktionen) konkrete Wirklichkeit. Der Fokus liege auf dem Konkreten – auf dem, was wirklich geschehe:

> „[E]in Wirtschaftsunternehmen, das man in Anlehnung an Whitehead als eine „Gesellschaft" von „Transaktionen" ansehen kann, reproduziert sich *real* nur in seinen konkreten Transaktionen – Commons spricht hier von einem 'wirtschaftlichen laufenden Geschäft *['going concern']*, das in seinen Transaktionen existiert'" (Schramm, 2017b, S. 12 f.).

Mitglieder einer Organisation müssten an die Existenz der Organisation glauben und in dessen Namen tätig sein. Organisationen werden als lebendige Organismen gesehen, die gegründet werden, sich entwickeln und irgendwann liquidiert werden. Die BM definiert die konkrete Welt der Wirtschaft als ein Netzwerk von unzähligen Transaktionen, die eine polydimensionale Natur besitzen:

> "The concrete world of business is a network ('threads', 'societies', 'going concerns') evolving out of countless transactions ('fibres', 'occasions') with a polydimensional nature" (Schramm, 2022, S. 272).

Die BM zeigt Grundsätzliches in der Konzeption der „Wirtschaftswelt" auf. Die metaphysischen Überlegungen zur Leitfrage, "how the business world really works", sind Ausgangspunkt für die Unterscheidung zwischen Abstraktem und Konkretem. Die Grundüberlegungen der BM können im unternehmerischen Alltag einen pragmatischen Ansatz liefern, um stets eine kritische Haltung gegenüber „einfachen" Antworten einzunehmen, ganz im Sinne Whiteheads (1920 / 1982, S. 163): "Seek simplicity and distrust it".

Im Folgenden werden die metaphysischen Grundannahmen der 'Transaction Cost Economics' nach Williamson (2010) beleuchtet. Es wird schematisch aufgezeigt, wie die ökonomische, rechtliche und ethische Dimension einer Transaktion den organisationalen Handlungsraum bilden können.

---

[40] " 'Transactions' are the final real things of which the *world of economy* is made up" (Schramm, 2017a, S. 99; Whitehead, 1929 / 1979, S. 18).

3.2.3 Metaphysische Analyse der 'Transaction Cost Economics'

Die Neue Institutionenökonomie (NIÖ) als Nachfolgerin der Institutionenökonomie (Coase, 1998, S. 72) verfolgt das Ziel, Institutionen und deren Interaktionen näher zu bestimmen.[41] Der Begriff der NIÖ geht auf Oliver E. Williamson zurück. Williamson verfolgt den Ansatz der Transaktionskostentheorie.[42] Die 'Transaction Cost Economics'[43] als mikroanalytischer Ansatz nutzt die Transaktion als Grundeinheit der Analyse.[44]

---

[41] Die wachsende Bedeutung der NIÖ wird durch drei Nobelpreisträger – R. H. Coase, A. North und James M. Buchanan – deutlich. Wesentliche Werke der NIÖ sind "The Nature of the Firm" (Coase, 1937), "Economics and Knowledge" (Von Hayek, 1937), "The use of knowledge in society" (Von Hayek, 1945) und „die Geschichte des industriellen Unternehmertums" (Chandler, 1962). Im Weiteren sind die Beiträge von Simon (1947), Arrow (1963), Davis und North (1971), Alchian und Demsetz (1972), Williamson (1971, 1975, 1985), Macneil (1978) und Holmström (1979) zu nennen. Die zentralen Forschungsfragen der NIÖ sind: Warum entstehen Institutionen, welchem Zweck folgen diese und wie verändern sich diese?

[42] Die Transaktionskostentheorie bzw. 'Transaction Cost Economics' geht auf Ronald Coase zurück. In "The Nature of the Firm" (1937) wird dargelegt, warum nicht alle Transaktionen über Märkte, sondern auch unternehmensintern abgewickelt werden. Neben den Kosten der Produktion seien auch die Marktnutzungskosten zu berücksichtigen. Dabei beinhalte der Begriff der Transaktionskosten neben den Kosten der Informationsgewinnung, -verarbeitung und -koordination ebenso Verhandlungs-, Vertrags-, Überwachungs- und Durchsetzungskosten. Ob eine Transaktion unternehmensintern oder über den Markt vollzogen werde, richte sich nach der Höhe der Grenzkosten der beiden konkurrierenden Organisationsformen (vgl. Opper, 2001, S 605).

[43] Williamson bezeichnet die 'Transaction Cost Economics' auch als 'Economics of Governance' oder 'Economics of Organization' (Williamson, 2010, S. 673).

[44] Ein weiterer Ansatz der NIÖ ist die Verfügungsrechtstheorie bzw. 'Principal Agent Theory'. Diese befasst sich mit der effizienten Ausgestaltung von Auftragsbeziehungen. Der Fokus liegt auf der asymmetrischen Informationsverteilung und dem Interessenskonflikt zwischen den Entscheidungsträgern auf Basis von opportunistischem Verhalten (vgl. Kleine, 1995, S. 1). Im Vordergrund stehen Vertrags- und Überwachungssysteme, die den Auftraggeber ('principal') trotz asymmetrischer und nicht kostenloser Überwachung in die Lage versetzen sollen, eine möglichst hohe Realisierung seiner Interessen im Rahmen der Vertretungsaufträge zu erzielen (vgl. Jensen & Meckling, 1976). Es wird angenommen, dass die Handlungen des Eigentümers mit zunehmender Exklusivität der Verfügungsrechte an Effizienz gewinnen (Picot et al., 2005, S. 57). Gemäß der Vertretungstheorie stehen drei zentrale Faktoren einer Gewinnmaximierung entgegen: Die beschränkte Rationalität der Beteiligten, die asymmetrische Informationsverteilung zwischen dem Prinzipal und den Agenten vor und nach dem Vertragsschluss sowie positive Transaktionskosten. Es entstehen Vertretungskosten, die die Residualgewinne schmälern. Als Ausweg für diese Pattsituation konzipiert die

"[T]he transaction is made the basic unit of analysis" (Williamson, 2010, S. 674).

Die Transaktion als Basiseinheit der Ökonomie entspricht nur bedingt dem Verständnis nach Commons. In der Nobelpreisrede im Jahr 2009 führt Williamson (2010, S. 673) ein Zitat von Commons an:

> "John R. Commons, who was a leading institutional economist during the first half of the twentieth century, formulated the problem of economic organization as follows: 'The ultimate unit of activity … must contain in itself the three principles of conflict, mutuality, and order. This unit is a transaction'".

In diesem Zitat unterschlägt Williamson eine entscheidende Passage, die als zentral für Commons' IÖ angesehen werden kann:

> "Thus the ultimate unit of activity, which correlates law, economics, ethics, must contain in itself the three principles of conflict, dependence, and order. This unit is a transaction" (Commons, 2009, S. 58).

Eine Transaktion nach Commons ist stets polydimensional und inkludiert mindestens die drei Dimensionen Recht, Ökonomie und Ethik ('law, economics, ethics'). Die metaphysische Analyse der 'Transaction Cost Economics' zeigt einen 'Fallacy of Misplaced Concreteness' auf. Williamson verwendet die Transaktion als Basiseinheit und fokussiert sich auf die Kosten, die ökonomische Dimension steht im Vordergrund (vgl. Schramm, 2014a, S. 56 f., 2022, S. 252 f.). Die rechtliche Dimension findet in der NIÖ ebenso ihre Gültigkeit, aber die ethische Dimension wird „vernachlässigt". Gemäß der BM bilden konkrete Geschehnisse (unendlich viele Transaktionen) den Ausgangspunkt für die Konzeption der Wirtschaft. Eine Transaktion als konkretes, wirkliches Geschehnis ist stets Teil des großen Ganzen. Das Ganze besteht mindestens aus den drei Dimensionen Ökonomie, Ökologie und Gesellschaft (siehe Abbildung 3.1). Commons hebt die drei Dimensionen Recht, Ökonomie und Ethik hervor, während Schramm sich auf Ökonomie, Ökologie und Gesellschaft konzentriert. Die Dimension Ethik bei Commons schließt die zwei Dimensionen Ökologie und Gesellschaft bei Schramm ein. Sowohl der Ansatz nach Commons als auch der nach Schramm sind als mikroanalytische Ansätze polydimensional konzeptioniert. Die rechtliche Dimension ist integraler Bestandteil der metaphysischen Überlegungen nach Schramm, wird jedoch nicht explizit aufgeführt. In dieser wirtschaftsethischen Arbeit werden aus

---

Vertretungstheorie Verträge mit positiven Anreizen und der Androhung von Sanktionen, um opportunes Verhalten abzumildern (vgl. Jensen & Meckling, 1976, S. 308).

Vereinfachungsgründen die drei Dimensionen Ökonomie, Ökologie und Gesellschaft genannt.

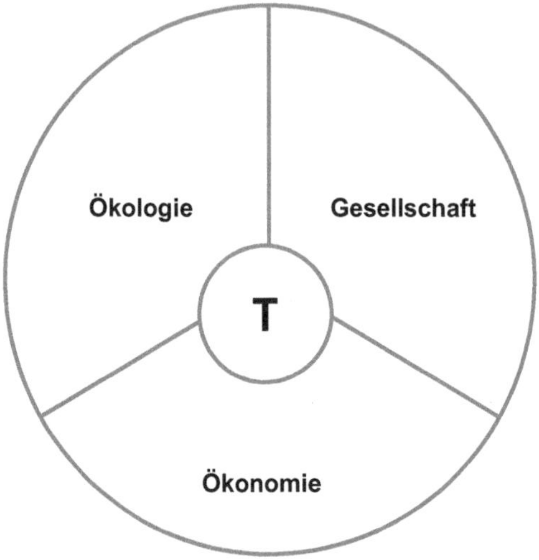

Abbildung 3.1 Drei Dimensionen einer Transaktion. (Quelle: Eigene Darstellung)

Die kosmologische Sicht der BM ermöglicht es, in einer konkreten Situation das „große Ganze" im Blick zu behalten: Eine Organisation agiert in diesem einen Universum. In einer konkreten Transaktion sind die Interessen aller möglichen Stakeholder wahrzunehmen. Eine konkrete Handlung hat direkte und indirekte Auswirkungen auf alle drei Dimensionen (Ökonomie, Ökologie, Gesellschaft). Die Annahme von „opportunem Verhalten" sowie der „Kosten-Mechanismus" der NIÖ vernachlässigt die Komplexität einer Transaktion, insbesondere die Einbeziehung diverser Stakeholder mit verschiedenen Interessen und deren Abhängigkeitsbeziehungen.[45] Ein organisationaler (abstrakter) Akteur handelt stets in der ökonomischen, ökologischen und gesellschaftlichen Dimension. Im unternehmerischen Alltag bilden die drei Dimensionen einer Transaktion den Ausgangspunkt für die Bestimmung des „dreidimensionalen Handlungsraums". Dieser wird sowohl durch Mindestanforderungen als auch durch organisationale Ziele festgesetzt. Mindestanforderungen sind im Bereich Ökologie bspw.

[45] Diese Verkürzung wird auch durch den sprachlichen Gebrauch deutlich: "the rules of the game" (Williamson, 2000, S. 599, 610) oder "the play of the game" (Williamson, 2000, S. 597, 599).

die Erfüllung von Vorgaben oder Normen, im Bereich Gesellschaft bspw. die Überzeugung „keine Korruption zu betreiben" und im Bereich Ökonomie bspw. das Verfolgen eines „positiven" Business Case. Organisationale Ziele im „dreidimensionalen Handlungsraum" sind aus den Unternehmenszielen bzw. aus dem Unternehmenszweck abzuleiten.[46] Diese sind im Bereich Ökologie bspw. die Reduktion von CO_2-Emissionen in der Produktion, im Bereich Gesellschaft bspw. die Förderung einer inklusiven Unternehmenskultur und im Bereich Ökonomie bspw. die Erzielung eines bestimmten Gewinns. Die Mindestanforderungen sowie die individuellen Ziele bestimmen den „abstrakten Handlungsraum" einer Transaktion. Der abstrakte Handlungsraum ermöglicht es, das „große Ganze" im Blick zu behalten. Als Ausgangspunkt für organisationales Handeln konkretisieren Mindestvorgaben und Unternehmensziele eine Transaktion. In einem Diskurs sind die verschiedenen Interessen bzw. Unternehmensziele abzuwägen. Der „Dreidimensionale Handlungsraum" soll veranschaulichen, wie im unternehmerischen Alltag eine Komplexitätsreduktion mit reduktivem Charakter verfolgt werden kann (siehe Abbildung 3.2).

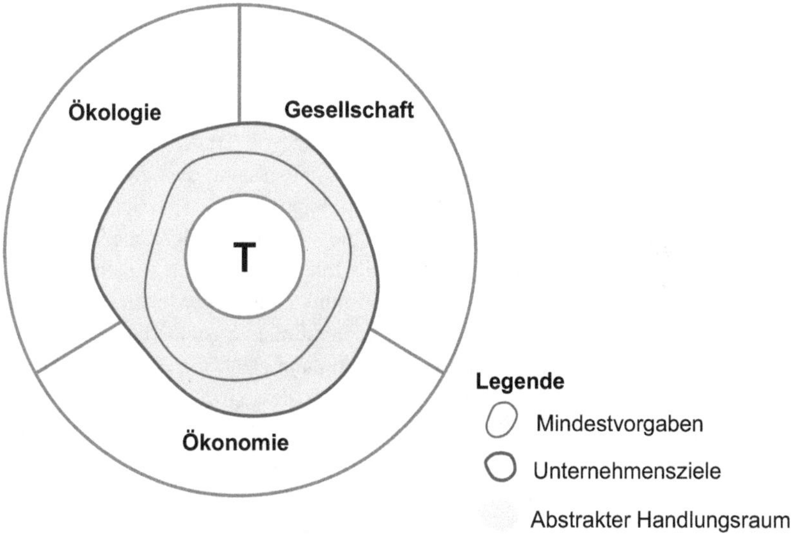

Abbildung 3.2 Dreidimensionaler Handlungsraum. (Quelle: Eigene Darstellung)

[46] Siehe Abschnitt 4.1.

In diesem Abschnitt wird der mikroanalytische Theorieansatz nach Michael Schramm besprochen. Der interdisziplinäre Ansatz greift auf die prozessmetaphysischen Überlegungen der 'Philosophy of Organism' nach Whitehead zurück und verbindet diese mit der IE nach Commons. Schramm nutzt die Perspektive des FoMC, um auf die Unterscheidung zwischen Konkretem und Abstraktem hinzuweisen. Eine konkrete Transaktion ist stets polydimensional und umfasst mindestens die ökonomische, ökologische und gesellschaftliche Dimension. Sie bildet als 'basic unit' den Ausgangspunkt der ökonomischen Betrachtung in der BM. Schramm kritisiert die abstrakte Konzeption einer rein ökonomischen Theorie der Firma; diese werde der Realität von komplexen Organisationen nicht gerecht, die Wirklichkeit sei stets 'messy'. Es bleibt zu klären, wie eine Transaktion im unternehmerischen Alltag zu gestalten ist, sodass diese erfolgreich durchgeführt werden kann. Dieses Ziel verfolgt Josef Wieland (2020) mit der 'Relational Economics', welche die Relationalität von Transaktionen in den Mittelpunkt stellt.

3.3 Wieland: 'Relational Economics'

Das Forschungsprogramm der 'Relational Economics' nach Josef Wieland zieht sowohl Whiteheads Kosmologie als auch Commons' Institutionenökonomie heran, um die Relationalität von Transaktionen zu erläutern. Im Zentrum der Überlegungen steht die erfolgreiche Durchführung von Transaktionen. Die verschiedenen Interessen der Stakeholder sind so zu integrieren, dass die Transaktion ökonomisch erfolgreich durchgeführt werden kann. Dabei sind ausschließlich diejenigen Stakeholder zu berücksichtigen, die für eine erfolgreiche Durchführung einer Transaktion notwendig sind. Die Interaktionen der Stakeholder mit der Transaktion stellen relationale Berührungspunkte dar. Jeder relationale Berührungspunkt ist nach Wieland in einem polykontexturalen System zu verorten. Das große Ganze („System") wird mithilfe von Luhmann (1997) in einzelne Systeme untergliedert. Jedes einzelne System als ein Teil des „großen Ganzen" spricht seine „eigene Sprache". Dies erfordert eine Polylingualität des Unternehmers bzw. Managers, also die Fähigkeit in den Sprachen der einzelnen Stakeholder bzw. Systeme zu kommunizieren. In der vorliegenden Arbeit werden die Grundüberlegungen der 'Relational Economics' als pragmatischer Ansatz gesehen, um die Relationalität von Transaktionen im unternehmerischen Alltag „anwendbar" zu gestalten.

3.3.1 Governanceethik

Die Governanceethik nach Josef Wieland (2001, 2005) als mikroanalytischer Ansatz sieht die Transaktion als Basisereignis an. Eine Transaktion sei das, was tatsächlich im Unternehmen geschehe. Es wird angenommen, dass die Realisierung der moralischen Dimension einer wirtschaftlichen Transaktion (Tm) mit einem Wahl- und Entscheidungsproblem einhergeht. Die moralische Qualität einer Transaktion bestimme sich durch die Funktion mit den Determinanten: Tm = f (a IS i, b FI ij, c IF ij, d OKK i).

Tm drückt die moralische Dimension (m) einer distinkten wirtschaftlichen Transaktion (T) aus. Die moralischen Ansprüche wirtschaftlicher Transaktionen werden entweder durch eine Selbstverpflichtung der Akteure oder durch vorausgegangene gesellschaftlich akzeptierte Überzeugungen legitimiert. Ein Beispiel ist ein spezifischer Lieferantenvertrag, der Bestimmungen und Vorkehrungen gegen den Einsatz von Zwangsarbeit zur Erfüllung dieses Vertrages enthält. In diesem Fall ist die distinkte Transaktion der Lieferantenvertrag und dessen moralische Dimension der Anspruch, dass die Erfüllung des Vertrages ohne den Einsatz von Zwangsarbeit erfolgt. IS steht für die individuelle Selbstbindung bzw. Selbstgovernance. Selbstbindungsstrategien können auf Prinzipien der Tugend, rationalen Vorteilskalkülen oder anderen Mechanismen beruhen. Diese sind von Transaktion zu Transaktion bzw. von Person zu Person unterschiedlich und werden durch den Indikator i ausgedrückt. IS drückt im Rahmen der Governanceethik aus, ob und in welcher Weise die Selbstbindung einen Beitrag zur Realisierung von Tm leistet, hier im Beispiel zur Abschaffung von Zwangsarbeit. FI formuliert als Formale Institution die ethisch-moralischen Ansprüche einer Vielzahl von Akteuren und Organisationen in einer gegebenen Gesellschaft. Ein Beispiel ist der Umweltschutz mit entsprechender Gesetzgebung. Je Transaktion (i) sind die relevanten spezifischen Vorgaben zu beachten, welche an einem spezifischen Ort (j) gelten. Diese können für eine bestimmte Region, ein Land oder einen Staat unterschiedlich gestaltet sein. IF bezeichnet die Informellen Institutionen einer gegebenen Gesellschaft (j), die in einer bestimmten Transaktion (i) wirksam werden können. Informelle Institutionen sind religiöse oder moralische Überzeugungen einer gegebenen Kultur, die einer gesellschaftlichen oder organisationalen Kultur zugeordnet werden. Ein Beispiel ist der Diskurs, wie mit Korruption und deren moralischer Bewertung umzugehen ist. Je nach kultureller Grundüberzeugung und auch gesellschaftlicher Zugehörigkeit wird Bestechung im organisationalen Kontext unterschiedlich bewertet. Informelle Institutionen wirken ähnlich wie Formelle Institutionen, können jedoch nicht staatlich durchgesetzt werden. OKK drückt die Koordinations- und Kooperationsmechanismen einer bestimmten

Organisation aus. Zur Steuerung und Kontrolle von Transaktionen werden organisationsspezifische Leitlinien und strukturierte Vorgehensweisen angewendet. Diese Prozesse und Vorgaben operationalisieren die moralischen Anforderungen, wie zum Beispiel den Verzicht auf Zwangsarbeit oder das Ziel der Korruptionsfreiheit. Die OKK verankern den ethischen Anspruch im organisationalen Alltag.

In der Funktion kann jeder der Koeffizienten (a, b, c, d) die Werte (-1, 0, 1) annehmen. Das Vorzeichen zeigt an, ob und in welcher Weise die Argumente IS, FI, IF und OKK der Funktion wirksam sind oder nicht. Der Wert 1 eines Koeffizienten gibt an, dass das zugeordnete Argument eine positive Wirksamkeit auf die moralische Dimension der Transaktion hat. Der Wert 0 drückt aus, dass für das mit dem Koeffizienten verknüpfte Argument in der Funktion keine Wirkung anzunehmen ist. Nimmt der Koeffizient den Wert -1 an, wird dem damit verbundenen Argument eine negative Wirkung auf die angestrebte moralische Dimension der Transaktion zugeschrieben (vgl. Wieland & Homann, 2001, S. 8–11).

In der Governanceethik ist die moralische Dimension einer gegebenen und distinkten ökonomischen Transaktion (Tm) eine Funktion der individuellen Selbstbindungsstrategie (IS), der involvierten formalen (FI) und informalen (IF) Institutionen sowie der relevanten Koordinations- und Kooperationsmechanismen einer Organisation (OKK). Jedes Argument dieser Funktion beleuchtet mit einem spezifischen Blickwinkel eine distinkte Transaktion (i) in einem gegebenen spezifischen Kontext (j). Im Rahmen dieser Theoriearchitektur ist Moral eine individuelle oder kollektive Ressource, Kompetenz oder Fähigkeit. Die Aktivierung in wirtschaftlichen Transaktionen erfolgt durch einen individuellen oder kollektiven Akteur, was eine steuernde Struktur im Sinne von Governance erfordert. Mit der genannten Funktion sieht Wieland die Wirkungsweise ganzheitlich beschrieben (vgl. Wieland, 2004).

3.3.2 Organisation als „Nexus"

In den jüngeren Arbeiten zur 'Relational Economics' referenziert Wieland stärker die 'Process Metaphysics' nach Alfred North Whitehead und die Transaktionsökonomie nach John Roger Commons. Wieland (2024, S. 1) stellt in seinem Forschungsprogramm die Wertschöpfung in den Mittelpunkt:

> "Relational economics is a political economy that deals with private and public value creation in the economy and society".

Die Wertschöpfung resultiere aus der effektiven und effizienten Verknüpfung und Interaktion von multiplen Ressourcen und Fähigkeiten der involvierten Stakeholder. Ein besonderes Augenmerk liege auf Unternehmen als organisatorischer Form der Kooperation der Stakeholder:

> "Its fundamental thesis is that in a modern, regio-global institutional framework, value creation occurs through the successful continuation of stakeholder cooperation in society, facilitated by the firm as an organisational form of cooperation" (Wieland, 2024, S. 1).

In Übereinstimmung mit Berle & Means (2009, S. 47) werden Unternehmen als das Rückgrat aller modernen Gesellschaften gesehen:

> "passed far beyond the realm of private enterprise – they have become more nearly social institutions".

Die Organisation als Allokationssystem unterschiedlicher Logiken sei als kollektiver Akteur der sachliche und logische Referenzpunkt der 'Relational Economics':

> "[T]he point of reference for relational economics is not the market, but the organization" (Wieland, 2024, S. 1).[47]

Die Konzeptionierung einer Organisation bzw. eines Unternehmens als wirtschaftlicher Akteur erfolgt nach Wieland als Nexus, unter Rückgriff auf Whitehead:

> "the firm is conceptualised as a nexus of stakeholders" (Wieland, 2024, S. 7).

Dabei seien 'Nexūs' Komplexe, in denen die wirklichen Einzelwesen existierten, also ein Zusammensein von einigen Transaktionen.[48] Eine Organisation wird definiert als

---

[47] Der Prozessgedanke zeigt sich auch in der Konzeption der „globalen Ökonomie" im Rahmen der 'Relational Economics': „Die globale Ökonomie werde ich in der folgenden Untersuchung nicht als einen Raum, als politische oder administrative integrierte Einheit wie die Nationalökonomie verstehen, sondern als ein Netzwerk von Transaktionen individueller und kollektiver Akteure" (Wieland, 2018, S. 10). In dieser Arbeit wird die 'Relational Economics' mit einem Fokus auf Organisationen und „relationale Transaktionen" dargestellt.

[48] Die nähere Bestimmung der Begrifflichkeit 'Nexūs' nach Whitehead findet sich in Abschnitt 2.2.5.

> "a nexus of stakeholder resources and interests, which reproduces itself through, and in the execution of, economic transactions and their governance and continuity in a potentially infinite manner" (Wieland, 2024, S. 1).

Die Konzeptionierung einer Organisation und insbesondere eines Unternehmens als wirtschaftlicher Akteur ist nach Wieland stets polydimensional angelegt. Als Nexus von Stakeholder-Ressourcen und -Interessen erfordere dies operativ das Management von Stakeholder-Gruppen. Das Unternehmen wird daher verstanden als organisierter Prozess:

> "the company is an organisation process" (Wieland, 2024, S. 15).

Dieser organisierte Prozess sei mehrsprachig und codiere alle relevanten Ereignisse (Prozesströpfchen, Geschehnisse) aus den Bereichen Wirtschaft, Recht, Moral, Technologie und Ästhetik:

> "It is polylingual, encoding all relevant events concerning the language of economics, law, morality, technology, and aesthetics" (Wieland, 2024, S. 15).

Dies schließe methodologisch eine Bewertung eines Unternehmens als rein wirtschaftlichen Akteur aus (vgl. Wieland, 2018).

Die Konzeption der 'Relational Economics' greift auf Vorstellungen von Luhmanns Systemtheorie zurück, die auf den Prämissen der Prozessphilosophie von Whitehead beruhen.[49] Wieland teilt die Annahme Luhmanns, dass moderne Gesellschaften funktional differenzierte Gesellschaften seien, deren Funktionssysteme (wie Wirtschaft, Recht oder Politik) zueinander autonom funktionierten. Operativ geschlossen folgten diese unterschiedlichen Entscheidungslogiken, die durch die Bewertung von Ereignissen mithilfe binärer Codierungen und Leitdifferenzen bestimmt würden. Die operativ geschlossenen Systeme seien kommunikativ offen und damit zur strukturellen Kopplung mit anderen Systemen fähig. Dabei unterscheidet die Systemtheorie zwischen System und Umwelt (vgl. Wieland, 2018). Nach Luhmann ist die moderne Gesellschaft ein polykontexturales System, das eine Vielzahl von Beschreibungen ihrer Komplexität zulässt. Folglich sei die Gesellschaft polykontexturell zu bewerten (vgl. Luhmann, 1997). Die Polykontexturalität bedeutet bei Wieland, dass moderne Gesellschaften aus vielen Systemen bestehen, die füreinander Umwelt, Existenz- und Organisationssysteme darstellen. Nach dem Philosophen Gotthard Günther bezeichnet diese

[49] Analog zu Whiteheads Ereignissen ('actual occasions') spricht Luhmann von Kommunikationsereignissen.

die Verknüpfung der verschiedenen Rationalitäten und Entscheidungslogiken der Systeme; sie sei bei der Analyse der Kopplung der Systeme besonders relevant (vgl. Wieland, 2018). Die ökonomische Transaktion als Bündelung einer Vielzahl von Interaktionen gesellschaftlicher Institutionen und Organisationen folge jeweils spezifischen Entscheidungslogiken.

In den 'Relational Economics' hebt Wieland (2018, S. 41) den relationalen Charakter von Transaktionen hervor:

> „Die paradigmatische Grundeinheit der Relational Economics ist die Transaktion als Relation [...], die Transaktion als Attraktor polyvalenter Kontexte, Entscheidungslogiken und Wertschöpfungsquellen".

Relationale Transaktionen werden definiert als

> „ein polykontextuales und damit polylinguales Interaktionsverhältnis, in dem temporär und fragmentiert für eine spezifische Transaktion eine priorisierende Ordnung entsteht und vergeht" (Wieland, 2018, S. 41 f.).[50]

Polylingualität sei als eine kommunikative Fähigkeit anzusehen. Ein Akteur oder System könne einen Sachverhalt in verschiedenen Kontexten genuin rekonstruieren, verstehen und kommunizieren. Würden auf diese Weise Ereignisse rekonstruiert, mit der eigenen Leitdifferenz abgeglichen und in Entscheidungsprozesse integriert, könnten neue Kommunikationsmuster entstehen. Unternehmen als polylinguale Organisationen können nach Wieland nicht auf ökonomische Entscheidungsmaschinen reduziert werden. Diese orientierten sich zwar stets an der Leitdifferenz „Ertrag zu Aufwand", jedoch impliziere dies nicht, sich für oder gegen Ökonomie oder für oder gegen Moral zu entscheiden. Die Leitdifferenz drücke vielmehr aus, dass alle in einer Unternehmung existierenden und relevanten Entscheidungslogiken anhand der ökonomischen Folgen zu bewerten seien. Nach Wieland bedarf es kompetenter Manager, die mehrere „Sprachspiele" im Sinne der Polylingualität beherrschen. Um im unternehmerischen Alltag ein „guter" Manager zu sein, sei neben dem ökonomischen und juristischen auch das moralische Sprachspiel zu beherrschen (vgl. Wieland, 2018; Wieland & Homann, 2001).

---

[50] Bei Wieland bezieht sich „polykontextual" auf die verschiedenen Bereiche, die in einer Transaktion involviert sind, bspw. die Ökonomie, Politik und Zivilgesellschaft.

3.3.3 Relationale Transaktion

In der Theorie der 'Relational Economics' ist die relationale Transaktion als „Nachfolgerin eines Tauschgeschäftes" zu sehen. Der „Markt" wird als 'exchange market' modelliert, die entsprechenden Akteure handeln nach ihren individuell geprägten Entscheidungslogiken:

> "In relational economics, markets are not organisations, but functional systems that are constituted communicatively via price signals. As such, they have no purpose but only a factual function, they have no members but process a world of things, where the identity of the actors plays no role, the language of the market is monolingual (prices), and the dimension of time does not exist" (Wieland, 2024, S. 14).

Eine „Relationale Transaktion" lässt sich formalisiert ausdrücken: RT = f (I, O, GIN).[51] Die Bedingung für die Relationale Transaktion lautet, dass mindestens zwei individuelle oder kollektive Akteure sowie eine polykontextuale und polylinguale Entscheidungslogik in einer Transaktion involviert sind. Die Leitdifferenz der Entscheidung für das Individuum (I) und für die Organisation (O) ist „Ertrag zu Aufwand". Ihre Entscheidungen beruhen auf der positiven, wertschöpfenden Gestaltung der Leitdifferenz. Demnach muss der Ertrag größer als der Aufwand sein. Der Markt als eine gesellschaftliche Institution (GIN) ist nach Wieland eine Form sozialer und wirtschaftlicher Normativität. Die Leitdifferenz der Entscheidung wird mit „konform –nicht konform" bezeichnet (siehe Tabelle 3.2). Aus organisationaler Sicht ist diese gesellschaftliche Institution ausschlaggebend für ein marktvermittelndes System aus Angebot und Nachfrage, das in Form eines Preises angegeben wird (vgl. Wieland, 2018).

Tabelle 3.2 Parameter relationaler wirtschaftlicher Transaktionen. (Quelle: Eigene Darstellung in Anlehnung an Wieland (2018, S. 45))

Parameter	Leitdifferenz der Entscheidung
Individuum (I)	Ertrag – Aufwand
Organisation (O)	Ertrag – Aufwand
Gesellschaft (GIN)	Konformität – Non-Konformität

Der transaktionale Ansatz gehe von dem Konkreten aus – von dem, was tatsächlich passiere. Die Beschaffenheit einer Transaktion sei ausschlaggebend für

[51] RT: Relationale Transaktion; I: Individuum; O: Organisation; GIN: Gesellschaft.

das Handeln selbst. Jede einzelne Transaktion steht nach Wieland (2018, S. 41) charakteristisch für die Organisation als Ganzes:

> „Transaktionen sind die Knoten eines komplexen Systems. Daher bestimmen die Eigenschaften der Knoten und die Art ihrer Relationierung die Performance der Netzwerke".

Sowohl wirtschaftliche als auch gesellschaftliche Ereignisse seien integraler Bestandteil der wirtschaftlichen Wertschöpfung. Dabei sei das Unternehmen als eigenständige und unabhängige Form der Governance multipler Vertragsarten der Prinzipal aller Stakeholder. In der 'Relational Economics' wird der Fokus auf die Stakeholder gelegt, die relevante Ressourcen in eine Transaktion investieren:

> „Stakeholder eines Unternehmens kann nur sein, wer relevante Ressourcen in seine Form und Prozesse investiert und auf diese Weise zu Nachhaltigkeit und Kooperationsrente der Organisation beiträgt" (Wieland, 2018, S. 121).

Relationale Kosten entstünden, um die involvierten Stakeholder zur Zusammenarbeit zu bewegen. Hierbei sei ein Augenmerk auf die einzelnen Interessen der Stakeholder zu legen. Diese seien so in einer Transaktion zu berücksichtigen, dass die Stakeholder gewillt seien, sich an der Transaktion zu beteiligen:

> "However, relational costs are not introduced as transaction costs, but as costs that the firm or organisation has to incur in order to develop the willingness and ability of its stakeholders to cooperate" (Wieland, 2024, S. 3).

Die Arten relationaler Kosten differenziert Wieland nach folgenden Bereichen: Führung und Management, transkulturelle Komplexität, relationale Verträge, Kommunikation und Entscheidungsfindung sowie Codierung.

In der 'Relational Economics' wird dem Unternehmen als Verteiler von Ressourcen und Prinzipal der involvierten Stakeholder eine besondere Rolle zugeschrieben. Unternehmen werden als eine wirtschaftliche sowie soziale Organisationsform der Zusammenarbeit angesehen. Diese investiere und organisiere mit mehreren Stakeholder-Gruppen ihre Ressourcen und Interessen, um spezifische wirtschaftliche Transaktionen effizient (kosteneffektiv) durchzuführen. Wieland sieht den Zweck der Firma in der Generierung, Aneignung und Verteilung von gemeinsamen Werten. Die resultierende Wertschöpfung, die von der Firma als kooperatives Projekt generiert werde, sei unter allen beteiligten Stakeholdern in Form von Faktoreinkommen und einer Kooperationsrente zu verteilen:

> "The ensuing value creation materialises in the factor incomes accruing to stakeholders and the collectively earned rent from cooperation. This relational rent must be distributed among the involved stakeholders who invest resources and interests. Factor incomes and relational rent, whether tangible or intangible in nature, collectively form the shared value generated by the firm as a cooperative project. The purpose of the firm revolves around the generation, appropriation, and distribution of shared value" (Wieland, 2024, S. 7).

Es kann festgehalten werden, dass das Forschungsprogramm der 'Relational Economics' nach Josef Wieland die Transaktion als 'basic unit' ansieht, als Ausgangspunkt für die ökonomischen Überlegungen. Eine spezifische wirtschaftliche Transaktion sei so effizient (kosteneffektiv) zu organisieren, dass sie für alle beteiligten Akteure einen Wert in Form von Faktoreinkommen oder einer Kooperationsrente generiere. Ein Unternehmen wird als organisationaler Prozess gesehen, Organisationen als wirtschaftliche Akteure bildeten einen Nexus von Stakeholder-Ressourcen und -Interessen. Wieland (2024, S. 2) definiert ein Unternehmen im Rahmen der 'Relational Economics' wie folgt:

> "[T]he firm is: (i) an economic and always also social organisational form of cooperation with which (ii) multiple stakeholders (iii) invest and organise their resources and (iv) their interests in such a way that they (v) carry out specific economic transactions so efficiently, i.e. cost-effectively, that they (vi) create value for all actors involved in the form of a factor income and a cooperation rent and thus (vii) bring about the continuity, understood as the continuation of the existence of this independent form of 'firm', which is distinct from the individual stakeholders".

Die 'Relational Economics' verbindet die 'Philosophy of Organism' nach Whitehead mit der IE nach Commons. Im Zentrum der Überlegungen steht die erfolgreiche Durchführung einer Transaktion. Der relationale Charakter von Transaktionen beinhaltet alle Verbindungen der einzelnen relevanten Stakeholder sowohl zur Transaktion als auch untereinander. Wieland lenkt den Fokus auf die Stakeholder, die relevante Ressourcen oder Fähigkeiten beisteuern, um eine Transaktion erfolgreich gestalten zu können. Die Unterscheidung zwischen relevanten und nicht-relevanten Stakeholdern ist als pragmatischer Ansatz im unternehmerischen Alltag „leicht" umsetzbar. Es wird angenommen, dass die involvierten Akteure nach ihren individuell geprägten Entscheidungslogiken handeln. Unternehmen als abstrakte Akteure folgen der Leitdifferenz „Ertrag – Aufwand". Organisationen müssen langfristig nach diesen marktbestimmenden Größen agieren, um zu überleben. Jedoch umfasst eine Transaktion neben rein wirtschaftlichen Größen weitere Werte. Anstatt einer binären Codierung könnten die Ausprägungen aller einzelnen Werte für jede Transaktion transparent dargestellt werden.[52]

In diesem Kapitel werden die mikroanalytischen Theorieansätze nach Commons, Schramm und Wieland besprochen. Konkrete Transaktionen bilden den Ausgangspunkt der prozessmetaphysischen Betrachtung, jede Transaktion umschließt mindestens die ökonomische, ökologische und gesellschaftliche Dimension. Transaktionen treten jedoch nicht einzeln und isoliert auf, sondern vielmehr gebündelt und werden von Organisationen durchgeführt. In dieser Arbeit wird eine Organisation konzipiert als ein sich evolutionär entwickelnder und auf einen 'purpose' ausgerichteter Organismus, der auf konkreten Transaktionen basiert. Folglich ist es unerlässlich, organisationstheoretische Ansätze einzubinden, um die zugrundeliegenden Strukturen und Prozesse angemessen zu analysieren.

[52] Die Definition und Herleitung des „Wertestempels" wird in Abschnitt 7.1 vorgenommen.

4 Organisationstheoretische Überlegungen

Mikroanalytische Theorieansätze, die auf der prozessmetaphysischen Sicht basieren, ermöglichen die Konzeption von Organisationen ausgehend von dem Konkreten. Diese Sichtweise ist der Ausgangspunkt für die Definition von evolutionären Organisationen als ein Netzwerk von Transaktionen, das auf einen Zweck ausgerichtet ist.

In diesem Kapitel wird die grundlegende Frage erörtert, warum Organisationen überhaupt bestehen. Zunächst wird das neoklassische Verständnis von Organisationen betrachtet, welches deren Existenz primär mit der Erlangung von Kostenvorteilen und Effizienzsteigerungen erklärt. Aus evolutionsbiologischer Sicht wird die These vertreten, dass die Fähigkeiten zur menschlichen Zusammenarbeit tief in der biologischen und kulturellen Entwicklung des Menschen verwurzelt seien. Diese Fähigkeiten bilden die Grundlage für organisationale Zusammenarbeit und für moralisches Verhalten. Es wird argumentiert, dass neben dem Wettbewerb auch die Kooperation als Selektionsvorteil zu sehen sei. Voraussetzung für moralisches, kooperatives Verhalten sei, dass Individuen ihr eigenes Interesse zugunsten von Fremdinteressen zurückstellen. Auf Organisationen übertragen bedeutet das, dass neben ökonomischen Zielen auch moralische Ziele verfolgt werden. In der menschlichen Zusammenarbeit verfolgen die involvierten Stakeholder individuelle Absichten, die im organisationalen 'purpose' enthalten sind. Dieser basiert als kollektive Intentionalität auf den individuellen Intentionalitäten der Mitarbeiter. Während die Mitarbeiter einer Organisation als konkrete Akteure gesehen werden, wird eine Organisation als abstrakter Akteur bewertet. Dieser wird durch die organisationalen Handlungsspezifika beschrieben, die identitätsstiftend, formgebend und Orientierung gebend für konkretes Verhalten sind. Die Handlungsspezifika liefern detaillierte Einblicke in die Gestaltung der Zusammenarbeit und werden maßgeblich durch das Führungsverhalten beeinflusst. In dieser Arbeit wird ein moralisches Führungsverständnis als zentral angesehen, um

J. Bee, *Moralisches Handeln in evolutionären Organisationen*, Studien zur Ethik der Transaktion, https://doi.org/10.1007/978-3-658-52227-8_4

moralische Aspekte in die Entscheidungsfindung zu integrieren und die Merkmale einer evolutionären Organisation zu fördern (Coase, 1937; Darwin, 1859, S. 189; Freeman, 1984; Freeman et al., 2010; George, Haas, et al., 2021; Hodgson, 2013; Hodgson & Knudsen, 2010; Nowak, 2006, 2012; Ricciardi et al., 2022; Tomasello et al., 2005; Tomasello & Vaish, 2013; Williamson, 2010).

4.1 Theoretischer Hintergrund von Organisationen

In diesem Abschnitt wird der theoretische Hintergrund von Organisationen umfassend analysiert. Die neoklassische Perspektive geht davon aus, dass eine Organisation aufgrund von Transaktionskosten (Coase, 1937, S. 390 f.) bestehe. Demnach ergäben sich Kostenvorteile durch die Zusammenarbeit innerhalb einer Organisation, die durch eine hierarchische Struktur geprägt sei. Organisationen seien effizienter im Vergleich zu Transaktionen auf dem Markt. Alternativ wird die Organisation auch als soziale Entität konzipiert, in der Menschen zusammenarbeiten, um ein gemeinsames Ziel zu erreichen. Dabei stehen Effizienz, Ressourcenoptimierung und Zielerreichung im Mittelpunkt der Betrachtung. Die organisationalen Ziele, auch als 'purpose' bezeichnet, spiegelten die Absichten der involvierten Stakeholder wider. Aus der Sicht der Evolutionsbiologie lassen sich die Interaktionen innerhalb von Organisationen als ein Spannungsfeld zwischen Wettbewerb und Kooperation verstehen. Organisationen operierten in diesem Kontext, wobei moralische Werte kooperationsfördernd wirkten und somit als Orientierungshilfe für kooperatives Verhalten dienen könnten.

4.1.1 Ökonomisches Verständnis von Organisationen

Warum existieren Unternehmen: "why is there any organisation?" (Coase, 1937, S. 388). Die Antwort auf diese Frage beschäftigt Wissenschaftler mindestens seit den 1930er Jahren.[1] D. H. Robertson stellt fest, dass Unternehmen in der Wirtschaft als bewusste Anhäufungen von Macht existieren:

[1] Dieser Abschnitt zum ökonomischen Verständnis von Organisationen bezieht sich primär auf "The Nature of the Firm" nach Coase (1937), da diese Theorie als die erste bedeutende Arbeit angesehen wird, die der Frage nach der Existenz von Organisationen nachgeht.

Zu den einflussreichsten „Theorien des Unternehmens" zählen: "The Nature of the Firm" nach Coase (1937), die "Transaction Costs Theory" nach Williamson (1975, 1979, 1980), die "Agency Theory" nach Holmström (1979) und die "Theory of the Firm: Managerial behavior, agency costs and ownership structure" nach Jensen & Merkling (1976). Nach Foss &

> "islands of conscious power in this ocean of unconscious co-operation, like lumps of butter coagulating in a pail of buttermilk" (Robertson,1932, zitiert in Coase, 1937, S. 388).

Coase argumentiert, dass die Koordination durch den Preismechanismus erfolgt. Dennoch stellt sich die Frage, warum eine solche Organisation überhaupt notwendig ist und warum es sogenannte „Inseln bewusster Macht“ gibt.[2] Nach Coase liegt der Hauptgrund für die Gründung einer Firma darin, dass die Nutzung des Preismechanismus mit Kosten verbunden ist. Insbesondere die Ermittlung relevanter Preise verursache Aufwendungen, die zwar reduziert, aber kaum vollständig eliminiert werden könnten. Zudem entstünden Kosten für die Verhandlung und den Abschluss einzelner Verträge bei Markttransaktionen. Innerhalb einer Firma würden diese Kosten deutlich verringert, da nicht für jede Zusammenarbeit separate Verträge abzuschließen seien; stattdessen würden diese durch eine einzige Vereinbarung ersetzt:

> "The main reason why it is profitable to establish a firm would seem to be that there is a cost of using the price mechanism. The most obvious cost of 'organising' production through the price mechanism is that of discovering what the relevant prices are. This cost may be reduced but it will not be eliminated by the emergence of specialists who will sell this information. The costs of negotiating and concluding a separate contract for each exchange transaction which takes place on a market must also be taken into account. [...] It is true that contracts are not eliminated when there is a firm but they are greatly reduced. A factor of production (or the owner thereof) does not have to make a series of contracts with the factors with whom he is co-operating within the firm, as would be necessary, of course, if this co-operation were as a direct result of the working of the price mechanism. For this series of contracts is substituted one" (Coase, 1937, S. 390 f.).

Außerhalb des Unternehmens steuerten Preisbewegungen, die durch Markttransaktionen koordiniert würden, die Produktion. Innerhalb eines Unternehmens

---

Klein (2012, S. 3 f.) seien diese Theorien heute ein fester Bestandteil für Wissenschaftler, Studierende und Praktiker, die Unternehmen und Märkte untersuchten. Weitere wichtige Überlegungen basierend auf dem Aufsatz "The Nature of the Firm" wurden von Cyert & March (1963), Alchian & Demsetz (1972), Klein et al. (1978), Leland and Pyle (1977), Ross (1977), Nelson & Winter (1982), Cheung (1983), Grossman & Hart (1986), Holmstrom & Tirole (1989), Hart & Moore (1990), Aghion & Bolton (1992) und Yang & Ng (1995) formuliert.

[2] Barnard (1938, S. 73) greift den 'consciousness' Gedanken in seiner Definition einer Organisation auf: "a system of consciously coordinated activities or forces of two or more persons".

würden diese Markttransaktionen eliminiert und durch den Unternehmer als Koordinator ersetzt, der die Produktion direkt lenke:

> “But in view of the fact that it is usually argued that co-ordination will be done by the price mechanism, why is such organisation necessary? Why are there these ‘islands of conscious power’? Outside the firm, price movements direct production, which is co-ordinated through a series of exchange transactions on the market. Within a firm, these market transactions are eliminated and in place of the complicated market structure with exchange transactions is substituted the entrepreneur-co-ordinator, who directs production” (Coase, 1937, S. 388).

Coase nimmt an, dass eine hierarchische Machtstruktur für die Zuweisung von Gütern und Arbeit in der Produktion für den Markt unter bestimmten Umständen effizienter sein kann als Marktverträge. Coase’s Argumentation in „Warum existieren Unternehmen“ fasst Lee (2018, S. 157) zusammen: “the nature of the firm is a hierarchy, and its purpose is cost reduction”. Schramm kritisiert diese Konzeption einer Firma als „rein wirtschaftliches Gebilde“ bzw. als Marktersatz.[3] Selbst der Transaktionskosten-Ökonom Oliver Williamson sieht in der Konzeption der “Theory of the Firm” die Hierarchie nur als Vertragsinstrument zur Fortführung von Marktbeziehungen mit anderen Mitteln:

> “hierarchy is [...] a contractual instrument, a continuation of market relations by other means” (Williamson, 1991, S. 271).

Die Frage „Warum existieren Unternehmen“ kann aus unterschiedlichen Blickwinkeln beantwortet werden. Während neoklassische Theorien die Firma als rein wirtschaftliches Gebilde zu rekonstruieren versuchen, schließt der Wirtschaftsethiker Josef Wieland (2018, S. 26) es „methodologisch“ aus, „die Unternehmung als einen rein wirtschaftlichen Akteur zu verstehen“. Eine Organisation als soziale Entität spiegele eine weitere Perspektive auf das Verständnis von Organisation wider. Die unterschiedlichen Definitionen umfassten sowohl soziale und strukturelle Aspekte als auch Zielorientierung und Koordination:

> “organizations are (1) social entities that (2) are goal-directed, (3) are designed as deliberately structured and coordinated activity systems, and (4) are linked to the external environment. The key element of an organization is not a building or a set of policies and procedures; organizations are made up of people and their relationships with

[3] Nach Schramm ist es „schlicht nicht möglich, eine rein ökonomische und in diesem Sinn ‚saubere‘ Theorie der Firma zu konzipieren, die dann auch der Realität komplexer Organisationen gerecht wird“ (Schramm, 2025a, S. 5).

one another. An organization exists when people interact with one another to perform essential functions that help attain goals" (Daft, 2010, S. 11).

Nach Richard L. Daft bestehen Organisationen aus Menschen und ihren Beziehungen zueinander, weniger aus Gebäuden oder Handlungsvorgaben. Eine Organisation werde dann konkret, wenn Menschen interagierten und zusammenarbeiteten, um die Ziele zu erreichen. Eine ähnliche Definition liefert Ferdous (2016, S. 1):

"An organization is not a structure or a set of plans and processes; organizations are made up of people and their affiliations with each other. An organization exists when people interrelate with each other to carry out vital roles that support to achieve objectives".

Ferdous merkt an, dass die Interaktion das Ausfüllen von wichtigen Rollen umfasst, die dazu beitragen, die organisationalen Ziele zu erreichen. Wichtig sei, dass die Handlungen abgestimmt seien, sodass diese zur Erreichung der gemeinsamen Ziele beitrügen. Nach Stephen P. Robbins und Mary Mathew (1990) ist eine Organisation eine bewusst koordinierte soziale Einheit mit einer relativ erkennbaren Grenze, die auf einer relativ kontinuierlichen Basis funktioniert, um ein gemeinsames Ziel oder eine Reihe von Zielen zu erreichen:

"An organization is a consciously coordinated social entity, with a relatively identifiable boundary, that functions on a relatively continuous basis to achieve a common goal or set of goals" (Robbins, 1990, S. 94).

Diese „erkennbaren Grenzen" und die „kontinuierliche Basis" können mit den 'working rules' nach Commons, die identitätsstiftend und formbestimmend sind, gleichgesetzt werden. 'Working rules' sind als gemeinsame Erwartungen essenziell für das Fortbestehen einer Organisation.[4] Eine weitere Sicht auf die Firmentheorie stellt der "Stakeholder Approach" (1984) von R. Edward Freeman dar. Freeman betrachtet ein Unternehmen nicht als einen rein wirtschaftlichen Akteur, sondern vielmehr als einen polydimensionalen Akteur.

[4] Anmerkung: In dieser Arbeit werden die Begriffe „Unternehmen" und „Firma" als Synonyme für die Definition einer Organisation verwendet. Ein Unternehmen sowie eine Firma sind prinzipiell als eine wirtschaftliche Einheit zu betrachten, die eine Gewinnerzielungsabsicht verfolgt und auf die Erfüllung bestimmter ideeller Zwecke ausgerichtet ist. Oftmals wird der Begriff Firma als rechtlicher Name eines Unternehmens definiert.

Stakeholder einer Organisation

In einer arbeitsteiligen Wirtschaft existieren verschiedene Akteure mit unterschiedlichen und teilweise widersprüchlichen Interessen und Zielen. Unternehmen müssen daher sorgfältig überlegen, welche Interessen die Grundlage für ihre Zielsetzung und Politik bilden sollen. Während bis in die 1990er Jahre hinein der Shareholder Value[5] im Fokus stand, hat sich in den letzten Jahrzehnten ein bedeutender Wandel hin zu einer Stakeholder-orientierten Sichtweise vollzogen. Diese berücksichtigt neben den Interessen der Aktionäre auch die Interessen weiterer Anspruchsgruppen. Die Stakeholder-Theorie wurde ursprünglich von Freeman (1984) in "Strategic Management: A Stakeholder Approach" formuliert und später von seinen Co-Autoren zusammengefasst (Freeman et al., 2010).[6] Freeman (1984, S. 46) definiert einen Stakeholder wie folgt:

> "A stakeholder in an organization is any group or individual who can affect or is affected by the achievement of the organization's objectives".

Das zentrale Anliegen der Stakeholder-Theorie besteht darin, dass Unternehmen Werte für alle ihre Stakeholder schaffen sollten. Im Fokus stehen diejenigen, die die Verwirklichung des organisationalen Zwecks beeinflussen können bzw. von diesem beeinflusst werden sowie die Interessengruppen, deren Unterstützung für

[5] Der Siegeszug des Shareholder-Value-Ansatzes in Theorie und Praxis beginnt nach Harrison et al. mit der "Agency-Theory": Manager seien als die Vertreter der Aktionäre anzusehen (Jensen & Meckling, 1976). Aktionäre erwarteten für ihre Investitionen eine Rendite von dem Unternehmen. Das Phänomen des Shareholder Returns steht im Zentrum von zahlreichen Artikeln im Finanzbereich (Brown & Warner, 1980, 1985; Halpern, 1983; Lease et al., 1991). In der Lehre ist die Doktrin des Shareholder-Prinzips weit verbreitet. Darrell West (2011) untersuchte die Curricula von Wirtschafts- und Jurastudiengängen. Diese definierten den Sinn von Unternehmen häufig als die Maximierung des Shareholder-Werts. Die neuen Absolventen übernähmen oft diese Sichtweise. Ein möglicher Grund für diesen Trend stelle die Einfachheit des Shareholder-Prinzips dar. Die Shareholder-Rendite sei als abhängige Variable für Forscher und Manager ein klares Ziel (Harrison & Van Der Laan Smith, 2015; Oler et al., 2008; Stout, 2012; West, 2011). Diese Kennzahl sei leicht verständlich, einfach zu messen und vermeintlich auf moralischen, rechtlichen und wirtschaftlichen Grundlagen zu rechtfertigen. Diese Grundlagen wurden bereits mehrfach infrage gestellt (Brink, 2010; Rönnegard & Smith, 2019; Stout, 2012). Dennoch bleibt das Shareholder-Prinzip dogmatisch als Norm unter Betriebswirtschaftlern und Managern institutionalisiert (Harrison et al., 2020; Rönnegard & Smith, 2019; Wicks et al., 2019).

[6] Die Verwendung des Begriffs „Stakeholder" entstand aus der Pionierarbeit am Stanford Research Institute in den 1960er Jahren. Basierend auf den Erkenntnissen der Planungsabteilung von Lockheed entwickelte sich der Stakeholder-Ansatz von Anfang an aus der Managementpraxis. Diese Ideen wurden durch die Arbeiten von Igor Ansoff und Robert Stewart fortgeschrieben (Freeman & McVea, 2001, S. 4).

das Bestehen der Organisation unerlässlich ist. Die Zusammensetzung der Stakeholder kann je nach Branche und Geschäftsmodell eines Unternehmens variieren. Die typischen Stakeholder einer Organisation sind Kunden, Mitarbeiter, Geldgeber (z. B. Aktionäre, Anleihegläubiger und Banken), Lieferanten und Gemeinschaften.[7] Gemäß der Stakeholder-Theorie können Unternehmen als ein Netzwerk von Beziehungen zwischen den Stakeholdern verstanden werden. Führungskräfte sollten aktiv die Interaktionen mit den Stakeholdern gestalten und versuchen, Konflikte zwischen den Interessen der Stakeholder zu vermeiden (Friedman & Miles, 2002). Die zentrale Aufgabe von Managern sei es, gegenseitige Vorteile für verschiedene Stakeholder zu generieren. Die Interessen der Aktionäre sollten nicht gegenüber den Interessen anderer Stakeholder priorisiert werden (Freeman et al., 2010; Friedman & Miles, 2002). Das Vorhaben, für alle relevanten Stakeholder gegenseitige Vorteile zu generieren, werde nur eingeschränkt verfolgt. Vielmehr seien spezifische Stakeholder auszuwählen oder sogar zu priorisieren (Agle et al., 1999; Darnall et al., 2010; Hall et al., 2015; Jawahar & McLaughlin, 2001; Mitchell et al., 1997).

Ein zentrales Prinzip der Stakeholder-Theorie ist die Integrationsthese, dabei bilden Ethik und unternehmerisches Handeln eine untrennbare Einheit. Die meisten Geschäftsentscheidungen oder Aussagen über das Geschäft implizierten einen ethischen Inhalt oder eine ethische Sichtweise:

> "most business decisions or statements about business have some ethical content or an implicit ethical view" (Freeman et al., 2010, S. 7).

Gleichzeitig hätten die meisten ethischen Entscheidungen bzw. Aussagen über Ethik einen geschäftlichen Inhalt oder eine implizite Sichtweise über das Geschäft. Damit lehnt die Stakeholder-Theorie die als Trennungsfehlschluss bekannte Idee ab, dass Geschäftsentscheidungen keinen ethischen Inhalt besäßen (Freeman et al., 2010). Nach Freeman akzeptierten die meisten Menschen die Interdependenzen von wirtschaftlichen und ethischen Aspekten und erkennten ihre "responsibility for the effects of their actions on others" (Freeman et al., 2010, S. 8) an. Andere Stakeholder-Theoretiker argumentieren, dass die Beziehungen zu Stakeholdern auf den Prinzipien von Fairness und Gegenseitigkeit basieren sollten (Phillips, 2003). Die Verantwortung für die Aufrechterhaltung gesunder Stakeholder-Beziehungen

[7] Nach Donaldson und Preston (1995) kann die Stakeholder-Theorie in eine normative, eine deskriptive und eine instrumentelle unterteilt werden. Ihre Analyse verdeutlicht, dass alle drei Aspekte der Stakeholder-Theorie von Bedeutung und gegenseitig unterstützend sind, wobei die normative Dimension als grundlegend für die Stakeholder-Theorie angesehen wird (Dmytriyev et al., 2021, S. 1444 f.).

sei bilateral. Sowohl Unternehmen als auch die Stakeholder des Unternehmens trügen Verantwortung für eine nachhaltige Zusammenarbeit (Dmytriyev et al., 2021, S. 1444 f.; Goodstein & Wicks, 2007).

Ein Gegenmodell zu diesem strategischen Stakeholder-Ansatz stellt das normativ-kritische Stakeholder-Konzept von Ulrich dar.[8] In Ulrichs integrativer Unternehmensethik steht die Geschäftsintegrität als oberstes Prinzip im Fokus. Dies bedeutet, dass ethische Grundsätze vor wirtschaftlichem Erfolg stehen. Es wird betont, dass die Legitimität und Verantwortbarkeit der Geschäftstätigkeit direkt von der Geschäftsführung in all ihren Aspekten abhänge und nicht durch externe Aktivitäten kompensiert werden könne. Die Geschäftstätigkeit finde stets in einem sozialen Kontext statt und beeinflusse daher die Ansprüche und Interessen anderer. Es sei wichtig, fair und verantwortungsvoll mit diesen Ansprüchen umzugehen. In der integrativen Unternehmensethik wird dies als grundlegende Basis für legitimes und gesellschaftsdienliches Unternehmertum angesehen. Somit entfällt die vermeintliche Notwendigkeit, einen Kompromiss zwischen Ethik und betriebswirtschaftlichem Erfolg zu suchen. Stattdessen wird betont, dass ein ethisch fundiertes Geschäftsmodell die Chance auf einen verdienten Erfolg, sowohl auf dem Markt als auch in der Gesellschaft in Form eines positiven Unternehmensrufs, erhöhe. Integrative Unternehmensethik bedeutet einen Verzicht auf Gewinn im Vergleich zu einer extremen Gewinnmaximierungsstrategie. Abgesehen von diesem Extremfall betont die integrative Unternehmensethik die systematische Möglichkeit, auf der Grundlage einer wirklich integren Unternehmenspolitik geschäftlich erfolgreich zu sein (Thielemann & Ulrich, 2009, S. 39 f.).

Wie dieser Abschnitt darlegt, bestehen unterschiedliche Auffassungen darüber, wie eine Organisation zu konstituieren ist. In dieser Arbeit wird eine Organisation aus prozessmetaphysischer Sicht konzipiert. Sie wird verstanden als ein von Menschen geschaffenes Konstrukt ('social ontology'), das in diesem einen Universum ('natural ontology') agiert und evolutionären Prinzipien unterliegt. Daher ist es für diese Arbeit unerlässlich, Evolution im organisationstheoretischen Bereich zu durchleuchten.

[8] Das Modell basiert auf den Grundüberlegungen der Diskursethik nach Habermas, siehe hierzu Abschnitt 5.2.2.

4.1.2 Evolution im organisationstheoretischen Bereich

„Evolution“ im organisationstheoretischen Bereich ist ein weit verbreiteter, aber mehrdeutiger Begriff. Es gibt keine allgemein anerkannten, einheitlichen Definitionen für die Begriffe „Evolution“ oder „Co-Evolution“, viele Organisationsforschende verwenden diese unterschiedlich (Huygens et al., 2001; Jenkins & Floyd, 2001; Jones, 2001; Lewin & Volberda, 2009; Rodrigues & Child, 2003). In bestimmten wissenschaftlichen Fachgebieten wird der Begriff „Evolution“ speziell im Sinne des Darwinismus[9] verwendet. In anderen Disziplinen, wie beispielsweise der evolutionsökonomischen Forschung, versteht man darunter jedoch ein weiter gefasstes Konzept, das allgemein Veränderungen umfasst.[10] Die ungenaue Begriffsverwendung im Bereich der Organisationstheorie führte in der Debatte um Selektion und Adaption zu Verwirrung (Hodgson, 2013).[11]

---

[9] Der Begriff Evolution bei Darwin bezeichnet den biologischen Prozess der allmählichen Veränderung und Entwicklung von Arten im Verlauf der Zeit. Dieser Prozess basiert auf den Prinzipien der natürlichen Selektion, bei der Individuen mit vorteilhaften Merkmalen eine höhere Überlebensrate und daraus resultierend auch eine höhere Fortpflanzungsrate aufweisen. Die vorteilhaften Merkmale werden genetisch vererbt und damit an die Nachkommen weitergegeben. Durch diese Selektion werden diese Merkmale in den Populationen häufiger, während Individuen mit weniger vorteilhaften Eigenschaften in Bezug auf Überleben und Fortpflanzung benachteiligt sind. Dies führt langfristig zu einer genetischen Veränderung der relevanten Merkmale in der gesamten Population. Die Evolution im darwinistischen Sinne ist somit ein dynamischer Prozess, der die Vielfalt des Lebens auf der Erde erklärt und auf kontinuierlichen genetischen Veränderungen sowie der Anpassung an die Umwelt beruht.

[10] In der evolutionsökonomischen Forschung bezeichnet „Evolution“ allgemein den Prozess der kontinuierlichen Veränderungen innerhalb wirtschaftlicher Systeme. Diese Veränderungen umfassen sowohl technologische Innovationen, die die Produktions- und Geschäftsprozesse verbessern, als auch institutionelle Anpassungen, die die Rahmenbedingungen für wirtschaftliches Handeln beeinflussen. Darüber hinaus beinhalten sie die Entwicklung neuer Geschäftsmodelle, die Modifikation bestehender Strukturen sowie die Anpassung an externe Umweltfaktoren wie Marktbedingungen, technologische Fortschritte oder regulatorische Veränderungen. Kurz gesagt, es handelt sich um qualitative Veränderungen, etwas Neues entsteht, etwas wächst.

[11] Seit den 1970er Jahren widmen evolutionäre Wissenschaftler ihre Aufmerksamkeit zunehmend den Wechselwirkungen zwischen Kooperation und Wettbewerb (vgl. Nowak, 2012). Viele empirische Studien haben gezeigt, wie und warum Wettbewerb unter bestimmten Bedingungen (selektiver Druck) zur Entstehung von Kooperation führen kann – und umgekehrt (Sigmund, 2010; West et al., 2007). Klassische Konzepte der evolutionären Ökonomie sind im frühen 20. Jahrhundert entstanden und stark von der Annahme des rationalen Akteurs geprägt. Dosi & Marengo (2007) plädieren für weitere Studien, um die soziale Einbettung im unternehmerischen Kontext zu erklären.

Dies behinderte die Anwendung abstrakter Prinzipien aus der allgemeinen Evolutionstheorie, die seit den 1980er Jahren sowohl in der Philosophie und der Biologie als auch in der evolutionsökonomischen Forschung Anwendung fanden (Aldrich et al., 2008; Hodgson, 2002; Hodgson & Knudsen, 2006a, 2010; Hull, 1988; Pelikan, 2011; Stoelhorst, 2005, 2008; Stoelhorst & Huizing, 2006). Der Ökonom J. Stanley Metcalfe (1998, S. 36) verweist darauf, dass abstrakte evolutionäre Prinzipien in komplexen Populationssystemen unabhängig von der Biologie Bestand haben:

> "Evolutionary theory is a manner of reasoning in its own right quite independently of the use made of it by biologists. They simply got there first".

Die Prinzipien werden häufig als „generalisierter Darwinismus" ('generalised Darwinism') bezeichnet: Variation, Replikation und Selektion ('variation', 'replication' und 'selection') (Campbell, 1965). Diese seien in allen „komplexen Populationssystemen" ('complex population systems') vorzufinden, sowohl in der Natur als auch in der Gesellschaft. „Komplexe Populationssysteme" seien Gruppen von individuell differenzierten und abgegrenzten Entitäten, die sowohl mit ihrer Umwelt als auch untereinander interagierten (Hodgson & Knudsen, 2006b, 2010).[12] Knappe Ressourcen zwängen die Entitäten, ihr Überleben zu sichern – entweder durch Konflikte oder durch Zusammenarbeit. Sie passten sich an ihre Umgebung an und könnten Informationen durch Nachahmung oder Replikation weitergeben. Beispiele für solche Systeme gäbe es sowohl in der Natur (Mensch) als auch in Organisationen im Sinne von zusammenhängenden Entitäten (Hodgson, 2013, S. 977). Hodgson und Knudsen (2010) sehen Replikation, Entwicklung, Anpassung und Selektion als wesentliche Merkmale der Evolution in Populationssystemen an.

Die Entwicklung von Organismen und auch von Organisationen erfordere Selektion und Anpassung, die untrennbar miteinander verflochten seien. In der Organisationsforschung ist die Debatte über die Bedeutung von Selektion und

[12] Befürworter eines „universellen Darwinismus" vertreten die Ansicht, dass die Mechanismen von Variation, Selektion und Retention allgemeine Merkmale offener, komplexer Systeme sind, z. B. der Wirtschaft (Aldrich et al., 2008; Hodgson & Knudsen, 2006a; Stoelhorst, 2008). Diese Meinung wird von den Ökonomen Ulrich Witt und John Foster kritisch gesehen. Witt argumentiert, dass Evolution in wirtschaftlichen Systemen grundlegend von der biologischen Evolution abweicht, da wirtschaftliche Akteure bewusst Veränderungen herbeiführen können (Witt, 1992, 1997, 2003). Foster sieht nicht die Selektion als Triebfeder für wirtschaftliche Evolution, sondern die Selbstorganisation als "continual, spontaneous generation of novelty" an (Foster, 2001, S. 326). Diese Idee geht auf Schumpeters Konzepte zurück (Beinhocker, 2011, S. 393 f.).

Anpassung komplex und oft missverständlich. 'Selection' (Selektion) bezieht sich auf den Erfolg von Organisationen in einem Wettbewerbsumfeld. Diese trete auf, weil Organisationen sich sowohl in ihren inhärenten Eigenschaften (Nelson, 1991) als auch in ihrer lokalen Umwelt unterschieden. Während einige Organisationen im Rahmen von Restrukturierungsprozessen aufgelöst würden, seien andere durch ihre hohe Leistungsfähigkeit so bedeutend, dass ihre Routinen und Praktiken von anderen Unternehmen übernommen würden. Wieder andere führten zu erfolgreichen Ausgründungen, die wiederum neue Impulse für Innovation und Wachstum im Wettbewerbsumfeld generierten (Buenstorf, 2009; Dahlstrand, 1997; Klepper, 2009). Eine solche unterschiedliche Erfolgs- und Replikationsrate entspreche der Definition von Selektion (Hodgson, 2013; Hodgson & Knudsen, 2010; Price, 1995). Der Begriff der Anpassung ('Adaption') ist ein weit verbreitetes Konzept in der Organisationstheorie und im strategischen Management. Die breite Anwendbarkeit sowie die Verwendung in verschiedenen Forschungstraditionen (z. B. Verhaltensforschung, Populationsökologie, Neoinstitutionalismus) führt zu einer Vielzahl von Definitionen und Synonymen wie 'fit', 'alignment' oder 'congruence', die ähnlich verwendet werden. Im organisationstheoretischen Kontext bezieht sich „Anpassung" typischerweise auf Veränderungen innerhalb einer bestimmten Organisation. Eine Definition von Anpassung liefern Ross Brennan et al. (2003, S. 1639):

> "dyadic adaptations are defined as behavioral or organizational modifications at the individual, group or corporate level, carried out by one organization, which are designed to meet specific needs of one other organization".

Während sich Anpassung in der Biologie auf Veränderungen in einer ganzen Population bezieht, schlagen Hodgson et al. (2013) für den organisationstheoretischen Bereich vor, den Fokus auf die Anpassungsfähigkeiten einer Organisation zu legen.

Es könne bewertet werden, inwieweit diese in der Lage sei, ihre Leistung zu verbessern und somit ihre Überlebenschancen zu erhöhen. Hodgson (2013, S. 979) definiert organisationale Anpassungsfähigkeit folgendermaßen:

> "We may define organizational adaptability as the capacity of an organization to change its strategies, structures, procedures or other core attributes, in anticipation or response to a change in its environment, including changes in relations with other organizations".

Ähnlich verstehen Sarta et al. (2021, S. 46) organisationale Anpassungsfähigkeit als

> "intentional decision making undertaken by organizational members, leading to observable actions that aim to reduce the distance between an organization and its economic and institutional environments".

Die Konzepte von Selektion und Anpassung seien in der biologischen und sozialen Evolution eng miteinander verbunden. Anpassung sei entscheidend für das Überleben von Organisationen, auch wenn Selektion oft als dominierender Prozess angesehen werde. Die Fähigkeit einer Organisation, sich zu verändern, hänge sowohl von den strukturellen internen Beziehungen ab als auch von den Absichten der einzelnen Personen. Organisationen seien mehr als die Summe ihrer einzelnen Mitglieder. Sie beinhalteten strukturierte Interaktionen (Kooperationen) zwischen den Individuen. Diese seien essenziell für die Anpassungsfähigkeit einer Organisation. Die interne Kultur des Unternehmens sei eng mit diesen Strukturen verbunden, ebenso mit den Werten und Überzeugungen der Individuen (Schein, 1996; Sørensen, 2002). Gemäß Hodgson (2013, S. 986) könnte die Kombination darwinistischer Prinzipien mit psychologischen und sozialen Mechanismen das Verständnis der organisatorischen Evolution erheblich erweitern.[13]

Die Forschung zum generalisierten Darwinismus in den Wirtschaftswissenschaften bietet zahlreiche Möglichkeiten für zukünftige Studien. In dieser Arbeit wird der evolutionäre Charakter von Organisationen unter Rückgriff auf eine prozessmetaphysische Perspektive herausgearbeitet und die Chancen und Herausforderungen für moralisches Handeln basierend auf ethischen und psychologischen Werten aufgezeigt.

Kooperation und Wettbewerb aus evolutionsbiologischer Sicht

Kooperation ist aus evolutionsbiologischer Sicht vorteilhaft. Kooperative Verhaltensweisen, die anderen zugutekommen, auf Kosten des eigenen Nutzens erkannte Darwin (1871) an:

> "It must not be forgotten that although a high standard of morality gives but a slight or no advantage to each individual man and his children over the other men of the same tribe, yet that an advancement in the standard of morality and an increase in the number of well-endowed men will certainly give an immense advantage to one tribe over another. There can be no doubt that a tribe including many members who, from possessing in a high degree the spirit of patriotism, fidelity, obedience, courage, and sympathy, were always ready to give aid to each other and to sacrifice themselves

[13] "By using generalized Darwinian principles in the social domain, combined with a detailed understanding of the psychological and social mechanisms involved in the retention and replication of information in social organizations, we may be on the brink of a substantial expansion of our understanding of organizational evolution" (Hodgson, 2013, S. 986).

> for the common good, would be victorious over most other tribes; and this would be natural selection" (Darwin, 1871, S. 166).

Altruistische Handlungen kämen in der Natur vielfältig vor, obwohl diese zunächst konträr zum Konzept „Überleben des Stärkeren" stünden. Kooperation fördere das Überleben sowie den Erfolg in komplexen sozialen Umgebungen (Boyd & Richerson, 1988; Fehr & Gächter, 2000; Henrich & Muthukrishna, 2021; Silk, 2007; Van Schaik & Kappeler, 2006). In der evolutionsbiologischen Betrachtung umfasst Kooperation Handlungen oder Eigenschaften, die anderen Individuen Vorteile bringen:

> "For evolutionary biologists, cooperation involves actions or traits that benefit other individuals" (Van Schaik & Kappeler, 2006, S. 3).

Nowak (2006, S. 1563) hebt hervor, dass Kooperation eine fundamentale Rolle bei der Entwicklung menschlicher Gesellschaften spielt:

> "we might add 'natural cooperation' as a third fundamental principle of evolution beside mutation and natural selection".

Obwohl die Evolution auf einem wettbewerbsorientierten Prozess basiere, der egoistisches Verhalten belohne, zeige sich, dass auf verschiedenen Ebenen biologischer Organisation Kooperationen entstünden, die komplexe soziale Strukturen ermöglichten.[14] Menschen seien hierbei besonders hervorzuheben, da sie in vielfältigen Kontexten – von Jäger- und Sammlergesellschaften bis hin zu Nationalstaaten – Kooperation als zentrales Ordnungsprinzip nutzten (Nowak, 2006, 2012).[15]

---

[14] "Yet cooperation is abundant in nature and appears to be involved in all great constructive steps of life on earth" (Nowak, 2012, S. 1).

[15] Die natürliche Selektion könne zu kooperativem Verhalten führen. Kooperation bedeute, dass egoistische Replikatoren auf einen Teil ihres reproduktiven Potenzials verzichteten, um einander zu helfen. Während einzelne Kooperatoren kurzfristig im Nachteil seien, führe eine Population von ausschließlich Kooperierenden zu einer höheren durchschnittlichen „Fitness". Nowak (2006, 2012) zeigt fünf verschiedene Mechanismen zur Evolution der Kooperation auf, die einzeln oder gemeinsam in konkreten Situationen wirken könnten und Kooperation begünstigten: direkte Reziprozität, indirekte Reziprozität, räumliche Selektion, Mehr-Ebenen-Selektion und Verwandtenselektion (Nowak, 2006, 2012; Rand & Nowak, 2013). Die Forschungsarbeit eröffnet eine interdisziplinäre Betrachtung (Psychologie, Ökonomie und evolutionäre Forschung) des Themas Kooperation (Henrich & Muthukrishna, 2021; Rand & Nowak, 2013; Santos et al., 2018; Van Lange & Rand, 2022).

Moral als evolutionärer Vorteil

Tomasello und Vaish (2013, S. 231) stellen heraus, dass aus evolutionärer Perspektive Moral eine Form der Kooperation darstellt: "From an evolutionary perspective, morality is a form of cooperation". Bereits Darwin (1871, S. 166) bringt moralisches Verhalten und Kooperation in direkten Zusammenhang:

> "At all times throughout the world tribes have supplanted other tribes; and as morality is one element in their success, the standard of morality and the number of well-endowed men will thus everywhere tend to rise and increase".

Menschliche Moralität habe sich evolutionär als eine Reihe von Fähigkeiten und Motiven entwickelt, die das Zusammenleben und die Kooperation mit anderen ermöglichten. Die Entwicklung dieser Fähigkeiten und Motive erfolgte teilweise auf natürliche Weise und teilweise durch soziokulturelle Kontexte und Interaktionen. Moralische Handlungen erforderten, dass Individuen entweder ihr Eigeninteresse zugunsten anderer unterdrückten (z. B. Helfen, Teilen) oder ihr Eigeninteresse mit dem anderer gleichsetzten (z. B. Reziprozität, Gerechtigkeit, Fairness sowie die Einhaltung und Durchsetzung von Normen) (Tomasello & Vaish, 2013). Moralische Regeln und entsprechende Sanktionen dienten in sozialen Gemeinschaften dazu, egoistisches Verhalten sowie Lügen, Betrug und Diebstahl zu verhindern (Ellemers, 2017; Ellemers & Van Den Bos, 2012; Ellemers & Van Der Toorn, 2015; Gardner & West, 2004). Kurzban et al. (2015) heben hervor, dass der Mensch als eine äußerst soziale Spezies häufig „kostspielige" Verhaltensweisen zeigt, die anderen zugutekommen. Dieses altruistische Verhalten bringe langfristig Vorteile für die ganze Spezies.[16] Die Intensität und das Ausmaß menschlicher Kooperation seien deutlich größer als bei anderen Säugetieren. Diese Tatsache hat Psychologen, Ökonomen und evolutionäre Theoretiker dazu veranlasst, unsere Art als „ultrasozial" zu charakterisieren (Gowdy et al., 2013; Henrich & Muthukrishna, 2021; Richerson & Boyd, 1998; Turchin, 2013). Der Philosoph Francisco Ayala (2009) bezeichnet den Menschen zudem als „Homo moralis", was die moralische Dimension unseres sozialen Verhaltens unterstreicht:

> "humans are a prosocial and cooperative species, but it is becoming increasingly clear that humans are not unique in this regard. Our closest living relatives, the nonhuman great apes, are also prosocial and cooperative in several ways" (Tomasello & Vaish, 2013, S. 249).

[16] Kooperation kann für das einzelne Lebewesen möglicherweise nachteilig sein, insgesamt bringt sie jedoch einen Vorteil für die gesamte Gruppe (Kurzban et al., 2015; Nowak, 2006).

Neben Menschen schreiben Tomasello und Vaish (2013) auch Affen soziale und kooperative Verhaltensweisen zu. Unter bestimmten Umständen hülfen sie einander, unterstützten sich oder erwiderten Gefälligkeiten. Aus diesen Experimenten folgern sie, dass die evolutionären Ursprünge der menschlichen Moral und Kooperation bereits bei unseren Primatenverwandten liegen.[17] Menschliche Gesellschaften seien weltweit durch die kooperativen Errungenschaften von Normen und Institutionen geprägt, die von den Mitgliedern der Gruppe einvernehmlich vereinbart würden und das Verhalten der Gruppenmitglieder regelten:

> "The evolutionary origins of human morality and cooperation are thus undoubtedly to be found in our primate cousins. Yet humans are vastly more, and distinctly, cooperative as compared to other primates. In contrast to great apes, human societies are much more egalitarian in nature, as evident, for instance, in our childcare practices, in which many individuals help mothers raise children. Moreover, human societies are universally marked by the cooperative endeavors of norms and institutions that have been mutually agreed upon by the members of the group and that govern the behavior of those in the group" (Tomasello & Vaish, 2013, S. 249).

Nach Francisco J. Ayala entstand moralisches Verhalten in der Evolution als notwendige Folge der herausragenden intellektuellen Fähigkeiten des Menschen, die direkt durch natürliche Selektion gefördert würden. Moralische Kodizes (Werte, moralische Normen) stellten Ergebnisse kultureller Evolution dar, was die Vielfalt kultureller Normen zwischen Populationen und ihre Entwicklung im Laufe der Zeit erkläre. Im Verlauf der Menschheitsgeschichte habe sich Moral weniger als Adaption, sondern vielmehr als Exaptation[18] entwickelt: "morally evolved as an exaptation, not as an adaptation" (Ayala, 2009, S. 316).

Geteilte Intentionalität

Die Bereitschaft zur Zusammenarbeit und das gemeinsame Verfolgen von Zielen sind tief in unserer biologischen Natur verwurzelt. Menschen besäßen die besondere Fähigkeit der geteilten Intentionalität, also der gemeinsamen Zielverfolgung und Koordination:

---

[17] Wissenschaftliche Studien aus Biologie und Evolutionswissenschaften dokumentieren selbstlose und empathische Verhaltensweisen in Tiergemeinschaften und nehmen diese als Ursprünge menschlicher Moral an (Ellemers et al., 2019; Waal, 1996).

[18] „Exaptationen" sind Merkmale von Organismen, die sich im Zuge der Evolution entwickelt haben, um eine bestimmte Funktion zu erfüllen, und später für eine andere Funktion adaptiert wurden, die ursprünglich nicht das Ziel der natürlichen Selektion war (Ayala, 2010, S. 9019).

> "an intention is a plan of action the organism chooses and commits itself to in pursuit of a goal" (Tomasello et al., 2005, S. 676).

Solche Interaktionen erforderten ein Verständnis der Ziele, Absichten und Wahrnehmungen anderer Personen sowie eine Motivation, diese Dinge in Interaktion mit anderen zu teilen. Die geteilte Intentionalität sei in der Evolution entstanden, um komplexe Aufgaben zu bewältigen, und ermögliche es, Wissen und Ressourcen zu teilen, was wiederum die Überlebenschancen erhöhe (Tomasello et al., 2005). Menschen seien weltweit als Experten darin anzusehen, die Gedanken und inneren Zustände anderer Menschen zu lesen, also die Überzeugungen ('beliefs') anderer zu erkennen. Die grundlegende Fähigkeit sei das Verstehen von Absichten ('intentions').[19] Das bedeutet, dass das Erkennen dessen, was jemand beabsichtigt, die Grundlage für das Verständnis von komplexeren mentalen Zuständen bildet. Eine geteilte Intentionalität sei folgendermaßen zu verstehen:

> "Shared intentionality, sometimes called "we" intentionality, refers to collaborative interactions in which participants have a shared goal (shared commitment) and coordinated action roles for pursuing that shared goal" (Tomasello et al., 2005, S. 680).

Die geteilte Intentionalität, auch „Wir"-Intentionalität genannt, bezieht sich auf kollaborative Interaktionen, bei denen die Teilnehmer ein gemeinsames Ziel verfolgen und koordinierte Handlungsrollen einnehmen, um dieses Ziel zu erreichen.[20] Die Zusammenarbeit kann komplex sein (z. B. die Entwicklung und Produktion von Fahrzeugen oder das Spielen in einem Sinfonieorchester) oder einfach (etwa ein informeller Austausch). Wichtig sei, dass die Beteiligten auf eine bestimmte Weise miteinander verbunden seien. Eine geteilte Intentionalität, die von Bratman (1992) als „gemeinsame kooperative Aktivität" ('shared cooperative activity') bezeichnet wird, weise drei charakteristische Merkmale auf (Bratman, 1992, S. 327 f.):

- 'Mutual responsiveness' (gegenseitige Responsivität): Jeder beteiligte Akteur reagiert auf die Absichten und Handlungen der anderen, wobei er sich bewusst ist, dass auch die anderen Akteure versuchen, entsprechend zu reagieren. Dabei

---

[19] Menschen seien besonders geschickt darin zu erkennen, was andere wahrnehmen, beabsichtigen, wünschen, wissen und glauben.

[20] Der Philosoph John R. Searle spricht hier von 'collective intention' (kollektiver Absicht). Diese werde von einer Gruppe geteilt und bestimme das kollektive Handeln der Gruppe. Kollektive Absichten seien nicht einfach die Summe individueller Absichten, sondern stellten eine eigenständige Form der Intentionalität dar, die sich in der Form "we intend to do such-and-such" oder "we are doing such-and-such" ausdrücken (Searle, 1990, S 43).

passt jeder sein Verhalten an das Verhalten der anderen an, in dem Wissen, dass die anderen ebenfalls ihr Verhalten an das eigene Verhalten anpassen.

- 'Commitment to the joint activity' (Verpflichtung zur gemeinsamen Aktivität): Bei den Teilnehmern besteht jeweils eine angemessene Verpflichtung zur gemeinsamen Aktivität, wobei diese Verpflichtung aus unterschiedlichen Gründen besteht. Die gegenseitige Responsivität der Akteure dient dabei der Verfolgung und Aufrechterhaltung dieser Verpflichtung.
- 'Commitment to Mutual Support' (Verpflichtung zur gegenseitigen Unterstützung): Jeder Akteur ist verpflichtet, die Bemühungen der anderen Partei zu unterstützen und seine Rolle innerhalb der gemeinsamen Aktivität auszuführen. Die Verpflichtung zur gegenseitigen Unterstützung ermöglicht es den Beteiligten, die gemeinsame Aktivität erfolgreich durchzuführen, selbst wenn in bestimmten Aspekten die Hilfe anderer benötigt wird.

Es gebe auch Fälle, die nicht als eine gemeinsame kooperative Aktivität anzusehen seien. Es könne bspw. eine gegenseitige Responsivität im Streben nach persönlichen Zielen bestehen, ohne dass eine Verpflichtung zu einer gemeinsamen Aktivität oder gegenseitiger Unterstützung bestehe.[21]

Auf Organisationen übertragen bedeutet dies, dass die Ziele und Absichten einzelner Akteure innerhalb einer Organisation diverse Themen enthalten, die die Ziele und Absichten anderer Akteure einschließen. Werden gemeinsame Absichten in bestimmten interaktiven Kontexten wiederholt, entstehen daraus gewohnheitsmäßige soziale Praktiken und Überzeugungen („Handlungsspezifika"). Diese Praktiken und Überzeugungen können soziale oder institutionelle Fakten schaffen, beispielsweise die Existenz von Organisationen mit Hierarchien, Rollen, Normen oder organisationalen Strukturen.[22] Diese bestünden nur aufgrund der geteilten Praktiken und Überzeugungen innerhalb der Organisation (vgl. Tomasello et al., 2005, S. 680). Eine gemeinsame kooperative Aktivität (Transaktion) erfüllt die drei Merkmale der gegenseitigen Responsivität, der Verpflichtung zur gemeinsamen Aktivität und der Verpflichtung zur gegenseitigen Unterstützung.

[21] Ein Beispiel dafür sind zwei Aktienhändler, die als Individuen ihre eigenen Ziele im Streben nach eigenem wirtschaftlichem Erfolg verfolgen, und nicht bereit sind, dem anderen aktiv zu helfen. Somit kann es eine gegenseitige Responsivität im Verfolgen der eigenen wirtschaftlichen Ziele geben, ohne dass eine Verpflichtung zu gemeinsamer Aktivität oder gegenseitiger Unterstützung besteht (vgl. Bratman, 1992, S. 328 f.).

[22] Andere Beispiele sind die Ehe oder ein Nationalstaat (vgl. Searle, 1995).

Kooperation und Wettbewerb im organisationalen Kontext

Nach Ricciardi et al. (2022) ist das Zusammenspiel von Kooperation und Wettbewerb im organisationalen Kontext Gegenstand vieler wissenschaftlicher Untersuchungen (Bouncken et al., 2018; Crick & Crick, 2021; Czakon et al., 2014; Gnyawali et al., 2016). Obwohl beide Formen sozialer Interaktion unbestreitbar im Konflikt zueinander stehen, treten sie in Geschäftsbeziehungen gleichzeitig auf und entwickeln sich oftmals gemeinsam weiter (Bengtsson & Kock, 2000; Lacoste, 2012; Mariani, 2007). Wissenschaftliche Perspektiven zu Kooperation und Wettbewerb basieren größtenteils auf einseitigen und polarisierenden Theorien (Bouncken et al., 2015, 2018; Devece et al., 2019; Gnyawali & Ryan Charleton, 2018). Gemäß Bengtsson et al. (2010) vernachlässigt die Literatur zur Kooperation häufig die wettbewerblichen Einflüsse auf eine Beziehung oder betrachtet diese nur als negative Einflüsse. In der Forschung zum Wettbewerb sehen sie eine Tendenz, Kooperation als eine Marktunvollkommenheit zu begreifen, die wettbewerbliche Dynamiken und daraus resultierende Vorteile behindert:

> "The cooperation literature usually ignores competitive influences on a relationship, or merely treats them as negative influences. Similarly, the competition literature tends to view cooperation as a market imperfection hampering competitive dynamics and resulting benefits" (Bengtsson et al., 2010, S. 195).

Bengtsson und Kock (2014) fordern eine Abkehr von traditionellen Entweder-oder-Ansätzen über Kooperation und Wettbewerb, stattdessen plädieren sie für ein Verständnis der wechselseitigen Beziehung zwischen Kooperation und Wettbewerb (Bouncken et al., 2015; Dagnino & Mariani, 2010; Hoffmann et al., 2018; Köseoğlu et al., 2019). Kooperation und Wettbewerb, konzeptualisiert als gegensätzliche Phänomene, können als zwei Extreme auf einem Kontinuum charakterisiert werden. Werden Kooperation und Wettbewerb jedoch als Verhaltensweisen angesehen, die koexistieren können, erscheint eine Darstellung über orthogonale Achsen sinnvoller (siehe Abbildung 4.1). Mittels der aufgespannten Fläche kann so die Bandbreite unterschiedlicher Kombinationen von Kooperation und Wettbewerb dargestellt werden (Bengtsson et al., 2010).

Wenn Kooperation und Wettbewerb als orthogonale Konstrukte modelliert werden, können hohe (niedrige) Kooperationsniveaus auch hohe (niedrige) Wettbewerbsniveaus ermöglichen und umgekehrt. Neuere theoretische Entwicklungen legen nahe, dass ein Gleichgewicht zwischen hohen oder moderat hohen Niveaus von Kooperation und Wettbewerb entscheidend sein kann, um positive Ergebnisse aus dieser Beziehung zu erreichen (Gnyawali & Ryan Charleton, 2018; Ricciardi et al., 2022).

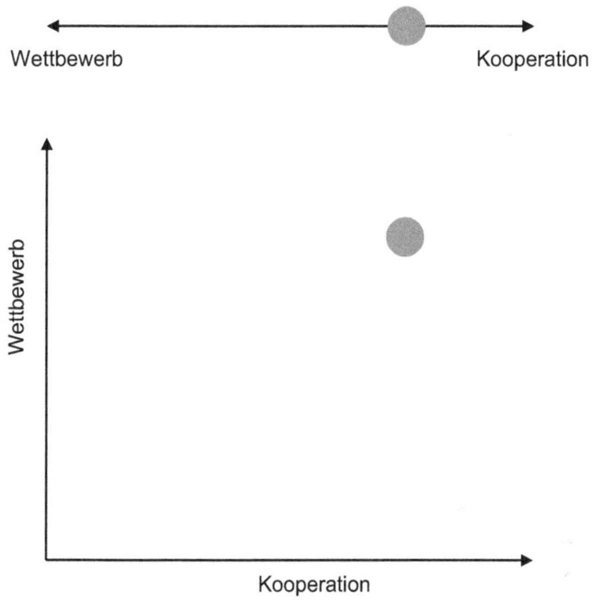

Abbildung 4.1 Vergleich zwischen Wettbewerb-Kooperation-Kontinuum und Wettbewerb-Kooperation-Matrix. (Quelle: Eigene Darstellung in Anlehnung an Ricciardi et al. (2022, S. 321))

Das Zusammenspiel von Wettbewerb ('survival of the fittest') und Kooperation im Sinne von moralischem Handeln untersuchten Ricciardi et al. (2022) in einer qualitativen Vergleichsanalyse.[23] Sie fanden heraus, dass vollständige Kooperation

[23] Ziel der Studie war es zu untersuchen, wie unterschiedliche Konfigurationen von interfirmlichen Beziehungen den kurzfristigen und langfristigen Erfolg beeinflussten. Untersucht wurden 217 italienische Unternehmen, die offiziell Netzwerkverträge eingegangen waren (Cantele et al., 2016; Ricciardi et al., 2016).

(hohe Fairness, hohes Teilen, hohes Engagement) die einzige Konfiguration war, die sowohl mit kurzfristigem als auch mit langfristigem Erfolg verbunden war. Im Weiteren zeigte sich, dass eine paradoxe Mischkonfiguration (hoher Opportunismus, hohes Teilen, hohe Rivalität) mit kurzfristigem Erfolg in Bezug auf Unternehmensmacht, Markterfolg und finanzielle Leistung einherging (Ricciardi et al., 2022, S. 321).

Das Zusammenspiel von Kooperation und Wettbewerb stellt weder eine Ausnahme noch ein kürzlich aufgetretenes Phänomen dar (Preston & De Waal, 2002; Rand & Nowak, 2013). Vielmehr ist es die natürliche Art und Weise, wie Individuen, Gruppen, Organisationen und Gemeinschaften interagieren. Weder Kooperation noch Wettbewerb können für sich allein in Isolation das langfristige Überleben in einer selektiven Umgebung sichern. Dabei gibt es kein optimales Gleichgewicht zwischen Wettbewerb und Kooperation. Das Verhältnis ist beziehungsspezifisch und unterliegt ständigen Anpassungsprozessen. In der Forschung werden diese Anpassungsprozesse durch Begriffe wie Balance (Bouncken et al., 2020; Cortese et al., 2021), gleichzeitiges Navigieren (Bouncken et al., 2020; Gnyawali & Ryan Charleton, 2018) oder Streben nach Harmonie (Chou & Zolkiewski, 2018) beschrieben. Die Menschen haben durch die Evolution kognitive und emotionale Fähigkeiten entwickelt, durch die sie in der Lage sind, kontinuierlich komplexe Beziehungsräume neu aufzubauen und zu durchqueren. Damit sind sie außergewöhnlich gut darin, zwischen Kooperation und Wettbewerb zu navigieren (Sigmund, 2010). Entsprechend dieser evolutionären Sichtweise auf Kooperation und Wettbewerb lässt sich der mehrstufige Beziehungsraum jedes Akteurs (z. B. Einzelperson, Gruppe, Organisation oder Gemeinschaft) als Netzwerk vielfältiger Beziehungen beschreiben, die durch variable Kombinationen von Kooperation und Wettbewerb gekennzeichnet sind (Reschke & Kraus, 2009). Evolutionäre Studien zeigen, dass Kooperation und Wettbewerb zwar oft durch gegensätzliche und sich gegenseitig ausschließende emotionale und kognitive Prozesse ausgelöst werden (Lundgren-Henriksson & Kock, 2016; Raza-Ullah, 2020; Tidström, 2014), aber auch wechselseitig förderlich sind. Hohe Kooperationsniveaus führen dazu, hohe evolutionäre Belohnungen für neue Formen des Wettbewerbs zu schaffen, und umgekehrt (Czakon et al., 2020; Gnyawali & Ryan Charleton, 2018; Sigmund, 2010).

Zusammenfassend kann Kooperation als ein grundlegendes Prinzip neben dem natürlichen Wettbewerb betrachtet werden, wobei jede Beziehung durch ein Zusammenspiel von Kooperation und Wettbewerb charakterisiert wird. Aus evolutionsbiologischer Sicht ist Kooperation vorteilhaft, da sie das Überleben und den Erfolg in komplexen sozialen Umgebungen fördert. Altruistische Handlungen, die anderen zugutekommen, treten in der Natur häufig auf und tragen zur Entwicklung menschlicher Gesellschaften bei. Menschen nutzen Kooperation in vielfältigen

Kontexten, diese ermöglicht komplexe soziale Strukturen und sichert das Überleben. Zentral für die menschliche Zusammenarbeit ist die geteilte Intentionalität, also die Fähigkeit, gemeinsam Ziele zu verfolgen und Handlungen zu koordinieren. Diese Fähigkeit ist tief in der biologischen menschlichen Natur verwurzelt. Sie erfordert das Verständnis der Absichten und Wahrnehmungen anderer sowie die Motivation, diese in Interaktion zu teilen. Die geteilte Intentionalität ermöglicht komplexe Zusammenarbeit sowie den Austausch von Wissen und Ressourcen. Aus evolutionsbiologischer Sicht hat sich Moral als eine Reihe von Fähigkeiten und Motiven entwickelt, die das Zusammenleben und Zusammenarbeiten erleichtern. Neben den Eigeninteressen sind auch die Fremdinteressen anderer wahrzunehmen. Diese evolutionäre Fähigkeit kann als ein Selektionsvorteil gesehen werden und ermöglicht moralisches Verhalten: Individuen bringen ihr Eigeninteresse in Einklang mit Fremdinteressen zugunsten der Gemeinschaft. In diesem Sinne ist eine Organisation als eine komplexe soziale Struktur zu verstehen, die sich evolutionär entwickelt. Menschen arbeiten in Organisationen (sozialontologische Konstruktion) zusammen (kooperieren) und verfolgen gemeinsame Ziele bzw. Absichten (geteilte Intentionalität, 'purpose'). Diese enthalten mindestens eine Absicht jedes involvierten Stakeholders. Die Zusammenarbeit zur Verfolgung eines gemeinsamen 'purpose' ermöglicht Effizienzvorteile (Synergieeffekte), mindert das Risiko für den Einzelnen und fördert Innovationen. Wie Menschen in einer Organisation zusammenarbeiten, wird von Normen, Regeln und Werten bestimmt, festgehalten in den „Handlungsspezifika". Diese sind als Ergebnisse kultureller Evolution zu verstehen. Die „Handlungsspezifika" finden sich im Zweck einer Organisation wieder, der als gemeinsames Ziel einer Organisation und damit als die geteilte Intentionalität der Mitarbeiter verstanden werden kann.

Die evolutionsbiologische Sichtweise sieht das Zusammenspiel von Kooperation und Wettbewerb als natürliche Form der Interaktion an, welche das langfristige Überleben in einer selektiven Umgebung sichert. Individuen, Gruppen und Organisationen interagieren in diesem Spannungsfeld. Dieser mehrstufige Beziehungsraum jedes Akteurs (z. B. Einzelperson, Gruppe und Organisation) kann als Netzwerk vielfältiger Beziehungen bestimmt werden, die durch variable Kombinationen von Kooperation und Wettbewerb charakterisiert sind. Der Beziehungsraum wird durch die geteilte Intentionalität der Akteure geprägt. Die Moral bündelt dabei kooperationsfördernde Werte und kann daher als Leitlinie für kooperatives Verhalten dienen.

Wie dieser Abschnitt zeigt, bestehen unterschiedliche Auffassungen darüber, was Evolution bedeutet. In dieser Arbeit wird eine Organisation aus prozessmetaphysischer Perspektive konzipiert. Eine evolutionäre Organisation agiert in einem evolutionären Markt-umfeld. Sie muss sich den sich ständig ändernden Bedingungen anpassen, um handlungsfähig zu bleiben und so das eigene Überleben zu sichern. Neben diesem zentralen Zweck können weitere Faktoren die Ausrichtung und Zielsetzung einer Organisation bestimmen. Daher ist es für diese Arbeit unerlässlich, den Zweck von Organisationen zu durchleuchten.

4.1.3 Zweck von Organisationen

Der primäre Zweck eines Wirtschaftsunternehmens besteht darin, Gewinne zu erwirtschaften, um seine Existenz langfristig sichern zu können. Neben diesem zentralen Ziel gibt es jedoch auch weitere Faktoren, die den organisationalen Zweck prägen. Während Friedman (1970) die soziale Verantwortung eines Unternehmens vor allem in der Steigerung seiner Profitabilität sieht, kann der Begriff des 'purpose' auch als ein Konzept verstanden werden, das den wohlwollenden und pluralistischen Ansatz eines Unternehmens gegenüber seinen vielfältigen Stakeholdern zum Ausdruck bringt. Ein 'purpose' kann positive Auswirkungen auf Organisationen haben, seine Definition und Anwendung in der Managementforschung ist jedoch vielfältig und häufig mehrdeutig (George, Haas, et al., 2021, S. 1).[24] Viele dieser Definitionen legen einen besonderen Fokus auf soziale Ziele. Bartlett & Ghoshal (1994, S. 88) definieren einen 'purpose' als

> "the statement of a company's moral response to its broadly defined responsibilities, not an amoral plan for exploiting commercial opportunity".

In ähnlicher Weise argumentieren Henderson und Steen (2015, S. 327), dass ein Zweck als "a concrete goal or objective for the firm that reaches beyond profit maximization" zu verstehen ist. Er stelle ein konkretes Ziel für das Unternehmen dar, das über die Maximierung des reinen Gewinns hinausgehe. Die unterschiedlichen Auffassungen vom 'purpose' lassen sich in eine zielorientierte und eine pflichtorientierte Kategorie unterteilen.

---

[24] George et al. betonen, dass das Verständnis eines Zwecks in zahlreichen Disziplinen tief verwurzelt ist, etwa in der Rechtswissenschaft, Geschichtswissenschaft, Politikwissenschaft, Philosophie sowie im Management (George, Haas, et al., 2021, S. 2). In dieser Arbeit wird der Fokus auf den Bereich Management gelegt. Einen guten Überblick über die unterschiedlichen Definitionen von 'purpose' bieten Chua et al. (2024).

Zielorientierter Purpose

Ein zielorientierter Purpose ('goal-based purpose') kann als ein organisationales Ziel verstanden werden, das vom Unternehmen selbst festgelegt wird. Diese Auffassung berücksichtigt nicht explizit umfassende gesellschaftliche Belange und stimmt daher eher mit Friedmans (1970) Sichtweise überein: "the social responsibility of business is to increase its profits". Die soziale Verantwortung von Unternehmen besteht darin, ihre Gewinne zu steigern. Ein zielorientierter Purpose ist in der Regel organisationsspezifisch und kann als eine grundlegende Form der Zielsetzung interpretiert werden. In der Praxis stehen Leitbilder, Unternehmensvisionen und strategische Ausrichtung als Zweck-Ausdruck im Zentrum dieser Betrachtung (David, 1989; Hamel & Prahalad, 1989; Lovas & Ghoshal, 2000; Wheeler et al., 2011). Neuere Perspektiven fokussieren stärker auf eine pflichtorientierte Konzeption und verknüpfen die Gewinnorientierung von Unternehmen ausdrücklich mit einer umfassenderen gesellschaftlichen Verantwortung. Diese Perspektiven verknüpfen den Unternehmenszweck mit Werten und sind mit den Dimensionen Gesellschaft und Umwelt verbunden (George, Haas, et al., 2021, S. 2 f.).

Unternehmensleitbilder (engl. 'mission statements') können als eine dauerhafte Absichtserklärung über den Zweck des Unternehmens verstanden werden:

> "an enduring statement of purpose that reveals product and market information about a firm's operations" (David, 1989, S. 92).

Hier stehen Informationen über unternehmerische Tätigkeiten im Vordergrund, die den Zweck unterstreichen. Andere Definitionen von Unternehmensleitbildern betonen Zielkunden und -märkte, Produkte und Dienstleistungen, geografische Gebiete, Kerntechnologien, Interesse an Unternehmensentwicklung im Sinne von Überleben und Wachstum, Rentabilitätsinteresse, Schlüsselelemente der Unternehmensphilosophie, Unternehmensidentität und öffentliches Image. Desmidt et al. (2011, S. 469) beschreiben ein Leitbild als "a formal document that articulates an organization's distinct and enduring purpose".

Die Vision eines Unternehmens steht im Zusammenhang mit dem 'purpose'. Sie kann als ein ehrgeiziges, relativ abstraktes und zeitloses Ziel beschrieben werden, das das Unternehmen zu verwirklichen sucht. Idealerweise hat diese eine starke Ausstrahlungskraft auf Einzelpersonen, Teams und Abteilungen in Organisationen und vereint diese (Berson et al., 2015; Horwarth & Drucker, 2005). Eine Vision gilt als ein dauerhaftes Versprechen ("serves as an enduring promise"; Lipton, 1996, S. 85), das den Grundstein für das Unternehmen bildet. Die Erstellung und Kommunikation einer Unternehmensvision sowie der Prozess, andere zu befähigen, nach dieser Vision zu handeln, sind essenziell für den Unternehmenserfolg und die Grundlage für erfolgreiche Change-Management-Prozesse (Kotter, 1995). Einige Autoren vertreten die Auffassung, dass die Unternehmensvision sowohl die Mission und die Strategie als auch die Unternehmenskultur einschließt. Alle drei seien notwendig, damit die Mitarbeiter erlebten, wofür die Organisation wirklich stehe (Lipton, 1996).

Die Strategie ist als Teil eines zielorientierten Purpose darauf ausgerichtet, die Konkurrenz zu übertreffen und eine Führungsposition zu erreichen. Hamel und Prahalad (1989, S. 64) definieren das moderne Verständnis von strategischer Ausrichtung als "an obsession with winning at all levels". Die zentrale Idee ist, dass Organisationen über die Planung von Reaktionen auf Umweltveränderungen hinausgehen und eine proaktive Strategie entwickeln sollten. Als Möglichkeit nennen sie eine „quasi Krise" innerhalb der Organisation zu schaffen, um Handlungen voranzutreiben. Ähnlich wie eine Unternehmensvision bleibt die strategische Ausrichtung auch bei unvorhergesehenen Ereignissen bestehen und kann die Mitglieder der Organisation hinter einem gemeinsamen Ziel motivieren. Dabei lenkt die strategische Absicht die Organisation auf ein gemeinsames Ziel hin, indem sie die Zielsetzung des Unternehmens in konkrete Handlungsanweisungen überträgt. Wurden Unternehmensbereiche identifiziert, die stärker auf das gemeinsame Ziel ausgerichtet werden sollen, sind diese in Abstimmung mit dem oberen Management auf die Zielsetzung hin zu strukturieren (Lovas & Ghoshal, 2000).

Pflichtorientierter Purpose

Ein pflichtorientierter Purpose richtet sich nach gesellschaftlichen Werten und Erwartungen. Die Werte eines Unternehmens sowie der unternehmerische Beitrag zur Gesellschaft und Umwelt, also die moralischen und ethischen Pflichten von Unternehmen, stehen in den letzten Jahren verstärkt im Zentrum der Betrachtung (Alvarez et al., 2020; Dacin et al., 2011; Hoffman & MacKinnon, 2017; Hollensbe et al., 2014). Im Kontext des Zwecks können Werte als jene Prinzipien oder Überzeugungen verstanden werden, die für die Gesellschaft von Bedeutung sind. Als Vorstellungen vom Guten können sie menschliches Handeln leiten, um wünschenswerte Zustände zu erreichen.[25] Unternehmen werden in der Regel durch die Gründer und einflussreiche Manager geprägt, die maßgeblich die organisationalen Werte formen.[26] Diese sollten nicht durch einen unternehmensweiten Konsens entstehen (Fauchart & Gruber, 2011; Horwarth & Drucker, 2005, S. 8). Hollensbe et al. (2014) und Wang et al. (2016) argumentieren, dass der Zweck einen Beitrag zum

[25] Definition von Werten, siehe Kapitel 6.

[26] Für eine Vertiefung dieser Zusammenhänge und des Einflusses auf die Unternehmensleitwerte, siehe Abschnitt 5.2.

Allgemeinwohl leisten sollte und Werte wie Würde, Pluralität, Solidarität, Subsidiarität und Gegenseitigkeit zu umfassen hat. Die ernsthafte Berücksichtigung dieser Werte habe signifikante Auswirkungen auf die Entwicklung und Gestaltung von Geschäftsmodellen.

Interpretation der Werte im organisationalen Zweck

Sei der Zweck tief in den Werten und Prinzipien der Organisation verwurzelt, beeinflusse dieser das Verhalten und die Interaktionen von Menschen innerhalb von Organisationen (George, Haas, et al., 2021, S. 5 f.). Etwa impliziere der Begriff Würde, dass Mitarbeiter als vollständige Personen wahrgenommen und ermutigt würden, ihre moralischen Überzeugungen und Werte am Arbeitsplatz einzubringen (Ramarajan & Reid, 2013). Die Verankerung des Wertes Macht in Organisationen habe Einfluss auf die Art und Weise, wie Organisationen geführt würden. Bspw. lege der Wert Subsidiarität nahe, dass Entscheidungen auf der niedrigsten möglichen Ebene zu treffen sind (Alves & Moreira, 2013). Der Wert Reziprozität zeige an, dass der Aufbau von Vertrauen in Organisationen, der zunächst kostspielig und zeitaufwendig sei, einen erheblichen Nutzen für das Unternehmen darstelle (Swärd, 2016; Zhong et al., 2017). Der Wert Hedonismus im Kontext des Purpose ist gemäß Stengel (2011) anzustreben, da dieser Freude fördere, zwischenmenschliche Verbindungen ermögliche, zu explorativem Verhalten inspiriere, Stolz erzeuge und positive Auswirkungen auf die Gesellschaft haben könne (Stengel, 2011).

Der organisationale Zweck in Sozialunternehmen

Einige Unternehmen, insbesondere Sozialunternehmen, verfolgen einen spezifischen Zweck, bei dem der unternehmerische Beitrag zur Gesellschaft oder zur Umwelt im Fokus steht. Diese Unternehmen werden gegründet, um gezielt soziale Herausforderungen wie Armut, Arbeitslosigkeit oder gesundheitliche Ungleichheiten anzugehen (Dacin et al., 2011; Mair & Martí, 2006; Zahra et al., 2009). Diese Form des Unternehmertums steht im Einklang mit der von Thomas von Aquin formulierten Tradition, die die Geschäftstätigkeit als eine Interaktion zwischen Individuen beschreibt. Die Interaktion sei vielfältig und fokussiere niemals ausschließlich auf die materiellen Bedürfnisse des jeweils anderen:

> "as an encounter of persons in service of the varied (and never only material) needs of one another" (Dierksmeier & Celano, 2012, S. 264).

Aus dieser menschenzentrierten Perspektive wird der Zweck als persönliche Absicht interpretiert, Gutes zu bewirken. Wie sehr sich ein Manager dem Zweck verpflichtet fühlt, hängt von seiner Motivation ab, die Beziehung zwischen Organisation und Gesellschaft zu gestalten. Die Entwicklung von Sozialunternehmen hat die Perspektive gefördert, Unternehmertum als Plattform zu betrachten, die vielfältige Ziele verfolgt, die über die reine Gewinnmaximierung hinausgehen (Markman et al., 2016). Oftmals herrscht in Sozialunternehmen ein Zielkonflikt zwischen den sozialen und ökonomischen Zielen. In der Forschung wurden verschiedene Strategien zur Lösung dieses Spannungsfeldes im Sinne eines 'mission drifts' identifiziert (Ebrahim et al., 2014; Ometto et al., 2019). Zu diesen Strategien gehört die Sozialisierung der Mitglieder der Organisation hin zu einer kohärenten Identität, die den Unternehmenszweck fest verankert (Battilana & Dorado, 2010). Es wird die Schaffung von „Leitplanken" empfohlen, die es Sozialunternehmen ermöglichen, innerhalb definierter Grenzen flexibel in schwierigen Situationen reagieren zu können (Smith & Besharov, 2019). Ein weiterer Ansatz ist die „selektive Kopplung" von sozialen und kommerziellen Zielen, wodurch diese eng miteinander verwoben sind. Grimes et al. (2019) argumentieren, dass 'mission drifts' für Organisationen auch als Chance gesehen werden können. In einer konkreten Situation solle man sich auf eine effektive Reaktion festlegen, die die wertebasierte Komplexität im organisationalen Umfeld berücksichtige. Der 'purpose' im Bereich Sozialunternehmen betont die Relevanz der Integration sozialer Ziele in die Organisation. Es werden diverse Strategien aufgezeigt, die eine gewisse Flexibilität ermöglichen können, um auf die damit verbundenen Herausforderungen zu reagieren (George, Haas, et al., 2021).

Ökologisches Verantwortungsbewusstsein

Ein weiterer Bestandteil eines pflichtorientierten Purpose ist das ökologische Verantwortungsbewusstsein, das in den letzten Jahren zunehmend an Relevanz gewonnen hat. Nach Hoffman & MacKinnon (2017) stellt die Einleitung des Anthropozäns die größte Herausforderung des 21. Jahrhunderts dar.[27] In dieser Epoche hat der Einfluss menschlicher Aktivitäten sowie des industriellen Sektors ein Ausmaß erreicht, das die globalen natürlichen Ökosysteme und Biome erheblich beeinträchtigt. Vor diesem Hintergrund seien Unternehmen gefordert, Produkte und Dienstleistungen zu entwickeln, mit denen sie ein ausgeprägtes Bewusstsein für ihre umweltbezogene Verantwortung demonstrieren (Hoffman & MacKinnon,

[27] Der Begriff „Anthropozän" stammt ursprünglich aus den Naturwissenschaften und wurde erstmals durch den Atmosphärenchemiker Paul Crutzen populär. Geologen bezeichnen das Anthropozän als eine neue Epoche, die unser Planet betreten hat. Der Mensch hat die Natur weitgehend verdrängt und ist zu einer dominierenden geologischen Kraft auf der Erde geworden (Crutzen & Brauch, 2016; Ruddiman et al., 2015; Steffen et al., 2011). Dieser Begriff hat sich in den Geistes- und Sozialwissenschaften etabliert. Dazu zählen Disziplinen wie Soziologie, Humangeographie, Anthropologie, Philosophie, Literaturwissenschaft, Wirtschaftswissenschaft, Politikwissenschaft, Psychologie, Geschichte, Linguistik, Rechtswissenschaft und Kulturwissenschaft (Banerjee & Arjaliès, 2021, S. 4).

2017).[28] Zudem obliege es den Menschen, das Wohlergehen zukünftiger Generationen in ihren Entscheidungen zu berücksichtigen (McDonough & Braungart, 2002). Diese Sichtweise repräsentiert einen grundlegenden Wandel der traditionellen Unternehmensphilosophie, die primär auf Gewinnmaximierung ausgerichtet ist. Sie verdeutlicht die dringende Notwendigkeit, externe Umweltauswirkungen zu reduzieren und die entstehenden Kosten angemessen zu berücksichtigen, um Anreize für ein umweltbewusstes Design und auch umweltfreundliche Produktionsprozesse zu schaffen. Die vorhandene Literatur zur Umweltverantwortung belegt, dass zunehmend mehr Unternehmen freiwillig ihre negativen Umweltauswirkungen verringern, ihre Energie- und Materialeffizienz steigern und sich auf umweltfreundliche Werte fokussieren. Dies führt zur Entstehung und Verbreitung neuer nachhaltiger Geschäftsmodelle in verschiedenen Branchen (Bergquist et al., 2019; George, Merrill, et al., 2021).[29] Ein Konzept stellt die Corporate Environmental Performance dar. Diese spiegelt die Auswirkungen der Unternehmenstätigkeiten auf die

---

[28] Im Artikel "Climate Change and Management" wird die Notwendigkeit der Anpassung des unternehmerischen Handelns deutlich. Die Auswirkungen des Klimawandels sind bereits heute im unternehmerischen Alltag spürbar. Nach Howard-Grenville et al. (2014) führt der Klimawandel zu Anpassungen in den vier Bereichen „Leben und Arbeit", „gesellschaftliche Verschiebungen", „organisatorische Resilienz und Anpassung" und „Umgestaltung der Wertschöpfungsketten" (Howard-Grenville et al., 2014). Etwa untersuchen Banerjee und Arjaliès (2021) unterschiedliche Weltanschauungen und Wissenssysteme. Ziel sei es, die Trennung von Natur und Kultur zu überwinden und eine erdzentrierte Perspektive in den Bereichen Organisations- und Managementstudien zu etablieren. In der jüngsten Forschung wird verstärkt ein Fokus auf Unternehmen als wichtige Akteure für eine nachhaltige Entwicklung gelegt (Bansal & Song, 2017). Die Erwartungen an das Handeln und der 'purpose' von Organisationen werden dadurch komplexer (Chua et al., 2024).

[29] Das Konzept der nachhaltigen Geschäftsmodelle ('sustainable business models') hat seinen Ursprung in der bestehenden Literatur zu Geschäftsmodellen. In der Forschung hat es sich jedoch schnell als über den Bereich des strategischen Managements hinaus bedeutend etabliert und wird mittlerweile als eigenständiges Forschungsfeld anerkannt (Massa et al., 2017). Das Konzept der nachhaltigen Geschäftsmodelle weist zahlreiche Unterschiede zu traditionellen Geschäftsmodellen auf. Neben rein wirtschaftlichen Werten sind auch soziale oder ökologische Werte integraler Bestandteil im Wertschöpfungsprozess (Consolandi et al., 2020; George et al., 2016; Gorissen et al., 2016; Montiel et al., 2021; Neesham et al., 2023; Peric et al., 2017; Schaltegger et al., 2012; Stubbs, 2017; Yang et al., 2017; Zhong et al., 2017)(Gorissen et al., 2016; Neesham et al., 2023; Peric et al., 2017; Schaltegger et al., 2012; Stubbs, 2017; Yang et al., 2017; Zhong et al., 2017). Diese kommen dem Unternehmen, seinen Kunden sowie weiteren Interessengruppen zugute. Siehe hierzu auch den Zweck des World Economic Forum: "It is about solving problems, 'to produce profitable solutions to the problems of people and planet' and 'not to profit from producing problems for people or planet'" (Mayer, 2021, S. 889).

natürliche Umwelt wider und zeigt, inwieweit sich Unternehmen zu umweltfreundlichen Maßnahmen zum Schutz der natürlichen Umwelt verpflichten (Ameer & Khan, 2023; Hussain et al., 2018; Masocha & Fatoki, 2018).

In den letzten Jahren wurden Studien veröffentlicht, die einen Zusammenhang zwischen ökologischem Unternehmertum und Nachhaltigkeit untersuchen (Terán-Yépez et al., 2020). Infolgedessen haben sich Forscher im Bereich Unternehmertum verstärkt darauf konzentriert, ein besseres Verständnis dafür zu entwickeln, wie Unternehmer grüne Geschäftsmöglichkeiten erkennen und nutzen können. Jüngste Studien haben gezeigt, dass eine grüne unternehmerische Orientierung (‘green entrepreneurial orientation’) den Übergang zu und die Implementierung von verantwortungsvollen Umweltpraktiken innerhalb von Organisationen fördert. Die unternehmerische Orientierung beschreibt die Tendenz einer Organisation, umweltbezogene Innovationen zu ergreifen, was zu einer Verbesserung sowohl der finanziellen als auch der ökologischen Leistung durch die Einführung umweltfreundlicher Produkte und Dienstleistungen führen kann (DiVito & Ingen-Housz, 2021; Gilley et al., 2000; Schaltegger & Wagner, 2011; Silva et al., 2021; Tiba et al., 2020). Aktuelle Forschungsergebnisse im Bereich des nachhaltigen Unternehmertums unterstreichen die Bedeutung der Messung, Überwachung und Integration von Umweltdaten in alle Unternehmensprozesse, um ökologische Ziele zu erreichen.[30] González-García et al. (2019) betonen, dass diese Ziele nicht nur für Unternehmen, sondern auch für andere Organisationen und Institutionen (wie beispielsweise Kommunen und Städte) von großer Relevanz sind. Die Erfassung und Überwachung der natürlichen Umwelt wird zunehmend durch digitale Technologien unterstützt, die unter anderem zur Förderung der Wiederaufforstung sowie zum Schutz von Wildtieren in terrestrischen und marinen Ökosystemen beitragen (Stephenson, 2019). Darüber hinaus begünstigen digitale Lösungen die Entwicklung neuer Geschäftsmodelle, bei denen Unternehmer bestrebt sind, persönlichen Nutzen zu erzielen sowie gleichzeitig öffentliche Güter zu unterstützen und zu finanzieren (George, Merrill, et al., 2021). Das ökologische Verantwortungsbewusstsein im Rahmen eines

---

[30] Umweltbezogenes Unternehmertum und die grüne unternehmerische Orientierung (GEO) sind zwei miteinander verbundene, jedoch unterschiedliche Konzepte. Umweltbezogenes Unternehmertum fungiert als Mechanismus, der sich auf die Identifizierung und Umwandlung von Chancen konzentriert, die mit nachhaltiger Entwicklung in Verbindung stehen. Es gilt neue Werte für die Umwelt zu generieren, während gleichzeitig Kosten, Risiken und Unsicherheiten berücksichtigt werden (Belz & Binder, 2017; Cohen & Winn, 2007; Hummels & Argyrou, 2021; Shepherd & Patzelt, 2011). Im Gegensatz dazu wird die grüne unternehmerische Orientierung als die Bereitschaft und der Wille von Organisationen definiert, innovative, proaktive und risikobehaftete Maßnahmen zu ergreifen, die sowohl dem Unternehmen als auch der Umwelt, in der sie tätig sind, zugutekommen (Ameer & Khan, 2023; DiVito & Bohnsack, 2017).

'purpose' betont die Verantwortung für den Schutz der natürlichen Umwelt im unternehmerischen Kontext (George, Haas, et al., 2021).

George et. al. (2021) integrieren die theoretische und die praktische Perspektive. Sie schlagen die folgende Definition von 'purpose' vor:

> "Purpose in the for-profit firm captures the essence of an organization's existence by explaining what value it seeks to create for its stakeholders. In doing so, purpose provides a clear definition of the firm's intent, creates the ability for stakeholders to identify with, and be inspired by, the firm's mission, vision, and values, and establishes actionable pathways and an aspirational outcome for the firm's actions" (George, Haas, et al., 2021, S. 7).

Der Einfluss des 'purpose' auf weitere Variablen

Kaplan (2023) verdeutlicht, dass viele Unternehmen neben der Gewinnmaximierung auch einen spezifischen Zweck verfolgen. In den Erklärungen zum Unternehmenszweck werden die Schaffung gemeinsamer Werte und diverse Initiativen zur Verringerung der Umweltauswirkungen genannt. Diese Zielsetzungen stehen jedoch häufig nicht im Einklang mit tatsächlichen Maßnahmen in sozialen und ökologischen Belangen. Umfassende Forschungsergebnisse deuten darauf hin, dass die formulierten Werte in Bezug auf den Unternehmenszweck möglicherweise nicht in konkrete Handlungen umgesetzt werden (Crilly et al., 2016; Marquis & Qian, 2014; Tashman et al., 2019; Weaver et al., 1999; Westphal, 2023). Unternehmen äußern häufig sozial wünschenswerte Ansprüche, um ihre Legitimität sowie ihre soziale Lizenz zum Handeln zu sichern. Soziale und ökologische Initiativen werden teilweise nicht vehement verfolgt, eine tatsächliche Verbesserung der Ergebnisse bleibt aus. Im schlimmsten Fall wird das Konzept der „sozialen Verantwortung" als Vorwand für schädliche Handlungen herangezogen (Crilly et al., 2012; Kaplan, 2023; Luo et al., 2018; Marquis & Qian, 2014; Whiteman & Cooper, 2016).

Ein Purpose wird mit positiven organisatorischen Ergebnissen wie Wachstum, Mitarbeiterzufriedenheit, Innovation oder besserer Börsenperformance in Verbindung gebracht (George, Haas, et al., 2021, S. 1).[31] Lysova et al. (2019) heben hervor, dass sich immer mehr Menschen eine sinnvolle Tätigkeit wünschen. Die Förderung einer sinnvollen Arbeit ist für das Engagement der Mitarbeiter entscheidend und korreliert positiv mit vielen wichtigen individuellen Arbeits- und Karriereergebnissen,

[31] Bereits für den Sozialtheoretiker Weber war die Erforschung der Triebkräfte und Hindernisse für die Sinnhaftigkeit der Arbeit ein zentrales Anliegen (Wuthnow, 1987).

wie z. B. Arbeitsengagement (Dik et al., 2015; May et al., 2004), Arbeitszufriedenheit (Steger et al., 2012) oder der beruflichen Entwicklung (Duffy & Dik, 2013).[32] Dies verdeutlicht, weshalb Organisationen zunehmend erkennen, dass die Förderung sinnstiftender Arbeit ein entscheidendes Instrument zur Steigerung von Mitarbeiterbindung und -engagement darstellt (Deloitte University Press, 2017; Lysova et al., 2019). Henderson und Van den Steen (2015) zeigen, dass ein prosozialer Zweck das Ansehen sowie die Reputation und Identifikation der Mitarbeiter stärken kann. Mitarbeiter, die prosoziales Handeln wertschätzten, tendierten dazu, Unternehmen zu wählen, die einen sozialen Zweck verfolgen, wodurch diese Unternehmen zu einem sichtbaren Träger der Identität und Reputation ihrer Mitarbeiter würden (Henderson & Steen, 2015). Rotemberg und Saloner (2000) weisen darauf hin, dass die Überzeugung eines Managers von einem bestimmten Zweck den Einsatz und die Investitionen der Mitarbeiter erhöhen kann. Durch bestimmtes Verhalten der Führungskräfte könne die Sinnhaftigkeit bei ihren Mitarbeitern gefördert werden (Podolny et al., 2005; Shamir et al., 1993). Van den Stehen et al. (2005) stellen fest, dass diese Sinnhaftigkeit Orientierung bieten, die Koordination verbessern und Mitarbeiter mit ähnlichen Überzeugungen und Werten anziehen kann (Van Den Steen, 2005, 2010). Hollensbe et al. (2014) und Rynes et al. (2012) erklären, dass ein Zweck im organisationalen Kontext ein wichtiger Baustein für Vertrauen sein kann.

Der 'purpose' (Zweck) erfasst das Wesentliche der Existenz einer Organisation. Er erklärt, welchen Wert das Unternehmen für seine Stakeholder schaffen möchte, und gibt eine klare Richtung vor. Der Zweck bestimmt die Absichten einer Organisation und ist als Leitlinie für Handlungswege richtungsweisend. Bei Peter Drucker (1994) wird der 'purpose' als Mission verstanden und definiert, was eine Organisation als bedeutungsvoll erachtet bzw. was eine Organisation in der Wirtschaft und in der Gesellschaft bewirken möchte:

> "The assumptions about mission define what an organization considers to be meaningful results; in other words, they point to how it envisions itself making a difference in the economy and in the society at large" (Drucker, 1994, S. 100).

Der Begriff 'purpose' bezeichnet das zentrale Warum hinter den Aktivitäten eines Unternehmens. Es wird grundlegend angenommen, dass die primäre Verantwortung eines Unternehmens darin besteht, Gewinne zu erwirtschaften, um seine Existenz zu sichern. Daneben ist jedoch zu prüfen, wie diese Gewinne erzielt werden und ob darüber hinaus eine erweiterte gesellschaftliche Verantwortung integriert werden sollte.

[32] Ein wachsendes Feld widmet sich der Erforschung des Zusammenhangs zwischen der persönlichen Berufung, eine Tätigkeit auszuüben, und deren Sinnstiftung (Berg et al., 2010; Bunderson & Thompson, 2009; Cardador et al., 2011; Lepisto & Pratt, 2017).

Zusammenfassend kann festgehalten werden, dass das Hauptziel eines Wirtschaftsunternehmens darin besteht, Gewinne zu erzielen, um seine langfristige Existenz zu gewährleisten. Neben diesem zentralen Zweck können weitere Faktoren die Ausrichtung und Zielsetzung der Organisation beeinflussen. Im nächsten Abschnitt werden evolutionäre Organisationen als ein Netzwerk von Transaktionen bestimmt, die auf einen Zweck ausgerichtet sind. Sowohl die Prozess-Metaphysik als auch die ökonomischen Ansätze der 'Institutional Economics', 'Business Metaphysics' und 'Relational Economics' dienen als Ausgangspunkt einer Definition.

4.2 Definition einer evolutionären Organisation

In diesem Abschnitt wird eine Konzeption evolutionärer Organisationen basierend auf mikroanalytischen Theorieansätzen der Ökonomik hergeleitet. Eine Organisation als ein sozialontologisches Gebilde existiert in diesem Universum, das sich evolutionär entwickelt. Folglich ist eine evolutionäre Organisation notwendig, da diese in einen evolutionär funktionierenden Kosmos eingebunden ist. Eine Organisation wird in dieser Arbeit als ein „abstrakter Akteur" verstanden, der durch die individuellen Akteure, also die Mitarbeiter, handelt und dabei an einer kollektiven Intentionalität orientiert ist. Diese kollektive Intentionalität ergibt sich aus den individuellen Intentionalitäten der Mitarbeiter. Der organisationale 'purpose' ist Ausdruck der kollektiven Intentionalität, festgehalten in den „Handlungsspezifika" einer Organisation. Diese geben Aufschluss darüber, in welcher Art und Weise eine Organisation agiert und welche Werte sie verfolgt. Ein moralisches Führungsverständnis wird als Voraussetzung angesehen, um sowohl ökonomische als auch moralische Zielsetzungen verfolgen zu können. Das Führungsverständnis, Ausdruck der Handlungsspezifika, beeinflusst maßgeblich die Entscheidungsfindung innerhalb einer Organisation, insbesondere die Entscheidungskompetenzen der Mitarbeitenden sowie deren Authentizität im beruflichen Alltag, also die Übereinstimmung der eigenen Werte mit den organisationalen Werten.

4.2.1 Herleitung evolutionärer Organisationen

In dieser Arbeit werden mikroanalytische Theorien herangezogen, um das Wesen einer Organisation zu bestimmen. Reduktive Ansätze unterteilen das komplexe Ganze in seine grundlegendsten Elemente. Ausgehend von der 'Philosophy of

Organism' nach Whitehead besteht unsere Welt aus Ereignissen ('actual occasions'). Diese Sicht auf unsere Wirklichkeit teilt der Ökonom Commons: Die „Wirtschaftswelt" bestehe aus Transaktionen ('transactions').[33] Nach Commons bildet eine Transaktion die Basis für die Konzeption von Organisationen ('going concerns'). Die Polydimensionalität von Transaktionen, welche mindestens die drei Dimensionen Ökonomie, Ökologie und Gesellschaft umfasst, bilden den dreidimensionalen Handlungsraum. Dieser ist durch eine Vielzahl unterschiedlicher Interessen gekennzeichnet, die wechselseitig aufeinander einwirken und durch Interdependenzen geprägt sind. Ist eine Transaktion umgesetzt, zeigt der vollzogene Handlungsraum an, was bei der Durchführung der jeweiligen Transaktion wichtig war (siehe Abbildung 4.2).

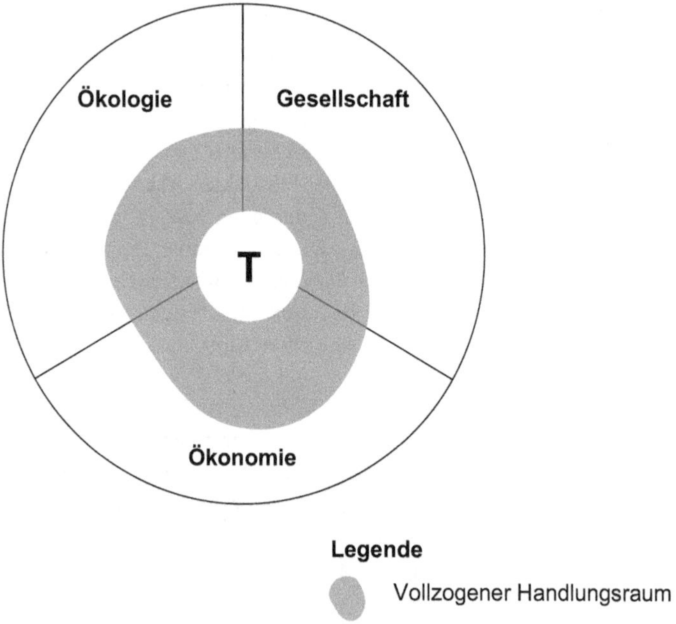

Abbildung 4.2 Vollzogener Handlungsraum einer Transaktion. (Quelle: Eigene Darstellung)

[33] "Thus the ultimate unit of activity [...] is a transaction" (Commons, 2009, S. 58).

Die Ausprägungen der einzelnen Dimensionen sind charakteristisch für eine Transaktion. Die Summe aller Transaktionen bzw. deren Ausprägungen ergeben das große Ganze im Sinne einer Organisation als Netzwerk von Transaktionen. Eine Organisation als Organismus wird sowohl bei der 'Business Metaphysics' nach Schramm als auch bei der 'Relational Economics' nach Wieland aufgegriffen.[34] Die BM nach Schramm definiert eine Organisation als ein Netzwerk von Transaktionen. Als korporativer, organisationaler Akteur folge diese evolutionären Prinzipien. Die 'Relational Economics' nach Wieland stellt die Relation selbst in den Fokus und dient als Ansatz zur Erklärung von Wertschöpfungsprozessen. Das Unternehmen als Nexus von Stakeholdern existiere in Transaktionen. Die globale Ökonomie wird als ein Netzwerk von Transaktionen individueller und kollektiver Akteure gesehen, die nach individuell geprägten Entscheidungslogiken handeln.

In dieser Arbeit wird evolutionären Organisationen der prozessuale Grundgedanke unterstellt: Eine Organisation wird gegründet (der Akt der Gründung entspricht der ersten Transaktion), entfaltet sich und wird irgendwann wieder liquidiert (der Akt der Liquidation entspricht der letzten Transaktion). Ausschließlich während des Reproduktionsprozesses ist eine Organisation konkret und somit wirklich. Das Werden einer evolutionären Organisation wird mittels vieler Transaktionen in einem gegebenen Zeitraum t dargestellt. Alle Transaktionen stehen relational zueinander. Die durchgeführten Transaktionen prägen sowohl das gegenwärtige Geschehen als auch zukünftige Handlungen. Jede einzelne Transaktion beeinflusst die Identität einer Organisation und bildet den Ausgangspunkt für weiteres unternehmerisches Handeln. Eine Organisation als Organismus existiert in vielen Transaktionen, die unterschiedlich ausgeprägt sind (siehe Abbildung 4.3).

[34] Beide Forschungsprogramme basieren konzeptionell auf der 'Institutional Economics' nach Commons, der für seine metaphysische Konzeption auf die 'Philosophy of Organism' nach Whitehead zurückgreift, vgl. Abschn. 3.2 und 3.3.

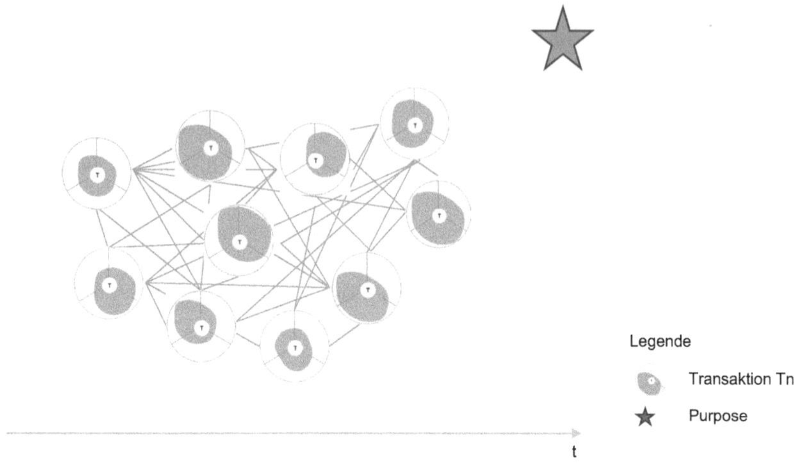

Abbildung 4.3 Evolutionäre Organisation als Netzwerk von Transaktionen mit vollzogenen Handlungsräumen. (Quelle: Eigene Darstellung)

„Handlungsspezifika" einer Organisation

Für das Fortbestehen einer Organisation sind nach Commons sowohl die wiederholte Durchführung von Transaktionen als auch die Verfolgung eines bestimmten Zwecks, festgehalten in den 'working rules', wesentlich. In dieser Arbeit werden 'working rules' als „Handlungsspezifika" definiert, welche die Handlungen einer Organisation bestimmen. Alles, was eine Transaktion einer Organisation charakterisiert, ist ein Teil der „Handlungsspezifika". Diese sind sowohl identitätsstiftend als auch formgebend. „Handlungsspezifika" entstehen mit der Gründung einer Firma, entwickeln sich während des Reproduktionsprozesses und lösen sich mit der Firmenliquidation wieder auf. Veränderungen während des Reproduktionsprozesses, etwa Anpassungen von Produktionsprozessen wegen einer Änderung der Unternehmensstrategie, spiegeln sich in den „Handlungsspezifika" wider. Diese „Handlungsspezifika" geben Aufschluss darüber, wie die Zusammenarbeit innerhalb sowie außerhalb der Organisation gestaltet wird. Insbesondere beschreiben sie die Verteilung der Verantwortlichkeiten und Rollen, wer für welche Aufgaben zuständig ist oder wie Entscheidungsprozesse gestaltet werden.

Der unternehmensspezifische Zweck ('purpose') prägt die „Handlungsspezifika". Der Zweck gibt Auskunft über das Wesentliche einer Organisation und darüber, welchen Wert die Organisation für seine Stakeholder schaffen möchte. Als Leitlinie für Transaktionen ist dieser als abstrakter Lösungsraum richtungsweisend (siehe

Abbildung 4.3).[35] Etwa können spezifische Mindestanforderungen einer Organisation im dreidimensionalen Handlungsraum Orientierung geben, wie grundsätzlich gehandelt werden soll. Der favorisierte abstrakte Handlungsraum ist durch konkrete Transaktionen zu erschließen. Beispiele sind in der Dimension Ökonomie etwa einen positiven Business Case mit jedem Projekt zu verwirklichen, in der ökologischen Dimension alle Umweltstandards einzuhalten oder im Bereich Gesellschaft allen Mitarbeitenden faire Arbeitsbedingungen und Chancengleichheit zu bieten.

Grundlage für den unternehmensspezifischen Zweck stellt die geteilte Intentionalität dar. Diese bezieht sich auf die Fähigkeit von Menschen, gemeinsame Absichten, Ziele und Bedeutungen zu entwickeln und zu verfolgen. Diese Fähigkeit ist grundlegend für die Koordination und Zusammenarbeit in sozialen Gruppen. Im Kontext von Organisationen ist der 'purpose' eng mit der Idee der geteilten Intentionalität verbunden. Ein klar definierter Zweck fördert die Ausrichtung der Mitarbeitenden auf ein gemeinsames Ziel, was die Zusammenarbeit, die Motivation und das Engagement steigert. Eine gemeinsame kooperative Aktivität innerhalb einer Organisation enthält die Ziele und Absichten einzelner Akteure. Werden gemeinsame Absichten in einem organisationalen Kontext wiederholt, entstehen daraus Handlungsspezifika (gewohnheitsmäßige soziale Praktiken und Überzeugungen), die die Existenz von Organisationen mit Hierarchien, Rollen, Normen oder organisationalen Strukturen begründen.

Möglichkeiten und Wirklichkeiten

Eine evolutionäre Organisation als komplexe Kooperation vieler Transaktionen zeichnet sich durch das Zusammenwirken von Möglichkeiten und Wirklichkeiten aus. Nach Whitehead werden Möglichkeiten im Prozess konkret. Während reale Möglichkeiten den dreidimensionalen Handlungsraum in einer konkreten Situation bestimmen, können ideale Möglichkeiten über einen längeren Zeitraum hinweg zu „realen Möglichkeiten" entwickelt und erschlossen werden. Setzt sich beispielweise eine Organisation das Ziel, nur integer gewonnene Rohstoffe zu beziehen, ist der Handlungsspielraum Transaktion für Transaktion in diese Richtung zu erweitern. Über einen langen Zeitraum hinweg sollen so die idealen Möglichkeiten (abstrakter dreidimensionaler Handlungsraum) zu realen Möglichkeiten entwickelt werden. „Handlungsspezifika" setzen einen Fokus für konkretes Verhalten bei einer Transaktion, bestimmte reale Möglichkeiten werden in einer Transaktion favorisiert. Die konkreten (umgesetzten, abgeschlossenen) Transaktionen sind als „Erfahrungswerte" Teil der „gegenwärtigen Handlungsspezifika", die ebenfalls einem evolutionären Prozess unterliegen. Das Vergangene beeinflusst sowohl das Gegenwärtige als auch

[35] Vgl. Abschn. 4.1.3.

das Zukünftige. „Handlungsspezifika“ werden in konkreten Transaktionen durch die Wiederholung erfolgreicher Verhaltensweisen fortgeschrieben.

Innovation

Ein entscheidendes Merkmal von evolutionären Prozessen ist, dass darin neue Möglichkeiten verwirklicht und entwickelt werden. Der evolutionäre Prozess ist gekennzeichnet durch die bewusste Förderung und Wiederholung von nützlichen Verhaltensweisen und die Eliminierung von ineffektiven Verhaltensweisen. Organisationen, die sich am besten an ihre Umwelt anpassen und ihre Ressourcen effizient einsetzen, überleben langfristig. Im organisationstheoretischen Kontext lässt sich dieses evolutionäre Verständnis auf das Konzept der Innovation übertragen. Der Ökonom Schumpeter (1947, S. 151) versteht unter Innovation, "the doing of new things or the doing of things that are already done in a new way". Innovationen können als neue Transaktionen oder Verhaltensweisen verstanden werden, die durch selektive Prozesse in Organisationen gefördert oder verdrängt werden. Organisationen entwickeln im Zuge ihrer evolutionären Prozesse Strategien und Strukturen, um innovative Potenziale zu erschließen und sich an veränderte Umweltbedingungen anzupassen.[36] Dabei sind die bewusste Auswahl und Förderung von erfolgsversprechenden Innovationen sowie die Eliminierung weniger erfolgreicher Ansätze entscheidend für das Überleben und die Weiterentwicklung der Organisation.

Analog zu Whiteheads Kosmologie bleibt auch im Innovationsprozess die Entscheidungsfreiheit des organisationalen Akteurs bestehen. Das Subjekt, also die Organisation, bestimmt aktiv über die Form und Richtung der Innovationen. Das Erschließen neuer Handlungs- und Entwicklungsmöglichkeiten kann somit als Ausdruck der Selbstbestimmtheit und des kreativen Gestaltungsspielraums des organisationalen Akteurs verstanden werden. Diesen Grundgedanken greift der Ökonom von Hayek auf. Der Markt (Wettbewerb) als Entdeckungsverfahren eröffne neue Möglichkeiten und setze somit Anreize für Innovationen:

> „Der Wettbewerb ist ein „Entdeckungsverfahren [...], in dem Kundschafter auf der ständigen Suche nach unausgenutzten Gelegenheiten sind“ (Von Hayek, 1969, S. 260).

Es kann argumentiert werden, dass der Wettbewerb als Entdeckungsverfahren den evolutionären Charakter des Universums sozialontologisch abbildet. Evolutionäre Organisationen als Kundschafter seien stets auf der Suche nach ungenutzten

---

[36] Innovation ist auch aus evolutionsbiologischer Sicht erklärbar: Individuen verbessern ihre Fähigkeiten und versuchen gleichzeitig diese mit geringerem Energieaufwand auszuführen, was einen Selektionsvorteil darstellt.

Potentialen in einem evolutionären Umfeld. Der Ökonom Schumpeter (2013, S. 83) beschreibt dies als Prozess der industriellen Mutation, einen Prozess der schöpferischen Zerstörung:

> "process of industrial mutation – if I may use that biological term – that incessantly revolutionizes the economic structure from within, incessantly destroying the old one, incessantly creating a new one. This process of Creative Destruction is the essential fact about capitalism. It is what capitalism consists in and what every capitalist concern has got to live in".

Wettbewerb und Kooperation

Die Selektion im Sinne des Prinzips 'survival of the fittest' begünstigt ausschließlich jene Transaktionen, die bestimmte charakteristische Merkmale aufweisen. Dabei überleben nur jene Organisationen, die in der Lage sind, sich optimal an das jeweilige Umfeld anzupassen oder dieses zu ihrem Vorteil zu beeinflussen. Diese Anpassungsfähigkeit setzt eine effiziente Nutzung der verfügbaren Ressourcen voraus, um langfristig wettbewerbsfähig zu bleiben und die Überlebensfähigkeit zu sichern. Evolutionäre Organisationen sollten daher ihre „knappen" Ressourcen strategisch einsetzen. Die Identifikation und das Management von „knappen" Ressourcen ermöglichen es Organisationen, Engpässe frühzeitig zu erkennen und ihre Entwicklung langfristig zu steuern. Die wirtschaftlichen Aktivitäten sind an ökonomische, ökologische oder gesellschaftliche Veränderungen anzupassen. Diese permanente Anpassung ereignet sich durch die wiederholte Durchführung bestimmter Transaktionen. Dies ermöglicht es Organisationen, in bestehenden Systemen erfolgreich zu agieren und sichert die Anpassungsfähigkeit in einem dynamischen Umfeld. Obwohl der Evolutionsprozess primär mit der Selektion durch Wettbewerb assoziiert wird, zeigt die evolutionsbiologische Forschung, dass Kooperation einen entscheidenden Überlebens- und Erfolgsfaktor in komplexen sozialen Systemen darstellt.[37] Eine evolutionäre Organisation als komplexe Kooperation vieler Transaktionen basiert auf den kooperativen Fähigkeiten der Stakeholder. Diese bilden die Grundlage für organisationales Handeln und Zusammenarbeit. Die Kooperation als zentrales Ordnungsprinzip bestimmt die Zusammenarbeit sowohl innerhalb als auch außerhalb einer Organisation. So hat auch die Kooperation zwischen Organisationen einen hohen Stellenwert. Zentral für die erfolgreiche Bewältigung komplexer Aufgaben ist die geteilte Intentionalität: Die Bereitschaft der Stakeholder, gemeinsam auf bestimmte Ziele hinzuarbeiten sowie Ressourcen und Wissen zu teilen.

[37] "Perhaps the most remarkable aspect of evolution is its ability to generate cooperation in a competitive world" (Nowak, 2006, S. 1563).

Diese gemeinsame Zielorientierung ermöglicht es Organisationen, ihre kollektiven Ressourcen effizient zu nutzen und somit ihr Überleben zu sichern.

Definition von evolutionären Organisationen
Eine Organisation ist ein Netzwerk von Transaktionen ('basic units') mit einer polydimensionalen Natur, das sich fortwährend als komplexe „Kooperation" vieler Transaktionen reproduziert und auf einen 'purpose' ausgerichtet ist. In jeder Transaktion werden die Beziehungen der beteiligten Stakeholder konkret, die relevante Ressourcen einbringen und eigene Interessen verfolgen. Diese sind im organisationalen 'purpose' als geteilte Intentionalität enthalten und werden im kollektiven Handeln angestrebt. Die Organisation wird durch Handlungsspezifika definiert, die bestimmen, in welcher Art und Weise innerhalb und außerhalb einer Organisation zusammengearbeitet wird. Vor dem Hintergrund knapper Ressourcen wird in der Arbeitsweise ein möglichst effizientes Handeln angestrebt. Alle Interaktionen finden im Spannungsfeld zwischen Wettbewerb und Kooperation statt. Es gilt innovative Potenziale zu identifizieren und zu nutzen, sodass eine Organisation in einem sich ständig ändernden Umfeld ihr Fortbestehen sichert und handlungsfähig bleibt.

4.2.2 Akteurstatus einer Organisation

In diesem Abschnitt wird erläutert, inwieweit eine Organisation einen abstrakten Akteur darstellt, der die Fähigkeit besitzt, moralisch zu handeln.[38] Je nach Art der Beteiligung können Stakeholder und Akteure einer Transaktion unterschieden werden. In dieser Arbeit werden Stakeholder[39] nach der Art ihre Beteiligung in abstrakte und konkrete Stakeholder unterteilt: Abstrakte Stakeholder sind alle erdenkbaren Beteiligten einer Transaktion, die mittelbar oder unmittelbar eingebunden bzw. durch die Transaktion beeinflusst werden. Hierzu werden auch diejenigen Anspruchsgruppen gezählt, die denkbar möglich sind oder als mögliche zukünftige Stakeholder identifiziert werden können. Konkrete Stakeholder sind diejenigen, die relevante Ressourcen und Interessen zur erfolgreichen Durchführung einer Transaktion unmittelbar einbringen. Diese können auf den Verlauf einer Transaktion unmittelbar Einfluss nehmen. Jede Transaktion bedarf anderer

[38] Eine ähnliche Diskussion führt auch Schramm (2025d, S. 38–43).

[39] Ein Stakeholder ist eine Anspruchsgruppe (Person oder Gruppe), die das Erreichen der Ziele der Organisation beeinflussen kann oder davon betroffen ist, vgl. Abschn. 4.1.2.

relevanter Stakeholder, die sich anhand ihrer Ressourcen und Interessen unterscheiden lassen. Akteure, die sich ebenfalls nach Art ihrer Beteiligung in abstrakt und konkret unterscheiden lassen, stellen die zweite Akteursgruppe einer Transaktion dar. Konkrete Akteure einer Transaktion handeln aktiv, d. h. sie sind aktiv an einem Prozess beteiligt und treffen Entscheidungen. Diese Gruppe entspringt aus den relevanten (konkreten) Stakeholdern. Anhand der „Handlungsspezifika" kann unterschieden werden, ob der Akteur im Namen der Organisation tätig ist (Mitarbeiter) oder nicht. Die „Akteure einer Organisation" können je nach Transaktion variieren. Für die zweite Gruppe, abstrakte Akteure, wird folgende These aufgestellt: Eine Organisation stellt einen abstrakten Akteur dar. Sowohl Josef Wieland (2005) als auch Christian Neuhäuser (2011) argumentieren, dass eine Organisation als kollektiver (moralischer) Akteur anzusehen ist:[40]

> „Innerhalb der Theorie der Governanceethik ist die Annahme der Existenz kollektiver moralischer Akteure ein grundlegender und zentraler Baustein" (Wieland, 2005, S. 139).

Wieland unterstreicht, dass nicht nur einzelne Personen, sondern auch Organisationen als moralisch verantwortliche Einheiten handeln können. Moralische Verantwortung auf kollektiver Ebene konkretisiere das „Konstrukt ‚kollektiver moralischer Akteur' " (Wieland, 2001, S. 23). Nach Wieland (2005, S. 149) ist eine moderne Organisation durch „apersonale Interaktionen und Transaktionen" geprägt. Moderne Organisationen zeichneten sich durch formale und prozessuale Strukturen aus, die nicht direkt an persönliche Beziehungen gebunden seien. Folglich sei die „moralsensitive Ausgestaltung der Governance-Strukturen ökonomischer Transaktionen" (Wieland, 2001, S. 36) entscheidend:

> „Es sind daher präzise die Existenz und die moralsensitive Ausgestaltung der firmen- und transaktionsspezifischen Governancestrukturen, die die Tugend kollektiver Akteure verkörpern und prozessieren, nämlich ihre Bereitschaft (Kultur, Codes of Ethics) und ihre Fähigkeit (Managementsysteme, policies und procedures), moralische Werte in ihren Handlungen und in ihrem Verhalten zu verwirklichen" (Wieland, 2005, S. 57).

Die Governancestrukturen begründeten eine Organisation als 'real actor' (Wieland, 2024, S. 10). Diese sind analog zu „Handlungscharakteristika" zu verstehen, die eine Organisation als einen eigenständigen Akteur festlegen und in ihrer

[40] Diesen Grundgedanken greift Michael Schramm (2025d) in seinem Aufsatz „Prozesstheorie der Firma" auf.

Gesamtheit formen. Ähnlich argumentiert Christian Neuhäuser (2011) in seinem Buch „Unternehmen als moralische Akteure". Er sieht die Mitarbeiter als Agenten ihres Unternehmens an:

> „dass Mitarbeiterinnen im Gegensatz zu Eigentümern als Teil von Unternehmen aufgefasst werden müssen. Deswegen müssen die Handlungen der Mitarbeiterinnen dem Unternehmen zugerechnet werden. Dass Mitarbeiterinnen als Mitarbeiterinnen handeln, heißt gerade, dass sie als Teil des Unternehmens handeln und dass insofern auch das Unternehmen selbst handelt. Die Eigentümer sind hingegen nicht Teil des Unternehmens, es sei denn sie arbeiten im Unternehmen" (Neuhäuser, 2011, S. 97).

Mitarbeiter werden als Teil der Organisation betrachtet, deren Handlungen dem Unternehmen zuzuschreiben sind.[41] Die Mitarbeiter als „Agenten der Organisation" sind in dieser Arbeit der Gruppe „konkrete Akteure", die aktiv am Prozess beteiligt sind und Entscheidungen treffen, zuzurechnen. Diese begründeten eine Organisation als kollektiven Akteur. Das einzelne und auch das kollektive Handeln sei ausgerichtet nach „Plänen":

> „Ich will zeigen, dass Unternehmen Pläne haben und individuelle Mitarbeiter ihre jeweiligen Intentionen nach diesen Plänen ausbilden. Auf diese Weise erklärt sich das Verhältnis zwischen Unternehmen und ihren Mitarbeiterinnen und wie Verantwortlichkeit übertragen wird. Nur wenn die Pläne der Unternehmen moralisch sind, können die individuellen Akteure moralische Intentionen ausbilden und als Agenten korporativer Akteure verantwortlich bzw. verantwortungsbewusst handeln" (Neuhäuser, 2011, S. 138 f.)

„Pläne" sind in dieser Arbeit zu verstehen als organisationaler Zweck ('purpose'), der eine Orientierung für das moralische Handeln vorgibt. Als Teil der „Handlungscharakteristika" sind diese bestimmend für moralisches Handeln. Verfolgt eine Organisation sowohl einen ökonomischen als auch ökologische und gesellschaftliche Zwecke, können die konkreten Akteure einer Organisation „verantwortungsbewusst handeln":

> „Unternehmen können handeln, aber nur durch ihre individuellen Mitarbeiterinnen, und die Pläne von Unternehmen beruhen auch nicht auf einem irgendwie materiell zu denkenden quasimenschlichen Geist, sondern werden kollektiv zugeschrieben. In dieser Zuschreibung liegt die eigentliche Konstruktion des Unternehmens als Akteur" (Neuhäuser, 2011, S. 139).

[41] „Wenn Menschen für ein Unternehmen arbeiten, dann sehen sie sich selbst als Teil des Unternehmens" (Neuhäuser, 2011, S. 131).

Neuhäuser beschreibt die Mitarbeiter als Agenten einer Organisation, die dem organisationalen Zweck – der „kollektiven Intentionalität“ festgehalten in den „Handlungsspezifika“ – folgen. Das Einbeziehen von Menschen, die in der Lage seien, intentional zu handeln, in die Unternehmensdefinition ermögliche es, die kollektive Intentionalität der Unternehmensagenten dem Unternehmen zuzurechnen. Diese Intentionalität mache das Unternehmen zu einem (moralischen) Akteur. Wichtig sei, dass das „geborgte“ Handeln (Neuhäuser, 2011, S. 174) „nur“ eine kollektive Intentionalität darstelle, bei der die Mitarbeiter kollektiv intentional das vollziehen könnten, was in den „Handlungsspezifika“ festgehalten werde. Diese begründen nach Michael Schramm eine kollektive Intentionalität, jedoch keine korporative Intentionalität:

> „Der wesentliche Unterschied zwischen einer Korporation und einem einfachen Kollektiv besteht darin, dass bei einer Korporation individuelle Akteure in die Rolle der Funktionäre dieser Korporation schlüpfen und sie als eigenständigen Akteur begreifen“ (Neuhäuser, 2011, S. 153).

Patricia Werhane[42] vertritt eine vergleichbare Argumentationslinie. Sie betrachtet das Individuum als primären moralischen Akteur und das Unternehmen lediglich als einen sekundären moralischen Akteur. Dabei legt Werhane (2003) den Fokus auf die zentrale Fragestellung, ob Unternehmen überhaupt in der Lage sind, als moralische Akteure aufzutreten. Freemann und Werhane (2003, S. 554) vertreten die Annahme, dass nur Individuen in der Lage seien zu handeln, während Unternehmen als ‘legal constructs’ keine eigenständige Handlungsfähigkeit besäßen. Jedoch wird oftmals kritisiert, dass Unternehmen sich unmoralisch verhalten bzw. unmoralisch handeln. Werhane löst dieses Spannungsverhältnis auf, indem sie Unternehmen als sekundäre moralische Akteure definiert (Freeman & Werhane, 2003, S. 554; Werhane, 1985, S. 60, 2016, S. 6). Die kollektiven sekundären Unternehmenshandlungen basierten auf den Handlungen einzelner Individuen. Das Unternehmen wird als intentionales System gesehen, dem intentionales Handeln unterstellt werden kann. Im Gegensatz zu den individuellen Akteuren unterstellt Werhane (Werhane, 1985, S. 56 f., 2016, S. 15) Organisationen keine eigenen Wünsche oder Ziele, diese besäßen jedoch moralische Rechte und Pflichten (Werhane, 2016, S. 17). Die Verpflichtungen gegenüber einzelnen Bezugsgruppen resultierten aus dem Stakeholder-Ansatzes (Freeman & Werhane,

---

[42] Die Wirtschaftsethikerin Patricia H. Werhane (geb. 1935) gilt als Mitbegründerin der amerikanischen Wirtschaftsethik und Mitinitiatorin der Society of Business Ethics (SBE) sowie der Business Ethics Quarterly (BEQ). Der Fokus ihrer Forschung liegt auf mentalen Modellen, die in Unternehmens- und Führungskontexten begrenzend bzw. unreflektiert wirken.

2003; Werhane, 1985). Eine zentrale Fragestellung der Wirtschaftsethik sei, wieso diverse Akteure wie Manager oder Mitarbeiter in Organisationen moralische Fehlentscheidungen träfen oder gar moralisches Fehlverhalten wiederholt werde bzw. nicht vereitelt werden könne (Freeman & Werhane, 2003, S. 554). Ziel sollte eine Etablierung von integrem Verhalten sein, um der Schädigung einzelner Stakeholder entgegenzuwirken sowie einen Vertrauensverlust bei Entscheidungsträgern zu verhindern (vgl. Schmalzried, 2021).

Eine Organisation als „eigenständiger Akteur" schließt alle individuellen Akteure ein, die Teil des kollektiven Akteurs sind. Diese agieren im Auftrag des Unternehmens bzw. der „körperschaftlichen Identität". Die „kollektive Intentionalität" entspringt aus der individuellen Intentionalität der Mitarbeiter. Die Fähigkeit der Intentionalität setzt ein Bewusstsein voraus, was nur den Menschen, also Mitarbeitern, zugerechnet werden kann. Da eine Organisation nicht die Fähigkeit besitzt, selbst eine Intention zu entwickeln, ist eine „korporative Intentionalität" ausgeschlossen. In dieser Arbeit wird die These vertreten, dass eine Organisation als ein „abstrakter Akteur" zu sehen ist. Eine Organisation als „abstrakter Akteur" agiert durch die konkreten Akteure (Mitarbeiter, individuelle Akteure), die ihr Handeln an der „kollektiven Intentionalität" (dem organisationalen Zweck) ausrichten. Dieser 'purpose' bildet die Ausgangslage für moralisches Handeln in evolutionären Organisationen. Verantwortungsbewusstes Handeln hängt zum einen davon ab, inwieweit eine Organisation neben ökonomischen Zielen auch moralische Ziele verfolgt. Zum anderen rücken die Mitarbeiter als konkrete Akteure einer Organisation in den Fokus. Es ist von entscheidender Bedeutung, welches Führungsverständnis praktiziert wird, da dieses die Entscheidungskompetenzen der Mitarbeitenden beeinflusst und maßgeblich bestimmt, wie ihre Authentizität im beruflichen Alltag zum Ausdruck kommt.

4.2.3 Merkmale evolutionärer Organisationen

Evolutionäre Organisationen sind auf einen bestimmten Zweck ausgerichtet, festgehalten in den „Handlungsspezifika". Der Zweck bildet die Werte und Prinzipien einer Organisation ab. Als Leitbild hilft dieser den Menschen innerhalb von Organisationen, ihr Verhalten an diesen Werten auszurichten. Dabei spielt die Führung eine zentrale Rolle. Das Verständnis von Führung, als Ausdruck der Handlungscharakteristika, prägt die Entscheidungsprozesse innerhalb einer Organisation deutlich. Die Ausgestaltung der Führungsstile ist dabei kulturell bedingt und wird maßgeblich durch gesellschaftliche Normen, Werte und Praktiken geprägt. Besonders wichtig für moralisches Handeln ist in diesem Zusammenhang die

Authentizität der Führungspersonen insbesondere die Übereinstimmung der persönlichen Werte mit dem organisationalen Handeln, sowie die Förderung der Selbstführungskompetenzen der Mitarbeitenden.

Selbstführung

Das Thema „Selbstorganisation" wird als interdisziplinäres Thema mit verschiedenen Blickwinkeln in den Fachbereichen Philosophie, Systemtheorie, Naturwissenschaften und Betriebswirtschaftslehre erforscht. In einer ersten philosophischen Betrachtung schreibt Immanuel Kant (KdU, AA V, S. 374) hierzu:

> „Man sagt von der Natur und ihrem Vermögen in organisirten Producten bei weitem zu wenig, wenn man dieses ein Analogon der Kunst nennt; denn da denkt man sich den Künstler (ein vernünftiges Wesen) außer ihr. Sie organisirt sich vielmehr selbst und in jeder Species ihrer organisirten Producte, zwar nach einerlei Exemplar im Ganzen, aber doch auch mit schicklichen Abweichungen, die die Selbsterhaltung nach den Umständen erfordert".

Die Stärkung der Selbstführung bzw. der Selbstorganisation der Mitarbeiter in einer Organisation kann die Strukturen und die Kultur von Organisationen grundlegend verändern.[43] Das Konzept der verteilten Autorität in Organisationen wurde bereits mit den Konstrukten 'Self-managed Teams', 'Participatory Management' sowie 'Employee Empowerment Initiatives' umfassend erforscht (Barker, 1993; Black & Gregersen, 1997; Lee & Edmondson, 2017; Spreitzer, 1996; Thomas & Velthouse, 1990). Diese humanistischen Ansätze streben danach, die Bedürfnisse des Einzelnen zu verstehen und darauf aufbauend die Arbeitsumgebungen zu gestalten. Eine umfassende Definition von Selbstorganisation in Organisationen liefern Lee und Edmondson (2017, S. 39):

> "We define self- managing organizations (SMOs) as those that radically decentralize authority in a formal and systematic way throughout the organization. […] SMOs eliminate the hierarchical reporting relationship between manager and subordinate that serves as the core building block of the managerial hierarchy and constitutes its key mechanism of control. In self-managing organizations, all employees hold well- defined decision rights that cannot be superseded by someone simply because s/he is the 'boss' ".

[43] Die Selbstorganisation erfährt zurzeit in der Forschung sowie in der Praxis in den Wirtschaftswissenschaften eine starke Beachtung. Es wird angenommen, dass dieses Konzept es Organisationen ermöglicht, die zunehmende Geschwindigkeit des Wandels besser zu meistern. Ziel ist es sowohl ein wissensbasiertes Arbeiten als auch eine stärkere Bindung an den Arbeitsplatz zu etablieren (Lee & Edmondson, 2017, S. 38 f).

Das Ziel der Selbstführung in Organisationen ist es, den Mitarbeitern eine größere Autonomie, Einflussnahme und Entscheidungshoheit zuzuschreiben.[44] Es wird vermutet, dass in selbstorganisierten Organisationen das moralische Handeln stärker durch die Mitarbeiter geprägt wird und die individuellen Werte stärker berücksichtigt werden können (Uhlmann et al., 2015). Die Selbstorganisation in evolutionären Organisationen rückt den einzelnen Mitarbeiter stärker ins Zentrum des wirklichen Geschehens. Dabei wird das konkrete Verhalten der Mitarbeiter relevant.

Authentizität

Die „Ganzheit" im Sinne der Authentizität stellt ein weiteres Merkmal von evolutionären Organisationen dar. Der berufliche Alltag ist heutzutage in gewisser Weise durch den Mythos der „separaten Welten" geprägt: Es besteht die Annahme, dass die Arbeitswelt und das Privatleben strikt voneinander getrennt sind (Kanter, 1989; Ramarajan & Reid, 2013). Dies habe zur Folge, dass ein gewisses „professionelles" Verhalten am Arbeitsplatz vorausgesetzt werde. Zum Ausdruck komme dies explizit bspw. durch die Vorgabe einer Kleiderordnung oder implizit über Anreizsysteme, die bestimmte Verhaltensweisen belohnten und förderten. Diese zwei voneinander getrennten Welten – privat und beruflich – führten zu immer mehr Irritationen für alle Betroffenen. Die organisationalen Herausforderungen, Arbeit als eine distinkte und separate Identität anzusehen, getrennt von der privaten Identität, lasse großen Klärungsbedarf entstehen (Ashcraft, 2013; Dumas et al., 2013; Ramarajan & Reid, 2013). Die Stärkung der Ganzheit der Mitarbeiter am Arbeitsplatz in evolutionären Organisationen könne diese Herausforderung nachhaltig auflösen. Es wird vermutet, dass eine höhere Authentizität der Mitarbeiter im unternehmerischen Kontext einen signifikanten Einfluss auf das Verhalten der Mitarbeiter am Arbeitsplatz habe (Cha et al., 2019; Ramarajan & Reid, 2013) und somit die ethischen Werte in Transaktionen stärker zum Zuge kommen könnten (Bai et al., 2020; Caza et al., 2018; Deci & Ryan, 2000; Ebrahimi et al., 2020; Newman et al., 2014). Bei einer hohen Übereinstimmung der individuellen Werte und der Arbeitsumgebung seien die Individuen glücklicher, zufriedener und produktiver (Langer et al., 2019, S. 136; Parsons, 1909). Werde also das individuelle Bedürfnis nach Authentizität bei der Arbeit erfüllt, führe dies auch zu positivem Arbeitsverhalten (Green et al., 2017).

Selbstführung und Authentizität in Organisationen zu fördern, wird einem moralischen Führungsverständnis zugeschrieben. Die Mitarbeiter als Akteure einer

[44] Insb. die Auslegung des Wertes „Macht" hat einen großen Einfluss auf die Art und Weise, wie Organisationen geführt werden. Eine größtmögliche Selbstbestimmung und Eigenverantwortung des Individuums sei gemäß der Subsidiarität anzustreben, Entscheidungen seien auf der niedrigsten möglichen Ebene zu treffen (Alves & Moreira, 2013).

Organisation werden maßgeblich durch das Führungsverhalten beeinflusst. Zum einen dienten Führungskräfte im beruflichen Kontext oft als Vorbilder, zum anderen sei Führung entscheidend für das Überleben und den Erfolg von Organisationen (Antonakis & Day, 2017). Aus evolutionspsychologischer Sicht sei Führung und Gefolgschaft bei Menschen sowie bei anderen Arten entstanden, um wiederkehrende Koordinationsprobleme im Spannungsfeld zwischen Wettbewerb und Kooperation zu lösen (Van Vugt et al., 2008).

Moralisches Führungsverständnis

Führung ist ein zwischenmenschliches Phänomen, das in nahezu allen Gesellschaften vorkommt und je nach Land und Kultur unterschiedlich aufgefasst wird (Garfield et al., 2019; Van Vugt & Spisak, 2008). Beispielsweise wird in ostasiatischen Ländern eine ideale Führungskraft als autoritär, gesichtswahrend und mitfühlend beschrieben. Dies entspricht nicht dem Ideal in vielen westlichen Nationen (Dorfman et al., 2012). In Ägypten glauben mehr als 80 % der Bevölkerung, dass Männer bessere politische Führer sind als Frauen, während in Schweden weniger als 6 % dieser Meinung sind. Unterschiedliche Führungsideale können sogar innerhalb derselben Nation existieren. Im Vergleich zu französischsprachigen Schweizern haben deutschsprachige Schweizer eine stärkere Vorliebe für Manager mit einem partizipativen Führungsstil (House, 2004). Prototypische Führungsmerkmale variieren nicht nur in großen industrialisierten Gesellschaften (Aycan et al., 2013; Gerstner & Day, 1994; Resick et al., 2006), sondern auch zwischen kleineren vorindustriellen Gesellschaften (Garfield et al., 2020). Menschen charakterisieren ihre idealen Führungspersönlichkeiten über Kontinente, Länder und subnationale Regionen hinweg unterschiedlich. Nach Lonati und Vugt (2024) liefert die Kultur eine Erklärung für dieses Phänomen. Ihr Verständnis von Kultur beruht auf der gängigen Definition nach House et al. (2002, S. 57):

> "shared motives, values, beliefs, identities, and interpretations or meanings of significant events that result from common experiences of members of collectives and are transmitted across age generations".

Die unterschiedlichen kulturell geprägten Führungsstile werden als hauptsächlich sozial erlernte Präferenzen angesehen, die auf bestehenden gesellschaftlichen Normen, Werten und Praktiken beruhen. Diese würden in diversen Interaktionen mit Personen in Autoritätspositionen wie bspw. Eltern, Lehrern oder Führungskräften erworben (Dorfman et al., 2012; Lonati & Van Vugt, 2024). Gemäß Garfield et al. (2024) hat Führung einen grundlegenden Einfluss auf die menschliche Psyche, sowohl auf das Verhalten des Einzelnen als auch auf ganze Gesellschaften. Der zentrale Aspekt von Führungspersonen sei deren übermäßiger Einfluss auf die Entscheidungsfindung eines Individuums innerhalb einer Gruppe. Führungspersonen seien

> “individuals with disproportionate influence within a group over group decision-making” (Garfield et al., 2024, S. 2).

Nach Rueden und van Vugt (2015) stellt Führung das zentrale Instrument dar, um Koordinations- und Motivationsprobleme innerhalb von Gruppen zu adressieren. Sie definieren unter Rückgriff auf Bass (1990) und Day & Antonakis (2012) Führungspersonen als

> “individuals who have differential influence within a group over the establishment of goals, logistics of coordination, monitoring of effort, and reward or punishment strategies” (Von Rueden & Van Vugt, 2015, S. 978).

Dabei wird der Einfluss auf die Entscheidungsfindung präzisiert, insbesondere hinsichtlich der Zielsetzung, der Koordination der Umsetzung, der Überwachung des Engagements sowie der Entwicklung von Strategien zur Belohnung oder Bestrafung.[45] Führung kann entweder auf mehrere Mitglieder einer Gruppe verteilt oder in einer einzelnen Person gebündelt sein. Sie variiert dabei von einem passiven Einfluss bis hin zur aktiven Motivation der Geführten (Yukl, 2014). Aus evolutionärer Perspektive ist Führung die Koordination der Handlungen von zwei oder mehr Individuen, um gemeinsame Ziele zu erreichen (Vugt & Ronay, 2014).[46]

Moralische Führungsstile

Wird die Welt als zunehmend komplex wahrgenommen, rückt nach Frömmer et al. (2021) verantwortungsvolles Entscheiden in Organisationen ins Zentrum der Betrachtung. Moralisch geprägte Führungskräfte haben neben einer positiven Wirkung auf die Gesellschaft einen essenziellen Einfluss auf den nachhaltigen organisationalen Erfolg (Freeman et al., 2004; Padilla et al., 2007). Verschiedene wertebasierte bzw. moralische Führungsstile sehen die Schlüsselrolle für verantwortungsvolles Handeln in Organisationen bei Führungskräften (Banks et al., 2016;

---

[45] Wird die Führung als illegitim angesehen, kann dies unterschiedliche negative Wirkungen auf die Zusammenarbeit mit sich bringen, wie Angst vor Machtmissbrauch, Neid auf den Status oder verstärkten Wettbewerb um Ränge (Anderson & Brown, 2010).

[46] “We define leadership in terms of the coordination of the actions of two or more individuals to accomplish joint goals” (Vugt & Ronay, 2014, S. 75).

Brown & Mitchell, 2010; Frömmer et al., 2014; Lemoine et al., 2019). Moralisch orientierte Führungsansätze sind „ethische Führung" (Brown et al., 2005), „authentische Führung" (Gardner et al., 2011; Walumbwa et al., 2008) und „dienende Führung" ('servant leadership') (Liden et al., 2014; Van Dierendonck, 2011). Diese drei Ansätze sprechen explizit moralische Inhalte in ihren Definitionen an, sind konzeptionell weit entwickelt und stützen sich auf empirische Forschung.[47] Nach Lemoine et al. (2019) unterscheiden sich ethische, authentische und dienende Führung in ihren jeweiligen Schwerpunkten hinsichtlich normativer Standards, Selbstverständnis, Selbstübereinstimmung und der Berücksichtigung von Stakeholdern.

Ethischer Führungsansatz

Der ethische Führungsansatz wird verstanden als

> "the demonstration of normatively appropriate conduct through personal actions and interpersonal relationships, and the promotion of such conduct to followers through two-way communication, reinforcement, and decision-making" (Brown et al., 2005, S. 120).

Eine ethische Führungskraft fördere nicht nur gewünschte und normativ angemessene Verhaltensweisen, sondern lebe diese auch durch Fairness und Ehrlichkeit in ihren Beziehungen zu den Mitarbeitenden vor. Ethische Führungskräfte beeinflussten das ethische Verhalten von Mitarbeitern (Huang & Paterson, 2017). Ihnen wird unterstellt, dass diese als glaubwürdige Vorbilder ihren Untergebenen gewünschte ethische Einstellungen und Verhaltensweisen vorleben. Ethisches Verhalten werde belohnt, während Konsequenzen für diejenigen vorzusehen seien, die sich nicht an die Normen hielten (Brown et al., 2005, S. 120). Ethisches Verhalten von Mitarbeitern wird zudem als entscheidend für den langfristigen Erfolg von Organisationen angesehen (Feldman et al., 2015). In einer Studie haben Rubin et al. (2010) festgestellt, dass ethische Führungskräfte zunehmend von ihren Vorgesetzten als potenziell

---

[47] Andere moralische Führungsansätze wie spirituelle Führung (Fry et al., 2005), bescheidene Führung ('humble leadership') (Owens & Hekman, 2012) oder verantwortungsvolle Führung (Maak & Pless, 2006) werden hier nicht weiter verfolgt, da diese im Vergleich zu ethischer, authentischer und dienender Führung relativ wenig wissenschaftliche Beachtung finden (Lemoine et al., 2019). Weitere interessante Führungsstile wie transformationale Führung (Bass, 1999; Bass et al., 2003; Bass & Steidlmeier, 1999) oder charismatische Führung (Conger et al., 2000; Conger & Kanungo, 1998) sind vielversprechend im Kontext evolutionärer Organisationen, jedoch weniger stark auf moralisches Handeln ausgerichtet und werden somit hier nicht weiter verfolgt.

geeignet für höhere Führungspositionen bewertet werden. Allerdings wurden Führungskräfte, die eine ausgeprägte ethische Führung zeigten, im Vergleich zu denen, die weniger ethische Führung zeigten, nicht eher als beförderungsfähig in naher Zukunft angesehen. Die Ergebnisse zeigen auch, dass die ethische Kultur und der Druck, Ergebnisse zu erzielen, wichtige Kontextfaktoren sind, die die Beziehung zwischen ethischer Führung und der Beförderungsfähigkeit von Führungskräften zu höheren Führungsrollen moderieren (Rubin et al., 2010).

Authentischer Führungsansatz

Der Begriff der Authentizität geht auf das antike Griechenland zurück und kann verstanden werden als „sei dir selbst treu" (Harter, 2002). Die Theorie der authentischen Führung basiert auf Grundlagen der Philosophie sowie der Psychologie und findet in Theorie und Praxis Anwendung (Walumbwa et al., 2008). Luthans und Avolio (2003, S. 243) definieren „authentische Führung"

> "as a process that draws from both positive psychological capacities and a highly developed organizational context, which results in both greater self-awareness and self-regulated positive behaviors on the part of leaders and associates, fostering positive self-development".

Der Fokus liegt auf Selbstwahrnehmung, Selbstregulierung und Selbstkonformität der Führungskräfte und Mitarbeiter. Der Rolle der Führungskraft komme hier eine besondere Bedeutung zu, da diese die Eigenschaften aktiv an die Mitarbeiter zu vermitteln habe (Luthans & Avolio, 2003). Eine authentische Führungspersönlichkeit sei sich über ihre eigene Identität, Überzeugungen und Werte bewusst. Dies zeige sich sowohl im Handeln als auch in der Kommunikation (Avolio et al., 2004).[48] Charakteristisch sei, dass die persönliche Identität Vorrang gegenüber der beruflichen Rolle habe (Henderson & Hoy, 1983). Authentische Führungskräfte fällten ihre moralischen Entscheidungen autonom und ließen sich dabei nicht von möglichen normativen oder sozialen Zwängen beeinflussen (Guignon, 2004; Taylor, 1991). Gemäß Lemoine et al. (2019) und Walumbwa et al. (2008) umfasst „authentische Führung" die vier Dimensionen Selbsterkenntnis (das Bewusstsein über die eigene Person), ausgewogene Verarbeitung (die objektive Berücksichtigung beider Seiten einer Thematik), relationale Transparenz (das Handeln in Übereinstimmung mit der eigenen wahren Natur) und eine verinnerlichte moralische Perspektive (die moralische Selbstregulierung und das Verhalten im Einklang mit

[48] Simons (2002) hebt die wesentliche Rolle der Übereinstimmung zwischen den Äußerungen und dem Handeln von Führungskräften hervor, da diese Konsistenz entscheidend für das Vertrauen ihrer Mitarbeiter sei.

diesen Werten). Authentisches Führungsverhalten korreliere positiv mit der Arbeitsleistung, der Arbeitszufriedenheit und dem sozialen Verhalten in Organisationen sowie negativ mit kontraproduktivem Arbeitsverhalten und Burnout (Banks et al., 2016; Hoch et al., 2018). Es wird angenommen, dass authentische Führungskräfte in Einklang mit hohen moralischen Standards handeln, als positive moralische Vorbilder fungieren, ein stark ausgeprägtes Verantwortungsbewusstsein haben (Hannah et al., 2011; May et al., 2003) und das moralische Verhalten ihrer Mitarbeiter fördern (Avolio & Gardner, 2005; Frömmer et al., 2014, 2021). Ein authentischer Führungsansatz könne das gesellschaftliche Vorankommen stärken (George, 2003; George et al., 2007) und sich in optimierten Selbstwertgefühlen, höherem psychischen Wohlbefinden, gesteigerten Freundlichkeitsgefühlen und einer verbesserten Leistungsfähigkeit ausdrücken (Grandey et al., 2005; Kernis, 2003). Kennten Führungskräfte in Organisationen ihre wahren Werte, Überzeugungen und Stärken, handelten danach und bestärkten ihre Mitarbeiter, dasselbe zu tun, führe dies zu einem höheren Wohlbefinden mit nachweislich positiven Auswirkungen auf die Leistung der Geführten (Ryan & Deci, 2001; Walumbwa et al., 2008).

Dienender Führungsstil

Ein weiterer Führungsstil mit moralischen Bestandteilen ist der dienende Führungsstil ('servant leadership'), der nach Greenleaf (2005, S. 26) wie folgt verstanden werden kann:

> "The servant-leader is servant first [...] The difference manifests itself in the care taken by the servant first to make sure that other people's highest priority needs are being served [...] Do those served grow as persons? Do they, while being served, become healthier, wiser, freer, more autonomous, more likely themselves to become servants? And, what is the effect on the least privileged in society; will they benefit, or, at least, not be further deprived?".

Diese verbreitete Definition bewertet dienende Führung anhand der Ergebnisse, Verhaltensweisen stehen nicht im Fokus der Definition. Eine andere Definition liefert Ehrhart (2004, S. 68):

> "the servant-leader recognizes his or her moral responsibility not only to the success of the organization but also to his or her subordinates, the organization's customers, and other organizational stakeholders".

Zentral ist, dass dienende Führung neben dem Erfolg der Organisation die Bedürfnisse anderer Stakeholder anerkennt. Der Schwerpunkt auf den Stakeholdern ist auch in weiteren Definitionen von dienender Führung zentral:

> "a group-oriented approach to leadership that emphasizes serving others" (Schaubroeck et al., 2011, S. 865);

> "a model that identifies serving others – including employees, customers, and community – as the number-one priority" (Spears & Lawrence, 2002, S. 4);

> "emphasizing leader behaviours that focus on follower development, and de-emphasizing glorification of the leader"[49] (Hale & Fields, 2007, S. 397).

Greenleafs Konzept der „dienenden Führung" und die nachfolgenden Definitionen legen einen besonderen Fokus auf das „Dienen" mehrerer Stakeholder. Sowohl der Erfolg der Organisation als auch ethisches Verhalten, wie die Schaffung von Werten für die Gemeinschaft, die Ermächtigung anderer bzw. das Voranstellen anderer, die Unterstützung anderer beim Wachsen und Erlernen von konzeptionellen Fähigkeiten, stellen relevante Dimensionen dar (Lemoine et al., 2019).

In Ergänzung zu den genannten Führungsstilen mit moralischen Inhalten ist der autoritäre Führungsstil weiterhin weit verbreitet. Er findet in verschiedenen Kontexten wie Militär (Geddes et al., 2014), Sport (Kellett, 2002) oder in Unternehmen in östlichen und westlichen Ländern (Cheng et al., 2014; De Hoogh et al., 2015; De Hoogh & Den Hartog, 2009; Farh & Cheng, 2000) Anwendung (Zheng et al., 2021). Je komplexer die Welt wahrgenommen werde, desto öfter finde dieser Führungsstil Anwendung. Der autoritäre Führungsstil sei weiterhin in Schwellenländern im Nahen Osten, im pazifischen Asien und in Lateinamerika weit verbreitet (Harms et al., 2018). Die negativen Auswirkungen dieses Führungsansatzes auf das organisationale Verhalten sind vielfältig: Autoritäres Führungsverhalten schwäche das Engagement der Mitarbeiter, die Selbstführung am Arbeitsplatz, das Erreichen von Unternehmenszielen, sowie die Interaktionen und Hilfsbereitschaft im Team[50] (Chan et al., 2013; Cheng et al., 2014; Duan et al., 2018; Harms et al., 2018; Pellegrini & Scandura, 2008; Schuh et al., 2013; Shen et al., 2019). Zheng et al. (2021) untersuchten die Auswirkungen des autoritären Führungsstils auf den ethischen Ausdruck von Mitarbeitern ('employee ethical voice') am Arbeitsplatz. Autoritäre Führung korreliere negativ mit dem ethischen Ausdruck von Mitarbeitern, was auf ein erhöhtes Gefühl von Unsicherheit zurückzuführen sei. Die negative Beziehung zwischen autoritärer Führung und dem ethischen Ausdruck von Mitarbeitern könne

---

[49] Diese Definition kann als klare Abgrenzung zum autoritären Führungsstil verstanden werden.

[50] Diese negativen Effekte des Führungsstils seien in Schwellenländern zu vernachlässigen, sofern die Arbeitnehmer eine geringe Arbeitsplatzmobilität sowie hohes kognitives Vertrauen in die Führungskraft aufwiesen (Du et al., 2020).

durch eine höhere Ausprägung von wohlwollender Führung abgeschwächt werden. Autoritäre Führungskräfte, die gleichzeitig wohlwollend agierten, riefen weniger wahrscheinlich Unsicherheitsgefühle bei ihren Mitarbeitern hervor. Dies könne die Bereitschaft der Mitarbeiter erhöhen, sich zu unethischen Themen zu äußern (Zheng et al., 2021).

Zusammenfassung moralischer Führungsstile

Die drei Ansätze vereint, dass sowohl die ökonomische als auch die moralische Perspektive in die Führung eingebunden wird. Im Detail unterscheiden sie sich hinsichtlich ihrer Schwerpunkte: Während ethische Führung normativ orientiert ist und auf die Erfüllung externer Erwartungen fokussiert wird, legt die authentische Führung ihre Aufmerksamkeit auf Selbstbewusstsein und Selbstübereinstimmung. Die dienende Führung zielt darauf ab, die Bedürfnisse mehrerer Stakeholder beim Handeln zu integrieren.[51] Eine Führungsperson hat einen übermäßigen Einfluss auf die Entscheidungsfindung innerhalb einer Gruppe. Die unterschiedlichen Führungsstile sind kulturell bedingt und bestehen aus gesellschaftlichen Normen, Werten und Praktiken. Das moralische Führungsverständnis in evolutionären Organisationen gilt als Ausdruck der Handlungscharakteristika. Sowohl der ökonomische Erfolg der Organisation als auch die ökologische und soziale Dimension, wie die Schaffung von Werten für die Gemeinschaft, sind integrale Bestandteile der Wahrnehmung. Als wichtig für moralisches Handeln wird die Authentizität des Einzelnen, insb. die Übereinstimmung der eigenen Werte mit dem organisationalen Handeln, sowie die Stärkung der Selbstführung der Mitarbeiter angesehen.

In diesem Kapitel werden evolutionäre Organisationen basierend auf mikroanalytischen Theorieansätzen definiert. Eine Organisation als ein Netzwerk von Transaktionen erneuert sich fortwährend als komplexe „Kooperation" vieler Transaktionen, die auf einen Zweck ausgerichtet sind. Jede Transaktion umfasst mindestens die ökonomische, ökologische und gesellschaftliche Dimension. Es ist zu bestimmen, wie die verschiedenen Interessen in den einzelnen Dimensionen wahrzunehmen und abzuwägen sind. Als Basis dafür dient die Ethik sowie deren Anwendungsmodelle. Im Weiteren soll das moralische Handeln im organisationalen Kontext durch die Beschreibung der relevanten Werte analysiert werden.

[51] Gleichzeitig kann die Differenzierung in drei unterschiedliche Ansätze kritisch gesehen werden. Es kann argumentiert werden, dass ihre Einzigartigkeit auf einer „gemeinsamen Theorie" basiert, sie gewisse Zusammenhänge und Logiken sowie Auswirkungen gemeinsam haben (Lemoine et al., 2019).

Ethische Überlegungen 5

Moralisches Handeln im organisationstheoretischen Bereich wird durch eine Vielzahl von Bewertungskriterien beeinflusst, maßgeblich sind ökonomische und rechtliche. Besonders bedeutsam sind jedoch auch ethische Entscheidungskriterien für die ethische Reflexion der angestrebten Zwecke des Wirtschaftens. Als Teil des Ganzen handelt eine Organisation im Spannungsfeld zwischen Eigen- und Fremdnutzen und folgt dabei dem organisationalen Zweck. Dieser Blick fürs Ganze (Wahrnehmung der Eigen- und Fremdinteressen) wird durch die unparteiische Perspektive des 'moral point of view' ausgedrückt. Während sich alle ethischen Theorien der Moderne darin einig sind, dass der 'moral point of view' durch eine gerechte und unparteiische Perspektive geprägt ist, divergieren die verschiedenen Ethikkonzepte jedoch in ihrer konkreten Ausgestaltung dieser Unparteilichkeit.

Zunächst wird auf das Grundverständnis für ethische Überlegungen eingegangen. Neben einer Einordnung der Ethik in die Philosophie werden die Begriffe Ethik und Moral bestimmt. Die moralische Wahrheitssuche geht vom 'moral point of view' aus, der den 'economic point of view' als integralen Bestandteil jeder Abwägung ansieht. Es werden zwei bedeutende Konzeptionen der modernen Ethik vorgestellt und deren Anwendbarkeit im ökonomischen Kontext validiert.

5.1 Grundverständnis

Die vorliegende Arbeit behandelt die Frage, wie moralisches Handeln in evolutionären Organisationen zu begründen und zu operationalisieren ist. Hierfür wird zunächst die Ethik in der Philosophie verortet, zudem werden Moral und Ethik definiert und voneinander abgegrenzt. Es wird die These aufgestellt, dass moralisches Handeln die Bereitschaft erfordert, die Welt aus unterschiedlichen

J. Bee, *Moralisches Handeln in evolutionären Organisationen*, Studien zur Ethik der Transaktion, https://doi.org/10.1007/978-3-658-52227-8_5

Perspektiven wahrzunehmen. Während der 'economic point of view' die Maximierung der eigenen Interessen durch egoistisches Handeln betont, berücksichtigt der 'moral point of view' sowohl eigene als auch fremde Interessen und stellt somit eine Balance zwischen Egoismus und Altruismus her. In dieser Arbeit setzt die ethische Wahrheitssuche den 'moral point of view' voraus, die Wahrnehmung aller Interessen bzw. Werte einer Transaktion. Einen ähnlichen Ansatz bietet die moralische Vorstellungskraft nach Patricia Werhane (1998, 1999, 2002, 2008).

5.1.1 Terminologie: Ethik und Moral

Einordnung der Ethik in die Philosophie

Die Philosophie (griech. philos = Freund; sophia = Weisheit) kann mit „Liebe zur Weisheit" übersetzt werden. Sie verschreibt sich dem Ziel, das Wissen der Vernunft mit Blick auf die Gesamtwirklichkeit des Seins und Sollens des Menschen zu erweitern und dabei „zu den letzten Gründen" vorzudringen. Mit methodisch gesicherten Wegen soll systematisch zu einem gedanklich geklärten Wissen beigetragen werden, was die Philosophie ihrem eigenen Anspruch nach zu einer Wissenschaft macht (vgl. Brugger, 1992, S. 294 f.; Göbel, 2017, S. 36). Die Philosophie „als die Disziplin des Selbstdenkens par excellence" (Nida-Rümelin et al., 2017, S. 10) zielt darauf ab, kohärente und logische Antworten in einem widerspruchsfreien Gedankengebäude zu erarbeiten. Sie kann als radikales Fragen, als radikale Reflexion zur Enthüllung des Geheimnisses der Vernunft und der Welt verstanden werden (Merleau-Ponty & Böhm, 1966, S. 18).[1]

Grundsätzlich lässt sich die theoretische Philosophie, die praktische Philosophie und die Geschichte der Philosophie unterscheiden. Erstere behandelt vornehmlich Fragen zu den Möglichkeiten und Grenzen des Denkens. Gegenstand der Überlegungen können die Bedingungen und Möglichkeiten der Erkenntnis, die Ordnung in der Welt oder nach den Kategorien Zeit und Raum sein. Letztere konzentriert sich auf die Geschichte des philosophischen Denkens seit seinem Beginn in der griechischen Antike. Ziel ist es, Entwicklungslinien im philosophischen Reflektieren nachzuzeichnen sowie philosophische Texte im Detail zu analysieren und ihre Bedeutung zu offenbaren. Die praktische Philosophie geht auf Aristoteles zurück und differenziert zwischen Ethik, Ökonomie und Politik. Die Ethik erstrebt eine

[1] Die „Enthüllung der Geschehnisse der Geschäftswelt" ist ein zentraler Bestandteil der vorliegenden Arbeit. Es soll ein Blick auf die „Gedankengebäude der Ökonomie" gelegt, Widersprüche aufgezeigt und mögliche Lösungen metaphysischer Art dargelegt werden.

Anleitung für ein gelungenes, tugendhaftes Leben. Die Ökonomie verfolgt das richtige Handeln in Bezug auf Hausgemeinschaft und Familie. Die Politik zielt auf das richtige Handeln in Bezug auf den Staat bzw. die Polis ab (Aßländer, 2013, S. 3; Höffe, 1999b, S. 34; Pieper, 1990, S. 86, 2017, S. 21). Dies teilt sie sich mit anderen Wissenschaften wie der Psychologie, der Soziologie, der Politikwissenschaft oder der Ökonomie. Der praktisch-philosophische Blick legt dabei den Fokus auf Kriterien bzw. Begründungen, um das Handeln der Menschen als moralisch richtig oder falsch einzustufen. Kant (KdU, AA V, S. 163) sieht die Aufgabe der praktischen Philosophie als

> „[...] den Weg zur Weisheit, den jedermann gehen soll, gut und kenntlich zu bahnen" und sich „[...] der Verirrung einer noch rohen, ungeübten Beurtheilung" bewusst zu werden.

Es werden Prinzipien oder Normen entwickelt, an denen sich das Handeln orientieren soll (vgl. Schumann, 2022, S. 13). Das Ziel ist es, eine Anleitung zum richtigen Handeln zu geben (vgl. Aßländer, 2024, S. 14).

Begriffsbestimmung: Ethik

Die Ethik als philosophische Disziplin kann als die kritische, methodisch angeleitete Reflektion über Moral verstanden werden.[2] Es werden allgemeine Kriterien und Prinzipien gesucht, um etwas als moralisch gut oder richtig zu deklarieren (Schweppenhäuser, 2021, S. 79). Die Ethik als Lehre vom moralischen Handeln ist als normative Handlungstheorie auf die Bewertung konkreter Handlungen ausgerichtet (vgl. Aßländer, 2024, S. 14; Schumann, 2022, S. 40).[3] Niklas Luhmann (1989, S. 371) definiert die Ethik als „eine Reflexionstheorie der Moral", das heißt:

> „jede kognitive Beschreibung, die sich auf Probleme der Moral einlässt und sie zu reflektieren versucht".

Das Grundverständnis der Ethik von Luhmann (1989, S. 360) ist funktional geprägt und orientiert sich an einer beschreibenden Methodik:

> „Die Ethik kann die Moral nicht begründen, sie findet sie vor, und sie hat es dann mit der Problematik dieses Befundes zu tun."

---

[2] Eine Übersicht über zentrale Ansätze und die Geschichte der Ethik bieten Düwell et al. (2002) sowie Ulrich (2008).

[3] Dieser Abschnitt bezieht sich auf das Kapitel „Ethik und Moral – Begriffsklärungen und Abgrenzung" von Baumann Montecinos (2019, S. 28–35).

Der Schwerpunkt der angewandten Ethik liegt in der Entwicklung von ethischen Prinzipien, um moralisches Verhalten in einer konkreten Anwendungssituation im wirtschaftlichen Bereich bewerten zu können. Der Fokus soll auf der konkreten Lösung praktischer ethischer Probleme liegen (Aßländer, 2024, S. 15). Karl Homann und Christoph Lütge (2005, S. 12) benennen die Ethik als

> „die wissenschaftliche Theorie der Moral“, die „sich mit den Prinzipien der Moral, mit dem Zusammenhang der einzelnen Normen, mit ihrer Begründung und Konsistenz, mit ihrer Entstehung und Funktion sowie mit Vorrangregeln [beschäftigt]“.

Begriffsbestimmung: Moral

Die Moral wird festgelegt als ein

> „Komplex von Regeln und Normen, die das Handeln der Menschen bestimmen oder bestimmen sollen“ (Homann & Lütge, 2005, S. 12 f.).

Bei Höffe (2008b, S. 204) bedeutet Moral einen

> „für die Daseinsweise der Menschen konstitutiven […] normativen Grundrahmen für das Verhalten vor allem zu den Mitmenschen, aber auch zur Natur und zu sich selbst“.

Die Moral zeigt sich in Handlungsnormen wie Regeln, Vorschriften oder leitenden Grundsätzen. Normative Vorstellungen können sich auch in Wertmaßstäben, Sinnvorstellungen, Vorbildern sowie der Verfasstheit von öffentlichen Institutionen ausdrücken. Bei der Moral geht es um prinzipielle, wichtige und grundsätzliche Aspekte des Verhaltens (vgl. Göbel, 2017, S. 31). Eine Veranschaulichung des Unterschieds zwischen Ethik und Moral liefern folgende zwei Aussagen. „Ein Mensch handelt ethisch“ heißt: Er agiert in Übereinstimmung mit ethischen Prinzipien, die mehr oder weniger gut begründet sein können. „Ein Mensch handelt moralisch“ bedeutet: Er agiert in Übereinstimmung mit Werten und Normen einer sozialen Gruppe, wie Familie, Unternehmen oder Gesellschaft (vgl. Düwell et al., 2011, S. 410; Schumann, 2022, S. 15). Michael Wörz (1990, S. 29) pointiert die Unterscheidung zwischen Moral und Ethik wie folgt:

> „Moral ist die Praxis des Handelns und Urteilens nach Maßgabe von Vorstellungen vom ‚Guten‘. Ethik ist die Theorie von der Moral“.

Das Verständnis von Moral als Praxis der tatsächlich geltenden bzw. gelebten Maßgaben hängt von der jeweiligen Vorstellung des „Guten“ ab:

> „Was jedoch als das Gute und Gesollte näherhin ausgezeichnet wird, das kann noch sehr verschieden sein" (Wörz, 1990, S. 29).

Unter Berücksichtigung der vorherrschenden moralischen Vorstellungen vom Guten und Gesollten formen sich die konkreten Normen und Regeln, die für das Handeln der Menschen maßgeblich sind. Diese können von Gesellschaft zu Gesellschaft variieren und fallen entsprechend unterschiedlich aus. Die Verortung von Moral in der praktischen Realität einer Gesellschaft ist ein zentraler Ausgangspunkt der Governanceethik nach Josef Wieland. Dieser nimmt eine entsprechende Abgrenzung zwischen Moral und Ethik vor:

> „Moral ist ein Phänomen gesellschaftlicher Praxis, Ergebnis und Voraussetzung sozialer Kooperation, emergentes Produkt der Kooperation individueller und kooperativer Akteure. […] Primäre Aufgabe der Ethik ist es nicht, moralisches Handeln zu motivieren, sondern normativ zu legitimieren" (Wieland, 2005, S. 113 f.).

Wieland sieht in diesem Sinne Moral als „kulturell sedimentierte Handlungsvorstellung" (Wieland, 2005, S. 113) und beansprucht, „die jedem Wert innewohnende Unschärfe in die Betrachtung einzubeziehen" (Wieland, 2005, S. 84). Dies impliziere Pluralität in der Konkretisierung von Moralvorstellungen, die auf den Praxisbezug zurückzuführen sei:

> „Die Eigenschaft der Unschärfe von Werten besagt, dass […] dessen konkretes Meinen eines lokalen Kontextes bedarf. […]. Diese Kombination von begrifflicher Unschärfe und Kontextabhängigkeit […] ist kein Nachteil von Werten, sondern die Bedingung der Möglichkeit ihrer Anwendungsfähigkeit in sozialen Kooperationen" (Wieland, 2005, S. 84 f.).

Michael Schramm (2006, S. 11) betont die Vielfalt an Werttypen, wie ökonomisch, moralisch, rechtlich, religiös usw., sowie die Diversität innerhalb einer Gruppe moralischer Werte in einer konkreten Anwendungssituation:

> „In einer konkreten lokalen Entscheidungssituation steht nun immer eine Vielfalt diverser Werttypen sowie unterschiedlicher moralischer Werte und Güter zur Debatte. Situationale Entscheidungen sind daher stets ein lokales Austarieren der differenten Wertperspektiven" (Schramm, 2006, S. 13).[4]

Während die Moral auf die gesellschaftliche Praxis des Handelns fokussiert und als ein Ergebnis der Kooperation individueller Akteure gesehen werden kann, ist

---

[4] Siehe Abschnitt 6.1.

die primäre Aufgabe der Ethik moralisches Handeln normativ zu legitimieren. Die moralische Bewertung einer Handlung wird durch zugrundeliegende Werte geprägt. Dieser Grundsatz wird in Kapitel 6 („Werte“) vertieft und in Kapitel 7 („Wertestempel“) als Praxismodell weiterentwickelt. Ausgangspunkt für moralisches Handeln ist zunächst die Wahrnehmung der verschiedenen Interessen. Hierbei kann der ‘economic point of view’ und der ‘moral point of view’ unterschieden werden.

5.1.2 Economic und moral point of view

Die Welt kann aus unterschiedlichen Blickwinkeln wahrgenommen werden. Zwei dieser Blickwinkel stellen der ‘economic point of view’ und der ‘moral point of view’ dar. Der ‘economic point of view’ lenkt die Wahrnehmung auf die Eigeninteressen. Es werden die Handlungen vollzogen, die den Eigennutzen maximieren. In der neoklassischen Ökonomie wird diese Sichtweise durch den „Homo oeconomicus“ ausgedrückt. Der ‘economic point of view’ richtet das Handeln ausschließlich auf das Management des eigenen Nutzens und folgt einer „egoistischen“ (lat. ego = ich) Entscheidungslogik. Die Sichtweise des ‘moral point of view’ umfasst neben der Wahrnehmung der eigenen Interessen auch die Interessen der anderen Menschen (und Lebewesen). Der moderne ‘moral point of view’ zeigt sich in der unparteiischen Berücksichtigung aller realen Interessen und ist somit „egoistisch“ und „altruistisch“ (lat. alter = der Andere) zugleich (Schramm, 2025b, S. 2 f.). Einer der ersten Philosophen, der den ‘moral point of view’ formulierte, war Immanuel Kant.

Kant: Kategorischer Imperativ

Kant gilt als einer der bedeutendsten deutschen Philosophen und Vertreter des deutschen Idealismus und Rationalismus.[5] In seiner „Kritik der reinen Vernunft“ (1781) hebt er den alten Gegensatz von Sinneserfahrung und Rationalität auf, so dass Erfahrungen und Vernunfteinsicht als wechselseitige Voraussetzungen in ihrer Verschränktheit wahrgenommen werden. Erkenntnis basiere auf Sinneswahrnehmung, die apriorische Anschauungsformen wie Raum- und Zeitbegriffe voraussetze, um die „Vorstellung eines Ganzen“ zu generieren. Diese „reinen Verstandsbegriffe“ oder „Kategorien“ des Verstandes seien als „regulative Ideen oder Prinzipien“

---

[5] Einen guten Überblick über Kants komplexe Denkwege sind in der Studie nach Goldmann zu finden (Goldmann, 1989; Kant, 1900 ff.).

> „bloss durch Abstraktion gewonnene Annahmen, welche zur Erleichterung der Anschauung dienen sollen; sie nehmen von dem betrachtenden Individuum selbst ihren Ausgangspunkt, das sie den Dingen vorschreibt" (Oncken, 1877, S. 68).

Die Kategorien sind somit nicht Eigenschaften der Erkenntnisgegenstände selbst. Kants berühmte „kopernikanische Wende" besagt, dass die objektive Erkenntnis an das erkennende Subjekt gebunden ist. Eine zentrale Rolle spielt die Vernunft als die Reflexionsinstanz der Sinneserfahrung, um die Grenzen des menschlichen Erkenntnisvermögens kritisch zu hinterfragen (vgl. Ulrich, 1991, S. 154 f.).

Der Wille des Handelnden ist der Ausgangspunkt in Kants Überlegungen zur Ethik. Ein freier Wille sei das Vermögen eines vernünftigen Wesens, nach der Vorstellung von Gesetzen bzw. Prinzipien zu handeln:

> „[...] der Wille ist ein Vermögen, nur dasjenige zu wählen, was die Vernunft unabhängig von der Neigung als praktisch nothwendig, d. i. als gut, erkennt" (Kant, GMS, AA IV, S. 412).

Kant unterscheidet das Reich der Natur von dem der Freiheit. Jedes Naturding sei dem allgemeinen Naturgesetz von Ursache und Wirkung unterworfen. Das Vermögen, nach Prinzipien zu handeln, entbinde den Willen von allen natürlichen Neigungen, Begierden und Interessen und knote ihn an die Vorgaben der praktischen Vernunft. Diese Unterscheidung dient in der „Kritik der praktischen Vernunft" (1788) als grundsätzliche Überlegung zur Definition des „Sittengesetzes". Das Reich der menschlichen Zwecke sei in gewisser Weise unabhängig von dem der Natur.[6] Es setze die Freiheit des Subjekts, sich selbst ein Gesetz zu geben, voraus. Die Fähigkeit zur Selbstbestimmung bezeichnet Kant auch als das Reich der Freiheit (Keul & Schumann, 2022, S. 24). Das moralische Gesetz könne als das „Gesetz der Freiheit" bezeichnet werden, welches „die Vernunft sich selbst giebt und dadurch sich a priori als praktisch beweiset" (Kant, KpV, AA V, S. 65). Die Freiheit, das Vernünftige zu wollen, sei die Bedingung der Möglichkeit der Sittlichkeit. Der Mensch als Vernunftwesen verfüge über diese Freiheit und gehöre zugleich dem Reich der Natur

[6] Gemäß Kants Ansicht ist der Mensch von Natur aus auf Freiheit ausgerichtet und kann die Ursächlichkeit seines eigenen Willens nur unter dem Konzept der Freiheit betrachten: „die Kausalität seines eigenen Willens niemals anders als unter der Idee der Freiheit denken" (Kant, KpV, AA V, S. 88). Nur in dem Maße, in dem der Mensch dem „Reich der Freiheit" angehöre und über Willensfreiheit verfüge, unterscheide er sich von anderen Tieren, die aufgrund der Instinktbestimmtheit ihres Verhaltens dem reinen Reich der Natur angehörten. Der Mensch sei einzigartig in der Fähigkeit, trotz seiner Verwurzelung im Reich der Natur mit Trieben und Affekten vernunftgeleitet zu handeln (Ulrich, 2008, S. 41).

an. Die Moralität lasse sich als praktische Reflexionsinstanz verstehen. Die Einsicht in das ethisch Gebotene könne nur vom Vernunftteil des Menschen ausgehen. Die „Vernunft" sei als die Reflexionsinstanz der Sinneserfahrung zu verstehen. Das Ziel sei es, sich die „Bedingungen der Möglichkeit", die a priori Voraussetzungen und die Grenzen des menschlichen Erkenntnisvermögens bewusst zu machen. Es sei nicht Gegenstand der Vernunft, erfahrungsunabhängig das Absolute erkennen zu wollen. Die Kritik im Sinne Kants sei die reflexive Selbstkritik der humanen Vernunft (Ulrich, 1991, S. 155 f.).

Neben der praktischen Vernunft folge der Mensch noch weiteren Neigungen und Triebfedern. Die subjektive Bestimmung zur Handlung müsse von sich aus nicht zwangsläufig mit der objektiven Vernunftbestimmung übereinstimmen. Die Wechselwirkung von Vernunft und Wille bezeichnet Kant als Nötigung. Dieses Spannungsverhältnis löst Kant mit dem „Imperativ" auf:

> „Die Vorstellung eines objectiven Princips, sofern es für einen Willen nöthigend ist, heißt ein Gebot (der Vernunft), und die Formel des Gebots heißt Imperativ" (Kant, GMS, AA IV, S. 413);

> „wenn wir uns als frei denken, so versetzen wir uns als Glieder in die Verstandeswelt, und erkennen die Autonomie des Willens, sammt ihrer Folge, der Moralität; denken wir uns aber als verpflichtet, so betrachten wir uns als zur Sinnenwelt und doch zugleich zur Verstandeswelt gehörig" (Kant, GMS, AA IV, S. 453).

Je nach Art der „Willensnötigung" differenziert Kant zwischen Regeln der Geschicklichkeit, Ratschlägen der Klugheit und Geboten der Sittlichkeit (Keul & Schumann, 2022, S. 24). Kant vertritt die Ansicht, dass jeder Mensch in sich den Maßstab der Sittlichkeit trägt und die individuellen Handlungsmaximen gemäß diesem allgemeinen Prinzip geformt werden sollten:

> „Praktische Grundsätze sind Sätze, welche eine allgemeine Bestimmung des Willens enthalten, die mehrere praktische Regeln unter sich hat. Sie sind subjectiv oder Maximen, wenn die Bedingung nur als für den Willen des Subjects gültig von ihm angesehen wird; objectiv aber oder praktische Gesetze, wenn jene als objectiv, d. i. für den Willen jedes vernünftigen Wesens gültig, erkannt wird" (Kant, KpV, AA V, S. 19).

Maximen könnten dabei als normative Grundsätze verstanden werden, die „als Prinzip einer allgemeinen Gesetzgebung gelten können". Die Verallgemeinerungsfähigkeit von Maximen folge der Leitidee der praktischen Vernunft. Diese reguliere das Verhältnis zwischen den sittlichen Gefühlen des Individuums und den normativen Grundsätzen. Im Weiteren unterscheidet Kant (GMS, AA IV, S. 414) zwischen einem hypothetischen und einem kategorischen Imperativ:

> „Alle Imperativen nun gebieten entweder hypothetisch, oder kategorisch".

Ein hypothetischer Imperativ trete auf, wenn der Handelnde eine Handlung als ein Mittel zur Erreichung eines anderen Ziels betrachte.[7] Dagegen liege ein kategorischer oder moralischer Imperativ vor, wenn es um das vernunftbegabte Wesen Mensch (die Person) als Selbstzweck gehe.[8] Hieraus erwächst für Kant (GMS, AA IV, S. 414) die Pflicht[9] eines jeden, „[d]ie Würde des anderen zu achten":

> „Wenn nun die Handlung bloß wozu anders als Mittel gut sein würde, so ist der Imperativ hypothetisch".

Kant interessiert primär die Analyse des Gebots der Sittlichkeit, des obersten Prinzips der Moralität. Die allgemeine Fassung des kategorischen Imperativs lautet:

> „handle nur nach derjenigen Maxime, durch die du zugleich wollen kannst, daß sie ein allgemeines Gesetz werde" (Kant, GMS, AA IV, S. 421).

Es sei nur diejenige Norm gültig, die den Test der Verallgemeinerung widerspruchsfrei bestehe. Folglich stellt Kant (GMS, AA IV, S. 434) fest:

> „Im Reiche der Zwecke hat alles entweder einen Preis, oder eine Würde. Was einen Preis hat, an dessen Stelle kann auch etwas anderes als Äquivalent gesetzt werden; was dagegen über allen Preis erhaben ist, mithin kein Äquivalent verstattet, das hat eine Würde".

---

[7] Der hypothetische Imperativ wird von Kant im Weiteren in den problematischen und assertorischen Imperativ unterteilt. Problematische oder technische Imperative seien solche, die gemäß der Logik der Zweckrationalität die Mittel zur Erreichung eines angemessenen Ziels darstellten. Ein assertorischer oder pragmatischer Imperativ trete auf, wenn das Streben nach Glückseligkeit als Ziel bestimmt werden könne (Keul & Schumann, 2022, S. 24).

[8] Dabei grenze die praktische Vernunft die sittlichen Gefühle des Individuums von den normativen Grundsätzen ab. Das vernünftige Subjekt könne nur die Maxime wollen, die als Prinzip einer allgemeinen Gesetzgebung gelten könne. Anders ausgedrückt stelle der kategorische Imperativ das kritische Regulativ dar, das die ethische Verallgemeinerbarkeit individueller sittlicher Empfindungen prüfe (Ulrich, 1991, S. 157).

[9] „Pflicht ist diejenige Handlung, zu welcher jemand verbunden ist" (Kant, MdS, AA VI, S. 222).

Dies bezieht Kant auf die Goldene Regel („Behandle andere so, wie Du selbst von ihnen behandelt werden willst“, vgl. Ulrich, 2008, S. 61):

> „Handle so, daß du die Menschheit sowohl in deiner Person, als in der Person eines jeden andern jederzeit zugleich als Zweck, niemals bloß als Mittel brauchst“ (Kant, GMS, AA IV, S. 429).

Der kategorische Imperativ orientiert sich am Willen des Handelnden und kann als kritisches Regulativ aufgefasst werden, das die ethische Verallgemeinerbarkeit individueller sittlicher Empfindungen prüft. Die Universalität ethischer Gebote und die Individualität im Sinne der Freiheit des Individuums setzen sich wechselseitig voraus. Über den Prozess der Einsicht in die Gleichberechtigung aller Individuen als Menschen kann die Vernunft den ethischen Gesamtzusammenhang der Gesellschaft, die sittliche Gemeinschaft, ins allgemeine Bewusstsein rücken. In diesem Sinne sind die gesellschaftliche Sozialorientierung und die Demokratie als gesellschaftliche Voraussetzungen wohlverstandener, verallgemeinerungsfähiger Freiheitsansprüche zu verstehen (Ulrich, 1991, S. 157).[10]

Ein Beispiel für die Anwendung von Kants kategorischem Imperativ im wirtschaftlichen Kontext findet sich in der aktuellen Diskussion über die Einführung des EU-Lieferkettengesetzes zum Schutz von Menschenrechten.[11] In Anlehnung an Kants zweite Formulierung lässt sich argumentieren, dass es sich bei bestimmten Arbeitsbedingungen und Löhnen in sogenannten „Ausbeutungsbetrieben“ um eine Verletzung der menschlichen Würde handelt. Kant fordert, dass die Menschenwürde geachtet und die Menschenrechte respektiert werden. Folglich sind international tätige Unternehmen dazu angehalten, sowohl nationale als auch internationale Arbeitsschutzstandards einzuhalten und Löhne zu zahlen, die über der Armutsgrenze liegen. Zwangsmaßnahmen, wie etwa erzwungene Überstunden, sollten in der Praxis keine Rolle spielen (Arnold & Bowie, 2007, S. 135). Die Argumentation, dass es die Pflicht der Arbeitgeber bzw. der westlichen Markenhersteller sei, die Schaffung menschenwürdiger Arbeitsplätze und die Bezahlung „fairer Löhne“ zu gewährleisten, ist philosophisch jedoch umstritten (Aßländer, 2024, S. 222). Eine weitreichende Perspektive liefert Jeremy Snyder (2008, S. 395 f.): Er sieht es als

[10] Die praktische Bedeutung dieses kritischen Ansatzes praktischer Philosophie wird in Kapitel 7 „Gesamtzusammenfassung und Diskussion“ erneut aufgegriffen.

[11] Mit dem „Lieferkettengesetz“ rückt der Schutz von Menschenrechten und Umweltstandards stärker in den Fokus unternehmerischen Handelns. Europäische Unternehmen müssen gewisse Standards in ihren Lieferketten sicherstellen und dokumentieren (Gesetz über die unternehmerischen Sorgfaltspflichten zur Vermeidung von Menschenrechtsverletzungen in Lieferketten (§ 8 – Lieferkettensorgfaltspflichtengesetz – LkSG), 2021).

Pflicht der Arbeitgeber und letztendlich der westlichen Auftraggeber an, Teile ihrer Gewinne zum Wohle der Arbeitnehmer zu investieren, um diesen einen Mindestlebensstandard zu ermöglichen. Eine weitere kritische ethische Perspektive basiert auf dem Konzept der strukturellen Ungerechtigkeit von Iris Marion Young (Young & Allen, 2011): Die Arbeitsbedingungen in den sogenannten „Ausbeutungsbetrieben" stellten oftmals für die Arbeitnehmer im lokalen Kontext die beste Alternative dar. In den ökonomisch schwach entwickelten Ländern mit einer hohen Arbeitslosigkeit und allgemein schlechten Arbeitsbedingungen profitierten westliche Markenhersteller von den schlechten ökonomischen und sozialen Bedingungen und münzten diese auf moralisch unzulässige Weise zu ihren Gunsten um.

Die Pflichtenethik setzt bei den Handlungen an, die geboten oder verboten sind. Normen geben an, welches Tun richtig oder falsch ist. Die Befolgung der Pflichten ist bei Kant nur dann Ausdruck von Moralität, wenn diese als innere Triebfeder hin zum Guten entscheidend ist. Eine Handlung motiviert aus Angst vor Strafe zu unternehmen, könne nicht als moralisch eingestuft werden. Hieraus folge eine doppelte Verpflichtung: Moralisch sei „das Pflichtgemäße zu tun" und es „aus Pflicht" (Göbel, 2017, S. 42) zu tun. Betrachtet man aus dieser Perspektive den Homo oeconomicus, der ein stark ausgeprägtes Eigeninteresse verfolgt, entsprächen sämtliche Handlungen, die auf das Wohl eines anderen abzielten, weil sie in „eigennütziger Absicht geschehen", dem hypothetischen Imperativ. Dies sei der Fall, wenn die Regel nach egoistischen Vorstellungen angepasst werde, um die Maxime am Eigennutz des Individuums auszurichten (Göbel, 2017, S. 42 f.).

Die Vorteile dieser Ethik liegen insbesondere in der Möglichkeit, ethische Handlungsweisen zu objektivieren sowie klare und eindeutige Handlungsanweisungen im Sinne von Verhaltensregeln und -empfehlungen zu formulieren. Ein Nachteil dieser Form der Ethik ist, dass bestimmte Handlungen kategorisch ausgeschlossen werden. So darf eine Person auch dann keine Lebensmittel stehlen, wenn es ums bloße Überleben geht. Die an sich unmoralische Handlung, Essen zu stehlen um größeres Leid, den Hungertod, zu verhindern, ist gemäß der Pflicht verboten (Göbel, 2017, S. 44 f.).

Moralisches Handeln im Sinne von Kant

Ist die Maxime einer Handlungsweise moralisch zu bewerten, erfolge dies anhand von zwei Faktoren: Dies sei zum einen der kontextabhängige äußerliche Erfolg, die Leistungen oder die Kompetenz eines Menschen in einer bestimmten Rolle wie dem Beruf. Zum anderen sei die als autonom und zurechnungsfähig vorausgesetzte ganze Person hinsichtlich der Qualität ihres freien Willens zu beurteilen, die den inneren Grund der Handlungsweise darstelle (Ulrich, 2008, S. 71). Kant (GMS, AA IV, S. 394) beschreibt diesen guten Willen als

„[...] etwas, das seinen vollen Werth in sich selbst hat. Die Nützlichkeit oder Fruchtlosigkeit kann diesem Werthe weder etwas zusetzen, noch abnehmen".

Das Wollen entspreche dem Sollen für vernünftige und autonome Personen. Dies folge aus der universalistischen Maximenethik als autonome Pflichtenethik, was den Standpunkt der praktischen Vernunft darstelle. Kant verfolgt das Ziel, die „absolute" Verbindlichkeit des Kategorischen Imperativs als ein „objektives" moralisches Gesetz nachzuweisen. Damit dies funktioniert, erläutert Kant die unhintergehbaren Bedingungen der Möglichkeit moralischen Handelns, die Willensfreiheit und die Idee des guten Willens (Moralität). Diese stellten ein unleugbares Faktum der reinen Vernunft dar und könnten reflexiv aufgedeckt werden, seien jedoch keiner weiteren Begründung mehr fähig (Ulrich, 1991, S. 71 f.).[12]

Für die ethische Wahrheitssuche ist die Bereitschaft zur Wahrnehmung der Interessen aller Stakeholder zentral. Neben Immanuel Kant gilt der Philosoph und Ökonom Adam Smith als ein weiterer wichtiger Vertreter, der den 'moral point of view' mit der fiktiven Figur des 'impartial spectator' formulierte.

Ethische Wahrheitssuche

Das ideale Ziel der ethischen Wahrheitssuche verkörpert in der Moraltheorie nach Adam Smith die fiktive Figur des 'impartial spectator': Ein Beobachter ('spectator'), der unparteiisch ('impartial') alle real existierenden Interessen wahrnimmt (Smith, 2009, S. 133).[13] Diese „All-eins-Perspektive" stellt die erste Modellierung eines modernen, auf einer objektiven Logik beruhenden Unparteilichkeitsstandpunktes dar und wird bis heute von allen bedeutenden Ethikansätzen vorausgesetzt bzw. rekonstruiert.[14] Smith war einer der ersten Vertreter eines modernen Standpunktes in Bezug auf die Unparteilichkeit und somit der Logik des modernen 'moral point of view'. Die theoretische Rekonstruktion der Logik bzw. Objektivität des 'moral point of view' in Smiths "Theory of Moral Sentiments" (1759) erfolgte durch die Figur des 'impartial spectator'. Die strukturelle Logik des unparteiischen Beobachters basiert

[12] Kant (GMS, AA IV, S. 461) formulierte es wie folgt: „wie reine Vernunft praktisch sein könne, das zu erklären, dazu ist alle menschliche Vernunft gänzlich unvermögend, und alle Mühe und Arbeit, hievon Erklärung zu suchen, ist verloren". An dieser „äussersten Grenze aller praktischen Philosophie" gesteht Kant ein, dass der transzendentalphilosophische Versuch der „absoluten" Begründung des Moralprinzips als gescheitert bewertet werden kann (Ulrich, 1991, S. 72).

[13] Einen ähnlichen Ansatz verfolgt der Philosoph Thomas Nagel (1986) mit "The View from Nowhere".

[14] Diese „Theorie des idealen, unparteilichen und mitfühlenden Beobachters" findet sich beispielsweise als ein Äquivalent in der „Theorie der Gerechtigkeit" nach John Rawls im „Urzustand" mit seinem „Schleier des Nichtwissens" (Schramm, 2014c, S. 402).

auf einer hypothetischen Gottessimulation (Schramm, 2014c, S. 402–404; Smith, 2009, S. 129). Beim 'impartial spectator' handelt es sich um einen wohlwollenden unparteiischen Beobachter, der mit seinem allumfassenden (theistisch: göttlichen) Blickwinkel die Wahrheit vollumfänglich wahrnehmen und die Interessen aller in einer lokalen Entscheidungssituation Beteiligten berücksichtigen kann und will. Gemäß Schramm (2020, S. 24) besitzt die Unparteilichkeitslogik selbst eine Art von unausweichlicher Objektivität. Dies begründet der Psychologe Steve Pinker (2008) mit zwei Merkmalen: zum einen mit der Logik von Nicht-Nullsummenspielen, zum anderen mit der objektiven Logik der Rationalität selbst. Die Unparteilichkeitslogik sieht er als "part of the reality of the universe" an, die wir Menschen entdecken und nicht erfinden. Diese Entdeckung sei in diversen Ansätzen zu finden (Schramm, 2020, S. 24 f.).

Ethischer Interessenrealismus

Der „ethische Interessenrealismus" nach Michael Schramm nimmt die Interessen aller beteiligter Stakeholder wahr. Er fordere

> „die offene Wahrnehmung aller relevanten Interessen – also die Anerkennung des "moral point of view" – die Voraussetzung für ein realitätsangemessenes Vorgehen in ethischen Fragen" (Schramm, 2023a, S. 46 f.).

Neben den Eigeninteressen des Akteurs seien auch die objektiv realen Interessen aller anderen Stakeholder zu berücksichtigen. Die realen Eigeninteressen aller Beteiligten stellten Fakten der naturalen, objektiven Wirklichkeit[15] dar. Schramm bezieht sich hierbei auf den Wissenschaftstheoretiker Karl P. Popper zur empirischen Suche nach der „Wahrheit":

> „Die Wissenschaft selbst ist sehr stark von ethischen Prinzipien abhängig. Und diese Ethik, die in der Wissenschaft sich [...] manifestiert [...], also [...] in der aufrichtigen Wahrheitssuche – [...] da sind ethische Prinzipien, die [...] indirekt in der Wissenschaft verankert sind. Sie sind keine Konsequenzen der Wissenschaft, sie sind Voraussetzungen der Wissenschaft" (Popper et al., 1974, Time code 41:29).

„Ethische Prinzipien" erfordern eine offene und ehrliche Wahrnehmung aller relevanten Fakten. Übertragen auf Unternehmen kann sich eine integre, von Eigeninteressen abstrahierende Unternehmenskultur entwickeln und etablieren, wenn das Management über eine entsprechende Identität und Weltanschauung verfügt. Die Wahrnehmung der diversen Interessen in Organisationen beruhe letztendlich auf der

[15] Siehe hierzu Abschn. 6.1.

Individualmoral des Managements (Göbel, 2017, S. 78 f.). Es sei zu klären, ob eine „moralinduzierte Bereitschaft“ (Göbel et al., 2007, S. 183) im Sinne eines genuin moralischen Interesses bestehe.[16] Die Herausforderung für Unternehmen in der Marktwirtschaft liegt darin, die moralischen Ziele ökonomisch nachhaltig umzusetzen bzw. mit betriebswirtschaftlichen Zielen zu verbinden. Diese Abwägung ist notwendig, um die Handlungsfähigkeit und das Überleben des Unternehmens zu gewährleisten, da bei anhaltenden Verlusten kein Spielraum für die Verfolgung moralisch erhobener Prinzipien mehr besteht (Schramm, 2010, S. 324 f).

Drei Ebenen der Ethik des ‘moral point of view’

Das Drei-Ebenen-Modell nach Schramm integriert den ‘moral point of view’ und den ‘economic point of view’. Schramm (2010, S. 20, 2011, S. 181 f.) argumentiert, dass es aus einer moraltheoretischen Perspektive sinnvoll sei, drei Ebenen zu unterscheiden (siehe Tabelle 5.1): die Ebene der grundsätzlichen Begründung (‘Justification’), die Ebene der fallbezogenen Anwendung (‘Application’) sowie die Ebene der Wirklichkeit beziehungsweise der tatsächlichen Umsetzung (‘Implementation’).[17]

Tabelle 5.1 Drei-Ebenen-Modell des ‘moral point of view’ nach Schramm. (Quelle: Eigene Darstellung in Anlehnung an (Schramm, 2014c, S. 405))

	“Three Levels of Ethics”		
A	Grundsätzliche Begründungsebene (‘Justification level’)	Ideal	Würde, Solidarität, Gerechtigkeit
B	Fallbezogene Anwendungsebene (‘Application level’)	Real	Angepasste Gerechtigkeit
C	Tatsächliche Implementierungsebene (‘Implementation level’)	Actual	Effizienz, Macht, Gerechtigkeit

[16] Anders ausgedrückt: Wenn unterschiedliche Interessen im Widerstreit miteinander liegen, dann ist (moralisch) abzuwägen, welche der konfligierenden Interessen priorisiert werden. Bspw. hat einerseits eine Kuh Interesse daran zu leben, anderseits haben Menschen kulinarische Gelüste Rindfleisch zu essen. Eine realitätsadäquate Sicht der Situation setzt die Wahrnehmung aller involvierten Interessen voraus (Schramm, 2023, S. 47).

[17] Schramm differenziert folgende drei Ebenen: Begründungs-, Anwendungs- und Implementierungsebene. Im Gegensatz zu der vorgenommenen Einteilung unterscheiden Günther (1988) und Habermas (1991) nur eine Begründungs- und Anwendungsebene (vgl. Günther, 1988; Habermas, 1991, S. 137–142).

Auf der Begründungsebene, die sich an idealen ethischen Prinzipien orientiert, werden theoretische Zielvorstellungen formuliert. Diese Ebene legt die Richtung fest, in die bei der Suche nach Lösungen zu gehen ist. Typische Beispiele für allgemeine ethische Prinzipien sind Würde, Solidarität, Gerechtigkeit, Humanität oder Wahrhaftigkeit. Die zentrale Fragestellung auf dieser Ebene lautet: Welche ethischen Grundsätze sollten als Basis für die Entwicklung von Lösungsansätzen herangezogen werden? Daraus ergeben sich ethische Grundsätze wie „Du sollst nicht lügen!", „Du sollst nicht töten!" oder „Es wird keine Kinderarbeit unterstützt!". Auf der Anwendungsebene werden die allgemeinen ethischen Grundsätze abgewogen. In konkreten lokalen Situationen besteht häufig ein Konflikt zwischen unterschiedlichen moralischen Werten. Die Entscheidung darüber, welche Gründe für oder gegen eine bestimmte moralische Norm sprechen, ist stets individuell geprägt und erfordert die Bereitschaft der Akteure, sich auf diesen Abwägungsprozess einzulassen. Die zentrale Fragestellung auf dieser Ebene lautet: Welche der konkurrierenden Normen soll in der jeweiligen Transaktion angewendet werden und welche nicht? Diese beiden ersten Ebenen stellen genuin ethische Diskurse dar und sind das Ergebnis moralischer Begründungs- und Anwendungsdiskurse (Habermas, 1991, S. 141). Der Anwendungsdiskurs umfasst eine diskursive Klärung darüber, welche der konfligierenden Moralnormen in der konkreten Situation für ein Individuum als angemessener erscheint. Für Organisationen ist es auf dieser Ebene besonders relevant, ihr Handeln gegenüber Stakeholdern zu rechtfertigen, da diese in der Regel verschiedenen moralischen Appellen ausgesetzt sind. Die dritte Ebene stellt die Implementierungsebene dar. Neben moralischen Gesichtspunkten werden hier alle weiteren relevanten Orientierungsfaktoren berücksichtigt. Dabei werden bedeutende ökonomische Aspekte sowie politische Machtrestriktionen bewusst wahrgenommen und in den Diskurs eingebunden. Die zentrale Fragestellung auf dieser Ebene lautet: Wie kann das ethische Ergebnis des Anwendungsdiskurses bestmöglich in die Praxis umgesetzt werden? Auf dieser polydimensionalen Ebene wird entschieden, welche Maßnahmen in der realen Welt implementiert werden, also was konkret geschieht. Es gilt zu erörtern, welche Rahmenbedingungen und Anreize notwendig sind, um das ethisch Richtige möglichst effektiv zu realisieren. Im Alltag zeigt sich deutlich, dass die Erfolgschancen einer Umsetzung ethischer Ziele umso größer sind, je stärker diese auch ökonomisch für die Organisationen vorteilhaft sind. Dabei ist festzuhalten, dass die moralischen Ideale aufgrund weiterer relevanter Faktoren in der Praxis oftmals keine vollständige Anwendung finden können (Schramm, 2014c, S. 405–407; Wagner, 2019, S. 142–147).

Die Wahrnehmung der unterschiedlichen Interessen wird nach Werhane (1999) durch mentale Modelle bestimmt, wobei sie hervorhebt, dass individuelle Realitäten durch vereinfachte und oftmals unreflektierte „Filter“ geprägt sind. Es gilt diese zu hinterfragen, um ein tieferes Verständnis der Wahrnehmungsprozesse zu erlangen.

5.1.3 Werhane: Moralische Vorstellungskraft

Mentale Modelle und moralische Vorstellungskraft

Werhane (2008; 2011) betont die Bedeutung von mentalen Modellen für die menschliche Wahrnehmung. Die individuelle Realität werde durch ein eingeschränktes Modell wahrgenommen, das ein simplifiziertes Verständnis der Realität ermöglicht. Gemäß Werhane neigen Individuen dazu, bestimmte Annahmen, Anforderungen oder Erwartungen, die ihre mentalen Modelle prägen, nicht zu hinterfragen. Es bestehe oftmals kein Bewusstsein dafür, dass die individuelle Realität durch diesen „Filter“ wahrgenommen werde. In ihrer Argumentation gegen ein simplifiziertes Verständnis menschlicher Wahrnehmung wird die Bedeutung von mentalen Modellen betont.[18] Werhane vertritt eine sozial-konstruktivistische Sichtweise; dieser steht die Annahme entgegen, dass unsere Wahrnehmung ein Spiegelbild der Realität darstellt (Werhane, 1991, 1998, 1999, 2018, 2019). Unsere Wahrnehmungsperspektive fungiere als ein mentales Konstrukt, das maßgeblich beeinflusse, welche Aspekte wahrgenommen, worauf die Aufmerksamkeit gelenkt, welche Informationen gespeichert und wie diese interpretiert würden:

> “Although the term is not always clearly defined, “mental model” connotes the idea that human beings have mental representations, cognitive frames, or mental pictures of their experiences – models of the stimuli or data with which they are interacting – and these are frameworks that set up parameters though which experience or a certain set of experiences, is organized or filtered” (Werhane, 1999, S. 52 f.).

Mentale Modelle würden von individuellen, kulturellen und historischen Einflüssen geformt. Sowohl (Vor-)Annahmen, Wissen, empirische und normative Theorien, Mythen und Geschichten als auch Emotionen, Interessen und Wünsche eines Akteurs bestimmten diese (Werhane, 1998, S. 78, 1999, S. 52 f., 2000, S. 354,

---

[18] Ein vergleichbarer Ansatz wird von Annick De Witt mit ihrem ‘Integrative Worldview Framework’ (IWF) verfolgt. Sie versteht eine Weltanschauung (‘worldview’) als ein unentrinnbares, umfassendes Bedeutungs- und Sinnsystem, das maßgeblich die Art und Weise prägt, wie Menschen die Realität interpretieren bzw. konstruieren. In ihrem Konzept differenziert sie vier unterschiedliche Weltanschauungen: traditionell, modern, postmodern sowie integrativ (De Witt et al., 2016).

2006, S. 404, 2018, S. 268).[19] Mentale Modelle seien entscheidend für den Prozess der Sinngebung (Werhane, 1999, S. 53, 2013, S. 23 f.) und schützten zugleich vor Überforderung und Überlastung durch zu viele Eindrücke in der Funktion eines Filters. Ein Risiko von mentalen Modellen stelle die „Lenkung der Aufmerksamkeit" auf bestimmte Aspekte dar, die mit den mentalen Modellen übereinstimmten; andere Punkte würden vernachlässigt (Schmalzried, 2021, S. 416). Dieses Phänomen wird als "bounded awareness" bezeichnet (Werhane et al., 2011, S. 108 f.; Werhane, 1999, S. 57 f.). Daher ist es interessant, mögliche „blind spots" für unethisches Verhalten zu identifizieren. Nach Bazerman und Tenbrunsel (2011) stellen "blind spots" eine Tendenz dar, das eigene ethische Fehlverhalten nicht wahrzunehmen. Beispielsweise tendierten Individuen nach einem unethischen Verhalten dazu, die entsprechenden Regeln zu „vergessen" (Chugh & Kern, 2016; Shu & Gino, 2012).

Eine Wahrnehmung ohne Perspektive sei für uns Menschen nicht möglich. Mentale Modelle seien unumgänglich (Werhane, 1998, S. 76, 1999, S. 51, 2006, S. 404; Werhane et al., 2003, S. 464). Eine Situation könne jedoch aus unterschiedlichen Perspektiven wahrgenommen werden. Werhane sieht die Chance, mentale Modelle miteinander zu vergleichen bzw. diese zu „übersetzen" und somit die begrenzte Wahrnehmung zu überwinden. Hierfür bedürfe es moralischer Vorstellungskraft:

> "Moral imagination, then, is the ability in particular circumstances to discover and evaluate possibilities not merely determined by that circumstance, or limited by its operative mental models, or merely framed by a set of rules or rule-governed concerns. In managerial decision-making, moral imagination entails perceiving norms, social roles, and relationships entwined in any situation" (Werhane, 1999, S. 93).

Werhane (vgl. Werhane, 1998, S. 85 f.) differenziert drei unterschiedliche Arten der moralischen Vorstellungskraft: Die **reproduktive** Vorstellungskraft beginne mit einem spezifischen Einzelfall. Sie ermögliche es, sich des Kontextes und des mentalen Modells bewusst zu werden, mit dem die Situation betrachtet werde. Dies beinhalte auch die kritische Reflexion des mentalen Modells, das mögliche moralische Herausforderungen oder Dilemmata begünstige. Die **produktive** Vorstellungskraft erzeuge Handlungsoptionen, die bisher in ähnlichen Situationen nicht in Betracht gezogen wurden. Ohne die aktuelle Rolle und das gegenwärtige mentale Modell infrage zu stellen, ermögliche sie das Entdecken neuer Wege und das Erkennen möglicher Lösungen für moralische Herausforderungen. Die **freie Vorstellungskraft** habe die Fähigkeit, sich vom Kontext zu lösen und neue mentale Modelle einzubeziehen. Sie ermögliche es, Handlungsmöglichkeiten zu erkennen, die anderen Personen mit ihren eigenen mentalen Modellen möglicherweise

[19] Hierzu sei auf die „a priori Annahmen" nach Kant verwiesen.

entgingen. Zudem beinhalte die freie Vorstellungskraft eine evaluative Komponente, da sie nach moralischen Begründungen und Bewertungen der verschiedenen Handlungsmöglichkeiten suche. Werhane betont die Bedeutung der moralischen Vorstellungskraft für die korrekte moralische Entscheidungsfindung. Ohne diese blieben Unternehmensführungskräfte in ihren festgefahrenen mentalen Modellen stecken und könnten bestimmte Grundannahmen nicht infrage stellen, Rollenerwartungen nicht kritisch hinterfragen und alternative Handlungsoptionen nicht innerhalb oder außerhalb ihrer Rollen betrachten.

Um dieses Ziel zu erreichen, sei es wichtig, einen neutralen und unvoreingenommenen Standpunkt einzunehmen (Werhane, 1991, S. 614), was dem 'moral point of view' entspricht. Hier verweist Werhane auf Sens Konzept der positionellen Objektivität: Wenn verschiedene Personen eine Situation mit dem gleichen mentalen Modell betrachten, sollten sie ähnliche Beobachtungen machen (Werhane, 1998, S. 87 f., 1999, S. 85 f., 2013, S. 21). Der Vergleich unterschiedlicher positionell objektiver Standpunkte eröffne die Möglichkeit einer transpositionellen Perspektive. Werhane verwendet die transpositionelle Perspektive, um sich einem objektiven Standpunkt ('moral point of view') anzunähern. Diesen verbindet Werhane mit dem 'impartial spectator' von Adam Smith. Der interessierte Beobachter könne ohne den kontextuellen, kulturellen und historischen Einfluss verschiedene Perspektiven und Rollen einnehmen und diese miteinander abwägen, um eine Meta-Perspektive zu entwickeln (Werhane, 1999, S. 95, 2018, S. 269, 2019, S. 172). Die moralische Vorstellungskraft erlaube es, mentale Modelle verschiedener Anteilseigner zu evaluieren sowie deren Legitimität zu prüfen. Ziel sei es, einen Lösungsraum in einem moralischen Konflikt zu eröffnen (Werhane et al., 2003, S. 467).

Werhane verbindet die moralische Vorstellungskraft mit systemischem Denken, um die zugrundeliegenden Ursachen für moralisches Fehlverhalten auf organisationaler Ebene zu analysieren (Werhane, 2000, 2002, 2007, 2019; Werhane et al., 2003). Sie folgt dabei dem Systemverständnis nach Laszlo & Krippner (1998, S. 51), die ein System beschreiben als:

> "a complex of interacting components together with the relationships among them that permit the identification of a boundary-maintaining entity or process".

Systeme werden verstanden als komplexe Gebilde, deren einzelne Bestandteile interagieren, zueinander relational sind und sich gegenseitig beeinflussen (Werhane, 2019, S. 138; Werhane et al., 2003, S. 467). Unternehmen können demnach als Systeme betrachtet werden, in denen das Denken, Erleben und Handeln aller Manager und Mitarbeiter verbunden sind:

> "A system approach presupposes that … […] [a]lmost everything we can experience or think about is in a network of interrelationships such that each element of a particular set of interrelationships affects some other components of that set and the system itself, and almost no phenomenon can be studied in isolation from other relationships with at least some other phenomenon" (Werhane, 2008, S. 467).

Die Systemperspektive soll ermöglichen, individuelles Handeln in Unternehmen zu verstehen und zu interpretieren. Eine rein atomistische Betrachtung individueller Verhaltensweisen würde Verhaltensvorgaben, die durch die Eigenheiten des Systems entstünden, außer Acht lassen. Dieser konzeptionelle Schritt ermögliche es, Rollenerwartungen, interne Funktionen oder formale Kompetenzzuweisungen zu berücksichtigen (Werhane, 2002, S. 35 f.).

Unternehmen stellen selbst ein System dar und sind zugleich ein Teil von komplexeren Systemen (Werhane, 2007, S. 431, 2008, S. 467, 2019, S. 138). Das Verhalten von Unternehmen wird durch andere Unternehmen und Institutionen auf der Meso-Ebene sowie von staatlichen Vorgaben oder Branchenrichtlinien auf der Makro-Ebene beeinflusst. Moralisches Verhalten von Unternehmen erfordere, die Perspektiven der Akteure in den einzelnen Systemen wahrnehmen und deren Interaktion kontextual bewerten zu können. Der Sinn der Handlung sei zu benennen, das System in seiner Komplexität zu begreifen sowie die Stakeholder zu identifizieren. Systemdenken könne als ein Multi-Perspektiven-Ansatz verstanden werden (Werhane, 2002, S. 37 f.). Mithilfe der moralischen Vorstellungskraft seien die mentalen Modelle der unterschiedlichen Stakeholder zu evaluieren und auf ihre Legitimität hin zu prüfen. Dieser Diskurs führt nach Werhane zu einer Lösung in moralischen Konfliktfällen, sofern die notwendige moralische Vorstellungskraft der beteiligten Akteure vorhanden ist. Einen Mangel an moralischer Vorstellungskraft sieht Werhane (2006, S. 404) als Grundproblem der Wirtschaftsethik an:

> "The most serious problem in applied ethics, or at least in business ethics, [...] is that most of us either individually or as managers do not realize that we are framing, disregarding data, ignoring counter evidence, or not taking into account other points of view. That is, many of us have a paucity of moral imagination".

Werhane hebt die Rolle mentaler Modelle bei der menschlichen Wahrnehmung hervor. Die individuelle Wirklichkeit wird über ein begrenztes Modell erfasst, das nur ein vereinfachtes Verständnis der Realität zulässt. Eine konkrete Transaktion wird somit von jedem Stakeholder anders wahrgenommen. Diese „Filter" lassen sich vergleichen bzw. in andere Modelle übertragen, um die begrenzte Wahrnehmung zu überwinden. Für einen neutralen und unvoreingenommen Standpunkt ('moral point of view') greift Werhane auf den 'impartial spectator' nach Adam Smith zurück. Dieser kann verschiedene Perspektiven und Rollen einnehmen, diese miteinander abwägen und so eine Meta-Perspektive entwickeln, welche für die korrekte moralische Entscheidungsfindung wichtig ist.

Moderne Ethiken erkennen den 'moral point of view' an, unterscheiden sich jedoch deutlich in der konkreten Ausgestaltung dieser Unparteilichkeit. Im nächsten Abschnitt werden zwei bedeutende Ansätze der Ethik vorgestellt: der Utilitarismus nach Bentham (1789) und die Gerechtigkeitsethik nach Rawls (1971).

5.2 Ethische Anwendungsmodelle

Während sich die meisten modernen Ethiken darin einig sind, dass der 'moral point of view' durch eine faire Unparteilichkeit gekennzeichnet ist, unterscheiden sie sich hinsichtlich der konkreten Ausgestaltung dieser Unparteilichkeit erheblich. Der vorliegende Abschnitt stellt zwei bedeutende Ansätze der zeitgenössischen Ethik vor: den klassischen Utilitarismus, der mit Jeremy Bentham verbunden wird und das Prinzip des größten Glücks für die größte Zahl vertritt, sowie die Gerechtigkeitstheorie von John Rawls mit ihrer Maximin-Regel. Beide Ansätze vertreten den 'moral point of view', unterscheiden sich jedoch hinsichtlich ihrer Anwendungskriterien. Der Utilitarismus definiert den 'moral point of view' konkret als das Streben nach dem größten Glück der größten Zahl, also dem höchsten Durchschnittsnutzen. Rawls hingegen sieht den 'moral point of view' vor allem durch die Beachtung der Maximin-Regel realisiert. Hierdurch kann es zu einem geringeren Gesamtnutzen kommen, jedoch ist sichergestellt, dass die Schwächeren nicht benachteiligt werden.

5.2.1 Bentham: Utilitarismus

Der Utilitarismus (lat. utilitas: Nutzen) ist ein normatives Ethikkonzept, das auf Jeremy Bentham und John Stuart Mill zurückgeht. Bentham (2003) veröffentlichte im Jahr 1780 mit "An Introduction to the Principles of Morals and Legislation" die erste systematische Grundlage für die utilitaristische Ethik. Ein Ziel dieser war es „verbindliche Normen mit wissenschaftlichen Mitteln zu begründen" (Höffe, 2008a, S. 8). Analog zu den Naturwissenschaften wurde die Exaktheit auch zum Vorbild für die praktische Philosophie (Keul & Schumann, 2022, S. 23). Ein zentrales Prinzip stellt das 'Greatest Happiness Principle' dar. Dies bedeutet, dass die Moralität einer Handlung daran gemessen wird, ob sie das Glück maximiert. Im Utilitarismus gilt eine Handlung als moralisch richtig, wenn sie unparteiisch den größtmöglichen Durchschnittsnutzen erzielt. Der klassische Utilitarismus lässt sich in Folgen-, Nutzen- und Sozialprinzip unterteilen, die zur Bewertung von Handlungsalternativen herangezogen werden (Höffe, 2008a, S. 11; Schramm, 2008a, S. 218 f.).

Folgenprinzip

Das Folgenprinzip, auch „Teleologieprinzip" (gr. télos = Folge, Zweck, Ziel) genannt, betont, dass nur die Folgen oder Konsequenzen einer Entscheidung für die ethische Beurteilung relevant sind. Die Konzentration auf die Konsequenzen erlangt besondere Bedeutung, da es entscheidend sei, welche Ausprägung von Leid oder Freude sich aus den jeweiligen Handlungen ergebe. Bentham (1789, S. 14) beschreibt das Glück als Freude:

> "Nature has placed mankind under the governance of two sovereign masters, pain and pleasure. It is for them alone to point out what we ought to do, as well as to determine what we shall do. On the one hand the standard of right and wrong, on the other the chain of causes and effects, are fastened to their throne. They govern us in all we do, in all we say, in all we think: every effort we can make to throw off our subjection, will serve but to demonstrate and confirm it".

Hier wird deutlich, dass Leid und Freude als die grundlegenden Motivationen menschlichen Handelns gesehen werden. Nur diese allein bestimmten, was wir tatsächlich tun bzw. was wir tun sollten. Als Maßstäbe für Recht und Unrecht sowie für Ursache-Wirkungs-Beziehungen leiteten diese unser Handeln, Sprechen und Denken. Zur Bewertung von Handlungen führt Bentham eine Art „hedonistische Kalkulation" ein, bei der die Menge an Freude und Leid, die eine Handlung verursacht, quantifiziert wird. Das Folgenprinzip legt fest, dass bei der Beurteilung von Entscheidungen, Handlungen, Unterlassungen oder gesellschaftlichen Regeln ausschließlich absehbare Konsequenzen für alle empfindungsfähigen Betroffenen maßgeblich sind. Motive und Gesinnungen der Entscheider bleiben unbeachtet. Es ist also egal, ob eine Handlung selbst moralisch gut ist; entscheidend sind die Resultate. Im Gegensatz zur deontologischen Ethik, wie sie etwa bei Kant vertreten wird, gibt es beim Utilitarismus keine in sich verbotenen Handlungen; vielmehr werden nur die Nutzen-Konsequenzen einer Handlung betrachtet (Schramm, 2025b, S. 20–23; Wagner, 2019, S. 170 f.).

Obwohl Menschen in der Regel auf die Folgen ihres Handelns achten, kann ein rein folgenorientiertes Handeln in bestimmten Kontexten, etwa bei der Gewinnung von Rohstoffen, zu kontroversen Debatten führen. Während die deontologische Perspektive nach Kant, die die unantastbare Würde des Menschen betont, die

Gewinnung von Rohstoffen unter teils menschenunwürdigen Bedingungen kategorisch ablehnt, würde ein Utilitarist anhand der Folgen argumentieren. Unter der Annahme, dass für ein Unternehmen keine andere Möglichkeit in Betracht gezogen werden kann, integer gewonnene Rohstoffe zu beziehen, sind die Folgen für alle Beteiligten zu beurteilen. Zum einen könnten die Minenarbeiter ihre teils menschenunwürdige Arbeit verlieren, zum anderen könnte das Unternehmen gezwungen sein, die Produktion einzustellen und ihre Mitarbeiter freizustellen, und ggf. wichtige medizinische Erzeugnisse den Kunden nicht bereitstellen können.

Nutzenprinzip

Das Nutzenprinzip oder „Utilitätsprinzip“ fordert, dass Handlungen so gewählt werden, dass sie „unparteiisch“ den größtmöglichen Nutzen für die Gemeinschaft bringen. Es ist also diejenige Handlung auszuwählen, durch die die größtmögliche Summe an Nutzen für alle Betroffenen erreicht wird.[20] Zur Bewertung von Handlungen führt Bentham eine Art Kosten-Nutzen-Analyse durch, bei der die Menge an Freude und Leid, die eine Handlung verursacht, quantifiziert wird. Das bedeutet, dass Handlungen danach beurteilt werden, ob sie das Glück erhöhen oder das Leid verringern:

> “By the principle of utility is meant that principle which approves or disapproves of every action whatsoever. according to the tendency it appears to have to augment or diminish the happiness of the party whose interest is in question: or, what is the same thing in other words to promote or to oppose that happiness” (Bentham, 1789, S. 14).

Freude und Leid der Betroffenen sind hinsichtlich verschiedener Eigenschaften wie Intensität, Dauer und Wahrscheinlichkeit zu bilanzieren. Aufgrund methodischer Schwierigkeiten, etwa bei der quantitativen Messung von Freude und Leid, bleibt diese Bewertung meist auf eine ordinale Rangfolge beschränkt, bei der Handlungsalternativen nach ihrem ungefähren Nutzenniveau geordnet werden, während exakte quantitative Vergleiche nur schwer möglich sind (Schramm, 2025b, S. 23–27; Wagner, 2019, S. 171–173). Etwa ist es schwierig, das „Leid“ einiger Arbeiter über menschenunwürdige Arbeitsbedingungen bei der Gewinnung von Rohstoffen für die Produktion medizinischer Geräte und die „Freude“ vieler Kunden, die zum Überleben auf das medizinische Produkt angewiesen sind, quantitativ zu vergleichen. Während Jeremy Bentham sich auf eine rein quantitative Bilanzierung

[20] “Sum up all the values of all the *pleasures* on the one side, and those of all the pains on the other. The balance, if it be on the side of pleasure, will give the *good* tendency of the act upon the whole, with respect to the interests of that *individual* person; if on the side of pain, the *bad* tendency of it upon the whole” (Bentham, 1789, S. 32).

zwischen verschiedenen Nutzen fokussiert, nimmt John Stuart Mill zusätzlich eine qualitative Unterscheidung „der unterschiedlichen Qualität von Freuden" vor (Mill, 2015, S. 122, deutsche Übersetzung nach: Höffe, 1999a, S. 299). Mill differenziert zwischen „höheren" und „niedrigeren" Genüssen. Die logische Konsequenz besteht darin, dass bei der Nutzenbilanzierung „geringere" Freuden, wie beispielsweise Schadenfreude, entsprechend weniger gewichtet werden sollten als „höhere" Freuden, wie Kulturfreuden. Letztere würden in der Bilanz somit eine stärkere Berücksichtigung finden. Zur Veranschaulichung der Problematik kann auf die historische Praxis im antiken Rom verwiesen werden, wo das Zuschauen bei brutalen Veranstaltungen im Kolosseum große Besucherzahlen anzog. Dabei erlitten die Opfer immense Qualen, während die Massen Unterhaltung fanden, was die Nutzenbilanz zugunsten solch grausamer Spektakel ausfallen lassen könnte. Während Bentham in diesem Kontext die moralische Rechtfertigung solcher Praktiken möglicherweise bejahen würde, da sie den Nutzen der Zuschauer steigerten, würde Mill diese ablehnen. Für ihn gehört die Art des Nutzens, die aus dem Quälen oder gar Töten der Opfer resultiert, nicht zu dem menschlich bereichernden Nutzen, der im Fortschritt und im Interesse der Menschheit verwurzelt ist (vgl. Schramm, 2025b, S. 24–27).

Sozialprinzip

Das Sozialprinzip schließlich verlangt, dass die Maximierung des Gesamtnutzens unparteiisch erfolgt, also das Wohl aller Betroffenen zu berücksichtigen ist. Daraus ergibt sich, dass ein „Akteur weder sich selbst noch die ihm Nahestehenden gegenüber Fremden privilegieren darf" (Birnbacher, 2007, S. 220). Ein Handeln oder eine Regel gilt als ethisch richtig, wenn sie unparteiisch den höchsten Durchschnittsnutzen hervorbringt (Schramm, 2025b, S. 28). Dies entspricht dem Kern des „Sozialprinzips", das in der bekannten Formulierung Benthams (1776, S. 93) zum Ausdruck kommt:

> "it is the greatest happiness of the greatest number that is the measure of right and wrong".

Das unparteiliche Wohl, also die unparteiische Nutzenmehrung ('moral point of view'), aller von einer Handlung oder Regel Betroffenen steht im Mittelpunkt. Es ist die Alternative mit dem höchsten Durchschnittsnutzen für alle Betroffenen zu wählen.

Im Utilitarismus gilt die Handlung, die den höchsten erwarteten Nutzen hervorbringt, als moralisch überlegen. Aus einer unparteiischen Perspektive ('moral point of view') sind die verschiedenen Handlungsalternativen anhand ihrer Bewertungsprinzipien (Folgen-, Nutzen- und Sozialprinzip) quantitativ zu beurteilen. Der Utilitarismus ermöglicht rationale Entscheidungen und fokussiert dabei auf das Gemeinwohl mit dem höchsten erwarteten Nutzen. Es besteht die Schwierigkeit, Leid und Freude objektiv zu messen und die langfristigen Folgen von Handlungen vorherzusagen, sowie die Gefahr einer potenziellen Vernachlässigung individueller Rechte. Im Gegensatz dazu legt Rawls' Gerechtigkeitstheorie den Fokus auf die Unparteilichkeit zugunsten der am schlechtesten Gestellten, was eine andere Form der Fairness darstellt.

5.2.2 Rawls: Gerechtigkeitsethik

In diesem Abschnitt wird der gerechtigkeitstheoretische Ansatz von John Rawls ausführlich dargestellt. Der amerikanische Philosoph verfolgt mit seiner Theorie das Ziel, eine grundlegende moralische Basis für eine demokratische Gesellschaft zu etablieren. Dabei ist sein Ansatz vor allem als eine politische Konzeption zu verstehen, die darauf abzielt, die Prinzipien zu identifizieren, unter denen das Zusammenleben der Menschen in einer modernen Gesellschaft gerecht gestaltet werden kann. Im Zentrum seines Konzepts steht die Idee der Fairness: "The fundamental idea in the concept of justice is that of fairness" (Rawls, 1957, S. 653).

Das Gedankenexperiment: „Urzustand" und „Schleier des Nichtwissens"
Rawls' Gerechtigkeitstheorie richtet sich an alle Menschen mit moralischem Interesse, die in konkreten Problemfällen nach einer gerechten Lösung suchen. Zur Identifikation gerechter gesellschaftlicher Regeln nutzt Rawls ein fiktives Gedankenexperiment, das moralisch interessierte Akteure durchlaufen können. Dieses Experiment wurde bereits vom Ökonomen und Utilitaristen John C. Harsanyi (1953, 1955) entwickelt und basiert auf der Modellierung eines unparteilichen Blickwinkels, der die Logik des modernen 'moral point of view' widerspiegelt. Das Modell basiert auf der Annahme, dass die Menschheit erneut am Nullpunkt der Evolution beginnen könnte. Diesen „Urzustand" nennt Rawls (1999, S. 11) 'original position':

> "In justice as fairness the original position of equality corresponds to the state of nature in the traditional theory of the social contract. This original position is [...] understood as a purely hypothetical situation characterized so as to lead to a certain conception of justice".

In diesem hypothetischen Zustand versammeln sich alle Menschen, um über die grundlegenden Gerechtigkeitsprinzipien und institutionellen Spielregeln zu debattieren. Im Urzustand herrscht der „Schleier des Nichtwissens“, den Rawls ‘veil of ignorance’ (Rawls, 1999, S. 132) bezeichnet. Dieser verhindert, dass die Beteiligten persönliche Informationen wie Geschlecht, Hautfarbe oder Vermögen kennen. Dadurch sollen faire und allgemein akzeptierte Prinzipien entwickelt werden, ohne dass individuelle Vorteile die Entscheidungen beeinflussen. Sehr wohl sind im Urzustand allgemeine Informationen, etwa über Marktwirtschaft, Demokratie und Sozialstaatsorganisationsform, bekannt:

> “The principles of justice are chosen behind a veil of ignorance. This ensures that no one is advantaged or disadvantaged in the choice of principles by the outcome of natural chance or the contingency of social circumstances. Since all are similarly situated and no one is able to design principles to favor his particular condition, the principles of justice are the result of a fair agreement or bargain” (Rawls, 1999, S. 11).

Der „Schleier des Nichtwissens“ stelle sicher, dass alle Beteiligten den ‘moral point of view’ einnähmen. Die Leitfrage lautet: Für welche Prinzipien der Gerechtigkeit würden sich die Gesellschaftsmitglieder entscheiden, wenn sie nur sehr allgemeine Informationen über sich hätten und ihre jeweiligen Begabungen sowie ihre gesellschaftliche Position nicht kennen würden? (Pauer-Studer, 2023, S. 51). Dadurch könnten die Beteiligten nicht strategisch ihren Eigennutzen (‘economic point of view’) maximieren. Jeder habe die Interessen aller zu berücksichtigen. Dieser Ansatz fördere unparteiische Entscheidungen und sorge für gerechte Grundsätze. Nach Rawls sind unter dem „Schleier des Nichtwissens“ vorsorglich faire Prinzipien zu wählen. Diese sind das Freiheitsprinzip und das Differenzprinzip. Während ersteres die gleichen Grundfreiheiten für alle vorsehe, erlaube das Differenzprinzip Ungleichheiten, sofern diese den am wenigsten begünstigten Gesellschaftsmitglieder zugutekämen. Dabei habe das Freiheitsprinzip absoluten Vorrang vor dem Differenzprinzip.

Nach Rawls besagt das Freiheitsprinzip, dass jede Person, die an einer Praxis teilnimmt oder von ihr betroffen ist, ein gleiches Recht auf die größtmögliche Freiheit besitzt, sofern diese Freiheit mit einer vergleichbaren Freiheit für alle vereinbar ist:

> “The first principle is that each person participating in a practice, or affected by it, has an equal right to the most extensive liberty compatible with a like liberty for all” (Rawls, 1957, S. 654).

Wenn bspw. eine Gruppe einer ethnischen Minderheit angehört, strebt sie nach Schutz vor Unterdrückung, selbst wenn eine Mehrheitsgesellschaft daraus Vorteile ziehen könnte. Nach Rawls würden wir uns in einer solchen Situation nicht für eine utilitaristische Maximierung des Durchschnittsnutzens entscheiden, sondern vielmehr Prinzipien formulieren, die uns vor Diskriminierung bewahren.

Das zweite Prinzip stellt fest, dass Ungleichheiten nur dann gerechtfertigt sind, wenn vernünftigerweise anzunehmen ist, dass sie zum Vorteil aller Beteiligten beitragen, und wenn die damit verbundenen Ämter oder Positionen offen für alle zugänglich sind:

> "and the second is that inequalities are arbitrary unless it is reasonable to expect that they will work out for everyone's advantage and unless the offices to which they attach, or from which they may be gained, are open to all. These principles express justice as a complex of three ideas: liberty, equality, and reward for contributions to the common advantage" (Rawls, 1957, S. 654).

Die ersten beiden Prinzipien fassen Gerechtigkeit als ein Gefüge aus drei grundlegenden Elementen zusammen: Freiheit, Gleichheit und Anerkennung von Beiträgen zum gemeinsamen Wohl.

Die Maximin-Regel

Rawls hat seine Annahme, dass die Akteure im sogenannten „Urzustand" keine existenziellen Risiken eingehen würden, in ein formales Verfahren überführt. Dieses Verfahren, das seiner Ansicht nach hinter dem „Schleier des Nichtwissens" angewandt wird, basiert auf der sogenannten „Maximin-Regel" ('maximin rule').[21] Dabei handelt es sich um eine Grundregel, die dazu dient, die im „Urzustand" verfügbaren Handlungsoptionen anhand ihrer potenziellen Resultate zu bewerten und zu ordnen:

> "First, a statement of the maximin rule: it tells us to identify the worst outcome of each available alternative and then to adopt the alternative whose worst outcome is better than the worst outcomes of all the other alternatives. To follow this rule in selecting principles of justice for the basic structure we focus on the worst social positions that would be allowed when that structure is effectively regulated by those principles under various circumstances. What this means will become clearer by looking at the argument from the original position in the first comparison" (Rawls, 2001, S. 97).

[21] Rawls (1971) spricht auch vom "Maximin Criterion", Harsanyi (1975) vom "maximin principle".

Die Maximin-Regel fordert dazu auf, für jede verfügbare Alternative die schlechteste mögliche Konsequenz zu identifizieren und anschließend jene Alternative zu wählen, deren schlechtestes Ergebnis im Vergleich zu den anderen am wenigsten nachteilig ist. Bei der Anwendung dieser Regel richtet sich der Fokus auf die sozial am stärksten benachteiligten Positionen. Anders ausgedrückt gesteht Rawls den am wenigsten Begünstigten ein Vetorecht zu:

> "Because they start from equal shares, those who benefit least (taking equal division as the benchmark) have, so to speak, a veto" (Rawls, 2005, S. 282).

Laut Schramm interpretiert Rawls die Maximin-Regel dahingehend, dass der moralische Fokus vor allem auf dem Schutz derjenigen liegt, die in der Gesellschaft am wenigsten begünstigt sind. Die Anwendung der Maximin-Regel stieß auf eine Reihe äußerst kritischer Rückmeldungen (vgl. Harsanyi, 1975). Die Kritik am „Maximin-Prinzip" sei nur bedingt nachvollziehbar, da dieses im Wesentlichen die methodische Umsetzung von Rawls' ethischer Überzeugung repräsentiere. Es könne als eine verfahrenstechnisch modifizierte Darstellung seiner grundlegenden moralphilosophischen Position verstanden werden (Schramm, 2025b, S. 38 f.).

Das Differenzprinzip

Das Differenzprinzip ist ein zentraler Bestandteil des zweiten Gerechtigkeitsgrundsatzes bei Rawls und beschäftigt sich mit der Handhabung sozialer und wirtschaftlicher Ungleichheiten. Es basiert auf zwei Argumentationslinien: einer moralischen und einer ökonomischen.

Das moralische Argument beruht auf der Annahme, dass natürliche Begabungen und Fähigkeiten der Menschen Ergebnis eines zufälligen Loses der Natur sind:

> "the natural distribution of abilities and talents [...] are decided by the outcome of the natural lottery; and this outcome is arbitrary from a moral perspective" (Rawls, 1999, S. 64).

So seien Unterschiede in Intelligenz, Fleiß oder anderen Eigenschaften im Wesentlichen auf Glück oder Pech bei der natürlichen Verteilung zurückzuführen. Wenn Menschen, die durch diese „Lotterie" bevorzugt würden, im Leben erfolgreicher seien, so sei dies nicht allein auf ihre Anstrengungen zurückzuführen, sondern auch auf diese zufälligen Umstände. Daher erscheint es Rawls moralisch gerechtfertigt, gesellschaftliche Maßnahmen zu ergreifen, um die durch die natürliche Zufälligkeit entstandenen Vorteile zugunsten der am wenigsten Begünstigten auszugleichen.

Damit vertritt Rawls eine egalitäre Gerechtigkeitsauffassung, bei der der Maßstab der Gleichverteilung grundsätzlich gilt.

Das ökonomische Argument ergänzt diese Sichtweise, indem es auf die Wechselwirkung zwischen Verteilung und Produktivität hinweist. Es besagt, dass eine reine Gleichverteilung der Ressourcen unvernünftig wäre, da sie die Anreize zu Leistung und Produktivität schwäche:

> "The second principle applies, in the first approximation, to the distribution of income and wealth and to the design of organizations that make use of differences in authority and responsibility. While the distribution of wealth and income need not be equal, it must be to everyone's advantage, and at the same time, positions of authority and responsibility must be accessible to all" (Rawls, 1999, S. 53).

Wenn die leistungsstärkeren Mitglieder der Gesellschaft einen Großteil ihres Einkommens abgeben müssten, um die weniger Begünstigten zu unterstützen, könnten sie ihre Anstrengungen verringern, was die gesamtwirtschaftliche Produktivität beeinträchtigen würde. Rawls plädiert für eine Gesellschaftsordnung, in der Einkommens- und Vermögensunterschiede zulässig sind, sofern sie zum Vorteil der am wenigsten Begünstigten wirken. Anders ausgedrückt: Die Verteilung von Einkommen und Vermögen muss nicht gleichmäßig sein, sollte aber so gestaltet sein, dass sie denjenigen zugutekommt, die am stärksten benachteiligt sind.

Die Gerechtigkeitstheorie nach Rawls gilt als bedeutender Meilenstein in der politischen Philosophie. Die Theorie konzentriert sich auf die Institutionen und Spielregeln moderner Gesellschaften und stellt daher keine umfassende moralische Theorie dar. Viele moralische Fragestellungen, insbesondere solche, die die Würde und Rechte nichtmenschlicher Lebewesen, also höherer Tiere, betreffen, bleiben dadurch unberücksichtigt (Schramm, 2025b, S. 44–46).

Der Abschnitt stellt zwei bedeutende Konzeptionen der modernen Ethik vor: den klassischen Utilitarismus nach Bentham und sein Moralprinzip des „größten Glücks der größten Zahl“ sowie die Gerechtigkeitstheorie von Rawls mit ihrer „Maximin-Regel“. Beide Ethiken vertreten den Standpunkt des 'moral point of view', jedoch unterscheiden sie sich deutlich in den konkreten Ausgestaltungen dieser Unparteilichkeit. Bentham verfolgt als Utilitarist das moralische Anliegen, unparteiisch das „größte Glück der größten Zahl“ als die beste Lösung einer Transaktion zu favorisieren. Rawls folgt der moralischen Überzeugung, dass der Kern der Ethik darin besteht, sich zugunsten der Schwächsten in der Gesellschaft zu engagieren. In einer Transaktion sei die Lösung zu favorisieren, die den Schwächsten in der lokalen Situation am meisten zugutekommt.

Im nächsten Kapitel werden die objektiven Gründe beschrieben, die den 'moral point of view' nahelegen. Es gilt die realen Interessen wahrzunehmen; diese sind ontologisch objektiv und begründen im Ansatz des „ethischen Interessenrealismus" Werte. Aus sozialpsychologischer Perspektive werden alle Handlungen an Werten ausgerichtet. Damit ist es anhand der Untersuchung der beteiligten Werte möglich, das organisationale Handeln transparent darzustellen und die Perspektiven des 'economic point of view' und des 'moral point of view' mit den Ausprägungen bestimmter Werte zu verbinden. Die Ausprägungen der Werte einer spezifischen Transaktion, dargestellt durch einen spezifischen Wertestempel, sind der Ausgangspunkt für eine moralische Bewertung anhand der zwei vorgestellten Ethikmodelle.

6 Werte

In dieser Arbeit basiert die Konzeption von Organisationen auf konkreten, polydimensionalen Transaktionen, die sich evolutionär entwickeln und auf einen Zweck ausgerichtet sind. Aus dieser prozessmetaphysischen Sicht werden dem organisationalen Handeln neben der ökonomischen Dimension auch gesellschaftliche und ökologische Aspekte zugeschrieben. Ausgehend von der Wahrnehmung sämtlicher Interessen in einer konkreten Transaktion sind sowohl die Interessen der handelnden Akteure als auch aller Stakeholder zu berücksichtigen. Die Priorisierung dieser Interessen hängt maßgeblich von den zugrundeliegenden organisationalen Wertvorstellungen ab, die in einer spezifischen Transaktion konkret werden.

Zunächst wird die axiologische Dimension von Transaktionen betrachtet. Ausgangspunkt sind die unterschiedlichen Interessen der Stakeholder; diese Interessen sind ontologisch objektiv und begründen Werte. Im Anschluss werden Werte aus der sozialpsychologischen Forschung herangezogen, die im organisationstheoretischen Kontext eine bedeutende Rolle spielen. Vertieft werden die zehn universalen Werte des Sozialpsychologen Shalom H. Schwartz, welche als grundlegende Wertorientierungen zu verstehen sind, die menschliches Verhalten und Motivation prägen.

Ergänzende Information Die elektronische Version dieses Kapitels enthält Zusatzmaterial, auf das über folgenden Link zugegriffen werden kann https://doi.org/10.1007/978-3-658-52227-8_6.

J. Bee, *Moralisches Handeln in evolutionären Organisationen*, Studien zur Ethik der Transaktion, https://doi.org/10.1007/978-3-658-52227-8_6

6.1 Ontologische Klassifizierung von Werten

Dieser Abschnitt vertieft die philosophische Axiologie, die sich mit der Lehre von den Werten (altgr. ἀξία = „Wert“) beschäftigt. Die Welt der „Werte“ ist äußerst vielfältig und umfasst eine kaum überschaubare Anzahl unterschiedlicher Werte. Diese Vielfalt sowie die variierende Verwendung des Wertbegriffs in verschiedenen Disziplinen führen dazu, dass es nahezu unmöglich ist, eine allgemein akzeptierte Definition zu formulieren.[1] Basierend auf einer Systematik differenter Werte nach Schramm (siehe Tabelle 6.1) können wirtschaftliche und moralische Werte der sozialen Ontologie zugeordnet werden. Die naturale Ontologie umfasst die Wirklichkeitswerte, die die aktuale Basis für die gedachten Wertvorstellungen darstellen (Schramm, 2023, S. 23, 2024b, S. 197, 2025b, S. 403). Der Begriff „Wert“ wird dabei vereinfachend als „das, was wichtig ist“, definiert (Schramm, 2023, S. 24). Basierend auf der Theorie nach Niklas Luhmann (2021) kann jeder Wert mit einer binären Codierung angegeben werden. Jede Zahl repräsentiert eine spezifische Bedeutung bzw. ein bestimmtes Merkmal.

Schramm: Ontologie von Werten

Tabelle 6.1 Systematik differenter Werte

Soziale Ontologie (mit gesellschaftlichen Codes)				**Naturale Ontologie**	
Wirtschaftliche Werte (Code: ± Zahlen)		Moralkulturelle Werte (Code: ± angemessen)		Wirklichkeitswerte (inhärent)	
Nicht-monetär	Monetär	Nicht-moralisch (Code: ± passend)	Moralisch (Code: ± richtig / falsch)	Intrinsisch	Extrinsisch

(Fortsetzung)

[1] Eine umfassende Diskussion zu diesem Thema findet sich unter anderem bei Joas (2017), Ritsert (2013) und Zeller (2019). In Abschnitt 6.2 wird bspw. eine „etablierte“ Definition nach Kluckhohn (1951) zitiert. In Abgrenzung zu „klassischen“ Definitionen arbeitet Schramm (2023, S. 23) eine Differenzierung der Werte nach den Kategorien „ontologisch subjektiv“ und „ontologisch objektiv“ heraus.

Tabelle 6.1 (Fortsetzung)

Soziale Ontologie (mit gesellschaftlichen Codes)				**Naturale Ontologie**	
Wirtschaftliche Werte (Code: ± Zahlen)		Moralkulturelle Werte (Code: ± angemessen)		Wirklichkeitswerte (inhärent)	
Beispiele: Immobilien, Autos	Beispiele: Bankguthaben, Aktien	Beispiele: Esskultur, Fähigkeitswerte	Beispiele: Harmonie, Achtung der Natur	Bewusste Natur (Menschen, höhere Tiere)	Unbewusste Natur (Bäume, Wolken)
			Bereich des Ethischen		
				Kosmologische Basis alles Ethischen im „ethischen Interessenrealismus“	

Quelle: Eigene Darstellung in Anlehnung an Schramm (2023, S. 23, 2024b, S. 197)

6.1.1 Wirtschaftliche Werte

Die Systematik differenter Werte unterscheidet wirtschaftliche Werte in nicht-monetäre Werte, wie Immobilien oder Automobile, und in monetäre Werte, beispielsweise Bankguthaben oder Aktien. Die Definition wirtschaftlicher Werte im Kontext der ökonomischen Theorie ist jedoch nicht eindeutig und wurde im Verlauf der ökonomischen Wissenschaftsgeschichte eingehend erörtert. Die historische Entwicklung des Begriffs „Wert“ lässt sich bis ins 8. Jahrhundert im Althochdeutschen zurückverfolgen, wobei er auf das germanische Wort werþa zurückgeht, das „Wert“, „Preis“ oder „Kostbarkeit“ bedeutet (Kluge, 2011, S. 983). Nach Anton Hügli ist dem Begriff Wert „wie seinen Äquivalenten ‚valor‘, ‚valeur‘, ‚value‘, […] die Abkunft aus dem ökonomischen Bereich an die „Stirn geschrieben“ “.[2] In den folgenden Jahrhunderten wurden diese Begriffe zwar vereinzelt auch im ethischen Kontext verwendet, jedoch erlangte der Wertbegriff erst durch Immanuel Kants „Grundlegung zur Metaphysik der Sitten“ eine

[2] Die etymologische Herkunft des englischen Begriffs ‘value’ lässt sich auf das lateinische Wort ‘valere’ zurückführen, was so viel wie „stark sein“ oder „wert sein“ bedeutet. Seit dem 14. Jahrhundert findet der Begriff ‘value’ im wirtschaftlichen Kontext Verwendung und bezieht sich auf den monetären oder materiellen Wert von Objekten. Der ältere Ausdruck ‘worth’ hat seine Ursprünge im altenglischen ‘we-orth’, das seit dem 9. Jahrhundert belegt ist. Dieses Wort ist wiederum vom germanischen „werþa“ abgeleitet. Ursprünglich wurden all diese Begriffe ausschließlich im wirtschaftlichen Sinne verwendet (Hügli, 2004, S. 556).

herausragende Stellung im Bereich der Ethik. Kant differenzierte den Wertbegriff von seiner ursprünglichen ökonomischen Bedeutung, indem er zwischen „relativem Wert" (ökonomisch: „Preis") und „absolutem Wert" (ethisch: „Würde") unterscheidet (Schramm, 2023, S. 25):

> „Die Wesen, deren Dasein zwar nicht auf unserm Willen, sondern der Natur beruht, haben dennoch, wenn sie vernunftlose Wesen sind, nur einen relativen Werth, als Mittel, und heißen daher Sachen, dagegen vernünftige Wesen Personen genannt werden [...] Dies sind also nicht bloß subjective Zwecke, deren Existenz als Wirkung unserer Handlung für uns einen Werth hat; sondern objective Zwecke, d. i. Dinge, deren Dasein an sich selbst Zweck ist" (Kant, GMS, AA IV, S 428).

Kant bringt seine Unterscheidung zwischen „relativem Wert" (ökonomisch: „Marktpreis") und „absolutem Wert" (ethisch: „Person", „Würde") wie folgt zum Ausdruck:

> „Im Reiche der Zwecke hat alles entweder einen Preis, oder eine Würde. Was einen Preis hat, an dessen Stelle kann auch etwas anderes als Äquivalent gesetzt werden; was dagegen über allen Preis erhaben ist, mithin kein Äquivalent verstattet, das hat eine Würde. [...] das aber, was die Bedingung ausmacht, unter der allein etwas Zweck an sich selbst sein kann, hat nicht bloß einen relativen Werth d. i. einen Preis, sondern einen innern Werth, d. i. Würde" (Kant, GMS, AA IV, S. 434 f).

Insofern besäßen menschliche Personen „eine Würde, d. i. unbedingten, unvergleichbaren Werth" (Kant, GMS, AA IV, S. 436). Mit Kant vollzog sich an diesem Punkt die Trennung zwischen philosophischer Ethik und Ökonomik. Die philosophische Ethik und die Theologie konzentrierten sich fortan auf den „absoluten Wert" (die Würde von Personen), die Ökonomie beschäftigte sich mit der Analyse der „relativen Werte" (Marktpreise).

„Relative Werte" können nach Schramm (2023, S. 26) entlang einer „objektiven" und einer „subjektiven" Wertlehre unterschieden werden. In der klassischen politischen Ökonomik wurden wirtschaftliche Werte anhand der objektiven Wertlehre definiert. Diese wurde in der neoklassischen Marktmechanik durch die subjektive Wertlehre abgelöst. Adam Smith erkannte die Auswirkungen von Angebot und Nachfrage auf die Bildung des tatsächlichen Preises an. In Bezug auf den eigentlichen (wahren) Wert bezieht er sich jedoch auf eine „objektive (Arbeits-)Wertlehre". Diese Theorie bemisst den Wert eines Produkts im Wesentlichen anhand der für dessen Herstellung erforderlichen Arbeitszeit.

> "The real value of all the different component parts of price [...] is measured by the quantity of labour which they can, each of them, purchase or command. Labour measures the value not only of that part of price which resolves itself into labour, but of that which resolves itself into rent, and of that which resolves itself into profit" (Smith, 1952, S. 21).[3]

Die „objektive Wertlehre“, die den Wert eines Gutes auf Grundlage der Arbeit hinsichtlich der aufgewendeten Arbeitszeit sowie der geleisteten Arbeitsanstrengung bestimmt, fand im Weiteren breite Akzeptanz.[4] Zur Ermittlung eines „gerechtfertigten Preises“ zog die klassische Ökonomik objektive Kriterien heran, um den „eigentlichen“ Wert von Produkten und Arbeit festzulegen.[5] Die Neoklassik bediente sich der Marktmechanik, um den ökonomischen Wert zu bestimmen. Dabei führt das Zusammenspiel von Angebot und Nachfrage zur Bildung eines Marktpreises. Der Wert eines Gutes wird anhand des Nutzens bemessen, den es dem nachfragenden Individuum stiftet. Diese Marktmechanik ist unabhängig von der in das Produkt investierten Arbeit. In diesem Zusammenhang äußerte sich William Stanley Jevons:

> "A great undertaking like the Great Western Railway, or the Thames Tunnel, may embody a vast amount of labour, but its value depends entirely upon the number of persons who find it useful. If no use could be found for the Great Eastern steamship, its value would be nil, except for the utility of some of its' materials. [...] The fact is, that labour once spent has no influence on the future value of any article: it is gone and lost for ever" (Jevons, 1965, S. 164). "[V]alue depends entirely upon utility" (Jevons, 1965, S. 1).

Philosophisch betrachtet wird der Wert eines Gutes somit als ontologisch subjektiv verstanden. Es seien Menschen beziehungsweise deren Nachfrage auf dem Markt, die einem Objekt einen Wert zuschrieben. An dieser Stelle offenbart sich nach Schramm (2023, S. 26–31) ein zentrales Problem der neoklassischen „Mainstream-Ökonomik“: Einerseits werde versucht, diese Wissenschaft nach

---

[3] Adam Smith (1952, S. 20) verdeutlicht dies mit einem praktischen Beispiel: "If among a nation of hunters, for example, it usually costs twice the labour to kill a beaver which it does to kill a deer, one beaver should naturally exchange for or be worth two deer. It is natural that what is usually the produce of two days' or two hours' labour, should be worth double of what is usually the produce of one day's or one hour's labour".

[4] Ein bedeutender Vertreter dieser Perspektive ist David Ricardo.

[5] Die „objektive Wertlehre“ bildet bei Karl Marx einen zentralen Bestandteil seiner „Arbeitswertlehre“: „Es ist also nur das Quantum gesellschaftlich notwendiger Arbeit oder die zur Herstellung eines Gebrauchswerts gesellschaftlich notwendige Arbeitszeit, welche seine Wertgröße bestimmt“ (Marx, 1988, S. 54).

dem Vorbild der klassischen Physik als mechanistische Disziplin zu konstituieren, andererseits vertrete sie eine „subjektive Wertlehre“. In diesem Zusammenhang sind einige Beobachtungen von John R. Commons (1956, S. 190) von besonderem Interesse:

> “Various economists wanted to be Newtons, with Newton’s [...] laws of equilibrium. [...] Economists also built on Lavoisier’s chemistry, with its affinities and repulsions of atoms. Physics and chemistry appear to be the two main historical sources of materialistic fundamentalism. The science of economics thus became mechanistic, as it had been theological, and this materialistic fundamentalism extends from Ricardo to Marx and to the present day”.

Nach Schramm (2015a, S. 20–22, 2023, S. 28 f.) war es erforderlich, einen mechanistischen Ansatz zu entwickeln, um die Werte und den Nutzen der Ökonomik mit jenen der klassischen Physik zu parallelisieren. Während in der mechanischen Physik die Anziehungskraft durch Newtons Gravitation beschrieben werde, werde im neoklassischen Ansatz diese Kraft durch das Eigeninteresse der „Person“ modelliert:

> “Utility only exists when there is on the one side the person wanting and on the other the thing wanted. [...] Just as the gravitating force of a material body depends not alone on the mass of that body, but upon the masses and relative positions and distances of the surrounding material bodies, so utility is an attraction between a wanting being and what is wanted” (Jevons, 1981, S. 80).

Das Wirtschaftssystem, insbesondere der Markt, wird als ein mechanistischer Prozess modelliert, der durch die Anziehungskräfte von Nutzenmaximierung und Eigeninteresse angetrieben wird. Sowohl die „subjektive Wertlehre“ als auch das Marginalprinzip des Grenznutzens stellen bis heute zentrale Elemente der neoklassischen Ökonomik dar. Die ontologische Klassifizierung von Werten wird durch die Nachfrage auf dem Markt bestimmt. Im Rahmen des Marktmechanismus wird jedem Gut ein Wert zugeschrieben, der ontologisch subjektiv ist. Nach Schramm (2023, S. 29–31) impliziert eine „subjektive Wertlehre“, dass objektiv betrachtet nichts mehr als wertvoll erachtet werden kann, außer es wird als solches wahrgenommen.

6.1.2 Moralkulturelle Werte

Die zweite Spalte stellen moralkulturelle Werte dar. In Anlehnung an Forschungsarbeiten zur 'Relational Economics' versteht Schramm (2008b, S. 171) unter Moralkultur „alle verhaltensrelevanten Faktoren der informalen Institutionen einer Gesellschaft".[6] Nach Wieland (2011, S. 245 f.) wird eine Moralkultur maßgeblich durch anzustrebende Zielvorstellungen, die moralkulturellen Werte, bestimmt:

> „Werte sind Orientierung gebende Aussagen über das Wünschbare [...] und gehören zur Moralkultur jeder Gesellschaft. In ihnen bringt sich zum Ausdruck, was in einer Gesellschaft wertgeschätzt wird. Sie bilden in dieser Weise einen Maßstab für Entscheidungen und Handeln. Werte sind nicht nur moralischer Natur".

Im Bereich der moralkulturellen Werte lassen sich zwei Kategorien unterscheiden: Zum einen gibt es Werte, die nicht unmittelbar als moralisch oder ethisch gelten, deren Einhaltung dennoch als moralische Pflicht angesehen wird. Beispiele hierfür sind kulturelle Praktiken wie das Essen mit Essstäbchen oder gesellschaftliche Erwartungen an angemessenes Verhalten, wie etwa Begrüßungsrituale. Der gesellschaftliche Maßstab in diesen Fällen lautet: „angemessen". Zum anderen existieren moralkulturelle Werte, die intrinsisch einen moralischen Charakter aufweisen, wie das konfuzianische Ideal der „Harmonie" oder das Ziel der Naturachtung im Daoismus. Der gesellschaftliche Maßstab für diese Werte ist: „moralisch richtig" oder „gut". In beiden Fällen handelt es sich um moralkulturelle Werte, da sie kulturelle Perspektiven repräsentieren, die als bedeutend erachtet werden (Schramm, 2023, S. 32, 2024b, S. 200 f.).

Im Bereich der Wirtschaftsethik lassen sich diese moralkulturellen Werte im Wertevierck nach Wieland (2021). in vier Arten unterscheiden: Leistungswerte, Kommunikationswerte, Kooperationswerte und moralische Werte. Letztere umfassen insbesondere Integrität, Fairness, Ehrlichkeit, Vertragstreue und Verantwortung. Diese vier Arten von Werten sind im Kontext des Wertemanagements in Organisationen zu verstehen (Wieland, 2021, S. 245). Ziel sei es, die zentralen Bausteine eines unternehmerischen „Werte-Managements" zu identifizieren und zu erläutern (Schramm, 2023, S. 33 f.).

---

[6] Eine detaillierte Begriffsbestimmung von „Moralkultur" nimmt Baumann Montecinos (2019, S. 95 f.) vor.

6.1.3 Wirklichkeitswerte

Wirklichkeitswerte gehören der 'natural ontology' an. Schramm greift dabei auf die Klassifizierung der Dinge nach Searle zurück und bezieht sich bei der Namensgebung auf Whitehead ('actuality values').[7] Alle Dinge, die die Wirklichkeit bereicherten, stellten einen Wert und folglich einen „Wirklichkeitswert" dar. Auszugrenzen seien dabei Werte, die die Realität zerstörten, wie bspw. ein Virus. Die Weltwirklichkeit bestehe demnach aus aktiven Energiegeschehnissen (Schramm, 2023, S. 34–38). Konkrete wirtschaftliche Transaktionen seien Teil dieser einen Welt und gehörten zum universalen Netzwerk der Weltwirklichkeit aus aktiven Energiegeschehnissen. Schramm (2023, S. 38) fasst diese kosmologisch und metaphysisch geprägte Perspektive prägnant zusammen: „Es gibt keine Wirtschaft ohne Physik!". Bei Whitehead formen sich Elementarereignisse ('actual entities') zu größeren Gebilden, den „Gesellschaften" ('societies'). Diese könnten in eine bewusste Natur, wie Menschen oder höhere Tiere, und in eine unbewusste Natur, wie Bäume oder Wolken, differenziert werden. „Gesellschaften" mit einer komplexen Struktur, wie bspw. der Mensch mit einem zentralen Nervensystem und Gehirn, verfügten über geistige Fähigkeiten und Bewusstsein. Diese Art von „Gesellschaften" bezeichnet Hartshorne (1972) als 'compound individuals'.[8] „Gesellschaften" ohne empirische Evidenz für Bewusstsein oder Geist, wie etwa Steine oder Wolken, bezeichnet er als 'composites'. Diese bloßen Ansammlungen (Whiteheads 'mere aggregations') wiesen keine komplexen Strukturen auf.[9]

Die zwei Typen von „Gesellschaften" könnten einen Wert für sich selbst, für andere oder das Ganze haben.[10] Intrinsischen Wert besäßen höhere Lebewesen, während Lebewesen ohne Bewusstsein bzw. Geist einen extrinsischen Wert besäßen. Diese Differenzierung verdeutlicht Schramm mit dem ethischen Interessenrealismus im Forschungsprogramm der BM:

---

[7] Die 'Business Metaphysics' stützt sich auf den Wertbegriff der Prozesskosmologie nach Whitehead (1926 / 2007, S. 100): "Value is inherent in actuality itself".

[8] Hartshorne ist ein Schüler Whiteheads und hat die Systematik von Gesellschaften weiter ausgearbeitet, siehe hierzu Abschnitt 2.4.

[9] Eine Vertiefung dieser Unterscheidung findet sich bei (Schramm, 2023, S. 38–41).

[10] Werte können in ontologisch objektiv und subjektiv und epistemisch objektiv und subjektiv unterschieden werden. Diese doppelte begriffliche Unterscheidung geht auf Searle (2010, S. 17 f.) zurück. Die ontologische Bestimmung bezieht sich auf "what we know", die „Epistemologie" auf "how we know".

> "Life is robbery. It is at this point that with life moral become acute. The robbers require justification" (Whitehead, 1929 / 1979, S. 105).

Die Schaffung individueller Werte gehe stets mit der Zerstörung anderer Werte einher (Schramm, 2017a, S. 96). Dieser Prozess der „kreativen Zerstörung“ sei moralisch von Bedeutung. Gemäß dem Konzept des Interessenrealismus bilden Interessen bzw. Eigeninteressen die Grundlage der Moral. Die faktisch existierenden Interessen stellten eine objektive Basis der Ethik dar:

> „Moralische Tatsachen – wie sie hier begriffen werden – bestehen [...] nicht unabhängig von Wesen, die Interessen [...] haben. Die vorgeschlagene Version moralischen Realismus unterscheidet sich also von einem Werteobjektivismus, demzufolge etwas vollständig losgelöst von unseren Interessen [...] moralisch gut oder wertvoll sein kann“ (Schaber, 1997, S. 18 f).

Allen Lebewesen werden Interessen zugeschrieben. So hat ein Tier bspw. ein Interesse an körperlicher Unversehrtheit oder eine Pflanze an der Aufnahme von reinem Wasser und Nährstoffen. Die Anerkennung, dass die Natur von realen Interessen durchzogen ist, ist ein Charakteristikum der metaphysischen Sicht. Diese direkte Bestreitung bestimmt die Wirklichkeit durch eine wertfreie Gleichgültigkeit aller Dinge (Pies & Schramm, 2020, S. 23 f.). Whitehead (1926 / 2007, S. 100) bestimmt den strukturellen Zusammenhang von Interessen und Werten wie folgt:

> "To be an actual entity is to have a self-interest. [...] This self-interest is the interest of what one's existence [...] comes to".

Das Interesse der eigenen Existenz, bzw. „worauf die eigene Existenz hinausläuft“, sei eine Erfahrung des elementaren Eigeninteresses. Dies stelle eine Werterfahrung dar, eine Erfahrung, dass „etwas wichtig ist“:

> "This self-interest is a feeling of self-valuation" (Whitehead, 1926 / 2007, S. 100).

Neben der "Selbstwertung" einer Entität besäßen auch andere Entitäten, die sich selbst als Selbstwerte wahrnähmen, Interessen:

> "The value of other things, not one's self, is the derivative value of being elements contributing to this ultimate self-interest" (Whitehead, 1926 / 2007, S. 100).

Ein Mensch empfinde eigene Interessen und erfahre sich selbst als Wert. Gleichzeitig nehme er wahr, dass auch andere Dinge Interessen hätten und sich selbst als Wert erführen:

> "[O]ur experience is a value experience […]; and […] this value experience differentiates itself in the sense of many existences with value experience; and […] this sense of the multiplicity of value experiences again differentiates it into the totality of value experience, and the many other value experiences, and the egoistic value experience. […] Everything has some value for itself, for others, and for the whole. This characterizes the meaning of actuality" (Whitehead, 1938 / 1968, S. 110 f.).

Schramm (2023, S. 44) beschreibt das Universum als „ein riesiges Netzwerk der unterschiedlichsten Werte". Diese bildeten den Ausgangspunkt für die Ethik:

> "[V]alue experience […] characterizes the meaning of actuality. By reason of this character, constituting reality, the conception of morals arises. We have no right to deface the value experience which is the very essence of the universe" (Whitehead, 1938 / 1968, S. 111).

Der strukturelle Zusammenhang von realen Interessen, objektiven Werte und Moral bzw. Ethik wird im ethischen Interessenrealismus deutlich.[11] Intrinsischen Wert haben demnach höhere Lebewesen mit einem Bewusstsein und Gehirn, die empirisch evident sich selbst bzw. ihre eigenen Interessen und somit ihren Selbstwert wahrnehmen. Das Selbst hat einen Wert für sich selbst. Beispielsweise haben Schimpansen ein eindeutiges Interesse daran, zu leben und nicht gequält zu werden, jedoch kein Interesse an der Religionsfreiheit oder Meinungsfreiheit.[12] Intrinsisch wertvolle Lebewesen seien „Wirklichkeitswerte", die aus sich heraus ontologisch objektive, wirkliche Werte beschrieben. Werthaftigkeit stelle ein inhärentes Charakteristikum ihrer Existenz dar. „Wirklichkeitswerte" seien demnach Werte, die von grundlegender inhärenter Bedeutung sind. Whitehead (1926 / 2007, S. 100) formuliert:

> "Value is inherent in actuality itself. […] [T]he actuality […] is the experiencing of value".

---

[11] Siehe hierzu Abschn. 5.1.3.

[12] Schramm zitiert den Tierethiker Kaplan (2011, S. 45): „Gleicher Schmerz ist gleich schlecht, egal ob er von Weißen, Schwarzen, Frauen oder Tieren erlebt wird. Tiere sind leidensfähig. […] Ich setze Mensch und Tier keineswegs gleich. Schweine haben beispielsweise kein Interesse, ihre Religion frei zu wählen. Aber sie haben ein Interesse, nicht gequält zu werden".

Extrinsischen Wert hätten Dinge wie Steine oder Wolken, die sich nicht selbst wahrnähmen bzw. denen keine weitreichenden geistigen Fähigkeiten zugeschrieben würden.[13] Diese hätten einen Wert für andere oder das „große Ganze". Whitehead (1926 / 2007, S. 88) schreibt hierzu:

> "The actual world [...] is a community of many diverse entities; and these entities contribute to, or derogate from, the common value of the total community. [...] They add to the common stock".

Viele Elemente der Natur trügen auf wertvolle Weise zur Gesamtheit der Wirklichkeit bei, wie beispielsweise die Sauerstoffproduktion der Bäume oder die Bildung der Wolken. Diese Elemente besäßen einen „extrinsischen Wert" für das Gesamtsystem. Wolken hätten beispielsweise keinen intrinsischen Wert, da sie über kein Bewusstsein und somit keine inneren Interessen verfügten. Dennoch besäßen sie einen nach außen gerichteten Wert. Sie stellten lebensnotwendiges Wasser für andere Elemente der Welt bereit. Ähnlich verhalte es sich mit Bäumen, die vermutlich ebenfalls kein Bewusstsein oder bewusste Interessen hätten und daher keinen intrinsischen Wert aufwiesen. Dennoch repräsentierten sie einen entscheidend wichtigen „extrinsischen" Wert für das globale Ökosystem, indem sie durch Photosynthese Kohlendioxid (CO_2) aus der Atmosphäre aufnehmen und Sauerstoff (O_2) abgeben. Bäume seien von „extrinsischem" ökologischen Wert, da sie sowohl dem anthropogenen Klimawandel entgegenwirkten als auch Atemluft für Menschen und Tiere produzierten. Der Begriff des „extrinsischen" oder ökologischen Wertes könne auch als „inhärenter" Wert verstanden werden. Er beschreibe den Wert, den Bäume oder Wolken verkörperten.[14]

Im Gegensatz dazu gebe es auch Dinge, die als extrinsisch schädlich oder destruktiv angesehen werden könnten, wie etwa das Corona-Virus. Dieses Virus weise extrinsisch keinen Wert auf und könne daher im Sinne der „wahren" Werte eingedämmt werden. Auf einer metaphysischen Ebene resultiert die „extrinsische Werthaftigkeit oder Unwerthaftigkeit" aus der Relationalität aller Dinge (Schramm, 2023, S. 55 f.).

Zusammenfassend kann festgehalten werden, dass der Wert der Dinge eine ontologisch objektive Beschaffenheit aufweist. Die Welt ist ein differenziertes Netzwerk von „Wirklichkeitswerten", die für sich selbst (intrinsisch) oder für

---

[13] Anders ausgedrückt: „unbewussten Geschöpflichkeiten" (Schramm, 2023, S. 55).

[14] "In particular, an organism's inherent value includes its ecological value – its value for sustaining the ecosystem. [...] [E]cological value [is] [...] the most important type of extrinsic value [...]. [T]he total inherent value of anything includes both its intrinsic and its ecological values" (Griffin, 2007, S. 82).

andere bzw. das „große Ganze" (extrinsisch) einen Wert darstellen. Die Grundlage für diese Unterscheidung stellen bewusste bzw. unbewusste Interessen dar. Folglich besitzt die Ethik ein ontologisch objektives Wertefundament in der Wirklichkeit und ist keine ontologisch rein subjektive Erfindung des Menschen. Der Interessenrealismus fokussiert auf die Wahrnehmung der Werte oder die „Wichtigkeit" der Wirklichkeiten:

> "Morality consists in the control of process so as to maximize importance. It is the aim at greatness of experience in the various dimensions belonging to it" (Whitehead, 1938 / 1968, S. 13 f.).

Moralisches Handeln erfordere den Wert oder die „Wichtigkeit" der Wirklichkeiten „wahr-zu-nehmen" und möglichst zu erhöhen (Schramm, 2023, S. 59).

In diesem Abschnitt wird eine Systematik differenter Werte nach Schramm dargestellt. Werte lassen sich entlang der Bereiche der sozialen und der naturalen Ontologie unterscheiden. Wirtschaftliche und moralkulturelle Werte werden der sozialen Ontologie zugeordnet, die naturale Ontologie bezeichnet die Wirklichkeitswerte. Werte sind folglich objektive Gründe, die den 'moral point of view' nahelegen. Es gilt, reale Interessen wahrzunehmen, da diese ontologisch objektiv sind und nach dem Ansatz des ethischen Interessenrealismus Werte begründen. Ein „Wert" kann dabei vereinfachend als „das, was wichtig ist", bestimmt werden. Diese Arbeit beschäftigt sich mit moralischem Handeln in evolutionären Organisationen, das maßgeblich durch Werte geprägt wird. Um den Einfluss von Werten auf das moralische Handeln zu beschreiben, ist es unerlässlich, die zentralen psychologischen Theorien zu Werten herauszuarbeiten und wesentliche Verbindungen der Wertetheorie zu anderen Variablen aufzuzeigen. Werte im psychologischen Kontext sind entscheidend für die Erklärung des Bestehens von sozialen Organisationen und von Veränderungsprozessen. Sie finden große Anwendung in der Forschung und in der Praxis von Unternehmen. Im weiteren Verlauf der Arbeit soll die Wertetheorie nach Schwartz (1992 / 2012) genutzt werden, um das moralische Handeln in Organisationen anhand der in einzelnen Transaktionen relevanten Werte zu beschreiben.

6.2 Werte im psychologischen Kontext

Werte spielen in vielen Aspekten von Organisationen eine Rolle: Sie werden mit der Berufswahl gleich zu Beginn der beruflichen Laufbahn in Verbindung gebracht und sagen bestimmte Verhaltensweisen und Entscheidungen voraus. Ihre

Breite und Stabilität machen Werte zu einem Prädiktor für das Verhalten von Organisationen im Laufe der Zeit und in unterschiedlichen Kontexten. Die Werte sozialer Kollektive, wie Teams, Abteilungen und Organisationen, beeinflussen ebenfalls Organisationen (Arieli et al., 2020) und nehmen eine zentrale Stellung in der Führung von Organisationen ein (Bourne & Jenkins, 2013; Rokeach, 2000; Suddaby et al., 2010).[15]

In diesem Abschnitt werden die unterschiedlichen Auffassungen über die Bedeutung und Funktion von Werten im sozialpsychologischen Kontext nach Kluckhohn (1951), Rokeach (1973) und Schwartz (1992) herausgearbeitet und in Verbindung zu anderen Variablen aufgezeigt. Werte können als Indikator für das Verhalten von Personen und Organisationen herangezogen werden. Die Abgrenzung von Werten zu Charaktereigenschaften, Zielen und Einstellungen macht einen zentralen Unterschied deutlich: Werte sind über einen längeren Zeitraum gültig und stabil und motivieren meist unbewusst zu Handlungen. Sind Werte aktiviert und werden für ein spezifisches Verhalten als relevant erlebt, nehmen sie Einfluss auf das betreffende Verhalten. Werte beeinflussen das Verhalten durch geplante Handlungen, die darauf abzielen, als wertvoll erachtete Ziele zu erreichen. Sie bilden zugleich einen Fokus dafür, was Menschen wahrnehmen und wie Situationen zu interpretieren sind.

6.2.1 Herleitung und Definition

Werte stellen in den Sozialwissenschaften seit ihren Anfängen ein zentrales Konzept dar. Bereits bei Durkheim (1897) und Weber (1905) sind Werte entscheidend für die Erklärung von Veränderungsprozessen sowie der persönlichen und sozialen Organisation. Werte spielen in der Soziologie genauso wie in der Psychologie, Anthropologie und verwandten Disziplinen eine zentrale Rolle. Mit der weit verbreiteten Verwendung von Werten haben sich unterschiedliche Auffassungen herausgebildet (Boudon, 2001; Inglehart, 1997; Kohn, 1969; Parsons, 1951; Rokeach, 1973). In den Sozialwissenschaften gibt es kein einheitliches Konzept der Grundwerte, der Inhalte und der Struktur von Beziehungen zwischen diesen Werten sowie zuverlässiger empirischer Methoden zu ihrer Messung (Hitlin & Piliavin, 2004; Rohan, 2000). Werte sind weit gefasste Motivationskonstrukte, die zum Ausdruck bringen, was den Menschen wichtig ist. Auf der Grundlage

[15] Den Einfluss von Werten nach dem Modell von Schwartz (1992 / 2012) auf die organisationale Kultur vertiefen Arieli et al. (2020) in "Values at Work: The Impact of Personal Values in Organisations".

ihrer Werte betrachten Menschen verschiedene Handlungen, Objekte, Menschen und Ereignisse als mehr oder weniger wertvoll. Die Werte der Menschen sind von zentraler Bedeutung für ihre Identität und ihr Selbstkonzept (Hitlin, 2003; Rokeach, 1973).

In dieser Arbeit wird die gegenwärtig in der Sozialpsychologie und Soziologie vorherrschende Theorie der individuellen Wertunterschiede vorgestellt und auf das moralische Handeln in evolutionären Organisationen angewendet. Die Theorie der basalen Werte nach Schwartz (1992) befasst sich mit den grundlegenden Werten, die Menschen in allen Kulturen anerkennen. Aufbauend auf den zentralen Erkenntnissen nach Kluckhohn (1951) und Rokeach (1973) sieht Schwartz Werte als wünschenswerte, situationsübergreifende Ziele mit unterschiedlicher Bedeutung, die als Leitprinzipien im Leben der Menschen dienen (Kluckhohn, 1951; Rokeach, 1973).[16] Er identifiziert zehn motivational unterschiedliche Werte und spezifiziert die dynamischen Beziehungen zwischen ihnen. Einige Werte stehen in Konflikt zueinander (z. B. Stimulation und Sicherheit), während andere Werte (bspw. Konformität und Tradition) kompatibel sind. Die Anordnung der Werte bezieht sich auf diese kontroverse bzw. vereinbare Beziehung. Auf Basis diverser Forschungsarbeiten postuliert Schwartz, dass Werte in kulturell unterschiedlichen Gruppen in ähnlicher Weise strukturiert sind. Dies lege nahe, dass es eine universelle Organisation menschlicher Motivationen gebe. Auch wenn die Natur der Werte und ihre Struktur universell sein mögen, unterschieden sich Individuen und Gruppen erheblich in der relativen Bedeutung, die sie den Werten beimäßen. Hier wird von unterschiedlichen Wert-Prioritäten gesprochen (Schwartz, 2015, S. 63 f.).

Die zentrale Rolle von Werten in der Führung von Organisationen wird in diversen Untersuchungen herausgestellt (Bourne & Jenkins, 2013; Rokeach, 2000; Suddaby et al., 2010). Dabei existierten Werte auf verschiedenen Ebenen. Werte zeigten an, was als richtig und erstrebenswert für Beschäftigte, Teams, Organisationen sowie Nationen angesehen werde (Bourne & Jenkins, 2013; Sagiv, Schwartz, et al., 2011). Der Einfluss von nationenbezogenen Werten auf Individuen und Organisationen wurde in einer Reihe von Untersuchungen belegt (Arieli et al., 2020; Hofstede, 2001; Kirkman et al., 2006; Sagiv, Schwartz, et al., 2011; Taras et al., 2010).

---

[16] Aufbauend auf der Definition von Werten nach dem Psychologen und Anthropologen Kluckhohn (1951, S. 395) differenzierte der Sozialpsychologe Rokeach (1973) in "The Nature of Human Values" zwischen zwei Arten von Werten: zum einen Werte, die sich auf eine idealisierte Verhaltensweise beziehen, zum anderen Werte, die sich auf einen idealisierten Zielzustand beziehen.

In diesem Abschnitt wird die „Theorie basaler individueller Werte" nach Schwartz (1992) erläutert – ausgehend von den zentralen Erkenntnissen der Werteforschung nach Kluckhohn (1951) und Rokeach (1973). Das motivationale Konzept ist für die vorliegende Arbeit besonders relevant, da die universale Herleitung und Anwendbarkeit ein hohes Problemlösungspotential für moralisches Handeln in Organisationen versprechen.

Kluckhohn: "Values and Value-Orientations in the Theory of Action"

Der Ausgangspunkt für die Begriffsbestimmung ist die Arbeit des amerikanischen Kulturanthropologen Clyde Kluckhohn. Seine empirische Werteforschung "Values and Value-Orientations in the Theory of Action" aus dem Jahr 1951 stellt die Grundlage für zahlreiche Begriffsdiskussionen sowie Folgestudien dar (Lautmann, 1971, S. 47).

Nach Kluckhohn ist ein Wert eine explizite oder implizite Auffassung, die unverwechselbar charakterisierend für ein Individuum oder eine Gruppe ist und eine Vorstellung vom Wünschenswerten darstellt. Diese beeinflusse die Auswahl der verfügbaren Handlungsweisen, Mittel und Ziele:

> "A value is a conception, explicit or implicit, distinctive of an individual or characteristic of a group, of the desirable which influences the selection from available modes, means, and ends of action" (Kluckhohn, 1951, S. 395).

Die Definition nach Kluckhohn sieht Werte als ein Konstrukt an, das nicht direkt sichtbar ist. Beispielsweise könne der Wert Hilfsbereitschaft nicht direkt wahrgenommen werden. Dieser werde erst in einer konkreten Handlung bemerkbar, also im hilfsbereiten Handeln (Kluckhohn, 1951, S. 395 f.). Bestimmte Werte bzw. Handlungsweisen könnten explizit oder implizit auftreten. Dabei sei explizit als bewusst und implizit als unbewusst zu verstehen. Die Unterscheidung zwischen Bewusstsein und Unbewusstsein ist prägend für die Arbeit mit Werten und stellt heute noch eine zentrale Herausforderung für die interdisziplinäre Forschung dar (Kluckhohn, 1951, S. 397). In der Definition zeigt Kluckhohn mit „Wünschenswertem" den normativen und affektiven Charakter von Werten auf. Werte sind insofern normativ, als dass diese einen gewissen moralischen Standard darstellen. Ganz im Sinne von Sollen wird das Handeln nach diesem ausgerichtet. Der affektive Charakter gibt an, dass Handlungen basierend auf Werten nicht unmittelbar durch rationale kognitive Überlegungen verändert werden können. In der Ausführung nach Kluckhohn bleibt offen, was der Ausgangspunkt für das Wünschenswerte ist. Der implizierte Standard kann sowohl einer Gesellschaft als auch einem Individuum selbst entspringen.

In “Values and Value-Orientations in the Theory of Action” stellt Kluckhohn zentrale Charakteristika von Werten dar. Je nach Kultur könnten sich Werte fundamental unterscheiden, Werte stellten ein kulturelles Erzeugnis dar. Diese könnten als ‘universal values’ auch über eine Kultur hinaus universelle Gültigkeit erlangen. Universelle Werte ließen sich darauf zurückführen, dass Menschen aller Kulturen gewisse biologische Gemeinsamkeiten und Bedürfnisse teilten. Beispielsweise seien Wahrheit und Schönheit universeller Natur, wobei diese je nach kultureller Prägung unterschiedlich definiert und individuell zum Ausdruck gebracht werden könnten (Kluckhohn, 1951, S. 417 f.). Werte bestünden nicht singulär und unabhängig voneinander, sondern träten in „Clustern“ auf. Diese Cluster seien in einer hierarchischen Ordnung organisiert. Kluckhohn bekräftigt die Unterschiedlichkeit der individuellen Ausprägungen von Werten. Beispielsweise könnten zwei Individuen in einer konkreten Handlung über die gleiche innere Einstellung verfügen, jedoch den einzelnen Werten unterschiedliche Stellenwerte beimessen (Kluckhohn, 1951, S. 416).

Nach Kluckhohn sind Werte abstrakte Konstrukte, die sowohl bewusst als auch unbewusst wirken und nur mittelbar veränderbar sind. Als Auffassungen des Wünschenswerten zeigen sie an, was als erstrebenswert und richtig wahrgenommen wird. Werte können als Initiatoren für bestimmte Verhaltensweisen dienen, die auf das Wünschenswerte ausgerichtet sind. Werte sind kulturbedingt, können voneinander abhängen, sind hierarchisch innerhalb von Clustern organisiert und finden teilweise universell ihre Gültigkeit.

Rokeach: Value Survey

Aufbauend auf Kluckhohns Erkenntnissen entwarf Milton Rokeach (1973) eine weitreichende empirische Wertestudie. Die Methoden der Datenerhebung und -auswertung haben einen anhaltenden Einfluss auf die Werteforschung. Die Arbeit von Rokeach aus dem Jahr 1973 basiert auf einer großen Anzahl von Werten, die der Literatur, Interviews und der Beschreibung von Persönlichkeitsmerkmalen entnommen wurden. Diese wurden zu kleineren Gruppen zusammengefasst, die sich konzeptionell maximal unterschieden und empirisch minimal miteinander korrelierten. Rokeach (1973, S. 44) folgert aus den empirischen Analysen, dass die Anzahl von Werten nicht auf eine kleinere Zahl als 36 reduziert werden kann.[17] Der Wertestudie liegen fünf Annahmen zugrunde (Rokeach, 1973, S. 3):

[17] In der Studie erhebt Rokeach die Werthaltungen von Amerikanerinnen und Amerikanern mittels Rankingmethode mit Hilfe eines Fragebogens. Die Verwendung eines standardisierten Fragebogens ermöglichte, eine deutlich größere Stichprobe (n = 1409, davon 744 Frauen und 665 Männer) zu erfassen, als anhand von Interviews denkbar gewesen wäre.

1. Die Anzahl an prägenden Werten für eine Person ist relativ gering.
2. Jeder Mensch hat die gleichen Werte mit unterschiedlicher Ausprägung inne.
3. Werte sind mithilfe von Wertesystemen organisiert.
4. Die Vorläufer der menschlichen Werte haben sich aus der Kultur, der Gesellschaft, deren Institutionen sowie aus der Persönlichkeit herausgebildet.
5. Der Einfluss von Werten drückt sich in nahezu allen zu erforschenden sozialwissenschaftlichen Phänomenen aus.

Darauf aufbauend definiert Rokeach (1973, S. 5) „Werte“ wie folgt:

> “A value is an enduring belief that a specific mode of conduct or end-state of existence is personally or socially preferable to an opposite or converse mode of conduct or end-state of existence”.

Rokeach (1973, S. 5) beschreibt Werte als andauernde Überzeugungen, die eine bestimmte Verhaltensweise oder einen bestimmten Endzustand der Existenz als persönlich oder gesellschaftlich wünschenswert bzw. nicht wünschenswert charakterisieren:

> “A value system is an enduring organization of beliefs concerning preferable modes of conduct or endstates of existence along a continuum of relative importance”.

Ein Wertesystem sei eine andauernde Organisation von Überzeugungen in Bezug auf präferierte Verhaltensweisen oder Zielzustände der Existenz entlang eines Kontinuums relativer Bedeutung. Dabei vertieft Rokeach (1973, S. 5–10) die fünf ‘nature of values’:

1. “A value is enduring”: Werte seien beständig und zeigten eine gewisse Stabilität. Diese Eigenschaft sei sowohl für die Kontinuität der Menschheit insgesamt als auch für die Entwicklung der individuellen Persönlichkeit von großer Bedeutung. Werte blieben in der Regel stabil und erführen Veränderungen lediglich über längere Zeiträume.
2. “A value is a belief”: Werte könnten als Überzeugungen verstanden werden. Rokeach unterscheidet dabei zwischen drei verschiedenen Typen von Überzeugungen. Erstens gebe es deskriptive oder existenzielle Überzeugungen, die als richtig oder falsch eingestuft werden könnten. Zweitens existierten bewertende Überzeugungen, bei denen das Objekt der Überzeugung als gut oder schlecht beurteilt werde. Drittens existierten deskriptive oder präskriptive Überzeugungen, bei denen eine bestimmte Bedeutung oder ein angestrebter Zustand

als wünschenswert oder unerwünscht betrachtet werde. Rokeach klassifiziert Werte als deskriptive oder präskriptive Überzeugungen der dritten Kategorie und definiert sie mit den Worten von Gordon Allport (1961, S. 454): "A value is a belief upon which a man acts by preference". Werte umfassten jeweils eine kognitive, affektive und verhaltensbezogene Komponente. Nach Kluckhohn und Strodtbeck (1961) wird die Wahrnehmung eines Wertes als die „Konzeption des Wünschenswerten" beschrieben. Ein Wert habe eine affektive Dimension, da er emotional erlebt werden könne. Die verhaltensbezogene Komponente von Werten fungiere als intervenierende Variable; wenn ein Wert aktiviert werde, führe dies zu einer Handlung.

3. "A value refers to a mode of conduct or end-state of existence": Ein Wert beziehe sich auf eine bestimmte Verhaltensweise oder einen angestrebten Endzustand des Daseins. In diesem Kontext wird zwischen instrumentellen Werten ('modes of conduct', Verhaltensweisen) und terminalen Werten ('desirable end-states of existence', wünschenswerten Endzuständen) unterschieden. Diese grundlegende Differenzierung wurde von verschiedenen Philosophen (Hilliard, 1950; Lovejoy, 1950), Anthropologen (Kluckhohn, 1951; Kluckhohn & Strodtbeck, 1961) und Psychologen (English & English, 1958) formuliert. Während einige Forscher den Schwerpunkt auf instrumentelle Werte legen (French Jr. & Kahn, 1962; Kohlberg, 1963; Piaget, 1965; Scott & Scott, 1965), konzentrieren sich andere auf spezifische terminale Werte (Allport et al., 1960; Maslow & Sokokin, 1959; Morris, 1956; Rosenberg et al., 1960; Smith, 1969; Woodruff, 1942). Terminale Werte können in persönliche und soziale Werte unterteilt werden. Einen persönlichen Wert könnte beispielsweise innere Ruhe repräsentieren, einen sozialen Wert der Weltfrieden. Zudem lassen sich instrumentelle Werte in moralische und kompetenzbasierte Werte differenzieren. Moralische Werte manifestieren sich beispielsweise in ehrlichem Verhalten, während kompetenzbasierte Werte Eigenschaften wie Einfallsreichtum und logisches Denken umfassen (Rokeach, 1973, S. 7 f.).
4. "A value is a preference as well as a 'conception of the preferable'": Laut Kluckhohn (1951, S. 395) versteht man unter einem Wert eine Vorstellung vom Wünschenswerten, beschrieben als "A conception [...] of the desirable which influences the selection from available modes, means and ends of action". Rokeach baut auf dieser Definition auf, indem er einen Wert sowohl als Präferenz als auch als eine Vorstellung des Bevorzugten interpretiert.
5. "A value is a conception of something that is personally or socially preferable": Ein Wert stellt eine Vorstellung von etwas dar, das als persönlich oder sozial erstrebenswert erachtet wird. Als „Konzeption des Wünschenswerten"

kann ein Wert sowohl individuell für eine Person als auch in unterschiedlichem Maße für andere von Bedeutung sein (Rokeach, 1973, S. 9 f.).

Aufbauend auf diesen zentralen Erkenntnissen von Rokeach und mit dem Anspruch diese Werte universell zu begründen, erarbeitet Schwartz die „Theorie basaler individueller Werte".

Schwartz: Theorie basaler individueller Werte
Die Theorie basaler individueller Werte nach Schwartz aus dem Jahr 1992 baut auf den zentralen Erkenntnissen nach Kluckhohn und Rokeach auf. Schwartz (1994, S. 21) definiert Werte als:

> "desirable trans-situational goals, varying in importance, that serve as guiding principles in the life of a person or other social entity".

Werte seien erstrebenswerte Lebensziele, die über Situationen hinausgingen und widerspiegelten, was den Menschen in ihrem Leben wichtig sei. Demnach sind Werte wünschenswerte, situationsübergreifende Ziele mit unterschiedlicher Bedeutung, die als Leitprinzipien im Leben einer Person oder einer anderen sozialen Einheit dienen (Allport et al., 1960; Rokeach, 1968; Schwartz, 1992. Wenn Menschen an ihre Werte denken, denken sie an das, was ihnen im Leben wichtig ist. Jeder Mensch folgt zahlreichen Werten, z. B. Leistung, Sicherheit oder Wohlwollen, die je nach Kontext und Rolle unterschiedlich stark ausgeprägt sind. Ein bestimmter Wert kann für eine Person sehr wichtig sein, für eine andere Person im gleichen Kontext jedoch unwichtig.

Die Werttheorie nach Schwartz geht von einem Wertekonzept aus, das sechs Hauptmerkmale unterscheidet (Schwartz, 1994, 2015, S. 3 f.; Schwartz & Bilsky, 1987, 1990):

1. Werte sind Überzeugungen. Diese sind untrennbar mit Gefühlen verbunden.
2. Werte beziehen sich auf wünschenswerte Ziele. Diese Ziele können zum Handeln motivieren.
3. Werte gehen über bestimmte Handlungen und Situationen hinaus. Dieses Merkmal unterscheidet Werte von enger gefassten Konzepten wie Einstellungen, die sich in der Regel auf bestimmte Handlungen, Objekte oder Situationen beziehen.
4. Werte fungieren als Norm oder Maßstab. Werte leiten die Auswahl und Bewertung von Handlungen, Ereignissen und Menschen. Die Auswirkungen von Werten auf alltägliche Entscheidungen sind jedoch selten bewusst.

Ins Bewusstsein treten diese erst, wenn mögliche Handlungen oder Urteile widersprüchliche Auswirkungen auf verschiedene wertgeschätzte Werte haben können.

5. Werte sind nach ihrer relativen Bedeutung geordnet. Die Werte der Menschen bilden ein geordnetes System von Prioritäten, die sie als Individuen charakterisieren. Dieses hierarchische Merkmal unterscheidet Werte auch von Normen und Haltungen.
6. Die relative Bedeutung mehrerer Werte ist handlungsleitend. Jede Einstellung bzw. jedes Verhalten hat Auswirkungen auf mehrere Werte. Der Tradeoff zwischen relevanten und konkurrierenden Werten leitet Einstellungen und Verhaltensweisen (Lewin, 1947; Schwartz, 1992). Wird ein Wert in einem Kontext als wichtig erachtet bzw. stark ausgeprägt, ist dieser normalerweise aktiviert und leitet folglich in einer bestimmten Weise das Handeln.

Die Theorie der basalen Werte nach Schwartz (1992 / 2012) baut auf den zentralen Erkenntnissen nach Kluckhohn (1951) und Rokeach (1973) auf. Schwartz beschreibt Werte als wünschenswerte, kulturübergreifende Lebensziele mit variierender Bedeutsamkeit. Er identifiziert zehn motivational unterschiedliche Werte und deren dynamische Bezüge zueinander. Als ein kompaktes universelles Rahmengerüst kann die Theorie der basalen Werte zur Beschreibung motivationaler Präferenzen von Mitarbeitenden herangezogen werden, unabhängig von der jeweiligen Kultur. Dieser Ansatz findet in der Organisationspsychologie breite Anwendung.

6.2.2 Vertiefung: Theorie basaler individueller Werte

Die zehn universalen Werte des Sozialpsychologen Shalom H. Schwartz sind in nahezu allen Kulturen weltweit anerkannt und werden im Rahmen des sogenannten 'Schwartz Value Model' zusammengefasst (siehe Tabelle 6.2). Dieses Modell vertieft die allgemeinen Zielsetzungen, die jeder einzelne Wert zum Ausdruck bringt, und basiert auf universellen Anforderungen, die diesen Werten zugrunde liegen. Im Folgenden werden die einzelnen Werte sowie die entsprechenden Wertelemente, die zur Messung dieser Werte herangezogen werden, aufgeführt (Schwartz, 1994, S. 22; Schwartz et al., 2012, S. 168):

Der Wert **Sicherheit** umfasst Gefahrlosigkeit, Harmonie sowie Stabilität der Gesellschaft, von Beziehungen und des Selbst. Diese ergeben sich aus den Überlebensanforderungen des Einzelnen und der Gruppe (Kluckhohn, 1951; Maslow, 1965) und lassen sich in zwei Untertypen differenzieren. Der eine Typ dient in erster Linie individuellen Interessen wie Gefahrenvermeidung, der andere zielt auf umfassendere Gruppeninteressen wie soziale Ordnung, persönliche Sicherheit oder nationale Sicherheit ab.

Der Wert **Konformität** sorgt für eine reibungslose Interaktion sowie das Funktionieren einer Gruppe. Nahezu alle Wertanalysen benennen Konformität als Wert (Kohn & Schooler, 1983; Morris, 1956; Parsons, 1951). Konkret werden Handlungen, Neigungen und Impulse zurückgehalten, die andere verärgern, schädigen oder gegen soziale Erwartungen und Normen verstoßen könnten. Beispiele für diesen Wert sind Höflichkeit, Gehorsamkeit und Ehrerbietung gegenüber Eltern bzw. Älteren.

Der Wert **Tradition** repräsentiert Praktiken, Symbole, Ideen und Überzeugungen von Gruppen, die dazu dienen, geteilte Erfahrungen und ein gemeinsames Schicksal auszudrücken. Geschätzte „Traditionen" symbolisieren die Solidarität der Gruppe, zeigen ihren einzigartigen Wert und sollen zu ihrem Überleben beitragen (Durkheim, 1954; Parsons, 1951). Traditionen zeigen sich oft in Form von religiösen Riten, Glaubensvorstellungen und Verhaltensnormen und drücken sich in Akzeptanz der Tradition, Bescheidenheit, Demut oder Frömmigkeit aus. Die Werte Tradition und Konformität verfolgen beide das Ziel der Unterordnung des Selbst zugunsten von gesellschaftlichen Erwartungen. Beide stehen sich motivational besonders nahe. Sie unterscheiden hinsichtlich der Objekte, denen sich untergeordnet wird. Konformität impliziert eine Unterordnung gegenüber Personen wie Eltern, Lehrern oder Vorgesetzten. Tradition bedeutet die Unterordnung unter abstraktere Objekte wie religiöse und kulturelle Bräuche und Ideen.

Der Wert **Wohlwollen** steht für die Bewahrung und Förderung des Wohlergehens von Menschen, mit denen man häufig in persönlichem Kontakt steht und sich persönlich identifiziert. Der Wert gilt als Grundvoraussetzung für ein reibungsloses Funktionieren von Gruppen (Kluckhohn, 1951; Williams, 1968) und trägt zur Erfüllung des Bedürfnisses nach Zugehörigkeit bei (Korman, 1974; Maslow, 1965). Wohlwollen betont die freiwillige Sorge um das Wohlergehen anderer. Hierbei sind die Beziehungen innerhalb der Familie und anderer Primärgruppen am wichtigsten. Beispiele für diesen Wert sind Hilfsbereitschaft, Ehrlichkeit und Loyalität. Sowohl Wohlwollens- als auch Konformitätswerte fördern kooperative soziale Beziehungen. Beim Wert Wohlwollen begünstigt eine verinnerlichte Motivationsgrundlage ein solches Verhalten. Im Gegensatz dazu stärken Konformitätswerte die Zusammenarbeit, um negative Folgen für sich selbst zu vermeiden. Beide Werte können getrennt voneinander oder zusammen zur gleichen hilfreichen Handlung motivieren.

Der Wert **Universalismus** ergibt sich aus den grundlegenden Überlebensbedürfnissen von Individuen und Gruppen. Diese Bedürfnisse werden insbesondere dann deutlich, wenn Menschen außerhalb ihrer erweiterten Primärgruppe auf andere Personen treffen und sich der Knappheit natürlicher Ressourcen bewusst werden. Der Wert des Universalismus richtet den Blick auf die übergeordneten Zusammenhänge des Lebens. Dabei wird möglicherweise erkannt, dass die Akzeptanz und Wertschätzung von Andersartigen sowie die Ablehnung ungerechter Behandlung lebensbedrohliche Konflikte verhindern können. Zudem wird die Bedeutung des Schutzes der natürlichen Umwelt betont, da dessen Missachtung zur Ressourcenzerstörung führt. Zu den zentralen Aspekten des Universalismus gehören Verständnis, Wertschätzung und Toleranz gegenüber allen Menschen sowie der Natur. Beispiele hierfür sind Weltoffenheit, soziale Gerechtigkeit und Gleichheit. Im Gegensatz dazu steht der Wert des Wohlwollens, der einen gruppeninternen Fokus aufweist.

Der Wert **Selbstbestimmung** ergibt sich aus den Bedürfnissen nach Kontrolle und Selbstwirksamkeit (Bandura, 1977; Deci, 1975) sowie aus den interaktionellen Anforderungen von Autonomie und Unabhängigkeit (Kluckhohn, 1951; Kohn & Schooler, 1983; Morris, 1956). Dieser Wert fokussiert sich auf unabhängiges Denken und Handeln. Zu den exemplarischen Aspekten zählen Kreativität, Neugier sowie das Streben nach Freiheit. Nach Fauchart et al. (2011) ermöglicht der Wert der Selbstbestimmung Individuen die Freiheit, ihre eigenen Ziele, Träume und Wünsche im unternehmerischen Kontext zu verfolgen. Unternehmerische Aktivitäten können dabei eine bedeutende Rolle für die Entwicklung der eigenen Identität und des Selbstkonzepts einnehmen (Cardon et al., 2009; Fauchart & Gruber, 2011; Hoang & Gimeno, 2010; Kimberly, 1979; Shepherd & Haynie, 2009).

Der Wert **Stimulation** manifestiert sich in der Wertschätzung von Abwechslung, Neuartigkeit und Herausforderungen im Leben. Diese Werte leiten sich aus dem grundlegenden Bedürfnis ab, ein optimales und positives Aktivierungsniveau aufrechtzuerhalten (Berlyne, 1960). Es wird angenommen, dass dieses Bedürfnis eng mit den Motiven verbunden ist, die auch dem Wert der Selbstbestimmung zugrunde liegen (Deci, 1975). Beispiele für diesen Wert umfassen mutiges Verhalten sowie das Streben nach einem abwechslungsreichen und aufregenden Leben.

Der Wert **Hedonismus** ergibt sich aus den organismischen Bedürfnissen sowie dem Vergnügen, das mit deren Befriedigung einhergeht. Verschiedene Theoretiker aus unterschiedlichen Disziplinen beziehen sich auf den Hedonismus als zentralen Wert (Morris, 1956; Williams, 1968). Ausgedrückt wird dieser Wert der sinnlichen Befriedigung durch Vergnügen, Lebensgenuss und Spaß.

Der Wert **Leistung** bezieht sich auf die kompetente Generierung von Ressourcen, die sowohl für das Überleben des Einzelnen als auch für Gruppen und

Institutionen essenziell sind. Dieser Wert wird in verschiedenen wissenschaftlichen Quellen hervorgehoben (Maslow, 1965; Rokeach, 1973). Die Konzeption des Wertes Leistung nach Schwartz legt den Fokus insbesondere auf die Kompetenz, soziale Anerkennung zu erlangen. Diese wird durch vorherrschende kulturelle Normen definiert und manifestiert sich in Beispielen wie Erfolg, Fähigkeiten und Ehrgeiz.

Macht als Wert manifestiert sich im sozialen Status, Prestige, Kontrolle und Dominanz über Menschen und Ressourcen. Für das Funktionieren sozialer Institutionen ist ein gewisses Maß an Machtdifferenzierung notwendig (Parsons, 1951). Empirische Analysen zwischenmenschlicher Beziehungen zeigen überwiegend eine Dominanz- bzw. Unterwerfungsdimension, die sowohl innerhalb einzelner Kulturen als auch kulturübergreifend evident ist (Lonner, 1980). Um diese soziale Realität zu rechtfertigen und die Akzeptanz der Gruppenmitglieder zu fördern, müssen Gruppen Macht als einen zentralen Wert betrachten. Machtwerte können zudem als Transformationen individueller Bedürfnisse nach Dominanz und Kontrolle verstanden werden (Korman, 1974). In der Organisationswelt zeigt sich die Hierarchie als Ausdruck der Machtverteilung in vielfältigen Formen.[18] Obwohl verschiedene Modelle sozialer Organisationen darauf abzielen, Hierarchien zu reduzieren (Fiske, 1992), bleibt ihre Präsenz konstant bestehen. Hierarchische Strukturen entstehen zwangsläufig sowohl zwischen Gruppen als auch innerhalb von ihnen (Leavitt, 2005; Sidanius & Pratto, 1999). Selbst bei Berücksichtigung von Gruppenheterogenität (Carroll & Hannan, 2000; Powell, 1990) sowie organisatorischen Praktiken und Kulturen, die Hierarchien zu umgehen oder zu unterdrücken versuchen (Morand, 2001; Rothschild-Whitt, 1979), ist auffällig, dass Hierarchien unaufhörlich gegen diesen Druck anwachsen (Magee & Galinsky, 2008).[19]

---

[18] Joe Magee und Adam Galinsky (2008) heben hervor, dass sich nahezu alle menschlichen sowie nicht-menschlichen Primatengesellschaften eine pyramidenförmige Organisationsform aneignen. Von Rueden und van Vugt (2015) sehen das Spannungsfeld zwischen Führung und Dominanz als einen tief verwurzelten evolutionären Anteil des Lebens in Gruppen mit Dominanzhierarchien. Bspw. nutzen dominante Individuen innerhalb einer Gruppe von nicht-menschlichen Primaten Gewalt oder die Androhung von Gewalt, um privilegierten Zugang zu Nahrung, Territorium und Partnern zu erlangen (Cowlishaw & Dunbar, 1991; De Waal, 1982). Dominanzhierarchien prägen auch menschliche Gesellschaften, jedoch relativieren Menschen diese Hierarchien häufig durch Zusammenarbeit. Dies ermöglicht es mehr oder weniger, freiwillige Führer-Anhänger-Beziehungen zu bilden (Boehm, 1999; Van Vugt, 2006).

[19] Der Wert Macht im Sinne der Selbstermächtigung lässt sich mit dem 'Capability Approach' nach Sen verbinden, der in den 1980er Jahren im Kontext der Entwicklungspolitik entwickelt wurde. Dieser Ansatz basiert auf der individuellen Befähigung als Grundlage

Sowohl Macht- als auch Leistungswerte zielen darauf ab, einen Vorteil für das Individuum zu erlangen oder zu sichern. Während Leistungswerte wie Ehrgeiz darauf ausgerichtet sind, durch erfolgreiche Leistungen Prestige und Status zu erwerben, die von anderen als Reaktion auf diese Leistungen verliehen werden, streben Machtwerte die Kontrolle über Ressourcen an, um unabhängig von externem Einfluss diese ausüben zu können (Hays, 2013). Leistungswerte betonen die aktive Demonstration von Erfolg in konkreten Interaktionen, wohingegen Machtwerte die Erlangung oder Bewahrung einer dominanten Position innerhalb des sozialen Systems beabsichtigen. Beide Wertdimensionen sind mit Hedonismus und der Tendenz zur Selbstverstärkung verbunden. Arieli et al. (2020) heben hervor, dass die Werte Macht und Leistung in Verbindung mit den Werten Selbstbestimmung, Stimulation und Hedonismus unternehmerisches Handeln fördern können. Die zugrundeliegende Studie wurde mit Studierenden durchgeführt (Arieli et al., 2020; Gorgievski et al., 2018; Hirschi & Fischer, 2013).

---

der Moral und sieht Armut, Not und Elend als „Mangel an Verwirklichungschancen" (Sen, 2000, S. 110). Ziel ist es, jedem Menschen die Möglichkeit zu geben, seine grundlegenden Fähigkeiten zu entfalten und ein selbstbestimmtes Leben zu führen. Wie Michael Schramm (2006b, S. 34) betont, soll der Einzelne seine Selbstverantwortungspotenziale aktivieren können: „Was zählt, ist die Befähigung zum Gedeihen" (Jackson, 2011, S. 62). Jede Person solle ein Leben, das auf den eigenen Vorstellungen beruht, führen können und die Dinge verfolgen können, die ihm wirklich wichtig sind. Der 'Capability Approach' gelte sowohl für Entwicklungsländer als auch für Industrieländer, die durch den Strukturwandel neue Abhängigkeiten und „neue Armut" erlebten (Ulrich, 2008, S. 288 f.). Nach Ulrich geht es um die chancengleiche Integration in den Markt sowie um die Befähigung zur Emanzipation aus den Zwängen des ökonomischen Systems (Ulrich, 1991, S. 289).

Tabelle 6.2 Zehn motivationale Wertetypen nach Schwartz

Werte	Konzeptionelle Definition	Bedürfnisse
Selbstbestimmung	Unabhängiges Denken und Handeln: auswählen, gestalten, erforschen	Individuell, sozial
Stimulation	Aufregung, Neuheit und Herausforderung im Leben	Individuell
Hedonismus	Vergnügen und sinnliche Befriedigung für sich selbst	Individuell
Leistung	Persönlicher Erfolg durch die Demonstration von Kompetenz nach sozialen Standards	Gesellschaftlich, sozial
Macht	Sozialer Status und Prestige, Kontrolle oder Dominanz über Menschen und Ressourcen	Gesellschaftlich, sozial
Sicherheit	Sicherheit, Harmonie und Stabilität der Gesellschaft, der Beziehungen und des eigenen Lebens	Individuell, gesellschaftlich, sozial
Konformität	Zurückhaltung von Handlungen, Neigungen und Impulsen, die andere verärgern, schädigen bzw. gegen soziale Erwartungen oder Normen verstoßen könnten	Gesellschaftlich, sozial
Tradition	Respekt, Engagement und Akzeptanz der Bräuche und Ideen, die die traditionelle Kultur oder Religion bietet	Gesellschaftlich
Wohlwollen	Erhaltung und Förderung des Wohlergehens von Menschen, mit denen man häufig in persönlichem Kontakt steht (Fürsorge gegenüber der eigenen Gruppe)	Individuell, gesellschaftlich, sozial
Universalismus	Verständnis, Wertschätzung, Toleranz und Schutz des Wohlergehens aller Menschen und der Natur	Individuell, gesellschaftlich

Quelle: Eigene Darstellung in Anlehnung an Schwartz (1994)

Diese zehn Werte können inhaltlich drei universellen Bedürfnissen bzw. Erfordernissen zugeordnet werden, welche diese zum Ausdruck bringen (siehe Tabelle 6.2): individuellen (biologischen) Bedürfnissen, gesellschaftlichen Bedürfnissen, die den Erfordernissen der Sicherung sozialen Wohlergehens und Überlebens zugrunde liegen und dem Bedürfnis nach sozialen Interaktionen zur

Abstimmung interpersonalen Verhaltens (Bilsky et al., 2015; Schwartz, 1994). Jeder der zehn Werte stellt ein Wertecluster dar, die in weitere einzelne Werte unterteilt werden können (siehe Tabelle im Anhang, einsehbar im elektronischen Zusatzmaterial).

Die dynamische Struktur der Werte-Beziehungen

Die zentrale Annahme der Wertetheorie besteht darin, dass Werte ein zirkuläres Kontinuum verwandter Motivationen repräsentieren, vergleichbar mit dem zirkulären Kontinuum der Farben. Demnach stellen Werte keine diskreten Motivationen dar, sondern sind vielmehr in einer fließenden, sich überlappenden Beziehung zueinander verankert. In Abbildung 6.1 wird die kreisförmige Struktur der Beziehungen zwischen den Werten veranschaulicht. Jeder Wert wird als eine unscharfe Menge verstanden, die allmählich in die benachbarten Werte übergeht. Es spricht vieles dafür, den Motivationskreis in zehn Werte zu unterteilen, um die Komplexität und die dynamische Natur dieser Zusammenhänge angemessen abzubilden (Bilsky et al., 2011; Fontaine et al., 2008; Schwartz & Boehnke, 2004). Je nach Zielsetzung kann es jedoch auch effektiver sein, den Kreis in vier breitere Werte zu unterteilen (Schwartz et al., 2012). Diese vier Kategorien sind „Offenheit für Veränderungen“, „Wahrung des Bestehenden“, „Selbsterhöhung“ und „Selbsttranszendenz“.

- „Offenheit für Veränderungen“ beinhaltet die Werte Selbstbestimmung (unabhängiges Denken und Handeln), Stimulation (ein abwechslungsreiches bzw. aufregendes Leben) und Hedonismus (individuelles Vergnügen).
- „Wahrung des Bestehenden“ schließt die Werte Tradition (Respekt und Akzeptanz von traditioneller Kultur oder Religion), Konformität (Anpassung an soziale Erwartungen und Normen) und Sicherheit (Harmonie und Stabilität der Gesellschaft und des Selbst) ein.
- „Selbsterhöhung“ beinhaltet die Werte Leistung (persönlicher Erfolg, Errungenschaft und Erfüllung persönlicher Ziele) und Macht (sozialer Status und Prestige).
- „Selbsttranszendenz“ umfasst die Werte Universalismus (Verantwortung und Toleranz für das Wohlergehen aller Menschen und der Natur) und Wohlwollen (Mitgefühl und Fürsorge gegenüber der eigenen Gruppe).

Eine Besonderheit ist die Zuordnung der Werte „Hedonismus“ und „Tradition“: Der Wert „Hedonismus“ wird sowohl der Kategorie „Offenheit für Veränderungen“ als auch der Kategorie „Selbsterhöhung“ zugerechnet. Der Wert „Tradition“

wird sowohl als Teil von „Selbsttranszendenz“ als auch der Kategorie „Wahrung des Bestehenden“ gesehen (siehe Abbildung 6.1).

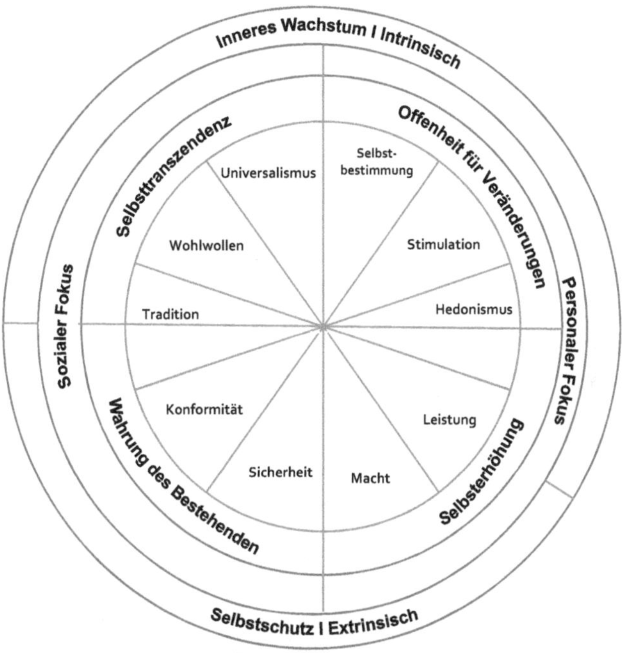

Abbildung 6.1 Kreisförmiges motivationales Modell nach Schwartz aus 10 Werten bzw. 4 Wertekategorien. (Quelle: Eigene Darstellung in Anlehnung an Schwartz (1992; 2012))

Untersuchungen in mehr als 80 Ländern mit fünf verschiedenen Messinstrumenten bestätigten weitgehend das zirkuläre Motivationskontinuum (Cieciuch et al., 2013), obwohl es nicht immer möglich gewesen wäre, alle Werte zu differenzieren (Davidov et al., 2008). Zu den Messinstrumenten gehörten der Schwartz Value Survey (Schwartz, 1992), der Portrait Value Questionnaire (Schwartz et al., 2001), der Picture-Based Value Survey für Kinder (Döring et al., 2010), der Schwartz Values Best-Worst Survey (Lee et al., 2008) und zwei gepaarte Vergleichsmethoden (Bilsky et al., 2015; Oishi et al., 1998).

Die Begründung der universellen Struktur von Werten in einem zirkulären Kontinuum kann mithilfe von Ordnungsprinzipien erläutert werden. Das erste Ordnungsprinzip drückt aus, dass Handlungen, die auf die Verfolgung eines bestimmten Wertes abzielen, sowohl mit anderen Werten kollidieren als auch übereinstimmen können. Handlungen haben vielfältige Konsequenzen, die sich auf praktischer, psychologischer und sozialer Ebene auswirken. In der praktischen Anwendung kann die Entscheidung für eine bestimmte Handlungsalternative, beispielsweise die Teilnahme an einem kulturellen Ritus zur Förderung des Wertes Stimulation, im Widerspruch zu einem konkurrierenden Wert stehen, etwa der Befolgung religiöser Gebote, die den Wert der Tradition betonen. Dabei besteht die Möglichkeit, dass die gewählte Handlung entweder einen anderen Wert unterstützt oder diesen verletzt. Aus psychologischer Perspektive kann die Person, die zwischen solchen Handlungsalternativen wählt, ein Bewusstsein für die kognitive Dissonanz erleben, die durch die Inkonsistenz zwischen den gewählten Handlungen und den zugrundeliegenden Werten entsteht. Zudem können soziale Sanktionen auftreten, wenn andere auf praktische und logische Unstimmigkeiten zwischen einer Handlung und den Werten hinweisen, zu denen sich die Person bekennt. Menschen verfolgen konkurrierende Werte, die sich in unterschiedlichen Handlungen, zu verschiedenen Zeiten und in unterschiedlichen Kontexten manifestieren. Beispielsweise steht das Streben nach Neuem und Veränderung (Stimulationswerte) typischerweise im Konflikt mit der Bewahrung alter, ehrwürdiger Bräuche (Traditionswerte). Im Gegensatz dazu ist das Streben nach der Bewahrung traditioneller Werte kongruent mit dem Wunsch nach Konformität. Beide Motivationen führen zu Handlungen, bei denen externe Erwartungen erfüllt werden (Schwartz, 1992, S. 68 f.).

Diese Gegensätze sind in Form einer Gegenüberstellung von jeweils zwei der vier Wertekategorien im Wertekreis dargestellt (Abbildung 6.1). Die Kategorien „Offenheit für Veränderungen" versus „Wahrung des Bestehenden" beschreiben den Konflikt zwischen Werten, die die Unabhängigkeit des Denkens, Handelns und Fühlens sowie die Bereitschaft zur Veränderung, Selbstbestimmung und Stimulation betonen, auf der einen Seite und Werten, die Ordnung, Selbstbeschränkung, die Bewahrung der Vergangenheit sowie Sicherheit, Konformität und Tradition hervorheben, auf der anderen Seite. Die Kategorien „Selbsterhöhung" versus „Selbsttranszendenz" verdeutlichen den Konflikt zwischen Werten, welchen die Sorge um das Wohlergehen und die Interessen anderer (insbesondere in Form von Universalismus und Wohlwollen) zugrunde liegt, auf der einen Seite und Werten, die die Verfolgung eigener Interessen, den relativen Erfolg sowie die Dominanz über andere betonen (wie Macht und Leistung), auf der anderen Seite. Der Wert Hedonismus weist Elemente sowohl der „Offenheit für Veränderungen" als auch der „Selbsterhöhung" auf, wird jedoch in der Regel eher der Kategorie „Offenheit für Veränderungen" zugeordnet (Schwartz, 2015, S. 68 f.).

Ein zweites Ordnungsprinzip, nach dem der Wertekreis geordnet werden kann, sind die Interessen, denen das Erreichen des Wertes zugutekommt. Die Werte auf der rechten Kreishälfte von Abbildung 6.1 regeln in erster Linie, wie man persönliche Interessen und Eigenschaften zum Ausdruck bringt. Die Werte auf der linken Kreishälfte regeln in erster Linie, wie man sich sozial gegenüber anderen verhält und deren Interessen beeinflusst (Schwartz, 2015, S. 69).

Die Beziehungen zwischen Werten und Ängsten stellen ein drittes Ordnungsprinzip dar. Die Werte im unteren Teil des Kreises beruhen auf dem Bedürfnis, Angst und Bedrohung zu vermeiden oder zu kontrollieren, um das Selbst zu schützen (Schwartz, 2006, 2010). Konservative Werte (unten links) betonen die Vermeidung von Konflikten, Unvorhersehbarkeiten und Veränderungen durch Unterordnung bzw. passive Hinnahme des Status quo. Machtwerte (unten rechts) betonen die Überwindung von Ängsten durch aktive Kontrolle der Bedrohung. Im Gegensatz dazu sind die Werte im oberen Teil des Kreises nicht angstgetrieben und drücken Wachstum und Selbsterweiterung aus. Werte der Selbsttranszendenz (oben links) betonen die Förderung des Wohlergehens der anderen. Werte der Offenheit für Veränderungen (oben rechts) betonen autonome, selbstausdrucksstarke Erfahrungen. Leistungswerte tun beides: Zum einen lassen sich eigene Ängste kontrollieren, indem soziale Normen erfüllt werden, zum anderen kann das Erbringen von Leistung das Gefühl der eigenen Kompetenz bestätigen.

Dieser dritte Aspekt der Wertestruktur bezieht sich auf die beiden grundlegenden Selbstregulierungssysteme nach Higgins (1997): Das eine System regelt die Vermeidung von Bestrafung und konzentriert sich auf die Vermeidung von Verlusten. Sicherheitsbedürfnisse, Verpflichtungen und die Gefahr von Verlusten triggern dieses System. Werte im unteren Teil des Kreises, insbesondere Sicherheit und Konformität, motivieren diese Art der Selbstregulierung. Das zweite System regelt das Streben nach Belohnungen und lässt den Menschen auf die Förderung von Gewinnen fokussieren. Bedürfnisse nach Geborgenheit, Ideale und Gewinnmöglichkeiten aktivieren dieses System. Die Werte im oberen Bereich des Kreises wie Selbstbestimmung motivieren die zweite Art der Selbstregulierung. Dieser Aspekt der Wertestruktur bezieht sich auch auf die Unterscheidung zwischen intrinsischer und extrinsischer Motivation (Ryan & Deci, 2000, 2020). Die Werte im unteren Teil des Wertekreises sind weitgehend Ausdruck extrinsischer Motivation: Das Erreichen dieser Werte hängt von sozialer Anerkennung und materiellen Belohnungen ab. Die Erwartungen anderer sind zu erfüllen. Es wird versucht zu vermeiden, Sanktionen auf sich zu ziehen, was die Werte Konformität und Tradition impliziert. Stattdessen wird das Erhalten von Schutz und Fürsorge angestrebt, was dem Wert Sicherheit zuzuordnen ist. Die Werte im oberen Bereich des Wertekreises sind weitgehend Ausdruck einer intrinsischen Motivation: Ein

Verhalten, das auf diesen Werten beruht, ist an sich lohnend und verschafft sowohl Erfüllung als auch Vergnügen. Es drückt Autonomie und Kompetenz im Sinne der Offenheit für Veränderungen oder Fürsorge und Verbundenheit im Sinne der Selbsttranszendenz aus (Schwartz, 2015, S. 69).

In einer erweiterten Studie von Schwartz und Kollegen im Jahr 2012 wird der Wertekreis in 19 enger definierte Werte unterteilt. Das Ziel der verfeinerten Theorie ist es, eine bessere heuristische Erklärung für die den Werten zugrundeliegenden Motivationen zu ermöglichen (Schwartz et al., 2012).

Die Theorie der basalen Werte benennt zehn motivatorisch unterschiedliche Werte und deren dynamische Verbindungen. In der vorliegenden Arbeit wird diese breit erforschte Theorie mit den mikroanalytischen Theorieansätzen der Ökonomik verbunden. Die Wertetheorie nach Schwartz verdeutlicht, dass Handlungen grundsätzlich von Werten beeinflusst werden und als Ergebnis eines Kompromisses zwischen konkurrierenden Werten zu verstehen ist. Damit kann also jede Handlung im Hinblick auf die relevanten Werte beschrieben werden. Eine Transaktion als sozialontologisches Konstrukt kann mithilfe der Theorie der basalen Werte zum Ausdruck gebracht werden. Durch die Beschreibung der in spezifischen Transaktionen wichtigen Werte soll das moralische Handeln von Organisationen dargestellt und untersucht werden. Diese Zuordnung der basalen Werte zu Transaktionen wird in Kapitel 7 „Wertestempel" weiter vertieft.

6.2.3 Verbindung der Wertetheorie mit anderen Variablen

Die Wertetheorie nach Schwartz ermöglicht es, die Wertesysteme der Menschen als kohärente Strukturen zu betrachten. Die Gesamtheit der Werte wird systematisch mit anderen Variablen wie z. B. persönlichen Zielen in Beziehung gesetzt. Die Annahme einer zirkulären Motivationsstruktur von Werten impliziert, dass jede Hintergrundvariable, jedes Verhalten oder jede Einstellung, die mit einem Grundwert besonders übereinstimmt, auch mit den angrenzenden Werten relativ kongruent sein sollte. Die gesamte integrierte Wertestruktur steht in systematischer Beziehung zu anderen Variablen. Eine weitere Folgerung der zirkulären Motivationsstruktur von Werten ist, dass die Assoziationen von Werten mit anderen Variablen in beide Richtungen des Kreises monoton abnehmen. Dies erfolgt vom positivsten zum negativsten bzw. am wenigsten positiv assoziierten Wert. Die Reihenfolge der Assoziationen für alle zehn Werte folgt einem vorhersehbaren Muster. Wenn eine Hintergrundvariable, ein Merkmal, eine Einstellung oder ein Verhalten mit einem Wert am positivsten und mit einem anderen am negativsten korreliert, gibt die zirkuläre Wertestruktur weitgehend das Muster der Assoziationen mit allen anderen Werten vor (Schwartz, 2015, S. 70).

Voraussetzungen für den Einfluss von Werten auf das Verhalten

Das konkrete Verhalten wird durch eine Vielzahl von Faktoren beeinflusst. Werte spielen dabei eine entscheidende Rolle, sofern bestimmte Bedingungen erfüllt sind. Diese Verbindung zwischen Werten und Verhalten lässt sich durch unterschiedliche Mechanismen erklären (Bardi & Schwartz, 2003; Schwartz, 2010, 2015):

1. Werte müssen aktiviert sein, damit sie einen Einfluss ausüben können: Leicht zugängliche Werte werden sowohl mit größerer Wahrscheinlichkeit als auch häufiger aktiviert. Diese üben einen wichtigen Einfluss auf das Verhalten aus (Bardi, 2000; Sagiv, Sverdlik, et al., 2011; Schwartz, 2015, S. 71).
2. Werte müssen für das betreffende Verhalten als relevant erlebt werden: Werte sind abstrakt, ihre Relevanz für eine bestimmte Situation ist oft nicht greifbar. Besteht Klarheit darüber, wie abstrakte Werte in realen Situationen zur Geltung kommen können, wird eine höhere Konsistenz zwischen Verhalten und Werten festgestellt (Maio, 2010). Es konnte in Experimenten gezeigt werden, dass Werte das Verhalten stärker beeinflussen, wenn zuvor über konkrete bzw. typische Anwendungen dieser nachgedacht wurde (Schwartz, 2015, S. 71).
3. Werte motivieren, die als wertvoll erachteten Ziele zu verfolgen: Werte bestimmen die Wertschätzung, die den Folgen einer Handlung beigemessen wird. Handlungen sind umso attraktiver, je mehr sie die als wertvoll erachteten Ziele fördern oder schützen. Beispielsweise wählen Menschen Parteien, deren Programme die Verwirklichung der von ihnen geschätzten Werte erwirken, und lehnen Parteien ab, deren Programme diese Werte bedrohen (Caprara et al., 2006). Stark ausgeprägte Werte sind für das Selbstkonzept von zentraler Bedeutung. Wird eine Situation als eine Gelegenheit wahrgenommen, geschätzte Ziele zu erreichen, löst dies eine automatische positive affektive Reaktion aus. Wird eine Bedrohung für die Verwirklichung der Werte wahrgenommen, löst dies eine negative affektive Reaktion aus. Wertebasierte Beurteilungen von möglichen Entscheidungen finden in der Regel außerhalb des Bewusstseins statt. Diese treten ins Bewusstsein, wenn die Alternativen mit hohen Kosten verbunden sind oder zu Konflikten mit geschätzten Werten führen. Verhaltensweisen, die Werte ausdrücken, stehen primär mit einem bestimmten Wert in Einklang und mit entgegengesetzten Werten im Wertekreis in Konflikt (Bardi & Schwartz, 2003). Diese Verhaltensweisen können gut durch Werte vorhergesagt werden. Der Wert Macht lässt beispielsweise eine

starke Tendenz zu manipulativem Verhalten erwarten, der Wert Stimulation deutet auf risikoreiche Verhaltensweisen hin. Allerdings sind Werte bei der Prognose von „wertambivalenten Verhaltensweisen“ weniger aussagekräftig, da es sich hierbei um Verhaltensweisen handelt, die nur mit sich widersprechenden Werten vereinbar sind (Lönnqvist et al., 2013). Beispielsweise können die widersprüchlichen Werte Konformität und Stimulation beide dazu führen, dem Drängen von Freunden zum Fallschirmspringen zuzustimmen, was eine Vorhersage schwierig macht (Schwartz, 2015, S. 72).

4. Werte beeinflussen das Verhalten durch geplante Handlungen: Je wichtiger ein Wert ist, desto wahrscheinlicher ist es, dass Menschen Aktionspläne erstellen, um diesen zum Ausdruck bringen zu können (Gollwitzer & Bargh, 1996). Bei der Planung konzentrieren sich die Menschen primär auf die Vorteile und nicht auf die Nachteile der gewünschten Maßnahmen. Aktionspläne stärken den Glauben der Menschen an ihre Fähigkeiten zur Erreichung eines begehrenswerten Zieles sowie ihre Ausdauer, falls Hindernisse oder Ablenkungen auftreten. Bei Förderung der Planung erhöht die Wichtigkeit von Werten das wertkonsistente Verhalten (Schwartz, 2015, S. 72).
5. Werte lenken, was Menschen wahrnehmen und wie Situationen zu interpretieren sind: Eine Situation kann sowohl eine Bedrohung als auch eine Chance für die Verwirklichung der geschätzten Werte darstellen. Beispielsweise kann je nach Wertepriorität ein Stellenangebot als Chance für mehr Selbstbestimmung oder als Bedrohung im Sinne der Sicherheit wahrgenommen werden. Die möglichen Vorteile eines Stellenwechsels können als Gelegenheit interpretiert werden, der Familie zu helfen oder mehr Macht zu erlangen. Dabei fördert jede wertebasierte Wahrnehmung oder Interpretation eine andere Handlungsweise (Schwartz, 2015, S. 72).

Werte als Indikator für Verhalten

Die zirkuläre Wertestruktur impliziert, dass Werte auf einer Seite des Wertekreises zu einem bestimmten Verhalten motivieren, während Werte auf der gegenüberliegenden Seite diesem entgegenstehen. Zahlreiche Studien, in denen das Verhalten von Probanden in Laborspielen untersucht wird, veranschaulichen diese Abwägungen zwischen konkurrierenden Werten, die die Wahl des Verhaltens steuern. In der Regel fördern die Konsequenzen eines Verhaltens die Erreichung einer

Reihe von Werten auf Kosten der entgegengesetzten Werte im Kreis. Ob ein Verhalten auftritt, hängt somit von der relativen Priorität der konkurrierenden Werte ab, die eine Person als relevant erachtet.[20]

Werte und Persönlichkeitsmerkmale

Charaktereigenschaften und Werte sind beide als zentral für das Selbst zu betrachten (Sagiv & Roccas, 2021). Zahlreiche Forschungsarbeiten zeigen konsistente moderate Zusammenhänge zwischen diesen auf (Fischer & Boer, 2015; Parks-Leduc et al., 2015). Ihre Entwicklung ist miteinander verwoben, eine gegenseitige Beeinflussung gilt als wahrscheinlich (Roccas et al., 2002; Roccas & Elster, 2014). Sowohl Werte als auch Charaktereigenschaften sind breit gefächert und weisen eine relative Stabilität auf. Dennoch unterscheiden sie sich erheblich hinsichtlich ihrer Natur: Während Eigenschaften beschreibender Natur sind und die Beschaffenheit des Menschen charakterisieren, drücken Werte Motivationen aus und definieren, was Individuen für wichtig erachten (Parks-Leduc et al., 2015; Roccas et al., 2002). Im Gegensatz zu Werten sind Charaktereigenschaften nicht immer wünschenswert (Roccas & Elster, 2014). Folglich können sowohl Werte als auch Charaktereigenschaften das Verhalten vorhersagen. Während Eigenschaften tendenziell bessere Prädiktoren für spontanes Verhalten darstellen, sind Werte eher geeignet, geplantes oder absichtliches Verhalten zu prognostizieren (Roccas et al., 2002; Sagiv, Sverdlik, et al., 2011). Menschen nehmen ihre Werte im Allgemeinen als weniger formbar und schwerer veränderbar wahr als ihre Charaktereigenschaften. Werte werden als stabile und beständige Elemente betrachtet, mit denen sie in der Regel eine hohe Zufriedenheit verbinden (Roccas & Elster, 2014). Die Veränderung der eigenen Werte wird als eine Modifikation der

---

[20] Eine Untersuchung der Stimmabgabe im Rahmen der italienischen Parlamentswahlen im Jahr 2001 veranschaulicht diese Zusammenhänge. Bei den Wahlen traten zwei große Koalitionen, Mitte-Rechts und Mitte-Links, an. Die Mitte-Rechts-Koalition betonte eine Politik, die mit den Werten von Macht und Sicherheit vereinbar war: Unternehmertum, Marktwirtschaft, Sicherheit sowie familiäre und nationale Werte. Dieses Grundsatzprogramm stand im Widerspruch zu Werten des Universalismus wie dem Wohlergehen von benachteiligten Personen, welche am ehesten in einer marktgesteuerten Politik vernachlässigt werden. Im Gegensatz dazu vertrat die Mitte-Links-Koalition eine Politik, die mit den Werten des Universalismus vereinbar war – sozialem Wohlergehen, sozialer Gerechtigkeit, Gleichheit und Toleranz selbst gegenüber Gruppen, die die herkömmliche Gesellschaftsordnung stören könnten.

Eine Betrachtung dieser politischen Unterschiede auf der Ebene der Werte deutet auf einen Kompromiss zwischen Werten von Macht und Sicherheit auf der Kreishälfte rechts unten und Werten des Universalismus auf der Kreishälfte links oben hin (Schwartz, 2015, S. 72 f.).

eigenen Identität angesehen, weshalb eine solche Veränderung als schwierig und unwahrscheinlich eingeschätzt wird. Werte spiegeln moralische Standards wider und werden als inhärente Erwünschtheit wahrgenommen (Sagiv, Sverdlik, et al., 2011). Im Gegensatz zu Charaktereigenschaften betrachten Menschen ihre moralischen Grundsätze als einen wesentlicheren Aspekt ihrer Identität und sehen diese als praktisch untrennbaren Bestandteil ihres Selbst (Sagiv & Roccas, 2021; Strohminger & Nichols, 2014).

Werte und Ziele

Werte und Ziele stellen beide eine kognitive Repräsentation von Motivation dar. Entscheiden sich Menschen für bestimmte Ziele, werden diese wie Werte als erstrebenswert angesehen. Ziele können Präferenzen, Entscheidungen und Verhaltensweisen steuern. Neben diesen Gemeinsamkeiten bestehen jedoch auch wesentliche Unterschiede: Werte stellen eine grundlegende Motivation dar, sind abstrakt und allumfassend, während Ziele auf spezifische Objekte oder Ergebnisse ausgerichtet sind, die eine Person erreichen möchte (Jolibert & Baumgartner, 1997; Parks & Guay, 2009; Verplanken & Holland, 2002). Alle Werte sind für alle Menschen bis zu einem gewissen Grad wünschenswert und dienen als Motivation für Handlungen. Im Gegensatz dazu sind nur einige der zahlreichen möglichen Ziele für eine Person wünschenswert und nur diese motivieren tatsächlich zu Handlungen. Eine weitere Unterscheidung lässt sich hinsichtlich der Dauer und des Bezugsrahmens vornehmen: Werte und ihre Beziehungen zueinander sind über die Zeit und den Kontext hinweg stabil, während die Bedeutung von Zielen sowie deren Beziehung zueinander für eine Person jeweils vom spezifischen Kontext abhängt (Krugman, 2009). Werte und Ziele unterscheiden sich in der Art und Weise, wie diese begründet werden. Individuen rechtfertigen ihre Ziele auf der Grundlage ihrer Bedürfnisse und Wünsche. Werte werden auf der Grundlage universeller Bedeutungssysteme wie moralischer Prinzipien begründet (Craze & Lempp, 2014). Werte fungieren als grundlegende Leitprinzipien im Leben und liefern die argumentative Basis für die Zielsetzung. Sie motivieren gleichzeitig dazu, bestimmte Ziele zu verfolgen und zu verwirklichen. Sobald Ziele erreicht oder realisiert sind, verlieren sie in der Regel ihre motivierende Wirkung. Im Gegensatz dazu spiegeln Werte die zugrundeliegende Grundmotivation wider. Wichtige Werte dienen kontinuierlich als Ideale, die angestrebt werden, ohne notwendigerweise vollständig erreicht werden zu können (Castro et al., 2016; Kristjánsdóttir et al., 2013; Pitt, 2014; Sagiv & Roccas, 2021).

Werte und Einstellungen

Werte und Einstellungen sind konzeptionell miteinander verbunden, da beide Konstrukte evaluativer Natur sind (Maio, 2010) und auch bewusst zur Motivation von Handlungen beitragen können. Die enge Definition von Einstellungen unterscheidet sich jedoch von der Definition von Werten: Während Werte kontextübergreifend sind und Menschen über längere Zeiträume sowie in unterschiedlichen Situationen motivieren, werden Einstellungen gegenüber bestimmten Objekten, Personen oder Handlungen gebildet (Ajzen & Fishbein, 1973; Cieciuch et al., 2015; Maio & Olson, 1995). Zudem sagt eine Einstellung gegenüber einer Handlung die Wahrscheinlichkeit des konkreten Verhaltens voraus (Eagly & Chaiken, 1993). Im Gegensatz dazu prognostizieren Werte sowohl spezifische als auch allgemeine Verhaltensweisen, da sie eine übergeordnete Motivation darstellen (Sagiv & Roccas, 2021).

Zusammenfassung

Die Theorie basaler individueller Werte nach Schwartz identifiziert zehn grundlegende Werte, die sich hinsichtlich ihrer motivationalen Ausrichtung unterscheiden. Diese Theorie wird in nahezu allen Kulturen implizit anerkannt und gilt sowohl für Erwachsene als auch für Kinder weltweit.[21] Zentral für die zirkuläre Struktur der Beziehungen zwischen den Werten ist die Erfahrung von Konflikten, die Menschen im Umgang mit gegensätzlichen Wertpaaren machen: zwischen „Offenheit für Veränderungen" und „Wahrung des Bestehenden" sowie zwischen „Selbsttranszendenz" und „Selbsterhöhung". Die Wertetheorie verdeutlicht, dass jedes Verhalten stets einen Kompromiss zwischen konkurrierenden Werten darstellt. Während bestimmte Verhaltensweisen positive Auswirkungen auf die Erreichung spezifischer Werte haben, können sie gleichzeitig negative Effekte auf die Realisierung der entgegengesetzten Werte im Gesamtkontext des Wertekreises entfalten. Menschen neigen dazu, ihr Verhalten so auszurichten, dass sie eine Balance zwischen diesen gegensätzlichen Werten herstellen. Die Abfolge der Verhaltensweisen folgt dabei tendenziell den positiven und negativen Assoziationen zwischen spezifischem Verhalten und den zehn Werten, wie sie im Wertekreis angeordnet sind. Die Theorie bietet somit einen Rahmen, um die Beziehung zwischen dem integrierten Motivationssystem der zehn Werte und dem daraus resultierenden Verhalten zu verstehen. Die zentrale Aussage der Wertetheorie lautet, dass Werte motivierte Verhaltensweisen beeinflussen. Dieser Einfluss erfolgt jedoch meist unbewusst, sodass viele Menschen sich dieser zugrundeliegenden Motivationen nicht bewusst sind (Schwartz, 2015, S. 80 f.).

[21] Es ist bislang unklar, ob diese Annahme auch auf isolierte Stammesgruppen zutrifft.

Das konkrete Verhalten ergibt sich aus dem Zusammenwirken zahlreicher Einflussgrößen. Werte nehmen dabei eine zentrale Rolle ein, sofern bestimmte Rahmenbedingungen erfüllt sind. Sind bspw. Werte aktiviert oder werden für das betreffende Verhalten als relevant erlebt, üben diese Einfluss auf das Handeln aus. Die Wertetheorie nach Schwartz ist für die vorliegende Arbeit besonders relevant. Mit der Konzeption eines Wertestempels soll ein mikroanalytisches Theorieverständnis der Ökonomie mit der Theorie basaler individueller Werte verbunden werden. Die Wertestempel VS und PS beinhalten die basalen Werte nach Schwartz und geben an, welche Werte für die jeweilige Transaktion wichtig sind.

7 Wertestempel

Die Konzeption eines Wertestempels verbindet ein mikroanalytisches Theorieverständnis der Ökonomie mit der Theorie basaler individueller Werte. Eine evolutionäre Organisation wird als ein Netzwerk von Transaktionen verstanden, das sich kontinuierlich als komplexe „Kooperation" vieler Transaktionen reproduziert und einem bestimmten Zweck dient. In dieser Arbeit wird jede Transaktion durch einen spezifischen Wertestempel VS beschrieben, während der organisationale Zweck durch den Wertestempel PS dargestellt wird. Im jeweiligen Wertestempel geben konkrete Ausprägungen der Werte Aufschluss darüber, welche Werte in der jeweiligen Transaktion relevant sind. Abschließend wird das Konzept des Wertestempels auf ein Praxisproblem angewendet. Es soll demonstriert werden, wie in einer konkreten Situation die Wertestempel VS und PS für moralisches Handeln herangezogen werden können, um daraus Handlungsmöglichkeiten abzuleiten.

7.1 Wertestempel VS einer spezifischen Transaktion

Die Grundidee des Wertestempels besteht in der Überlegung, dass sich alle Ereignisse in der Wirtschaft mikroanalytisch darstellen lassen. Eine Transaktion als sozialontologisches Konstrukt lässt sich mittels der Wertetheorie von Schwartz ausdrücken. Der Wertestempel VS einer spezifischen Transaktion enthält alle Werte nach Schwartz und ordnet jeder Transaktion die jeweiligen Ausprägungen der einzelnen Werte zu. Die Ausprägungen zeigen an, welche Werte für die jeweilige Transaktion relevant sind. In einer Transaktion kumulieren alle Werte aller Stakeholder. Der spezifische Wertestempel (VS) einer konkreten Transaktion verfolgt das Ziel, Transparenz über die Ausprägungen der einzelnen Werte in einer konkreten Transaktion zu schaffen.

J. Bee, *Moralisches Handeln in evolutionären Organisationen*, Studien zur Ethik der Transaktion, https://doi.org/10.1007/978-3-658-52227-8_7

Eine Analyse auf Basis des Wertestempels in Anlehnung an Schwartz (1992 / 2002) ist mit verschiedenen Ordnungsprinzipien möglich: Der innere Kreis fokussiert die zehn Werte (Selbstbestimmung, Stimulation, Hedonismus, Leistung, Macht, Sicherheit, Konformität, Tradition, Wohlwollen und Universalismus), die weitere spezifischere Werte bündeln. Der mittlere Kreis analysiert die vier breiteren Wertekategorien (Wahrung des Bestehenden, Selbsttranszendenz, Offenheit für Veränderungen und Selbsterhöhung). Der äußere Kreis beschreibt den personalen bzw. sozialen Fokus, dem das Erreichen der Werte zugutekommt (vgl. Abbildung 6.1).

Das Konzept des Wertestempels wird aus Vereinfachungsgründen zunächst auf Basis des mittleren Kreises nach Schwartz dargestellt. Der Wertestempel (VS) einer spezifischen Transaktion (T_{ni}) lässt sich ausdrücken als eine Funktion (f) der vier Werte-Cluster nach Schwartz (1992 / 2012): Wahrung des Bestehenden (WB), Selbsterhöhung (SE), Offenheit für Veränderungen (OV) sowie Selbsttranszendenz (ST). Die jeweiligen Ausprägungen dieser Werte-Cluster werden durch die Koeffizienten (a, b, c, d) repräsentiert, welche die Werte –1, 0 oder 1 annehmen können.

$$VS\,(T_{ni}) = f\,(a\,WB_i,\ b\,ST_i,\ c\,OV_i,\ d\,SE_i)$$

Legende
WB: Wahrung des Bestehenden
ST: Selbsttranszendenz
OV: Offenheit für Veränderungen
SE: Selbsterhöhung
a, b, c, d sind mit -1, 0, 1 anzugeben.

Abbildung 7.1 Wertestempel VS einer spezifischen Transaktion. (Quelle: Eigene Darstellung)

Der Wertestempel VS einer konkreten wirtschaftlichen Transaktion T_{ni} mit dem Index n ist eine Funktion der vier breiter gefassten Werte der Theorie der basalen Werte nach Schwartz: „Wahrung des Bestehenden“ (WB_i), „Selbsttranszendenz“ (ST_i), „Offenheit für Veränderungen“ (OV_i) und „Selbsterhöhung“ (SE_i), die einzelnen Werte a, b, c, d = sind mit –1, 0, 1 anzugeben (siehe Abbildung 7.1).[1]

[1] In formaler Anlehnung an Wieland, 2001.

WB_i steht für die „Wahrung des Bestehenden" und betont die Selbstbeschränkung, Ordnung und Vermeidung von Veränderung. Diese umfasst die Werte Tradition (Respekt, Engagement und Akzeptanz der Bräuche und Ideen, die die traditionelle Kultur oder Religion bietet), Konformität (Zurückhaltung von Handlungen, Neigungen und Impulsen, die andere verärgern, schädigen bzw. gegen soziale Erwartungen oder Normen verstoßen könnten) sowie Sicherheit (Harmonie und Stabilität der Gesellschaft, der Beziehungen und des eigenen Lebens).

ST_i bedeutet „Selbsttranszendenz" und steht für das Überwinden eigener Interessen zum Wohl anderer. Selbsttranszendenz beinhaltet die Werte Universalismus (Verständnis, Wertschätzung, Toleranz und Schutz des Wohlergehens aller Menschen und der Natur) und Wohlwollen (Erhaltung und Förderung des Wohlergehens von Menschen, mit denen man häufig in persönlichem Kontakt steht, also die Fürsorge gegenüber der eigenen Gruppe).[2]

OV_i heißt „Offenheit für Veränderungen". Die hierunter gefassten Werte betonen eine Bereitschaft für neue Ideen, Handlungen und Erfahrungen und beinhalten die Werte Selbstbestimmung (unabhängiges Denken und Handeln: auswählen, gestalten, erforschen) und Stimulation (Aufregung, Neuheit und Herausforderung im Leben).

SE_i im Sinne von „Selbsterhöhung" unterstreicht das Verfolgen eigener Interessen und greift auf die Werte Leistung (persönlicher Erfolg durch die Demonstration von Kompetenz nach sozialen Standards) und Macht (sozialer Status und Prestige, Kontrolle oder Dominanz über Menschen und Ressourcen) zurück.[3]

Eine Besonderheit der vier breiter gefassten Werte der Wertetheorie nach Schwartz ist die Zuordnung von Hedonismus und Tradition: Hedonismus vereint Elemente sowohl von „Offenheit für Veränderungen" als auch von „Selbsterhöhung". Der Wert Tradition ist sowohl Teil von „Selbsttranszendenz" als auch von „Wahrung des Bestehenden".

Die Koeffizienten (a, b, c, d) können jeweils die Werte (–1, 0, 1) annehmen. Ihre Vorzeichen zeigen an, ob und in welcher Weise die Argumente WB, ST, OV und SE die Funktion beeinflussen oder nicht. Ein Koeffizient von 1 bedeutet, dass dem entsprechenden Werte-Cluster eine positive Auswirkung auf die Transaktion

---

[2] „Selbsttranszendenz" berücksichtigt die Interessen anderer Menschen und Lebewesen. Diese Perspektive entspricht dem modernen 'moral point of view', der sich in der unparteiischen Berücksichtigung aller relevanten Interessen zeigt.

[3] Anders ausgedrückt lenkt die Selbsterhöhung die Wahrnehmung auf das Streben nach Eigeninteressen. Es werden Handlungen vollzogen, die den Eigennutzen erhöhen, entsprechend dem Blickwinkel des 'economic point of view'.

zugesprochen wird. Ein Wert von 0 besagt, dass keine Wirkung angenommen wird. Das Werte-Cluster spielt in einer spezifischen Transaktion keine Rolle. Ein Koeffizient von –1 drückt aus, dass das Werte-Cluster eine negative Auswirkung auf die Transaktion hat. Bspw. besagt ein Wert von –1, dass bei einer spezifischen Transaktion mit dem Werte-Cluster „Wahrung des Bestehenden“ gebrochen wurde. Vorherrschende Traditionen, wie die Abstimmung relevanter Entscheidungen über ein einheitliches internes Verfahren, um „sichere“ und „ausgewogene“ Entscheidungen zu treffen, sind nicht berücksichtigt worden. Ein Wert von 1 drückt hingegen aus, dass das Werte-Cluster „Wahrung des Bestehenden“ in einer spezifischen Transaktion stark ausgeprägt ist. Vorherrschende Traditionen, wie ein einheitliches, abgestimmtes Vorgehen beim Treffen relevanter Entscheidungen, sind befolgt worden.

Moralisches Handeln in evolutionären Organisationen: Anwendungsmöglichkeit spezifischer Wertestempel VS

Der Wertestempel (VS) einer spezifischen Transaktion kann eingesetzt werden, um moralisches Handeln im organisationalen Kontext zu stärken. Hierfür wird auf eine detailliertere Darstellung des Wertestempels mit den zehn Werten (Selbstbestimmung, Stimulation, Hedonismus, Leistung, Macht, Sicherheit, Konformität, Tradition, Wohlwollen und Universalismus) zurückgegriffen. Diese Darstellung gibt Aufschluss über die einzelnen Werte in einer spezifischen Situation. Der Wertestempel VS kann eingesetzt werden, um die Ausprägungen der einzelnen Werte abzuwägen: Was ist in der spezifischen Situation wichtig? Welche Ausprägungen der einzelnen Werte sind anzustreben? Welche Ziele verfolgt die Organisation? Was sind Mindestvorgaben für das konkrete Handeln und welche Möglichkeiten im Sinne eines konkreten Handlungsraums stehen zur Verfügung?

Zunächst sind alle Mindestvorgaben für eine spezifische Transaktion zu bestimmen. Mindestvorgaben stellen gesetzliche Anforderungen an das unternehmerische Handeln dar, bspw. sind Schmiergeldzahlungen innerhalb der EU verboten. Im Weiteren sind die konkreten Ziele einer Transaktion von der Organisation festzulegen. Diese werden idealerweise von den Unternehmenszielen abgeleitet und stehen im Einklang mit den Unternehmensleitwerten. Etwa kann das Unternehmen Vorgaben machen, dass die Transaktion Rohstoffe mit einer besonderen Qualität oder zu einem bestimmten Preis bezieht. Im letzten Schritt ist der konkrete Handlungsraum für eine Transaktion zu ermitteln. Der konkrete Handlungsraum ergibt sich aus den realisierbaren Möglichkeiten, die „am

Markt“ verfügbar sind. Benötigt ein Unternehmen bspw. für die Produktion einen bestimmten Rohstoff, kann aus allen verfügbaren Angeboten nach individuell festgelegten Kriterien (wie Preis, Qualität, Umweltschutz, o. ä.) gewählt werden. Der konkrete Handlungsraum bestimmt sich durch die konkreten Wahlmöglichkeiten in einer Transaktion (Ist-Situation). Dieser wird durch alles Vergangene beeinflusst.

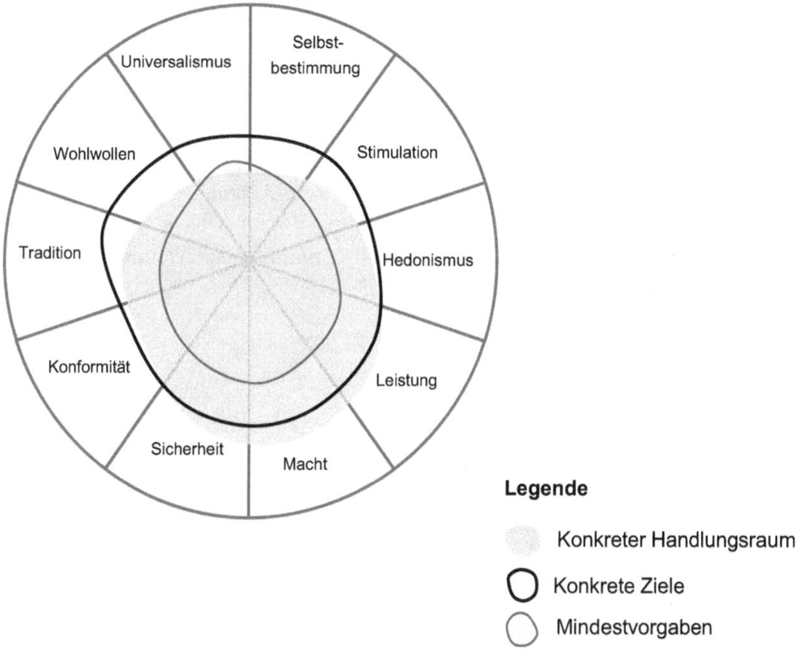

Abbildung 7.2 Beispielhafte Analyse einer spezifischen Transaktion mit dem Wertestempel VS. (Quelle: Eigene Darstellung in Anlehnung an Schwartz (2002))

Der konkrete Handlungsraum bildet den Ausgangspunkt für moralisches Handeln im Rahmen einer Transaktion. (siehe Abbildung 7.2). Dieser beinhaltet alle realisierbaren Möglichkeiten einer spezifischen Transaktion. Eine Organisation setzt sich bspw. das Ziel, nur integer gewonnenen Rohstoff in der Produktion einzusetzen und alle Mindestvorgaben hinsichtlich Umweltschutz und fairen Arbeitsbedingungen einzuhalten. Ist nun auf dem Weltmarkt für eine konkrete Transaktion kein integer gewonnener Rohstoff verfügbar, bewegt sich der konkrete Handlungsraum unterhalb den Mindestvorgaben. Der Wert „Universalismus" ist schwach ausgeprägt, die Unternehmensziele sowie Mindestvorgaben werden nicht erfüllt (siehe Abbildung 7.2).

Trifft eine Organisation eine Entscheidung, legt sie fest, in welcher Art und Weise die einzelnen Werte die Transaktion beeinflussen oder nicht. Den Werten kann eine positive, negative oder keine Auswirkung auf eine Transaktion zugesprochen werden. Beispielsweise drückt eine hohe positive Ausprägung des Wertes „Wohlwollen" aus, dass die Erhaltung und Förderung des Wohlergehens der eigenen Belegschaft wichtig sind. Es werden bspw. zusätzlich geleistete Überstunden attraktiv vergütet, es findet eine Wertschätzung und Anerkennung der Arbeit statt. Der realisierte Handlungsraum zeigt an, welche Werte in einer Transaktion wichtig sind. Dieser kann ebenso mithilfe des Wertestempels VS dargestellt werden (vergleiche Abbildung 7.3).

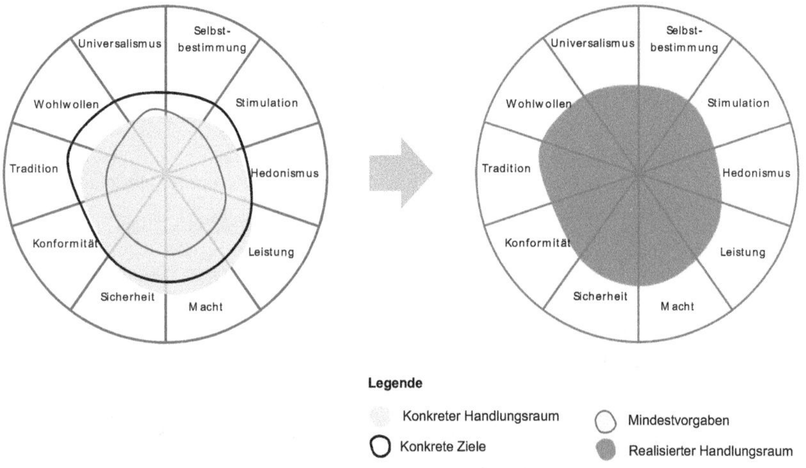

Abbildung 7.3 Konkreter und realisierter Handlungsraum einer spezifischen Transaktion, dargestellt durch den Wertestempel VS. (Quelle: Eigene Darstellung)

Moralisches Handeln in einer spezifischen Transaktion konkretisiert sich in der Abwägung diverser Werte. Die spezifische Transaktion T_n zeigt den realisierten Handlungsraum, dargestellt mithilfe des Wertestempels VS. Dieser ist das finale Ergebnis der Abwägung von Mindestvorgaben, konkreten Zielen und dem konkreten Handlungsraum. Als realisierte Transaktion stellt der realisierte Handlungsraum einen Knotenpunkt einer evolutionären Organisation dar, die sich als Netzwerk von Transaktionen kontinuierlich reproduziert. Die einzelnen realisierten Transaktionen können jeweils durch einen realisierten Wertestempel dargestellt werden. Das moralische Handeln zeigt sich in der Abwägung zwischen ökonomischen und moralischen Interessen, die sich je nach ethischem Anwendungsmodell deutlich unterscheiden.[4]

Die Grundüberlegung des Wertestempels ist, dass alle Ereignisse der Wirtschaft durch Transaktionen dargestellt werden können. Jede Transaktion ist spezifisch, in einer lokalen Situation treten die einzelnen Werte mit unterschiedlichen Ausprägungen auf. Je nach Anwendungsfall sind verschiedene Ordnungsprinzipien möglich, die enger oder weiter gefasst sein können. Ein Wertestempel kann auch zur Bestimmung des organisationalen Zwecks herangezogen werden. Der Wertestempel PS drückt die Unternehmensleitwerte aus, die für konkretes Handeln eine Orientierung darstellen.

7.2 Wertestempel PS: Unternehmensleitwerte

Eine evolutionäre Organisation als Netzwerk von Transaktionen ist auf einen spezifischen Zweck ausgerichtet. Der organisationale Zweck eines Wirtschaftsunternehmens besteht darin, Gewinne zu erzielen, um langfristig seine Existenz zu sichern. Neben diesem primären Zweck können weitere Faktoren die organisationale Ausrichtung beeinflussen. Alle Einflüsse lassen sich durch Werte ausdrücken.[5] In dieser Arbeit wird der organisationale Zweck durch den Wertestempel PS repräsentiert, der die Unternehmensleitwerte festhält.

[4] Die Abwägung des 'moral point of view' mit dem 'economic point of view' wird im nächsten Kapitel anhand zwei gewählter Beispiele vorgenommen.

[5] Vgl. Abschnitt 4.1.3 „Zweck von Organisationen".

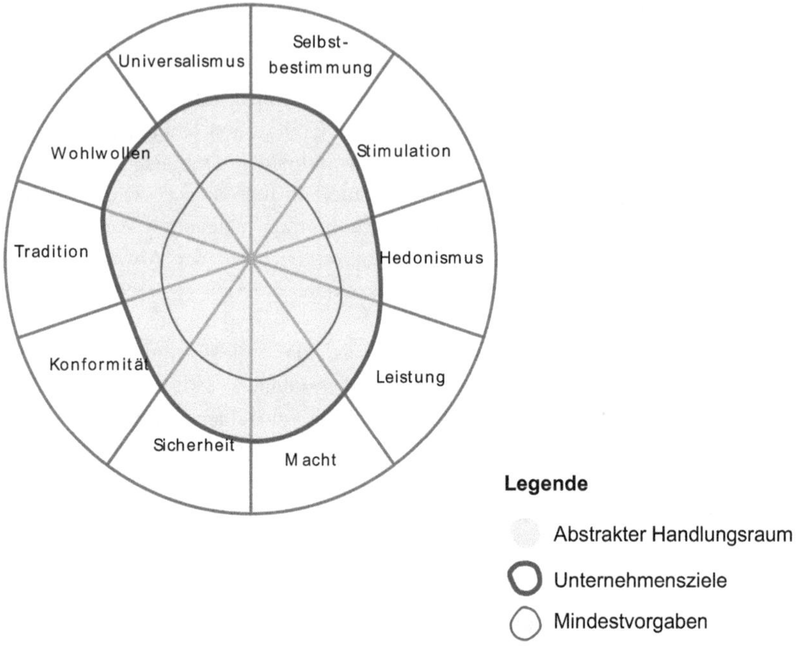

Abbildung 7.4 Beispiel einer Analyse der Unternehmensleitwerte PS. (Quelle: Eigene Darstellung)

Der Zweck ist individuell für die jeweilige Organisation festzulegen und bildet die Grundlage für die strategische Ausrichtung des Unternehmens. Nach Commons wird jeder Zweck durch die Handlungscharakteristika näher bestimmt. Diese eigenen, selbst geschaffenen Regeln beeinflussen das Verhalten der Beteiligten und entwickeln sich aus dem „kollektiven Willen" der Mitglieder. Die Handlungscharakteristika werden durch den Wertestempel PS ausgedrückt. Oftmals liegen die Werte der Führungskräfte bzw. Gründer einer Organisation dem organisationalen Zweck zugrunde.

Während der Fokus bei einem spezifischen Wertestempel VS auf der Abwägung diverser Interessen bei einer spezifischen Transaktion liegt, zielt der Wertestempel PS auf den abstrakten Lösungsraum (Soll) ab. Der abstrakte Handlungsraum zeigt an, was der Organisation prinzipiell wichtig ist, und dient als Orientierung für konkretes Handeln. Der abstrakte Handlungsraum wird durch Mindestvorgaben und Unternehmensziele beeinflusst und ist durch konkrete Transaktionen zu erschließen (siehe Abbildung 7.4).

Setzt sich bspw. eine Organisation zum Ziel, stets alle Umweltstandards in der gesamten Wertschöpfungskette einzuhalten, ist der Wert „Universalismus“ stark ausgeprägt. Jedoch gibt es bestimmte Rohstoffe, bei denen nicht garantiert werden kann, dass alle Standards eingehalten werden. Ein Beispiel stellt der Rohstoff Lithium dar, der für die Herstellung von Batterien benötigt wird. Abbaupraktiken, Wasserverbrauch und soziale Standards variieren stark je nach Region. Die Lieferketten sind als problematisch zu bewerten. In diesem Fall stellt das Ziel, nur Rohstoffe zu beziehen, die alle Umweltstandards einhalten, eine ideale Möglichkeit dar. Es gilt über viele Transaktionen hinweg diesen idealen Raum zu erschließen, sodass dieser zu realen Möglichkeiten entwickelt wird. Ganz im Sinne Whiteheads (1938 / 1968, S. 151): „Möglichkeiten werden im Prozess konkret“.[6]

Die Theorie nach Schwartz zeigt, dass Handlungen grundsätzlich von Werten beeinflusst werden und als Ergebnisse eines Kompromisses zwischen konkurrierenden Werten verstanden werden können. Konkretes Verhalten ergibt sich aus dem Zusammenspiel verschiedener Einflussgrößen; Werte spielen dabei eine zentrale Rolle. Die Theorie der basalen Werte nach Schwartz (1992) in Verbindung mit einem mikroanalytischen Verständnis der Ökonomik ist der Ausgangspunkt für die Konzeption des Wertestempels. Der Wertestempel PS drückt aus, welche Werte in einer Organisation prinzipiell wichtig sind. Der abstrakte Handlungsraum wird durch Mindestvorgaben und Unternehmensziele bestimmt. Die Unternehmensleitwerte dienen als Orientierung für moralisches Handeln, der abstrakte Handlungsraum ist durch konkrete Transaktionen zu erschließen. Ein Wertestempel PS als organisationaler Zweck bildet die Ausgangslage für spezifische

[6] “The process [...] is the transformation of the potential into the actual” (Whitehead, 1938 / 1968, S. 151).

Transaktionen. Bei einer spezifischen Transaktion, dargestellt durch den Wertestempel VS, werden diverse Interessen abgewogen. Wichtige Einflussgrößen sind Mindestvorgaben, organisationale Ziele und der konkrete Handlungsraum.

7.3 Praktische Anwendung des Wertestempels

In diesem Abschnitt wird der Wertestempel auf ein Praxisproblem angewendet. Es soll gezeigt werden, wie der Wertestempel VS sowie der Wertestempel PS in einem konkreten Fall für die Analyse moralischen Handelns herangezogen werden können.

Fallbeispiel: „BMW räumt Umweltprobleme in Kobalt-Mine ein".
Die Herstellung von Batterien für Elektrofahrzeuge, die als Beitrag zu einer nachhaltigen Mobilität verstanden werden, setzt den Abbau von Rohstoffen wie Kobalt voraus.

In einer Pressemitteilung erklärte der deutsche Automobilhersteller BMW, künftig „nachhaltiges Kobalt" aus Marokko zu beziehen. Ziel sei eine „ethisch verantwortliche Rohstoffgewinnung", die Einhaltung von Umweltstandards und Menschenrechten habe für den Automobilkonzern beim Einkauf von Rohstoffen „oberste Priorität":

> „Nachhaltigkeit ist ein wichtiger Aspekt unserer Unternehmensstrategie und spielt eine zentrale Rolle beim Ausbau der Elektromobilität. Wir sind uns unserer Verantwortung voll bewusst: Kobalt und andere Rohstoffe müssen unter ethisch verantwortlichen Bedingungen gewonnen und verarbeitet werden" (Graser, 2020).

Hierfür begann BMW im Jahr 2020 eine Kooperation mit dem marokkanischen Rohstoffkonzern Managem:

> „Für uns beginnt eine ethisch verantwortliche Rohstoffgewinnung und -verarbeitung ganz am Anfang der Wertschöpfungskette: Wir beschäftigen uns intensiv mit den Lieferketten für Batteriezellen – bis in die Rohstoffminen hinein" (Graser, 2020).

Bei der Rohstoffgewinnung für die Produktion von Lithium-Ionen-Batterien wurden im Jahr 2023 große Umweltprobleme bekannt. Die Minen wurden unter Bedingungen betrieben, die sowohl menschliche als auch ökologische Belange kritisch belasteten. Es wurde eine äußerst hohe Arsenkonzentration im Grundwasser nachgewiesen.

Mikroebene

Die Produktion von Elektrofahrzeugen benötigt diverse Rohstoffe, die auf dem Weltmarkt eingekauft werden können. Der Abbau bestimmter Rohstoffe wie Kobalt ist bezüglich der Einhaltung von Mindestvorgaben wie Umweltstandards und Menschenrechten kritisch zu beurteilen[7]. Der konkrete Handlungsraum für BMW ist begrenzt, da nahezu alle Lieferanten als kritisch zu bewerten sind. Der Automobilkonzern ist kurzfristig mit einer Dilemma-Situation konfrontiert: Einerseits verfolgt das Unternehmen das Ziel, „dass bei der Gewinnung und Verarbeitung von Kobalt keine Umweltstandards oder Menschenrechte gefährdet werden". Andererseits verfolgt BMW das Ziel der nachhaltigen Elektromobilität und die Batterieproduktion benötigt Rohstoffe, die meist nicht integer gewonnen werden. Das konkrete Ziel der Einkaufsabteilung von BMW ist die Sicherstellung der benötigten Rohstoffe für die Produktion der Batterien.[8] Der konkrete Handlungsraum bei der Beschaffung von bestimmten Rohstoffen wie Kobalt ist limitiert. Es kann auf der Mikroebene einer Transaktion zu Verstößen kommen. Der konkrete Handlungsraum als reelle Möglichkeit ist durch zielgerichtetes Handeln so zu erweitern, dass der abstrakte Handlungsraum Transaktion für Transaktion erschlossen wird. Diese Perspektive wird auf der Makroebene eingenommen.

---

[7] Im Positionspapier über „Verantwortungsvolle Rohstofflieferketten: Für eine global gerechte und sozial-ökologische Wirtschaftstransformation" schreibt das Bundesministerium für wirtschaftliche Zusammenarbeit und Entwicklung (BMZ): „Bei Kobalt beispielsweise stammen fast drei Viertel des weltweiten Vorkommens aus der Demokratischen Republik Kongo. […] Dort arbeiten nach wie vor auch Minderjährige. […] oft ohne Schutzkleidung, Helme oder Schuhe" (BMZ, 2024, S. 2).

[8] Annahme: Der primäre Zweck eines Wirtschaftsunternehmens besteht darin, Gewinne zu erzielen, um langfristig seine Existenz zu sichern.

Makroebene

Die Unternehmensleitwerte (Zweck) von BMW garantieren, dass bei der Gewinnung und Verarbeitung von Kobalt keine Umweltstandards oder Menschenrechte gefährdet werden. Auf der Makroebene rücken die Unternehmensleitwerte von BMW in den Mittelpunkt. Hier wird ein Netzwerk von vielen einzelnen Transaktionen T_n betrachtet, die als Teil des Prozesses auf die Erreichung der Unternehmensleitwerte PS abzielen. Dafür ist der abstrakte Lösungsraum über konkrete Transaktionen zu erschließen. Eine strategische Partnerschaft mit einem ausgewählten Rohstoffproduzenten kann als ein wesentlicher Schritt für moralisches Handeln gewertet werden. Eine solche Kooperation ermöglicht es dem Automobilkonzern, Einfluss auf die Bedingungen beim Abbau von Rohstoffen in Bezug auf Umweltstandards und Menschenrechte zu nehmen. Einzelne Transaktionen, wie der Bau von neuen Wasserbecken, Entwässerungsgräben und die Reinigung des Flussbetts von Sedimenten, sind so Teil eines Prozesses zur Erreichung der Unternehmensleitwerte. Dieser Prozess beinhaltet diverse Transaktionen mit unterschiedlichen Ausprägungen der einzelnen Werte.

Anwendungsmöglichkeit: Wertestempel PS

Durch Nutzung des Wertestempels PS kann betrachtet werden, wie das Netzwerk von konkreten Transaktionen sich gegenüber den Unternehmensleitwerten verhält: Die Ausprägungen der kumulierten Wertestempel VS (–1, 0, 1) sind in Bezug auf die Ausprägungen der Unternehmensleitwerte PS (–1, 0, 1) im Zeitraum t zu validieren. Mithilfe eines Durchschnittswerts kann sowohl ein negativer, ein neutraler als auch ein positiver Trend hinsichtlich der Beziehung zwischen VS und PS beobachtet werden. Zur Bestimmung von Handlungsfeldern gilt es, einen Abgleich zwischen den realisierten Handlungen (Ist) und den Unternehmensleitwerten (Soll) durchzuführen. In einem Wertestempel sind die jeweiligen (marokkanischen) Mindestvorgaben, die Unternehmensziele (Einhaltung aller Umweltstandards und Menschenrechte) und der Durchschnitt der realisierten Handlungen je Wert hervorzuheben (siehe Abbildung 7.5).[9]

[9] Anmerkung: Die genaue Form der drei farbigen Kreise („Mindestvorgaben“, „Unternehmensziele“, „realisierter Handlungsraum“) besitzen hier nur illustrativen bzw. beispielhaften Charakter.

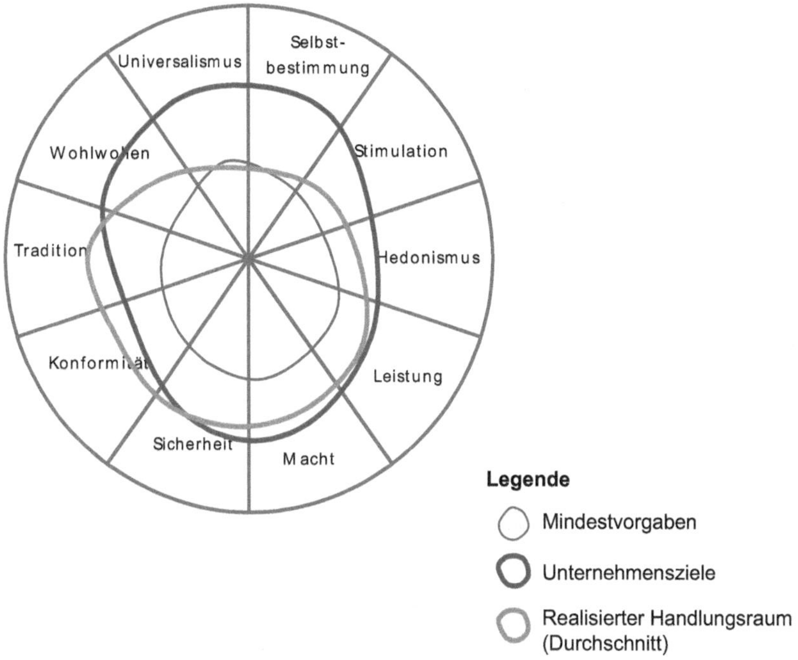

Abbildung 7.5 Analyse der Unternehmensleitwerte mittels realisierter Transaktionen. (Quelle: Eigene Darstellung)

Auswertungsmöglichkeiten

Liegt die Ausprägung eines Wertes unterhalb der Mindestvorgaben (roter Kreis), ist diese mit –1 anzugeben. Sind die Mindestvorgaben erfüllt, beträgt der Wert 0. Werden die Mindestangaben erfüllt und weitere Potentiale geschöpft, ist der Wert mit 1 anzugeben.

Im genannten Beispiel „BMW räumt Umweltprobleme in Kobalt-Mine ein" sind in einer Auswertung bestimmte Mindestvorgaben nicht erfüllt worden. Der realisierte Handlungsraum beim Wert „Universalismus" liegt unterhalb der Mindestvorgaben. Dieser Wert ist mit –1 anzugeben. Der Wert „Selbstbestimmung" ist gemäß den Mindestvorgaben genau erfüllt, dieser ist mit 0 anzugeben. Werte wie Leistung, Macht oder Tradition erfüllen die Mindestvorgaben und schöpfen weitere Potentiale, diese sind mit 1 zu bewerten. Werte wie Sicherheit und Konformität sind stärker ausgeprägt als entsprechend den Unternehmenszielen gefordert.

In diesem Abschnitt wird das Konzept der Wertestempel vorgestellt. Während ein Wertestempel VS anzeigt, was in einer konkreten Situation wichtig ist, fokussiert ein Wertestempel PS auf die Unternehmensleitwerte. Als Zweck gibt dieser Orientierung für konkretes Verhalten in einer spezifischen Situation. Verfolgt eine Organisation konsequent ihre Unternehmensziele, kann der zu realisierende Handlungsraum Transaktion für Transaktion erweitert werden, ideelle Möglichkeiten entwickeln sich zu realen Möglichkeiten.

Im letzten Kapitel dieser Arbeit werden alle Erkenntnisse dieser Arbeit integriert, um das Thema moralisches Handeln in evolutionären Organisationen gesamtheitlich zu betrachten. Das Konzept der Wertestempel wird herangezogen, um eine evolutionäre Organisation darzustellen.

8 Moralisches Handeln in evolutionären Organisationen: Zusammenfassung und Diskussion

In diesem Abschnitt wird das moralische Handeln in evolutionären Organisationen gesamtheitlich betrachtet. Die einzelnen vorangegangenen Kapitel werden systematisch zusammengeführt.

Im ersten Abschnitt wird die Konzeption einer evolutionären Organisation vorgestellt und die Bedeutung des Konzeptes Wertestempel hervorgehoben. Eine evolutionäre Organisation lässt sich als ein Netzwerk von Wertestempeln VS (Transaktionen) darstellen, das auf einen Wertestempel PS ('purpose') ausgerichtet ist und sich im Laufe der Zeit t entwickelt. Im zweiten Abschnitt werden die Grundlagen aus den vorangegangenen Kapiteln mit dem Wertestempel verknüpft. Hierfür werden die vier Wertekategorien des Wertestempels („Wahrung des Bestehenden", „Offenheit für Veränderungen", „Selbsterhöhung" und „Selbsttranszendenz") in ihrer Bedeutung für organisationales Handeln analysiert. Eine Möglichkeit, um den Wertestempel in Organisationen einzusetzen, besteht in der Darstellung der individuellen Wertetendenzen der Akteure. Ein persönliches Werteprofil der einzelnen Stakeholder verdeutlicht, was für die jeweilige Person in einer spezifischen Rolle wichtig ist. Dies ermöglicht es, den Prozess der Entscheidungsfindung effizient zu gestalten und moralisches Handeln zu stärken. Im dritten Abschnitt werden die zwei Ethikmodelle nach Bentham und Rawls auf ein Fallbeispiel angewendet. Während der Utilitarismus nach Bentham das größte Glück des Durchschnitts anstrebt, fokussiert Rawls auf das Glück der am wenigsten Begünstigten. Anhand eines Szenarios wird moralisches Handeln in evolutionären Organisationen aufgezeigt, abhängig vom jeweiligen Ethikmodell. Der vierte Abschnitt fasst die vorliegende Dissertation zusammen. Das Fazit geht auf die Chancen und Herausforderungen für moralisches Handeln in evolutionären Organisationen ein.

J. Bee, *Moralisches Handeln in evolutionären Organisationen*, Studien zur Ethik der Transaktion, https://doi.org/10.1007/978-3-658-52227-8_8

8.1 Evolutionäre Organisation als Netzwerk von Wertestempeln

Die menschliche Zusammenarbeit wird durch Organisationen geprägt, die gemäß Searle (2010) der 'social ontology' zuzuordnen sind. Diese menschlichen Erfindungen existieren im evolutionären Universum, das der 'natural ontology' zuzuordnen ist. Es wird argumentiert, dass eine Organisation evolutionär sein muss, um in einem evolutionären Marktumfeld bestehen zu können. Evolutionäre Organisationen verändern sich ständig, passen sich an neue Gegebenheiten an und bleiben somit handlungsfähig. Ausgehend von dem Konkreten werden in dieser Arbeit mikroanalytische Theorieansätze der Ökonomik herangezogen, die auf einer prozessmetaphysischen Sicht basieren. Sie betrachten eine Transaktion als grundlegende Einheit der Geschäftswelt: Diese ist konkret und somit real. Eine evolutionäre Organisation wird als ein Netzwerk von Transaktionen konzipiert, das sich fortwährend als komplexe „Kooperation" vieler Transaktionen reproduziert. Jede Transaktion als konkretes Geschehnis umfasst mindestens die drei Dimensionen Ökonomie, Ökologie und Gesellschaft. Eine evolutionäre Organisation ist auf einen organisationalen Zweck ausgerichtet. Dieser besteht primär darin, ökonomisch erfolgreich zu agieren und damit ihr eigenes Überleben zu sichern; darüber hinaus können weitere Werte die Ausrichtung der Organisation bestimmen.

Spezifische Transaktionen und der Zweck einer Organisation lassen sich jeweils mit einem Wertestempel darstellen. Die Konzeption eines Wertestempels verknüpft ein mikroanalytisches Theorieverständnis der Ökonomik mit der Theorie basaler individueller Werte. Der Wertestempel zeigt an, welche Werte wichtig sind. Während eine spezifische Transaktion durch den Wertestempel VS repräsentiert wird, beschreibt der Wertestempel PS den Zweck einer Organisation. Der Zweck ist maßgeblich für die Existenz und das Selbstverständnis von Organisationen. Dieser bietet eine klare Definition der Absichten der Organisation und dient als Orientierung für organisationales Handeln bei jeder Transaktion. In Abbildung 8.1 wird eine evolutionäre Organisation dargestellt, die sich über den Zeitraum t als ein Netzwerk von Transaktionen entwickelt. Diese Transaktionen werden jeweils durch einen spezifischen Wertestempel VS beschrieben. Jeder Wertestempel zeigt an, was bei der jeweiligen Transaktion wichtig ist (bildlich dargestellt durch die türkisfarbenen Ausprägungen der einzelnen Werte). Diese ist das Ergebnis einer lokalen Entscheidung, beeinflusst von Mindestvorgaben, internen Zielen und realen Handlungsmöglichkeiten. Die evolutionäre Organisation ist auf einen 'purpose' ausgerichtet, der mit dem Wertestempel PS die Unternehmensleitwerte widerspiegelt. Dieser zeigt den abstrakten Handlungsraum an, der durch Mindestvorgaben und Unternehmensziele skizziert wird. Mit Abbildung 8.1 lässt sich eine evolutionäre Organisation als ein Netzwerk von Wertestempeln VS (Transaktionen) darstellen, das auf einen Wertestempel PS ausgerichtet ist. Als Organismus entwickelt sich diese im Laufe der Zeit t.

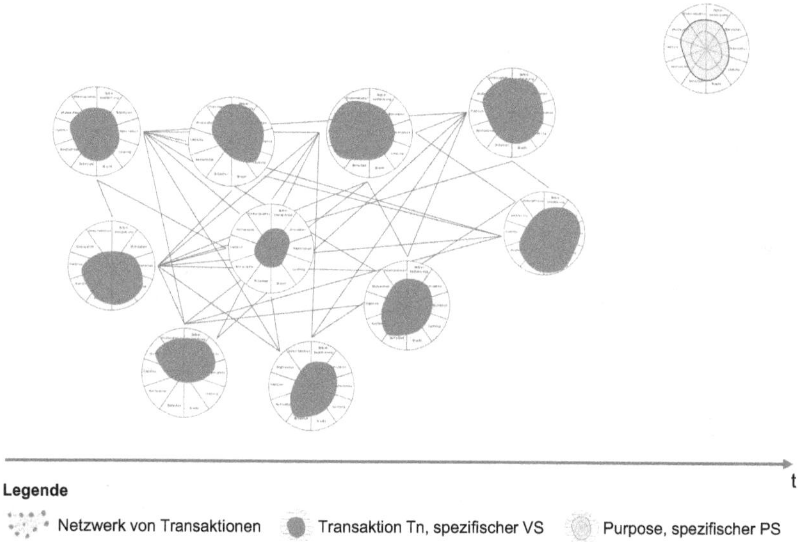

Abbildung 8.1 Eine evolutionäre Organisation als ein Netzwerk von Transaktionen (Wertestempel VS) ausgerichtet auf Unternehmensleitwerte (Wertestempel PS), das sich im Laufe der Zeit t evolutionär entwickelt. (Quelle: Eigene Darstellung)

Eine Organisation ist ein Netzwerk von Transaktionen, die als sozialontologisches Konstrukt gebündelt auftreten. Sie werden durch Handlungscharakteristika zusammengehalten und sind auf einen Zweck ausgerichtet. Die gebündelten Transaktionen entwickeln sich im Laufe der Zeit t evolutionär und treten in einem evolutionären Umfeld auf. Die unterschiedlichen Formen der Zusammenarbeit mit diversen Stakeholdern (Lieferanten, Kunden, Wettbewerbern, u. v. m.) werden durch den Markt koordiniert. Als sozialontologisches Konstrukt, geprägt durch Kooperation und Wettbewerb, bildet dieser ein evolutionäres Umfeld ab, das Effizienzprinzipien hervorbringt. Jede Organisation entwickelt eigene Kooperationsmechanismen, um Transaktionen möglichst effizient umsetzen zu können.

Wertestempel VS

Der Wertestempel VS einer spezifischen Transaktion fasst die Gesamtheit der Werte gemäß Schwartz (1992) zusammen. Mit dem Wertestempel VS als einem kompakten, universellen Rahmengerüst soll aufgezeigt werden, was in der jeweiligen Situation wichtig ist, unabhängig von der spezifischen Kultur. Werte haben im organisationalen Kontext eine besondere Bedeutung. Diese werden als abstrakte, positiv wahrgenommene Konstrukte mittelbar erlebt und sind Überzeugungen mit affektivem Charakter. Sie stellen wünschenswerte Ziele dar, die zum Handeln motivieren können, und fungieren als Maßstab für Handlungen. Werte haben situationsübergreifende Gültigkeit, die unterschiedlichen Ausprägungen sind kontext- und rollenabhängig, in einer spezifischen Situation können diese unterschiedlich stark ausgeprägt sein. Die Ausprägungen mehrerer Werte in Relation zueinander sind handlungsleitend. Verhaltensweisen entspringen der Abwägung zwischen relevanten und konkurrierenden Werten.

Der spezifische Wertestempel VS einer konkreten Transaktion dient der Transparenz hinsichtlich der Ausprägungen einzelner Werte. In dieser Arbeit wird eine Analyse auf Basis des Wertestempels entlang der zwei Ordnungsprinzipien nach Schwartz vorgenommen (Schwartz, 1992; Schwartz et al., 2012): zum einen nach dem inneren Kreis, der die zehn Grundwerte (Selbstbestimmung, Stimulation, Hedonismus, Leistung, Macht, Sicherheit, Konformität, Tradition, Wohlwollen und Universalismus) abbildet; zum anderen auf Basis des mittleren Kreises, der die vier weiter gefassten Wertkategorien (Wahrung des Bestehenden, Selbsttranszendenz, Offenheit für Veränderungen, Selbstverstärkung) darstellt. Während der innere Kreis detailliertere Ergebnisse fördert und dabei die Komplexität erhöht, kann der mittlere Kreis durch seine vereinfachte Darstellung für grundlegende und übergreifende Diskussionen herangezogen werden.

Wertestempel PS

Eine evolutionäre Organisation verfolgt einen Zweck, der individuell festgelegt wird. Im wirtschaftlichen Kontext besteht der primäre Zweck einer evolutionären Organisation darin, Gewinne zu erzielen, um langfristig zu bestehen. Dieser Zweck wird durch weitere Einflussgrößen geprägt, die sich in Werten widerspiegeln. Der Wertestempel PS zeigt an, was der Organisation prinzipiell wichtig ist, und dient als Orientierung für konkretes Handeln. Der abstrakte Handlungsraum reflektiert einen Soll-Zustand und wird durch Mindestvorgaben und Unternehmensziele eingegrenzt. Als Teil der „Handlungscharakteristika" ist der

Wertestempel PS prägend für das organisationale Handeln. Die Ausprägungen der Werte geben eine Orientierung für das moralische Handeln vor.[1]

Im metaphysischen Sinne ist eine evolutionäre Organisation eine komplexe Kooperation von vielen Wertestempeln VS (Transaktionen), ausgerichtet auf den Wertestempel PS (Zweck). Der Wertestempel PS kann als Entwurf der Zukunft gesehen werden, ein abstrakter Handlungsraum. Dieser bildet ideale Möglichkeiten ab und stellt Potentiale dar, die durch unternehmerisches Handeln zu realen Möglichkeiten erschlossen werden können. Der abstrakte Handlungsraum kann schrittweise zu einem konkreten Handlungsraum entwickelt werden, es gilt neue unternehmerische Potentiale zu erschließen.

Das Konzept der Wertestempel kann in Organisationen Transparenz darüber schaffen, welche Werte wichtig sind. Moralisches Handeln stellt sich dar als Abwägung diverser Werte in einer konkreten Transaktion. Im nächsten Abschnitt werden die erarbeiteten Grundlagen mit dem Wertestempel verknüpft und Einsatzmöglichkeiten in Organisationen aufgezeigt.

8.2 Wertestempel: Einsatzmöglichkeiten im organisationalen Kontext

Für diese Dissertation ist das Konzept der Wertestempel VS und PS zentral. Im Folgenden werden die metaphysischen, mikroanalytischen, organisationstheoretischen und ethischen Grundlagen aus den vorherigen Kapiteln mit dem Konzept des Wertestempels verknüpft und mögliche Einsatzzwecke im organisationalen Kontext aufgezeigt. Zunächst werden die vier Kategorien des Wertestempels („Wahrung des Bestehenden", „Offenheit für Veränderungen", „Selbsterhöhung" und „Selbsttranszendenz") im Kontext organisationalen Handelns diskutiert. Anschließend wird eine weitere Möglichkeit für den Einsatz des Wertestempels in Organisationen aufgezeigt: ein Wertestempel als Ausdruck der individuellen Werte-Ausprägungen der Akteure, der verdeutlicht, was einer Person in einer spezifischen Transaktion wichtig ist."

Wertestempel: Fokus auf die Wertkategorien „Selbsterhöhung" und „Selbsttranszendenz"

Der Wertestempel basiert auf der Annahme, als mikroanalytischer Ansatz alle relevanten Werte einer Transaktion zu erfassen. Dies beinhaltet sowohl Werte,

[1] Siehe Abschnitt 8.3 „Anwendung Ethikmodelle: Moralisches Handeln in evolutionären Organisationen".

die dem Blickwinkel des 'economic point of view' entsprechen, als auch Werte, die die Perspektive des 'moral point of view' vertreten. Während der 'economic point of view' auf die Wahrnehmung der Eigeninteressen fokussiert, umfasst die Perspektive des 'moral point of view' die Wahrnehmung aller Interessen, also der eigenen Interessen und der Interessen anderer Menschen und Lebewesen. Diese Sichtweisen spiegeln sich im Wertestempel VS wider und können zudem mit dem organisationalen Zweck in Verbindung gebracht werden.

Die Wertkategorie „Selbsterhöhung" umfasst vor allem die Werte „Macht" und „Leistung",[2] die auf die Wahrnehmung von Eigeninteressen bzw. das Streben nach eigenem Nutzen fokussieren. Es werden die Handlungen angestrebt, die den Eigennutzen erhöhen, was dem 'economic point of view' entspricht.[3] Der 'economic point of view' kann dem zielorientierten Purpose ('goal-based purpose') zugeordnet werden.[4] Dieser sieht es als den Zweck eines Unternehmens an, die Konkurrenz zu übertreffen, die Gewinne zu maximieren und eine starke Führungsposition innerhalb der Branche zu erreichen.

Im Gegensatz dazu beschreibt die Wertekategorie „Selbsttranszendenz" die Berücksichtigung der Interessen anderer Menschen und Lebewesen, dieser umfasst „Wohlwollen" und „Universalismus".[5] Die Wahrnehmung sowohl der Interessen anderer Menschen und Lebewesen als auch der Eigeninteressen entspricht dem modernen 'moral point of view', der sich in der unparteiischen Berücksichtigung aller relevanten Interessen zeigt.[6] Diese Perspektive lässt sich auch dem Wertestempel entnehmen, neben „Selbsterhöhung" stellt „Selbsttranszendenz" einen integralen Bestandteil des unternehmerischen Handelns dar. Die unter der Kategorie „Selbsttranszendenz" gebündelten Werte stehen in

---

[2] Während der Wert „Macht" auf sozialen Status und Prestige abzielt und Dominanz über Menschen und Ressourcen anstrebt, fokussiert der Wert „Leistung" auf persönlichen Erfolg durch die Demonstration von Kompetenz nach sozialen Standards, vgl. Abschn. 6.2.2.

[3] Diese Perspektive wird in der Neoklassik durch die fiktive Figur des „Homo oeconomicus" vertreten. Dieser agiert ausschließlich egoistisch, das Management des eigenen Nutzens steht im Vordergrund.

[4] Vgl. Abschnitt 4.1.3 für die Auffassungen eines zielorientierten und pflichtorientierten Zwecks.

[5] „Wohlwollen" zielt auf die Erhaltung und Förderung des Wohlergehens von Menschen, mit denen man häufig in persönlichem Kontakt steht. „Universalismus" mit einem breiteren Fokus umfasst die Fürsorge für alle Menschen und für die Natur, vgl. Abschn. 6.2.2.

[6] Für die ethische Wahrheitssuche wird die Bereitschaft zur Wahrnehmung der Interessen aller Stakeholder als zentral angesehen. Diese Perspektive wird durch den Philosophen Immanuel Kant und den Ökonomen Adam Smith vertreten. Letzterer schafft die fiktive Figur des 'impartial spectator', der die Interessen aller Stakeholder wahrnimmt – die moderne Position des 'moral point of view'.

Verbindung mit dem pflichtorientierten Zweck. Dieser berücksichtigt beim organisationalen Handeln, welchen unternehmerischen Beitrag zur Gesellschaft und Umwelt die Organisation leistet. Einem pflichtorientierten Zweck liegt ein grundlegendes Verständnis des Wohlergehens aller Menschen und der Natur zugrunde. Diese Perspektive ist aus evolutionsbiologischer Sicht besonders hervorzuheben. Die menschliche Moralität hat sich über die Evolution hinweg zu einem Bündel von Fähigkeiten entwickelt, die Kooperationen bzw. Zusammenarbeit erleichtern. Obgleich der Evolutionsprozess überwiegend durch wettbewerbsbedingte Selektion geprägt ist, stellt Kooperation einen zentralen Überlebens- und Erfolgsfaktor in komplexen sozialen Systemen dar. Für evolutionäre Organisationen bietet Kooperation demnach eine Strategie, um Potenziale besser zu nutzen und sich in dynamischen Marktumgebungen zu behaupten. Dies erfordert, die eigenen Interessen und Fremdinteressen wahrzunehmen und im organisationalen Handeln zu berücksichtigen. Aus evolutionsbiologischer Perspektive lässt sich argumentieren, dass die Berücksichtigung des 'moral point of view' für eine ganze Branche bzw. für die Entwicklung der Ökonomie von großem Vorteil ist. Zwar mag die ausschließliche Verfolgung des 'economic point of view' für eine einzelne Organisation ökonomisch vorteilhaft erscheinen, langfristig zahlt sich Kooperation jedoch für die ganze Branche bzw. Ökonomie aus (vgl. Rand & Nowak, 2013; Van Dijk & De Dreu, 2021).

Der Wertestempel VS schafft Transparenz über die vorherrschende Perspektive in einer konkreten Handlung. Sind bei einer Transaktion die Werte der Kategorie „Selbsterhöhung" stark ausgeprägt, liegt ein Fokus auf den Eigeninteressen. Werden die Werte der Kategorie „Selbsttranszendenz" stark verfolgt, liegt der Fokus auf Fremdinteressen. Dieser Logik folgt auch der Wertestempel PS: Sind die Werte der Kategoire „Selbsterhöhung" stark ausgeprägt, liegt der Fokus auf einem zielorientierten Zweck, während eine starke Ausprägung die Werte der Kategorie „Selbsttranszendenz" auf einen pflichtorientierten Zweck hindeutet.

Wertestempel: Fokus auf die Wertkategorien „Wahrung des Bestehenden" und „Offenheit für Veränderungen"

Generell ist es in Organisationen wichtig, das Spannungsfeld zwischen der „Wahrung des Bestehenden" und der „Offenheit für Veränderungen" auszuloten. Ein abstrakter Akteur verfügt stets über die Entscheidungshoheit hinsichtlich des „Entwurfs der Zukunft". Es gilt stets zu prüfen, ob bestimmte Verhaltensweisen in einem evolutionären Umfeld weiterhin als erfolgversprechend zu bewerten sind oder ob sie angepasst werden sollten. Das Erschließen neuer Handlungsmöglichkeiten kann als Ausdruck der Selbstbestimmung des organisationalen Akteurs im Prozess gesehen werden. Der Wert „Selbstbestimmung" drückt aus einer metaphysischen Sicht die Entscheidungsfreiheit evolutionärer Organisationen aus. Zum einen besteht eine Entscheidungsfreiheit bei jeder einzelnen konkreten Transaktion, zum anderen kann der Zweck als selbstbestimmter „Entwurf der Zukunft" gesehen werden. Die konkreten Handlungen können Schritt für Schritt auf den 'purpose' ausgerichtet werden und somit neue Potentiale erschließen. Neue Transaktionen entstehen demnach durch selektive Prozesse innerhalb von Organisationen, die erfolgsversprechende Verhaltensweisen fördern oder modifizieren. Die Ausschöpfung innovativer Potenziale beruht auf einer bewussten Auswahl sowie gezielten Förderung potenziell erfolgreicher Innovationen und der systematischen Eliminierung weniger erfolgversprechender Ansätze, was für das Überleben und die Weiterentwicklung einer Organisation entscheidend ist. Analog zur Idee in Whiteheads Kosmologie bleibt auch im Innovationsprozess die Handlungsfreiheit des organisationalen Akteurs erhalten. Die Organisation als Subjekt trifft aktiv Entscheidungen über die Form und Richtung von Innovationen. Der Wert „Stimulation" beinhaltet Neuheit und Herausforderung im Leben. Letztere bedeutet für evolutionäre Organisationen, sich in einem kompetitiven Marktumfeld zu behaupten. Es überleben diejenigen, die sich optimal an das jeweilige Umfeld anpassen oder dieses zu ihrem Vorteil verändern. Diese Anpassungsfähigkeit setzt eine effiziente Nutzung der verfügbaren Ressourcen voraus, um langfristig wettbewerbsfähig zu bleiben und die Überlebensfähigkeit zu sichern. Einerseits ist Veränderungskultur und Innovation essenziell, um in einem evolutionären Wettbewerbsumfeld bestehen zu können. Andererseits trägt die „Wahrung des Bestehenden" zu Stabilität und Struktur bei.

Die Wertkategorie „Wahrung des Bestehenden" betont Selbstbeschränkung, Ordnung und Erhalt des Status quo und umfasst damit die Werte Tradition, Konformität und Sicherheit.[7] Nach Commons (2009, S. 45) beeinflussen kollektive Meinungen als gemeinsame Überzeugungen sowie soziale Normen und Werte das tatsächliche Verhalten von Individuen und Gruppen. Individuelle Überzeugungen und gesellschaftliche Normen und Werte beeinflussen sich gegenseitig. Gesellschaftliche Normen und Werte entwickeln sich über längere Zeiträume und lassen sich der Wertkategorie „Wahrung des Bestehenden" zuordnen. Werden bestehende Verhaltensweisen als erfolgsversprechend angesehen, werden diese wiederholt und somit fortgeschrieben.

[7] In der Zusammenarbeit und bei Kooperationen spielt der Wert „Tradition" eine wichtige Rolle. Er vermittelt Respekt, Engagement und die Akzeptanz der Bräuche sowie der Ideen der anderen. Der Wert „Konformität" trägt zur Zurückhaltung von Handlungen, Neigungen und Impulsen bei, die die Kooperationspartner verärgern, schädigen oder gegen soziale Erwartungen oder Normen verstoßen könnten. Gleichzeitig sorgt der Wert für Stabilität und Harmonie in der Kooperationsbeziehung.

Der Wertestempel beschreibt, welche Relevanz die Wertkategorie „Offenheit für Veränderungen" in einzelnen Transaktionen hat, und liefert damit Hinweise für die Bedeutung von Innovation bei einer spezifischen Transaktion. Innovationen gelten als eine Voraussetzung dafür, in einem evolutionären Umfeld erfolgreich zu agieren. Die Wertkategorie „Offenheit für Veränderungen" steht der Wertkategorie „Wahrung des Bestehenden" gegenüber, welcher Stabilität und Orientierung in einem evolutionären Umfeld bietet und eine effektive Zusammenarbeit innerhalb sowie außerhalb einer Organisation auf Basis gesellschaftlicher Normen und Werte gewährleistet. Der Zweck einer Organisation kann aufzeigen, worauf diese ihren Fokus legt. Etwa konzentriert sich ein IT-Start-up, das ein hoch innovatives Produkt auf den Markt bringt, stärker auf die Wertkategorie „Offenheit für Veränderungen". Dem gegenüber ist tendenziell die Wertkategorie „Wahrung des Bestehenden" eines Wertestempels PS einer Organisation, die seit vielen Jahrzehnten in einem traditionellen Gewerbe tätig ist, stärker ausgeprägt.

Während der Wertestempel VS die Werte einer konkreten Transaktion sichtbar macht, stellt der Wertestempel PS den Zweck einer Organisation auf Basis von Werten dar. Über dieses Einsatzfeld hinaus lässt sich das Konzept des Wertestempels zur Darstellung der Wertprioritäten der Stakeholder einer Organisation nutzen. In einer Transaktion werden die Beziehungen der Stakeholder konkret. Ein persönliches Werteprofil der einzelnen Stakeholder kann die individuellen Wertetendenzen aufzeigen und verdeutlichen, was der jeweiligen Person in einer spezifischen Rolle wichtig ist.

Wertestempel: Darstellung der individuellen Wertetendenzen der Stakeholder
Nach Commons (2009, S. 57) ist eine Transaktion von wechselseitig abhängigen Interessen geprägt. Das komplexe Zusammenspiel der Interessen wird durch die drei Prinzipien 'conflict', 'dependence' und 'order' bestimmt: Das Prinzip „Konflikt" zeigt die unterschiedlichen Interessen der Beteiligten auf. Das Prinzip „Abhängigkeit" gibt die wechselseitigen Abhängigkeiten der an der Transaktion Beteiligten wieder. Das Prinzip „Ordnung" beschreibt die Vorhersehbarkeit, durch welche Stakeholder davon ausgehen können, dass sich die Transaktion in vergleichbarer Weise wiederholen wird. Diese Prinzipien formen den Diskurs der Entscheidungsfindung. Die wechselseitig abhängigen Interessen können mithilfe des Wertestempels aufgezeigt werden. Die Beziehungen der Individuen werden in einzelnen Transaktionen konkret. Mittels des Wertestempels lassen sich die Wertetendenzen der einzelnen Stakeholder darstellen. Diese zeigen an, was dem jeweiligen Stakeholder in einer konkreten Transaktion wichtig ist. Dadurch entsteht Transparenz, die es ermöglicht, Potenziale und Konflikte frühzeitig zu erkennen, Prioritäten abzuwägen und Handlungsoptionen systematisch

zu bewerten. Durch die Orientierung an gemeinsamen Werten lässt sich der Entscheidungsprozess nachvollziehbar strukturieren und diskutieren. Auf dieser Basis können die Governance-Strukturen so gestaltet werden, dass sie die Interessen der Stakeholder berücksichtigen und den Prozess der Entscheidungsfindung möglichst effizient gestalten.

Wertestempel: Darstellung der individuellen Wertetendenzen in Organisationen

Der Wertestempel PS bildet die Werte einer Organisation ab und dient den Mitarbeitern als Leitbild, um ihr Verhalten an diesen Werten auszurichten. Dabei nimmt die Führung eine zentrale Stellung ein, da sie maßgeblich das Verhalten und die Entscheidungsprozesse innerhalb einer Organisation beeinflusst. Führung wird sowohl durch individuelle als auch durch gesellschaftliche Normen und Werte entscheidend geprägt und sollte sich an den organisationalen Werten ausrichten. Für moralisches Handeln sind vor allem die Authentizität der Individuen, insbesondere das Übereinstimmen der persönlichen Werte mit dem organisationalen Handeln, sowie die Förderung der Selbstführungskompetenzen der Mitarbeitenden von Bedeutung.

Die Darstellung individueller Wertetendenzen ermöglicht dem Einzelnen, Klarheit über zugrundeliegende Werte zu erlangen und diese in das organisationale Handeln einzubringen. Diese Klarheit lässt sich nutzen, um Situationen zu interpretieren, da Werte zugleich als Filter fungieren und den Fokus darauflegen, was und wie Menschen eine Transaktion wahrnehmen. Wenn sich Mitarbeitende ihrer eigenen Werte in einer bestimmten Rolle bewusst sind, werden sie diese Werte eher als relevant für das jeweilige Verhalten wahrnehmen; Werte können tendenziell stärkeren Einfluss auf geplante Entscheidungen ausüben.

Abgeleitet aus dem Wertestempel PS kann jeder Rolle im organisationalen Kontext eine bestimmte Ausprägung der Werte zugeschrieben werden. Bei der Ausführung der Rolle stehen diese Werte im Vordergrund. Diese Transparenz schafft Klarheit darüber, welche Verhaltensweisen, Prioritäten und Entscheidungen erwartet werden und wie sie mit der Zielsetzung der Organisation bzw. dem organisationalen Zweck PS in Einklang stehen.

Es können von der Personalabteilung gezielte Abgleiche vorgenommen werden, um die individuellen Wertetendenzen mit den Anforderungen einer spezifischen Rolle innerhalb einer Organisation zu harmonisieren. Durch die systematische Zuordnung von persönlichen Wertvorstellungen zu den Erwartungen der jeweiligen Rolle lassen sich Passung und Motivation besser einschätzen. Dieser Abgleich kann zielgerichtete Personalentwicklung unterstützen und stärkt die organisatorische Kohärenz, indem Entscheidungs- und Handlungsrichtlinien stärker mit den Werten der Rolleninhaber in Einklang gebracht werden. Gleichzeitig ermöglicht der Abgleich frühzeitiges Erkennen von Divergenzen, sodass Anpassungen bei Aufgaben, Ressourcen oder Weiterbildungen sinnvoll erfolgen können.

8.3 Anwendung Ethikmodelle: Moralisches Handeln in evolutionären Organisationen

Dieser Abschnitt präsentiert ein Fallbeispiel, das anhand zweier zentraler Ethikansätze bewertet wird. Ziel ist es, moralisches Handeln in evolutionären Organisationen näher zu beleuchten. Im Fallbeispiel sind drei verschiedene Handlungsmöglichkeiten für eine Organisation moralisch zu bewerten. Es wird der klassische Utilitarismus nach Jeremy Bentham (1789) mit der Maxime des größten Glücks der größten Zahl sowie John Rawls' Gerechtigkeitstheorie (1971) mit der Maximin-Regel auf ein Fallbeispiel mithilfe des Drei-Ebenen-Modells nach Schramm (2014c) angewendet. Während sich beide Ethikansätze darin einig sind, dass der 'moral point of view' in einer fairen Unparteilichkeit gegenüber den Interessen aller Stakeholder liegt, unterscheiden sich diese jedoch bei der praktischen Ausgestaltung erheblich. Dieser Diskurs lässt sich anhand der Wertestempel VS und PS veranschaulichen und kann im unternehmerischen Alltag als hilfreiches Orientierungskonzept dienen.

Fallbeispiel: Medizinisches Produkt
Das Fallbeispiel beschreibt ein Unternehmen, das ein hochentwickeltes medizinisches Produkt herstellt, welches für Patientinnen und Patienten lebenswichtig ist. Das Unternehmen verfolgt das primäre Ziel, Gewinne zu erwirtschaften. Neben diesem Zweck sind die Einhaltung der Menschenrechte und Umweltstandards in der gesamten Lieferkette essenziell für die Ausrichtung der Organisation. Es wird angestrebt, ausschließlich integer gewonnene Rohstoffe zu verwenden.[8] Für die Herstellung des medizinischen Produkts werden seltene Erden benötigt, die gegenwärtig ausschließlich über den Weltmarkt bezogen werden können. Der Großteil des Abbaus erfolgt in Ländern, in denen Menschenrechte und Umweltstandards kritisch bewertet werden. Im Fallbeispiel reicht die verfügbare Menge an integer gewonnenen Rohstoffen (seltenen Erden) nicht aus, um die Nachfrage nach dem medizinischen Produkt decken zu können. Es gilt, die drei Handlungsoptionen der Organisation moralisch zu bewerten.

---

[8] Diese Zielsetzung entspricht einem pflichtorientierten Zweck, vgl. Abschnitt 4.1.3.

Wertestempel PS des fiktiven Unternehmens

Der Wertestempel PS des Unternehmens wird wie folgt beschrieben: Es liegt eine starke Ausprägung des Wertes „Macht" vor – das primäre Ziel ist es, Gewinne zu erwirtschaften, die das Überleben des Unternehmens und somit Arbeitsplätze langfristig sichern. Dies spricht für eine hohe Ausprägung des Wertes „Wohlwollen", also der Erhaltung und Förderung des Wohlergehens der eigenen Mitarbeiter. Als Traditionsunternehmen ist das Unternehmen bekannt für seine hohe Qualität und die Einhaltung aller Standards, was für eine hohe Ausprägung bei den Werten „Sicherheit", „Konformität" und „Tradition" spricht. Die Einhaltung der Menschenrechte und aller Umweltstandards entlang der gesamten Lieferkette sind Teil des organisationalen Zwecks, was im Wertestempel den Wert „Universalismus" repräsentiert, der stark ausgeprägt ist (siehe Abbildung 8.2).

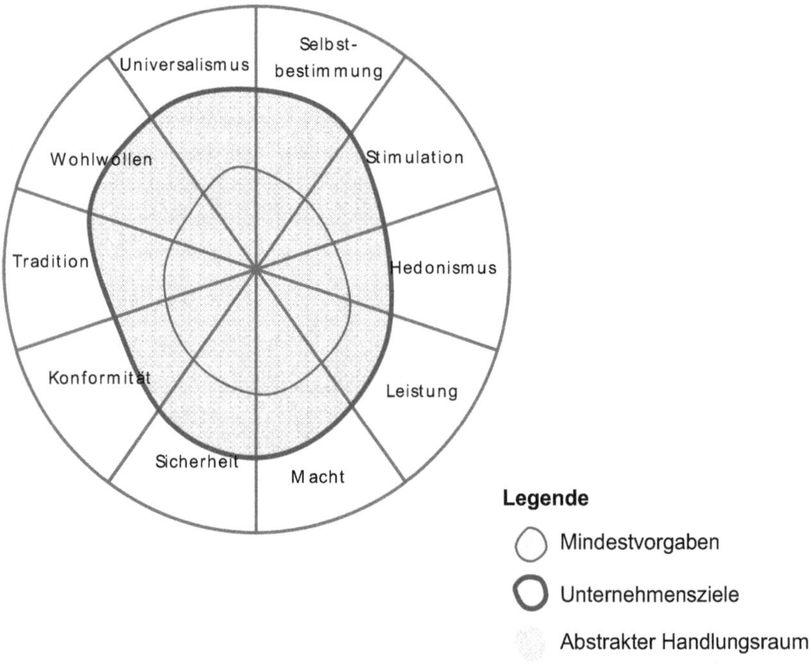

Abbildung 8.2 Beispielhafter Wertestempel PS eines fiktiven Unternehmens. (Quelle: Eigene Darstellung)

Im Fallbeispiel des Unternehmens sind drei verschiedene Handlungsoptionen möglich. Es wird angenommen, dass die Kosten für den integer gewonnenen Rohstoff deutlich teurer sind als für nicht-integer gewonnenen Rohstoff. Die Herstellungskosten für die Produktion werden maßgeblich durch die Rohstoffkosten beeinflusst. In der Betrachtung wird auf die Shareholder, Mitarbeiter, Kunden und Minenarbeiter fokussiert. Die drei Entscheidungsoptionen sind folgende:

E1: Die Produktion erfolgt nur in dem Maße, in dem integer gewonnener Rohstoff verfügbar ist. Es werden folglich 5.000 Einheiten hergestellt, wodurch nur 50 % der Nachfrage bedient werden kann. Die Einhaltung der Menschenrechte sowie aller Umweltstandards ist gewährleistet.

E2: Es wird integer gewonnener und nicht-integer gewonnener Rohstoff in der Produktion eingesetzt. Es werden 10.000 Einheiten hergestellt, mit diesen kann die gesamte Nachfrage gedeckt werden. Die Einhaltung der Menschenrechte und aller Umweltstandards ist nur zum Teil erfüllt.

E3: Das Unternehmen setzt ausschließlich nicht-integer gewonnenen Rohstoff ein. Es werden 10.000 Einheiten hergestellt, mit diesen kann die gesamte Nachfrage gedeckt werden. Die Einhaltung der Menschenrechte und aller Umweltstandards ist nicht erfüllt.

Die drei Entscheidungsoptionen sind in Tabelle 8.1 zusammengefasst. Jede Situation wird für die einzelnen Stakeholdergruppen bewertet. Der Maximalwert beträgt 10 Punkte. Erfüllt bspw. eine Option die Menschenrechte und alle Umweltstandards vollständig, erhält sie 10 Punkte. Werden diese Kriterien nur teilweise erfüllt, erhält sie 5 Punkte; bei Nicht-Erfüllung bzw. Verstoß gegen diese wird sie mit 0 Punkten bewertet.

Tabelle 8.1 Bewertungsmatrix für integer / nicht-integer gewonnenen Rohstoff

Entscheidung/ Stakeholder	Shareholder	Mitarbeiter	Kunden	Minenarbeiter
E1: Integer gewonnener Rohstoff	**5**	**5**	**5**	**10**
E2: Integer und nicht-integer gewonnener Rohstoff	**7,5**	**10**	**10**	**5,5**
E3: Nicht-integer gewonnener Rohstoff	**10**	**10**	**10**	**1**

Quelle: Eigene Darstellung

Bewertung der Transaktionen

E1: In dieser Situation setzt das Unternehmen ausschließlich integer gewonnenen Rohstoff ein. Die verfügbare Rohstoffmenge reicht nur für die Produktion von 5.000 Einheiten; damit kann lediglich die Hälfte der Kundennachfrage bedient werden (5 von 10). Ebenso kann nur die Hälfte der Belegschaft weiter beschäftigt werden, 50 % der Mitarbeiter erhalten eine betriebsbedingte Kündigung (5 von 10). Es ergibt sich ein geringerer Gewinn (5 statt 7,5 bzw. 10). Die Arbeitsbedingungen der Minenarbeiter erfüllen alle Standards (10).

E2: Das Unternehmen bezieht die gesamte verfügbare Menge an integer gewonnenem Rohstoff und deckt den restlichen Bedarf mit nicht-integer gewonnenem Rohstoff. Der Gewinn beträgt 7,5. Alle Mitarbeiter des Unternehmens werden weiterhin beschäftigt (10). Es wird die gesamte Nachfrage der Kunden gedeckt (10). Die Situation der Minenarbeiter wird unterschiedlich bewertet: Die Hälfte der Minenarbeiter arbeitet unter menschenwürdigen Bedingungen (10), die andere Hälfte unter teilweise prekären Umständen (1),[9] diese Situation wird insgesamt mit 5,5 bewertet.

E3: In dieser Variante bezieht das Unternehmen ausschließlich nicht-integer gewonnenen Rohstoff. Dieser kann zu einem deutlich niedrigeren Preis eingekauft werden. Der Gewinn des Unternehmens wird mit 10 bewertet, alle Mitarbeiter des Unternehmens bleiben beschäftigt (10). Die gesamte Nachfrage der Kunden wird gedeckt (10). Die Situation der Minenarbeiter ist zwar als prekär zu bewerten (1), jedoch sichert das Einkommen ihr Überleben.

Diese drei Entscheidungsoptionen können jeweils durch einen Wertestempel abgebildet werden. Dieser zeigt die jeweils vollzogene Transaktion an (siehe Abbildung 8.3).[10]

[9] Der Nutzen für die Minenarbeiter wird mit (1) bewertet. Zwar haben die Abbaumethoden unter teilweise prekären Umständen negative Auswirkungen auf die Gesundheit der Minenarbeiter und können sogar zum Verlust des Lebens führen. Dennoch ermöglicht eine Beschäftigung den Minenarbeitern, ein Einkommen zu erzielen, das für die Betroffenen oft überlebenswichtig ist, um sich und ihre Familien zu ernähren.

[10] Es werden vereinfachend nur die Veränderungen der Werte „Wohlwollen", „Universalismus" und „Macht" dargestellt.

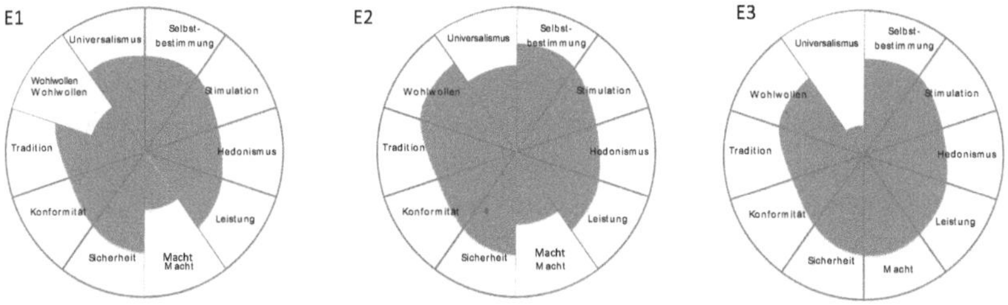

Abbildung 8.3 Mögliche Wertestempel bei Realisierung der drei Entscheidungsoptionen E1, E2 und E3. (Quelle: Eigene Darstellung)

Dieses Fallbeispiel wird im Folgenden anhand des Drei-Ebenen-Modells nach Schramm (2014c, S. 405) bewertet. Es folgt somit ein Diskurs über die Begründung, Anwendung und Implementierung der verschiedenen Normen.

Diskussion Drei Ebenen der Ethik des 'moral point of view'
Auf der Begründungsebene werden theoretische Zielvorstellungen formuliert, die die Richtung künftiger Lösungswege festlegen.[11] Die zentrale Frage auf dieser Ebene lautet: Welche ethischen Grundsätze dienen als Basis für Lösungsansätze? Im vorliegenden Fallbeispiel könnten ableitbare Maximen z. B. folgendermaßen lauten: „Wir schaffen sichere Arbeitsplätze“, „Wir unterstützen keinen Raubbau“, „Wir versorgen unsere Patienten mit überlebenswichtigen Produkten“, „Kinderarbeit wird nicht toleriert“, „Wir gewährleisten faire Arbeitsbedingungen“, „Wir schützen die Umwelt“ oder „Wir erzielen den größtmöglichen Gewinn“.

Auf der Anwendungsebene findet die Abwägung zwischen unterschiedlichen moralischen Werten der Begründungsebene statt. Die zentrale Fragestellung auf dieser Ebene lautet: Welche der konkurrierenden Normen soll in der jeweiligen Transaktion Anwendung finden und welche nicht? Im vorliegenden Fallbeispiel sollen die drei Normen „Wir schaffen sichere Arbeitsplätze“, „Wir versorgen unsere Patienten mit überlebenswichtigen Produkten“ und „Wir gewährleisten faire Arbeitsbedingungen“ in einem individuellen Diskurs dahingehend abgewogen werden, welche Gründe für oder gegen die eine oder andere moralische Norm sprechen. Hierfür wird eine Bewertung anhand des Utilitarismus nach Bentham und der Gerechtigkeitsethik nach Rawls vorgenommen.

[11] Beispiele für typische Prinzipien sind Würde, Solidarität, Gerechtigkeit, Humanität oder Wahrhaftigkeit.

Der Utilitarismus bewertet die Handlung als moralisch überlegen, die den höchsten erwarteten Nutzen hervorbringt. Es sind neben den eigenen Interessen unparteiisch auch die Interessen der anderen Menschen wahrzunehmen und zu berücksichtigen. Diese sind anhand der Bewertungskriterien (Folgen-, Nutzen- und Sozialprinzip) zu beurteilen. Gemäß dem Folgenprinzip werden nur die Folgen oder Konsequenzen einer Entscheidung für die moralische Beurteilung und damit als Berechnungsgrundlage herangezogen. Das Nutzenprinzip besagt, dass die Folgen nach dem daraus entstehenden bzw. zu erwartenden Nutzen zu bewerten sind. Die Handlungsalternative ist zu wählen, welche den Beteiligten am meisten nützt. Schließlich besagt das Sozialprinzip, dass der Nutzen für alle an der Handlung Beteiligten gleichermaßen bewertet werden soll – es sollen also nicht einzelne Beteiligte bevorzugt werden.[12] Im genannten Fallbeispiel ist der Tod eines Patienten aufgrund des fehlenden medizinischen Produkts gleichermaßen tragisch wie der Tod eines Minenarbeiters aufgrund eines Stolleneinsturzes.

Die erste Entscheidungsoption E1 (Verwendung von integer gewonnenem Rohstoff) hat einen Gesamtnutzen von 25. Der Nutzen für die Anteilseigner, Arbeitnehmer und Patienten (Kunden) ist mit 5 zu bilanzieren. Der Nutzen für die Minenarbeiter ist mit 10 am größten, da nur unter integren Arbeitsbedingungen Rohstoff abgebaut wird. Die zweite Entscheidungsoption E2 (Verwendung von integer und nicht-integer gewonnenem Rohstoff) hat einen Gesamtnutzen von 33. Der Nutzen für die Anteilseigner beträgt 7,5. Es besteht ein hoher Nutzen für die Patienten (10) und die Mitarbeiter (10). Alle Minenarbeiter sind beschäftigt, wobei die eine Hälfte bessere Arbeitsbedingungen erfährt (5,5). Die dritte Entscheidungsoption E3 (Verwendung von nicht-integer gewonnenem Rohstoff) hat einen Gesamtnutzen von 31. Diese Option hat den höchsten Nutzen für die Anteilseigner (10) sowie einen hohen Nutzen für die Patienten (10) und Mitarbeiter (10). Es sind diejenigen Minenarbeiter beschäftigt, die nicht-integer gewonnenen Rohstoff abbauen. Für diese Minenarbeiter besteht ein erhebliches Risiko für ihre Gesundheit (1).

Die drei Maximen „Wir schaffen sichere Arbeitsplätze", „Wir versorgen unsere Patienten mit überlebenswichtigen Produkten" und „Wir gewährleisten faire Arbeitsbedingungen" können im Fallbeispiel nicht alle zugleich erfüllt werden. Im utilitaristischen Sinne ist die zweite Option E2 zu wählen. Das Unternehmen sollte für die Produktion der medizinischen Produkte integer und nicht-integer gewonnenen Rohstoff einsetzen. Diese Entscheidungsoption hat den

[12] Das Sozialprinzip stellt die Dimension des Ethischen sicher. Es wird der unparteiische Nutzen aller von der Entscheidung Betroffenen berücksichtigt.

größten Gesamtnutzen (33) für die Mitarbeiter, Patienten (Kunden), Anteilseigner und Minenarbeiter.[13]

Im Gegensatz zum Utilitarismus legt die Gerechtigkeitstheorie nach Rawls den Fokus auf das Wohlergehen der Schwächsten in der Gesellschaft. Es ist die Entscheidungsoption zu favorisieren, die den Schwächsten in der lokalen Situation am meisten zugutekommt. In einem Gedankenexperiment treffen sich alle Stakeholder der Transaktion unter der Annahme des „Schleiers des Nichtwissens". Die Leitfrage lautet: Für welche Prinzipien der Gerechtigkeit würden sich die Stakeholder entscheiden, wenn sie nur sehr allgemeine Informationen über sich hätten und ihre jeweilige Rolle nicht kennen würden?[14] Prinzipiell soll jedem Stakeholder das gleiche Recht auf größtmögliche Freiheit zustehen. Einschränkungen greifen nur, wenn vernünftigerweise anzunehmen ist, dass eine Ungleichheit dem Wohle aller dient. Die Maximin-Regel fordert dazu auf, für jede verfügbare Entscheidungsoption die schlechteste mögliche Konsequenz zu bestimmen. Letztendlich ist die Option zu wählen, deren schlechtestes Ergebnis im Vergleich zu den anderen am wenigsten nachteilig ist. Der Fokus liegt dabei auf den sozial am stärksten benachteiligten Personen. Das Differenzprinzip ordnet soziale und wirtschaftliche Ungleichheiten so, dass sie dem Wohl der am wenigsten Begünstigten dienen. Die Verteilung von Einkommen und Vermögen muss nicht gleichmäßig sein, sollte aber denjenigen zugutekommen, die am stärksten benachteiligt sind.

Im vorliegenden Fallbeispiel können nach der Maximin-Regel folgende schlechteste mögliche Konsequenzen identifiziert werden: Bei der Entscheidungsoption E1 steht schlimmstenfalls nur für die Hälfte der Kunden das überlebenswichtige medizinische Gerät zur Verfügung, die Hälfte der Angestellten verliert ihren Arbeitsplatz und das Unternehmen macht weniger Gewinn. Bei den Entscheidungsoptionen E2 und E3 werden alle Kunden mit dem lebenswichtigen medizinischen Gerät versorgt und das Unternehmen erwirtschaftet höhere Gewinne als bei der ersten Option. Jedoch ist davon auszugehen, dass zumindest ein Teil der Minenarbeiter durch schlechte Arbeitsbedingungen gesundheitlich

---

[13] Der klassische Utilitarismus kalkuliert und entscheidet nach dem „höchsten Durchschnitts-nutzen für alle Betroffenen" (siehe auch Abschn. 5.2.1 in dieser Dissertation). Daher spielt es eine große Rolle, wie viele Personen sich hinter den vier Stakeholder-Gruppen verbergen (es macht also beispielsweise für die Berechnung und das Ergebnis einen Unterscheid, ob 50 oder 1.000 Minenarbeiter unter lebensgefährlichen Bedingungen arbeiten).

In der vorliegenden Berechnung wird vereinfachend angenommen, dass die Stakeholdergruppen eine vergleichbare Anzahl an Menschen umfassen.

[14] Nach Rawls gewährleistet der „Schleier des Nichtwissens", dass faire Prinzipien gewählt werden.

zu Schaden kommt. Im genannten Fallbeispiel sind die sozial am stärksten Benachteiligten die Minenarbeiter, die keine Alternative haben, außer unter prekären Arbeitsbedingungen zu arbeiten, um ihr Überleben zu sichern. Für sie ist die Entscheidungsoption E1 am wenigsten nachteilig, da diese Option faire Arbeitsbedingungen gewährleistet. Rawls betont, dass jedem Beteiligten die größtmögliche Freiheit zusteht, solange diese nicht die Freiheit der anderen einschränkt. Ist die Herstellung von Geräten nur durch die Einschränkung der Rechte der sozial schwachen Minenarbeiter möglich, entspricht sie daher nicht Rawls' Verständnis von Gerechtigkeit.

Die Implementierungsebene betrachtet neben moralischen Gesichtspunkten weitere relevante Faktoren. Es gilt weitere bedeutende ökonomische Aspekte wahrzunehmen und in den Diskurs einzubinden. Die zentrale Frage auf dieser Ebene lautet: Wie lässt sich das ethische Ergebnis des Anwendungsdiskurses bestmöglich in die Praxis überführen? Je deutlicher ethische Zielsetzungen auch wirtschaftliche Vorteile für die Organisationen bringen, desto höher stehen die Chancen, diese Ziele erfolgreich umzusetzen. Auf dieser Ebene gilt es die Rahmenbedingungen und Anreize, die auf die Transaktion wirken, zu berücksichtigen.

Ein zentraler Faktor sind politische Machtrestriktionen. Politisch kann gefördert oder verhindert werden, dass moralisches Handeln, wie die Gewährleistung von Menschenrechten in Lieferketten, berücksichtigt wird oder nicht berücksichtigt wird. Die Politik kann folglich starke Anreize für organisationales Handeln setzen. Ein weiterer Faktor wäre der Umstand, dass das Unternehmen sich in einer finanziellen Schieflage befindet und das Fortbestehen des Unternehmens auf dem Spiel steht. In dieser Situation könnte der Diskurs auf Implementierungsebene die Entscheidungsoption E3 präferieren. Die Maxime „Wir gewährleisten faire Arbeitsbedingungen" könnte der Maxime „Wir erzielen den größtmöglichen Gewinn" untergeordnet werden, um mit dem höheren Gewinn das Unternehmen zu retten. Ein Anreiz, um stärker integer-gewonnenen Rohstoff in der Produktion einzusetzen, wäre eine hohe Zahlungsbereitschaft der Kunden. Sind diese bereit für das medizinische Produkt, das ausschließlich integer gewonnenen Rohstoff verwendet, entsprechend mehr zu zahlen und somit die Mehrkosten zu kompensieren, kann es sich für das Unternehmen lohnen, nur integer-gewonnenen Rohstoff einzusetzen. Auch die Vergütung des Top-Managements kann das moralische Handeln beeinflussen. Enthält sie einen hohen variablen Anteil, der an möglichst hohe Renditen gekoppelt ist, kann dies dazu führen, dass bei jeder Entscheidung die bestmögliche Rendite angestrebt wird. Sind hingegen weitere

Werte Bestandteil der Zielvereinbarungen, wie der stärkere Einsatz von integer-gewonnenen Rohstoffen (Wert „Universalismus") in der Produktion, beeinflusst dies nachhaltig das Management.

Sowohl Benthams Utilitarismus als auch Rawls' Gerechtigkeitstheorie betonen, dass der 'moral point of view' durch eine faire, unparteiische Perspektive gekennzeichnet ist. Diese Perspektive wird durch den Wertestempel repräsentiert, da dieser als Ausdruck des 'moral point of view' alle Werte abbildet – neben ökonomischen werden auch moralische Werte angezeigt. Wie im Fallbeispiel aufgezeigt, unterscheiden sich die zwei Ethikkonzeptionen erheblich in der Ausgestaltung. Während der Utilitarismus jene Handlung als moralisch überlegen bewertet, welche den höchsten erwarteten Gesamtnutzen hervorbringt (E2), richtet die Gerechtigkeitstheorie nach Rawls den Fokus auf das Wohlergehen der am stärksten Benachteiligten. Daraus folgt, dass die bevorzugte Entscheidungsoption jene sein sollte, die den Schwächsten in der lokalen Situation am stärksten zugutekommt (E1).

Moralisches Handeln erfordert, jede Transaktion einzeln zu prüfen. Hierfür kann das Drei-Ebenen-Modell nach Schramm verwendet werden. Das strukturierte Vorgehen startet auf der Begründungsebene. Diese Ebene formuliert die theoretischen Zielvorstellungen, die die Richtung künftiger Lösungswege (abstrakter Handlungsraum) festlegen, und sollte sich in evolutionären Organisationen in den Unternehmensleitwerten (Wertestempel PS) wiederfinden. Die zweite Ebene stellt die Anwendung dar. Die theoretischen Zielvorstellungen der Begründungsebene werden auf die Transaktion bezogen. Es sind die unterschiedlichen Werte abzuwägen. Dieser Anwendungsdiskurs kann mithilfe des Wertestempels VS durchgeführt werden; es sind die Ziele und Mindestvorgaben zu übertragen, der konkrete Handlungsraum zeigt den Lösungsraum in der lokalen Situation an. Dieser berücksichtigt weitere wichtige Faktoren (Implementierungsebene), die die Entscheidung maßgeblich beeinflussen können.

Moralisches Handeln in einer evolutionären Organisation, die als ein Netzwerk von Wertestempeln VS (Transaktionen) auf den Wertestempel PS (Unternehmensleitwerte) ausgerichtet ist, ist gekennzeichnet durch den 'moral point of view'. Eine faire, unparteiische Perspektive liegt der Konzeption des Wertestempels zugrunde. Es gilt die Annahme, dass ein Wertestempel (VS und PS) alle Werte abbildet, ökonomische genauso wie moralische Werte. Der Wertestempel PS als abstrakter Lösungsraum dient als Orientierung für die einzelnen Wertestempel VS. Der abstrakte Lösungsraum kann Wertestempel für Wertestempel erschlossen werden, um somit die Vereinbarkeit von theoretischen Zielvorstellungen zu ermöglichen. Bspw. kann eine Kooperation mit einem Minenunternehmen beschlossen werden, um langfristig genügend integer-gewonnenen Rohstoff beziehen zu können und zugleich durch stetige Verbesserungen in Abläufen und Organisation Kostenvorteile zu generieren. Im genannten Fallbeispiel könnte diese evolutionäre Perspektive die Vereinbarkeit der beiden Maximen „Wir gewährleisten faire Arbeitsbedingungen“ und „Wir erzielen den größtmöglichen Gewinn“ ermöglichen.

8.4 Fazit

Diese Arbeit widmet sich dem grundlegenden Verständnis von Organisationen. Die Metaphysik eröffnet eine differenziertere Perspektive auf ökonomische Fragestellungen. Eine Analyse der grundlegenden Annahmen ökonomischer Theorien kann auf konzeptionelle Unterschiede zwischen Abstraktem und Konkretem hinweisen. Hier wird argumentiert, dass die Neoklassik auf den abstrakten Annahmen der Maschinen-Metaphysik basiert. Die abstrakte Konzeption einer rein ökonomischen Theorie der Organisation erfasst die Komplexität von realem organisationalem Handeln nicht hinreichend. In dieser Arbeit werden Organisationen auf Basis von Transaktionen konzipiert, die als konkrete Ereignisse in einem evolutionären Universum Wirklichkeit werden und gemäß der ‘natural ontology’ von John R. Searle funktionieren. Menschliche Erfindungen wie eine Organisation gehören zwar zur ‘social ontology’, folgen jedoch den Prinzipien der ‘natural ontology’. Nach Alfred N. Whitehead kann keine Entität in völliger Abstraktion vom System des Universums gedacht werden.[15] In der ‘Philosophy of Organism’ führt Whitehead die zwei grundlegenden Prinzipien „Prozess“ und „Kreativität“ ein: Alles ist als ein Prozess zu verstehen, wobei Kreativität das Grundprinzip für Neues darstellt. Ausgehend davon ist eine evolutionäre Organisation nur dann konkrete Wirklichkeit, wenn sie sich als komplexe Kooperation vieler Transaktionen fortwährend reproduziert. Die Organisation wird in jeder einzelnen Transaktion konkret.

Die evolutionäre Entwicklung einer Organisation kann als ein Netzwerk von transaktionsbezogenen Wertestempeln über den Zeitraum t dargestellt werden. Basierend auf der Theorie basaler individueller Werte nach Shalom H. Schwarz (Schwartz, 1992; Schwartz et al., 2012) bildet der Wertestempel alle Werte einer Transaktion ab. Ein Wertestempel VS zeigt an, was in der jeweiligen Transaktion wichtig ist. Eine evolutionäre Organisation ist auf einen spezifischen Zweck ausgerichtet, der durch einen Wertestempel PS dargestellt werden kann und die

[15] “In other words, it is presupposed that no entity can be conceived in complete abstraction. from the system of the universe” (Whitehead, 1929 / 1979, S. 3).

Unternehmensleitwerte wiedergibt. Der evolutionäre Grundgedanke spiegelt sich im Zweck der Organisation wider: Nach dem Prinzip 'survival of the fittest' ist der primäre Zweck einer Organisation, Gewinne zu erwirtschaften, um das eigene Überleben zu sichern. Diese Perspektive entspricht dem 'economic point of view'. Neben diesem Ziel berücksichtigt der Wertestempel weitere Werte, diese Perspektive entspricht dem 'moral point of view'. Neben Eigeninteressen werden Fremdinteressen in die Betrachtung eingeschlossen. Diese unparteiische Perspektive wird durch die fiktive Figur des 'impartial spectator' nach Adam Smith (1759) simuliert, es werden sowohl eigennützige als auch altruistische Interessen in einer Transaktion berücksichtigt. Die Konzeption einer evolutionären Organisation als ein Netzwerk von Wertestempeln VS (Transaktionen), das auf den Wertestempel PS (Unternehmensleitwerte) ausgerichtet ist, ist durch die unparteiische Perspektive charakterisiert. Ein Wertestempel VS stellt sowohl ökonomische als auch moralische Werte dar, er vereint die Perspektiven des 'economic point of view' und des 'moral point of view'. Mit dem Wertestempel kann verdeutlicht werden, dass bei jeder Transaktion alle Werte in verschiedenen Ausprägungen vertreten sind. Durch diese Transparenz können Entscheidungen mit bewusstem Fokus auf einzelne Werte getroffen werden.

Die Arbeitsweise einer evolutionären Organisation ist durch ein evolutionäres Umfeld geprägt, begrenzte Ressourcen erfordern ein Streben nach möglichst effizientem Handeln. Alle Transaktionen erfolgen in einem kosmologisch geprägten, evolutionären Kontext. Das Spannungsfeld zwischen Wettbewerb und Kooperation, dargestellt durch den Markt, beeinflusst maßgeblich die Entwicklung und Anpassungsfähigkeit der Organisation. Ziel ist es, innovative Potenziale zu erkennen und zu nutzen, um das Fortbestehen und die Handlungsfähigkeit einer Organisation in einem sich kontinuierlich wandelnden Umfeld zu gewährleisten. Folglich erfordert ein evolutionäres Universum die Konzeption einer evolutionären Organisation, um in einem evolutionären Marktumfeld bestehen zu können. Evolutionäre Organisationen verändern sich ständig im Laufe der Zeit und bleiben dadurch handlungsfähig. Die Transaktionen einer evolutionären Organisation treten gebündelt auf und werden durch spezifische Handlungscharakteristika zusammengehalten. Diese sind als Teil dieser einen Organisation identitätsstiftend. Löst sich eine evolutionäre Organisation wieder auf (Firmenliquidation), so entfallen diese Handlungscharakteristika. Die Handlungscharakteristika beschreiben eine Organisation und bestimmen, wie die Zusammenarbeit innerhalb und außerhalb der Organisation funktioniert. Sowohl der organisationale Zweck als auch das Führungsverständnis sind Ausdruck der Handlungscharakteristika. In dieser Arbeit wird ein moralisches Führungsverständnis als zentral erachtet, um moralische Aspekte in der Entscheidungsfindung zu implementieren.

Eine Führungsperson hat einen übermäßigen Einfluss auf die Entscheidungsfindung innerhalb einer Gruppe. Die unterschiedlichen Führungsstile sind kulturell bedingt und bestehen aus gesellschaftlichen Normen, Werten und Praktiken. Ein moralisches Führungsverständnis gilt als zentral, um die Merkmale einer evolutionären Organisation zu stärken: die Authentizität der Einzelnen, also die Übereinstimmung ihrer persönlichen Werte mit dem organisationalen Handeln, sowie die Selbstführung der Mitarbeitenden. Diese Merkmale lassen sich durch den Einsatz des Wertestempels im organisationalen Handeln stärken.

Der Einsatz des Wertestempels als Chance für moralisches Handeln

Es wird angenommen, dass ein Wertestempel (VS und PS) sämtliche Werte abbildet, neben ökonomischen auch moralische Werte. Der Wertestempel PS verdeutlicht, was einer Organisation grundsätzlich wichtig ist. Dieser wird individuell festgelegt und bildet die Basis ihrer strategischen Ausrichtung. Der organisationale Zweck eines Wirtschaftsunternehmens besteht darin, Gewinne zu erzielen, um langfristig zu überleben. Dieses Ziel kann durch weitere theoretische Zielvorstellungen ergänzt werden. Anhand idealer ethischer Prinzipien wird der abstrakte Handlungsraum festgelegt. Organisationen können dabei konkurrierende Werte verfolgen, die sich in unterschiedlichen Handlungen, zu variierenden Zeitpunkten und in unterschiedlichen Kontexten zeigen. Etwa kann es für eine Organisation wichtig sein, möglichst profitabel ein Produkt herzustellen (Wert „Macht“) und zugleich möglichst faire Arbeitsbedingungen in der gesamten Lieferkette zu gewährleisten (Wert „Universalismus“). Diese theoretischen Zielvorstellungen stehen sich im Wertestempel PS komplementär gegenüber. Der Wertestempel PS wird durch den abstrakten Handlungsraum beschrieben, der die Unternehmensziele sowie Mindestvorgaben (etwa Gesetzte und Verordnungen) beinhaltet. Der abstrakte Handlungsraum stellt ideale Möglichkeiten dar. Diese sind durch konkrete Transaktionen über den Zeitraum t zu erschließen und geben Orientierung für konkretes Handeln.

In einer konkreten Transaktion, dargestellt durch den Wertestempel VS, werden die verschiedenen theoretischen Zielvorstellungen gegeneinander abgewogen. Der Wertestempel VS kann analog zur Anwendungsebene verstanden werden, als eine Form der Abwägung des Wertestempels PS. In einer konkreten Transaktion tritt häufig ein Konflikt zwischen unterschiedlichen Werten auf. Die Abwägung, welche Begründungen für oder gegen eine bestimmte moralische Norm sprechen, ist stets individuell beeinflusst und setzt die Bereitschaft der Stakeholder voraus, sich auf den Diskurs einzulassen. In diesem ist zu klären, welche Werte bei der jeweiligen Transaktion wichtig sind und in welchem Ausmaß sie vorliegen. Der Wertestempel VS wird durch die Einflussgrößen Mindestvorgaben, organisationale Ziele und den konkreten Handlungsraum beschrieben. Der konkrete Handlungsraum gibt dabei alle realisierbaren Möglichkeiten wieder und berücksichtigt neben moralischen Gesichtspunkten alle weiteren relevanten Orientierungsfaktoren, wie ökonomische Aspekte oder politische Machtrestriktionen. Die zentrale Fragestellung lautet: Wie kann der Wertestempel PS bestmöglich durch einen konkreten Wertestempel VS in die Praxis umgesetzt werden? Es gilt zu klären, welche Bedingungen und Anreize erforderlich sind, damit das ethisch Richtige möglichst wirkungsvoll umgesetzt wird. Im Alltag wird deutlich, dass die Wahrscheinlichkeit der Umsetzung ethischer Ziele steigt, je stärker diese auch ökonomische Vorteile für die Organisation mit sich bringen.

Was als moralisch richtig oder falsch verstanden werden kann, hängt vom jeweiligen Ethikmodell ab, welches in den Diskurs einzubinden ist. Im vorliegenden Fallbeispiel werden der Utilitarismus nach Jeremy Bentham und die Gerechtigkeitstheorie nach John Rawls angewendet. Beide Ethikansätze verbindet die Einnahme einer unparteiischen Perspektive, des 'moral point of view'. Diese unparteiische Sichtweise bildet die Grundlage des Wertestempels. Folglich kann anhand der Ausprägungen der einzelnen Werte der Diskurs geführt werden. Der Utilitarismus beschreibt die moralische Sichtweise als Streben nach dem größtmöglichen Glück der größten Zahl und damit nach dem höchsten Durchschnittsnutzen. Es ist die Transaktion zu wählen, die für alle Stakeholder den höchsten Durchschnittsnutzen ergibt. Rawls legt mithilfe der Maximin-Regel den Fokus auf die Schwächsten. Danach ist jene Transaktion zu favorisieren, die dem Schwächsten am meisten zugutekommt.

Die Konzeption einer evolutionären Organisation als Netzwerk von Wertestempeln VS, ausgerichtet auf einen Wertestempel PS, beschreibt ein ethisches Rahmenwerk. Dieses schafft die Voraussetzungen, damit Mitarbeitende und Führungskräfte sich sowohl ihrer persönlichen Werte als auch der organisationalen Werte bewusst werden und diese im praktischen Handeln reflektiert anwenden können. Das Konzept des Wertestempels eröffnet vielfältige Chancen für moralisches Handeln und geht zugleich mit Herausforderungen einher.

Wertestempel: Chancen und Herausforderungen für moralisches Handeln
Die Reduzierung von unethischem Verhalten in Unternehmen wird sowohl in der Praxis als auch in der Theorie viel diskutiert (Lawrence & Kacmar, 2017; Mitchell et al., 2017). Es werden verschiedene Erklärungsmöglichkeiten für moralisches Fehlverhalten in Unternehmen aufgeführt: Ein Erklärungsversuch stellt das Eigeninteresse des Akteurs dar. Ein Akteur im Sinne des „Homo oeconomicus" handelt primär nach dem individuellen Vorteil und berücksichtigt die

Interessen anderer nur, insofern dadurch ein persönlicher Vorteil erlangt werden kann.[16] Moralisches Fehlverhalten kann auch auf der Abwesenheit von moralischem Wissen beruhen. Auch wenn allgemeine moralische Prinzipien und Theorien bekannt sind, bleibt es offen, ob das Wissen auf den Einzelfall angewendet werden kann.[17] Rollenanforderungen und -erwartungen stellen eine weitere Erklärungsmöglichkeit für moralisches Fehlverhalten dar. Jede Rolle ist mit einer Vorstellung verbunden, was zu tun geboten ist, und geht mit Pflichten und Rechten einher.[18] Ethisches Verhalten kann aufgrund von organisationalem Druck bzw. von individuellen psychologischen Faktoren gemäß dem Ansatz der 'bounded ethicality' gestört werden (Chugh et al., 2005; Chugh & Kern, 2016).[19] Demnach sind für den Entscheider die Begrenztheit der verfügbaren Information, die begrenzte Zeit sowie die limitierte kognitive Kapazität Faktoren, die die ethische Entscheidungsfindung begrenzen können (Chugh & Kern, 2016).[20] Nach Zohar & Luria (2010) kann ethisches Verhalten in Organisationen gestärkt werden, indem die „ethische Stimme" unter den Mitarbeitern gefördert wird.[21]

---

[16] Diese Perspektive ist jedoch unter Wirtschaftsethikern strittig. Patricia Werhane (1999, S. 19 f.) widerspricht diesen Annahmen. Ein Akteur könne auch zum Wohle der Kunden oder der Gesellschaft handeln, sofern er seine Interessen im unternehmerischen Kontext verfolge.

[17] Um diese Kompetenz zu schulen, empfiehlt es sich, in Organisationen mit realen Einzelfällen bzw. realistischen Case Studies zu starten. Diese wecken Emotionen sowie das Interesse bzw. die Neugier der Akteure.

[18] Einen Rollenzwiespalt im beruflichen Kontext stellt die „Challenger Katastrophe" aus dem Jahr 1986 dar (Schmalzried, 2021, S. 415).

[19] Die beschränkte Rationalität von Entscheidungen geht auf Simon (1982) zurück. Das Konzept der 'bounded rationality' basiert auf Commons' Arbeit zur menschlichen Rationalität: "Simon states Commons was one of his sources for the bounded rationality concept" (Kaufman, 2007, S. 20; Simon, 1982, S. 449).

[20] Das Konzept der 'ethical voice' kann effektiv sein, um organisatorische ethische Krisen zu identifizieren und entsprechende Maßnahmen zu ergreifen, bevor sie eintreten (Zheng et al., 2021). Angestellte wählen häufig den Weg des Schweigens, wenn sie mit unethischem Verhalten konfrontiert werden, was auf psychologischen Druck zurückzuführen ist (Bonner et al., 2017). Diese Zurückhaltung resultiert aus der Sorge, dass ihre Ansichten von den Führungskräften negativ aufgenommen werden könnten, was möglicherweise zu Spannungen in zwischenmenschlichen Beziehungen führen und eine unangenehme Arbeitsatmosphäre schaffen kann (Detert & Burris, 2007).

[21] Zhao et al. (2022) haben herausgefunden, dass einige Mitarbeiter dem Druck widerstehen und ihre Vorgesetzten über die bestehenden ethischen Probleme im Team und die moralischen Risiken informieren. Lee et al. (2017) definieren dieses proaktive Verhalten von Mitarbeitern als ethische Stimme ('employee ethical voice').

Mitarbeiter ergreifen so die Initiative, offen ihre Meinung zu unethischem Verhalten in der Organisation auszudrücken bzw. melden dies ihren Vorgesetzten oder Kollegen am Arbeitsplatz (Han et al., 2024).

Ethische Entscheidungen werden im organisationalen Kontext von Automatismen (Haidt, 2002; Welsh & Ordóñez, 2014), Zeitdruck, kognitiver Überlastung und Erschöpfung beeinflusst (Gino et al., 2011; Kern & Chugh, 2009; Mead et al., 2009). Individuen wenden oft nicht ihr ethisches Rahmenwerk bei der Entscheidungsfindung an (Tenbrunsel & Messick, 1999): Der Entscheidungsprozess kann mit einem geringen Grad an moralischem Bewusstsein einhergehen (Tenbrunsel & Smith-Crowe, 2008) bzw. eine Situation nicht als ethisch relevant eingestuft werden (Butterfield et al., 2000; Ferrell & Gresham, 1985; Reynolds, 2006). Ein moralisches Bewusstsein bzw. ein moralischer Diskurs führt bei einer konkreten Transaktion bzw. Entscheidung zu ethischen Entscheidungen (Tenbrunsel & Smith-Crowe, 2008). In Organisationen ist die Führung ein wichtiger Faktor, der die „ethische Stimme" der Mitarbeiter beeinflusst (Zohar & Luria, 2010). Mitarbeiter beobachten oft ihre Führungskräfte und ahmen diese nach. Daher beeinflussen diese durch ihre Handlungen und Werte ethische Entscheidungen und Verhaltensweisen (Brown et al., 2005; Han et al., 2024).

Ein Wertestempel ermöglicht es, neben den Eigeninteressen auch die Fremdinteressen transparent darzustellen. Diese umfassende Perspektive schafft sowohl Transparenz über die Gesamtheit der Werte als auch über mögliche Ausprägungen einzelner Werte, sodass Entscheidungen mit der bewussten Fokussierung auf bestimmte Werte getroffen werden können. Der Wertestempel schafft einen Rahmen für die ethische Bewertung von Entscheidungen. Dieses Rahmenwerk ermöglicht einen transparenten Diskurs und kann somit moralisches Handeln in Organisationen stärken. Der Diskurs erleichtert es Mitarbeitern, offen ihre Meinung zu (un-)ethischem Verhalten in der Organisation auszudrücken oder dem Vorgesetzten zu melden. Das Konzept kann bei Mitarbeitern zu einer stärkeren „ethischen Stimme" führen. Es wird eine bewusste Auseinandersetzung mit den beteiligten Werten bei Transaktionen angeregt, was das Inkrafttreten von Automatismen vermindert. Dieses strukturierte Vorgehen wirkt kognitiver Überlastung oder Erschöpfung der Mitarbeitenden entgegen und schult zugleich moralisches Wissen.

Führungskräften bietet der Wertestempel PS eine klare Orientierung für die ethische Ausrichtung des Unternehmens, die sich unmittelbar auf konkrete Transaktionen anwenden lässt. Jede Führungskraft hat eine bestimmte Rolle in einer Organisation inne. Mit dem Wertestempel PS lässt sich jeder Rolle im organisationalen Kontext eine spezifische Werteausprägung zuordnen. In der Ausführung der Rolle rücken diese Werte in den Vordergrund. Diese Transparenz schafft für alle Beteiligten Klarheit darüber, welche Verhaltensweisen, Prioritäten und Entscheidungen erwartet werden und wie sie mit den Zielen der Organisation bzw. dem organisationalen Zweck PS in Einklang stehen. Dadurch werden Rollenanforderungen und -erwartungen für alle nachvollziehbar, und eine Besetzung der jeweiligen Rolle auf der Basis von Werten wird ermöglicht. Dies kann die Authentizität der Mitarbeiter stärken, sofern eine hohe Übereinstimmung zwischen den mit der Rolle verbundenen Werten und den persönlichen Werten des Rolleninhabers bzw. der Führungskraft besteht. Eine hohe Authentizität der Führungskräfte, also eine möglichst hohe Übereinstimmung ihrer persönlichen Werte mit der organisationalen Rolle und idealerweise organisationalem Handeln, hat einen wichtigen Einfluss auf die Mitarbeitenden. Diese beobachten häufig ihre Vorgesetzten und übernehmen deren Verhaltensweisen. Dadurch beeinflussen Führungskräfte direkt und indirekt die Handlungen ihrer Mitarbeiter.

Es lassen sich je nach Bedeutung oder Umfang einer Transaktion unterschiedliche Ebenen des Wertestempels anwenden. Soll grundsätzlich analysiert werden, was der Organisation wichtig ist, bietet es sich an, sich an den vier breiter gefassten Wertkategorien zu orientieren. Geht es um die Umsetzung einer bedeutenden Transaktion mit diversen Stakeholdern, kann es sinnvoll sein, diese detaillierter anhand der zehn Werte zu vertiefen. Beim Einsatz von Wertestempeln nehmen die Stakeholder eine subjektive Bewertung vor. Diese individuellen Einschätzungen sind eine Herausforderung für die Vergleichbarkeit verschiedener Transaktionen über den Zeitraum t. Eine standardisierte Erfassung der einzelnen Werte wäre daher vorteilhaft. Sie reduziert die Komplexität für die Stakeholder und bietet einen niederschwelligen Ausgangspunkt für den Diskurs. Die Auseinandersetzung mit dem Wertestempel kann dazu motivieren, Sachverhalte aus einer anderen Perspektive wahrzunehmen, und dadurch moralisches Handeln stärken. Die metaphysischen Grundüberlegungen eines Wertestempels setzen die Bereitschaft der Beteiligten voraus, sich mit diesen beschäftigen zu wollen und ggf. das eigene Weltbild anzupassen. Moralisches Handeln erfordert stets einen Diskurs darüber, welche Normen und Werte im Kontext der jeweiligen Transaktion anzuwenden sind. Dies bedeutet einen höheren Aufwand für die einzelnen Akteure. Wertestempel können Strukturen und Verhaltensweisen sichtbar machen, die moralisch schwierig zu vertreten sind, jedoch der Gewinnmaximierung oder der Karriere einzelner Führungskräfte dienen können. Diese Transparenz kann in bestehenden Systemen abschreckend wirken und so zu einer verzerrten Einschätzung der Werte in Transaktionen führen.

Diese Arbeit analysiert die tiefgreifenden metaphysischen Annahmen, die unser Verständnis von Wirtschaft und Moral prägen. Eine evolutionäre Organisation als Netzwerk von Wertestempeln VS ist auf einen Wertestempel PS ausgerichtet und existiert in einem evolutionären Kontext. Diese evolutionäre Sichtweise ermöglicht ein nachhaltigeres und gerechteres Verständnis von Organisationen: Der Wertestempel eröffnet eine umfassende, unparteiische Perspektive auf die Interessen aller Stakeholder und beinhaltet sowohl ökonomische als auch moralische Werte. Mithilfe des Wertestempels wird deutlich gemacht, dass in jeder Transaktion alle Werte in unterschiedlichen Ausprägungen auftreten. Neben der ökonomischen ist die ökologische und soziale Dimension stets integraler Bestandteil jeder Transaktion. Dieses Verständnis von Organisationen basierend auf Transaktionen ermöglicht organisationales Handeln in seiner Komplexität darzustellen und bietet dadurch die Möglichkeit, moralisches Handeln als integralen Bestandteil von Organisationen zu beschreiben.

In der vorliegenden Dissertation wird eine ganzheitliche Konzeption von evolutionären Organisationen vorgenommen, die ein mikroanalytisches Theorieverständnis der Ökonomie mit der Theorie basaler individueller Werte verbindet. Eine mögliche zukünftige Forschungsrichtung wäre die Konzeption eines evolutionären Wirtschaftssystems, das einem Wertestempel PS folgt und durch viele Wertestempel VS konkret wird. Interessant wäre es zu beleuchten, wie gebündelte (etwa eine Organisation) und nicht gebündelte Transaktionen sich gegenseitig bedingen und welche Rolle dabei der Markt als Institution spielt. Es könnte untersucht werden, wie Institutionen als abstrakte Akteure nach evolutionären Prinzipien zu konzipieren wären und welchen Einfluss diese auf Transaktionen ausüben. In einer Langzeitstudie könnte analysiert werden, wie der Einsatz der Wertestempel PS und VS das moralische Handeln in Organisationen beeinflusst, sodass neben Eigeninteressen auch Fremdinteressen wahrgenommen und in der Abwägung berücksichtigt werden.

Literaturverzeichnis

Agle, B. R., Mitchell, R. K., & Sonnenfeld, J. A. (1999). Who matters to Ceos? An investigation of stakeholder attributes and salience, corpate performance, and Ceo values. *Academy of Management Journal*, *42*(5), 507–525. https://doi.org/10.2307/256973

Ajzen, I., & Fishbein, M. (1973). Attitudinal and normative variables as predictors of specific behavior. *Journal of Personality and Social Psychology*, *27*(1), 41–57. https://doi.org/10.1037/h0034440

Aldrich, H. E., Hodgson, G. M., Hull, D. L., Knudsen, T., Mokyr, J., & Vanberg, V. J. (2008). In defence of generalized Darwinism. *Journal of Evolutionary Economics*, *18*(5), 577–596. https://doi.org/10.1007/s00191-008-0110-z

Allport, G. W. (1961). *Pattern and growth in personality.* Holt, Reinhart & Winston.

Allport, G. W., Vernon, P. E., & Lindzey, G. (1960). *Study of values. Houghton Mifflin.*

Alvarez, S. A., Zander, U., Barney, J. B., & Afuah, A. (2020). Developing a Theory of the Firm for the 21st Century. *Academy of Management Review*, *45*(4), 711–716. https://doi.org/10.5465/amr.2020.0372

Alves, A. A., & Moreira, J. M. (2013). Virtue and Commerce in Domingo de Soto's Thought: Commercial Practices, Character, and the Common Good. *Journal of Business Ethics*, *113*(4), 627–638. https://doi.org/10.1007/s10551-013-1681-7

Ameer, F., & Khan, N. R. (2023). Green entrepreneurial orientation and corporate environmental performance: A systematic literature review. *European Management Journal*, *41*(5), 755–778. https://doi.org/10.1016/j.emj.2022.04.003

Anderson, C., & Brown, C. E. (2010). The functions and dysfunctions of hierarchy. *Research in Organizational Behavior*, *30*, 55–89. https://doi.org/10.1016/j.riob.2010.08.002

Antonakis, J., & Day, D. V. (2017). *The Nature of Leadership.* Sage Publications.

Arieli, S., Sagiv, L., & Roccas, S. (2020). Values at work: The impact of personal values in organisations. *Applied Psychology*, *69*(2), 230–275. https://doi.org/10.1111/apps.12181

Arnold, D. G., & Bowie, N. E. (2007). Respect for Workers in Global Supply Chains: Advancing the Debate Over Sweatshops. *Business Ethics Quarterly*, *17*(1), 135–145. https://doi.org/10.5840/beq200717121

Ashcraft, K. L. (2013). The Glass Slipper: "Incorporating" Occupational Identity in Management Studies. *Academy of Management Review*, *38*(1), 6–31. https://doi.org/10.5465/amr.2010.0219

J. Bee, *Moralisches Handeln in evolutionären Organisationen*, Studien zur Ethik der Transaktion, https://doi.org/10.1007/978-3-658-52227-8

Asjoma, M. (2015). *Kritik der mythischen Ökonomie.* (1. Aufl., Bd. 568). Duncker & Humblot. https://doi.org/10.3790/978-3-428-54614-5

Aßländer, M. S. (2013). *Wirtschaft (Grundthemen Philosophie)* (1. Auflage). De Gruyter.

Aßländer, M. S. (2024). *Wirtschafts- und Unternehmensethik: Einführung* (1. Auflage). Nomos, Edition Rainer Hampp.

Avolio, B. J., & Gardner, W. L. (2005). Authentic leadership development: Getting to the root of positive forms of leadership. *The Leadership Quarterly, 16*(3), 315–338. https://doi.org/10.1016/j.leaqua.2005.03.001

Avolio, B. J., Gardner, W. L., Walumbwa, F. O., Luthans, F., & May, D. R. (2004). Unlocking the mask: A look at the process by which authentic leaders impact follower attitudes and behaviors. *The Leadership Quarterly, 15*(6), 801–823. https://doi.org/10.1016/j.leaqua.2004.09.003

Ayala, F. J. (2009). What the Biological Sciences Can and Cannot Contribute to Ethics. In F. J. Ayala & R. Arp (Hrsg.), *Contemporary Debates in Philosophy of Biology* (1. Aufl., S. 316–336). Wiley-Blackwell. https://doi.org/10.1002/9781444314922

Ayala, F. J. (2010). The difference of being human: Morality. *Proceedings of the National Academy of Sciences, 107*(supplement_2), 9015–9022. https://doi.org/10.1073/pnas.0914616107

Aycan, Z., Schyns, B., Sun, J.-M., Felfe, J., & Saher, N. (2013). Convergence and divergence of paternalistic leadership: A cross-cultural investigation of prototypes. *Journal of International Business Studies, 44*(9), 962–969. https://doi.org/10.1057/jibs.2013.48

Bai, F., Ho, G. C. C., & Liu, W. (2020). Do status incentives undermine morality-based status attainment? Investigating the mediating role of perceived authenticity. *Organizational Behavior and Human Decision Processes, 158*, 126–138. https://doi.org/10.1016/j.obhdp.2019.04.005

Bandura, A. (1977). Self-efficacy: Toward a unifying theory of behavioral change. *Psychological Review, 84*(2), 191–215. https://doi.org/10.1037/0033-295X.84.2.191

Banerjee, S. B., & Arjaliès, D.-L. (2021). Celebrating the End of Enlightenment: Organization Theory in the Age of the Anthropocene and Gaia (and why neither is the solution to our ecological crisis). *Organization Theory, 2*(4). https://doi.org/10.1177/26317877211036714

Banks, G. C., McCauley, K. D., Gardner, W. L., & Guler, C. E. (2016). A meta-analytic review of authentic and transformational leadership: A test for redundancy. *The Leadership Quarterly, 27*(4), 634–652. https://doi.org/10.1016/j.leaqua.2016.02.006

Bansal, P., & Song, H.-C. (2017). Similar But Not the Same: Differentiating Corporate Sustainability from Corporate Responsibility. *Academy of Management Annals, 11*(1), 105–149. https://doi.org/10.5465/annals.2015.0095

Barad, K. (2007). *Meeting the universe halfway: Quantum physics and the entanglement of matter and meaning*. Duke University Press.

Bardi, A. (2000). *Relations of values to behavior in everyday situations.* Unpublished doctoral dissertation. The Hebrew University.

Bardi, A., & Schwartz, S. H. (2003). Values and Behavior: Strength and Structure of Relations. *Personality and Social Psychology Bulletin, 29*(10), 1207–1220. https://doi.org/10.1177/0146167203254602

Barker, J. R. (1993). Tightening the Iron Cage: Concertive Control in Self-Managing Teams. *Administrative Science Quarterly, 38*(3), 408–437. https://doi.org/10.2307/2393374

Barnard, C. I. (1938). *The Functions of the Executive.* Harvard University Press.

Bartlett, C. A., & Ghoshal, S. (1994). Changing the role of top management: Beyond strategy to purpose. *Harvard business review, 72*(6), 79–88.

Bass, B. M. (1999). Two Decades of Research and Development in Transformational Leadership. *European Journal of Work and Organizational Psychology, 8*(1), 9–32. https://doi.org/10.1080/135943299398410

Bass, B. M., Avolio, B. J., Jung, D. I., & Berson, Y. (2003). Predicting unit performance by assessing transformational and transactional leadership. *Journal of Applied Psychology, 88*(2), 207–218. https://doi.org/10.1037/0021-9010.88.2.207

Bass, B. M., & Steidlmeier, P. (1999). Ethics, character, and authentic transformational leadership behavior. *The Leadership Quarterly, 10*(2), 181–217. https://doi.org/10.1016/S1048-9843(99)00016-8

Battilana, J., & Dorado, S. (2010). Building Sustainable Hybrid Organizations: The Case of Commercial Microfinance Organizations. *Academy of Management Journal, 53*(6), 1419–1440. https://doi.org/10.5465/amj.2010.57318391

Baumann Montecinos, J. (2019). *Moralkapital und wirtschaftliche Performance: Informelle Institutionen, Kooperation, Transkulturalität* (1. Aufl.). Springer Gabler.

Bazerman, M. H., & Tenbrunsel, A. E. (2011). *Blind Spots Why We Fail to Do What's Right and What to Do about It.* Princeton University Press. https://doi.org/10.1515/9781400837991

Beinhocker, E. D. (2011). Evolution as computation: Integrating self-organization with generalized Darwinism. *Journal of Institutional Economics, 7*(3), 393–423. https://doi.org/10.1017/S1744137411000257

Belz, F. M., & Binder, J. K. (2017). Sustainable Entrepreneurship: A Convergent Process Model. *Business Strategy and the Environment, 26*(1), 1–17. https://doi.org/10.1002/bse.1887

Bengtsson, M., Eriksson, J., & Wincent, J. (2010). Co-opetition dynamics – an outline for further inquiry. *Competitiveness Review: An International Business Journal, 20*(2), 194–214. https://doi.org/10.1108/10595421011029893

Bengtsson, M., & Kock, S. (2000). "Coopetition" in Business Networks—To Cooperate and Compete Simultaneously. *Industrial Marketing Management, 29*(5), 411–426. https://doi.org/10.1016/S0019-8501(99)00067-X

Bentham, J. (1776). *A Fragment on Government.* Clarendon Press.

Bentham, J. (1789). *Introduction to the Principles of Morals and Legislation.* Payne.

Bentham, J. (2003). Eine Einführung in die Prinzipien der Moral und der Gesetzgebung. In O. Höffe (Hrsg.), *Einführung in die utilitaristische Ethik: Klassische und zeitgenössische Texte* (3., aktualisierte Auflage, S. 55–82). UTB.

Berg, J. M., Grant, A. M., & Johnson, V. (2010). When Callings Are Calling: Crafting Work and Leisure in Pursuit of Unanswered Occupational Callings. *Organization Science, 21*(5), 973–994. https://doi.org/10.1287/orsc.1090.0497

Bergquist, A.-K., Cole, S. A., Ehrenfeld, J., King, A. A., & Schendler, A. (2019). Understanding and Overcoming Roadblocks to Environmental Sustainability: Past Roads and Future Prospects. *Business History Review, 93*(1), 127–148. https://doi.org/10.1017/S000768051900031X

Berle, A. A., & Means, G. C. (2009). *The modern corporation and private property* (Nachdruck: 1962). Transaction Publishers.

Berlyne, D. E. (1960). *Conflict, Arousal and Curiosity*. McGraq-Hill Book Company. https://doi.org/10.1037/11164-000

Berson, Y., Halevy, N., Shamir, B., & Erez, M. (2015). Leading from different psychological distances: A construal-level perspective on vision communication, goal setting, and follower motivation. *The Leadership Quarterly*, *26*(2), 143–155. https://doi.org/10.1016/j.leaqua.2014.07.011

Biddle, J. E. (1991). The ideas of the past as tools for the present: The instrumental presentism of John R. Commons. In J. Brown & D. K. Van Keuren (Hrsg.), *The Estate of Social Knowledge,* (S. 84–105). Johns Hopkins University Press.

Bilsky, W., Gollan, T., Roccas, S., Grad, H., Teixeira, M. L. M., Rodriguez, M., Schweiger Gallo, I., & Segal-Caspi, L. (2015). On the Relative Importance of Personal Values: Validating Schwartz's Theory of Value Structures by Computerized Paired Comparisons. *Journal of Individual Differences*, *36*(2), 119–129. https://doi.org/10.1027/1614-0001/a000162

Bilsky, W., Janik, M., & Schwartz, S. H. (2011). The Structural Organization of Human Values-Evidence from Three Rounds of the European Social Survey (ESS). *Journal of Cross-Cultural Psychology*, *42*(5), 759–776. https://doi.org/10.1177/0022022110362757

Birnbacher, D. (2007). *Analytische Einführung in die Ethik* (2., durhges. und erw. Auflage). Walter de Gruyter.

Black, J. S., & Gregersen, H. B. (1997). Participative Decision-Making: An Integration of Multiple Dimensions. *Human Relations*, *50*(7), 859–878. https://doi.org/10.1177/001872679705000705

BMZ. (2024). *Verantwortungsvolle Rohstofflieferketten Für eine global gerechte und sozial-ökologische Wirtschaftstransformation.* Bundesministerium für wirtschaftliche Zusammenarbeit und Entwicklung; Referat 120 – Nachhaltige Transformation globaler Lieferketten. https://www.bmz.de/resource/blob/216204/bmz-papier-verantwortungsvolle-rohstofflieferketten.pdf

Boehm, C. (1999). *Hierarchy in the Forest: The Evolution of Egalitarian Behavior*. Harvard University Press.

Bonner, J. M., Greenbaum, R. L., & Quade, M. J. (2017). Employee unethical behavior to shame as an indicator of self-image threat and exemplification as a form of self-image protection: The exacerbating role of supervisor bottom-line mentality. *Journal of Applied Psychology*, *102*(8), 1203–1221. https://doi.org/10.1037/apl0000222

Boudon, R. (2001). *The Origin of Values: Sociology and Philosophy of Beliefs*. *45*(3), 240–242. https://doi.org/10.1177/000169930204500310

Bouncken, R. B., Fredrich, V., & Kraus, S. (2020). Configurations of firm-level value capture in coopetition. *Long Range Planning*, *53*(1), 101869. https://doi.org/10.1016/j.lrp.2019.02.002

Bouncken, R. B., Gast, J., Kraus, S., & Bogers, M. (2015). Coopetition: A systematic review, synthesis, and future research directions. *Review of Managerial Science*, *9*(3), 577–601. https://doi.org/10.1007/s11846-015-0168-6

Bouncken, R. B., Laudien, S. M., Fredrich, V., & Görmar, L. (2018). Coopetition in coworking-spaces: Value creation and appropriation tensions in an entrepreneurial space. *Review of Managerial Science*, *12*(2), 385–410. https://doi.org/10.1007/s11846-017-0267-7

Bourne, H., & Jenkins, M. (2013). Organizational values: A dynamic perspective. *Organization studies, 34*(4), 495–514. https://doi.org/10.1177/0170840612467155

Boyd, R., & Richerson, P. J. (1988). *Culture and the evolutionary process*. University of Chicago press.

Bratman, M. E. (1992). Shared Cooperative Activity. *The Philosophical Review, 101*(2), 327. https://doi.org/10.2307/2185537

Brink, A. (2010). Enlightened Corporate Governance: Specific Investments by Employees as Legitimation for Residual Claims. *Journal of Business Ethics, 93*(4), 641–651. https://doi.org/10.1007/s10551-009-0245-3

Brown, M. E., & Mitchell, M. S. (2010). Ethical and Unethical Leadership: Exploring New Avenues for Future Research. *Business Ethics Quarterly, 20*(4), 583–616. https://doi.org/10.5840/beq201020439

Brown, M. E., Treviño, L. K., & Harrison, D. A. (2005). Ethical leadership: A social learning perspective for construct development and testing. *Organizational Behavior and Human Decision Processes, 97*(2), 117–134. https://doi.org/10.1016/j.obhdp.2005.03.002

Brown, S. J., & Warner, J. B. (1980). Measuring security price performance. *Journal of Financial Economics, 8*(3), 205–258. https://doi.org/10.1016/0304-405X(80)90002-1

Brown, S. J., & Warner, J. B. (1985). Using daily stock returns. *Journal of Financial Economics, 14*(1), 3–31. https://doi.org/10.1016/0304-405X(85)90042-X

Brugger, W. (1992). *Philosophisches Wörterbuch* (21. Aufl.). Herder.

Buenstorf, G. (2009). Opportunity spin-offs and necessity spin-offs. *International Journal of Entrepreneurial Venturing, 1*(1), 22. https://doi.org/10.1504/IJEV.2009.023818

Bunderson, J. S., & Thompson, J. A. (2009). The Call of the Wild: Zookeepers, Callings, and the Double-edged Sword of Deeply Meaningful Work. *Administrative Science Quarterly, 54*(1), 32–57. https://doi.org/10.2189/asqu.2009.54.1.32

Butterfield, K. D., Trevin, L. K., & Weaver, G. R. (2000). Moral Awareness in Business Organizations: Influences of Issue-Related and Social Context Factors. *Human Relations, 53*(7), 981–1018. https://doi.org/10.1177/0018726700537004

Campbell, D. T. (1965). Variation and selective retention in socio-cultural evolution. In H. R. Barringer, G. I. Blanksten, & R. W. Mack (Hrsg.), *Social Change in Developing Areas: A Reinterpretation of Evolutionary Theory* (S. 19–49). Schenkman.

Cantele, S., Vernizzi, S., & Ricciardi, F. (2016). The emerging wave of agility-oriented business networks in Italy: A new strategy for facing global competition. *World Review of Entrepreneurship, Management and Sustainable Development, 12*(2/3), 270–284. https://doi.org/10.1504/WREMSD.2016.074967

Caprara, G. V., Schwartz, S., Capanna, C., Vecchione, M., & Barbaranelli, C. (2006). Personality and Politics: Values, Traits, and Political Choice. *Political Psychology, 27*(1), 1–28. https://doi.org/10.1111/j.1467-9221.2006.00447.x

Cardador, M. T., Dane, E., & Pratt, M. G. (2011). Linking calling orientations to organizational attachment via organizational instrumentality. *Journal of Vocational Behavior, 79*(2), 367–378. https://doi.org/10.1016/j.jvb.2011.03.009

Cardon, M. S., Wincent, J., Singh, J., & Drnovsek, M. (2009). The nature and experience of entrepreneurial passion. *Academy of Management Review, 34*(3), 511–532. https://doi.org/10.5465/amr.2009.40633190

Carroll, G. R., & Hannan, M. T. (2000). *The Demography of Corporations and Industries* (1. Aufl.). Princeton University Press. https://doi.org/10.1515/9780691186795

Castro, M., Rehfeldt, R. A., & Root, W. B. (2016). On the role of values clarification and committed actions in enhancing the engagement of direct care workers with clients with severe developmental disorders. *Journal of Contextual Behavioral Science*, *5*(4), 201–207. https://doi.org/10.1016/j.jcbs.2016.09.003

Caza, B. B., Moss, S., & Vough, H. (2018). From Synchronizing to Harmonizing: The Process of Authenticating Multiple Work Identities. *Administrative Science Quarterly*, *63*(4), 703–745. https://doi.org/10.1177/0001839217733972

Cha, S. E., Hewlin, P. F., Roberts, L. M., Buckman, B. R., Leroy, H., Steckler, E. L., Ostermeier, K., & Cooper, D. (2019). Being Your True Self at Work: Integrating the Fragmented Research on Authenticity in Organizations. *Academy of Management Annals*, *13*(2), 633–671. https://doi.org/10.5465/annals.2016.0108

Chan, S. C. H., Huang, X., Snape, E., & Lam, C. K. (2013). The Janus face of paternalistic leaders: Authoritarianism, benevolence, subordinates' organization-based self-esteem, and performance. *Journal of Organizational Behavior*, *34*(1), 108–128. https://doi.org/10.1002/job.1797

Chandler, A. D. (1962). *Strategy and structure: Chapters in the history of the industrial empire*. MIT Press.

Cheng, B.-S., Boer, D., Chou, L.-F., Huang, M.-P., Yoneyama, S., Shim, D., Sun, J.-M., Lin, T.-T., Chou, W.-J., & Tsai, C.-Y. (2014). Paternalistic Leadership in Four East Asian Societies: Generalizability and Cultural Differences of the Triad Model. *Journal of Cross-Cultural Psychology*, *45*(1), 82–90. https://doi.org/10.1177/0022022113490070

Chou, H.-H., & Zolkiewski, J. (2018). Coopetition and value creation and appropriation: The role of interdependencies, tensions and harmony. *Industrial Marketing Management*, *70*, 25–33. https://doi.org/10.1016/j.indmarman.2017.08.014

Chua, N., Miska, C., Mair, J., & Stahl, G. K. (2024). Purpose in Management Research: Navigating a Complex and Fragmented Area of Study. *Academy of Management Annals*, *18*(2), 755–787. https://doi.org/10.5465/annals.2022.0186

Chugh, D., Banaji, M. R., & Bazerman, M. H. (2005). Bounded ethicality as a psychological barrier to recognizing conflicts of interest. In D. A. Moore, C. M. Daylian, G. Loewenstein, & M. H. Bazerman (Hrsg.), *Conflicts of interest: Challenges and solutions in business, law, medicine, and public policy* (S. 74–95). Cambridge University Press.

Chugh, D., & Kern, M. C. (2016). A dynamic and cyclical model of bounded ethicality. *Research in Organizational Behavior*, *36*, 85–100. https://doi.org/10.1016/j.riob.2016.07.002

Cieciuch, J., Schwartz, S., & Davidov, E. (2015). Social psychology of values. In *International encyclopedia of the social & behavioral sciences* (2. Aufl., S. 41–46). Elsevir.

Cieciuch, J., Schwartz, S. H., & Vecchione, M. (2013). Applying the Refined Values Theory to Past Data: What Can Researchers Gain? *Journal of Cross-Cultural Psychology*, *44*(8), 1215–1234. https://doi.org/10.1177/0022022113487076

Coase, R. (1998). The New Institutional Economics. *The American Economic Review*, *88*(2), 72–74.

Coase, R. H. (1937). The Nature of the Firm. *Economica*, *4*(16), 386–405.

Cohen, B., & Winn, M. I. (2007). Market imperfections, opportunity and sustainable entrepreneurship. *Journal of Business Venturing*, *22*(1), 29–49. https://doi.org/10.1016/j.jbusvent.2004.12.001

Colander, D., Holt, R., & Rosser, B. (2004). The changing face of mainstream economics. *Review of Political Economy, 16*(4), 485–499. https://doi.org/10.1080/0953825042000256702

Collins, J. (2017). *The General Theory of Employment, Interest and Money. An Analysis of John Maynard Keyne's The General Theory of Employment, Interest and Money*. Macat Library. https://doi.org/10.4324/9781912281138

Commons, J. R. (1934). *Impromptu Address, Chicago Meetings of American Economic Association on New Deal and Teaching Economics, Unpublished paper, Microfilm Reel 21, John R. Commons papers, Madison, WI, State Historical Society of Wisconsin.*

Commons, J. R. (1956). *The Economics of Collective Action* (3. Aufl.). Macmillan.

Commons, J. R. (1996). The Problem of Correlating Law, Economics, and Ethics. Vol02. In M. Rutherford & W. J. Samuels (Hrsg.), *Selected Essays: Bd. 2 (ed. by Rutherford, Malcolm&Samuels, Warren J.)* (S. 453–473). Routledge.

Commons, J. R. (2009). *Institutional Economics. Its Place in Political Economy* (3. Aufl., Bde. 1 & 2). Transaction Publishers.

Commons, J. R. (2012). *Legal Foundations of Capitalism*. The Lawbook Exchange.

Conger, J. A., & Kanungo, R. N. (1998). *Charismatic leadership in organizations*. Sage Publications.

Conger, J. A., Kanungo, R. N., & Menon, S. T. (2000). Charismatic leadership and follower effects. *Journal of Organizational Behavior, 21*(7), 747–767. https://doi.org/10.1002/1099-1379(200011)21:7<747::AID-JOB46>3.0.CO;2-J

Consolandi, C., Phadke, H., Hawley, J., & Eccles, R. G. (2020). Material ESG Outcomes and SDG Externalities: Evaluating the Health Care Sector's Contribution to the SDGs. *Organization & Environment, 33*(4), 511–533. https://doi.org/10.1177/1086026619899795

Cortese, D., Giacosa, E., & Cantino, V. (2021). Knowledge sharing for coopetition in tourist destinations: The difficult path to the network. *Review of Managerial Science, 15*(2), 275–286. https://doi.org/10.1007/s11846-018-0322-z

Cowlishaw, G., & Dunbar, R. I. M. (1991). Dominance rank and mating success in male primates. *Animal Behaviour, 41*(6), 1045–1056. https://doi.org/10.1016/S0003-3472(05)80642-6

Craze, S., & Lempp, F. (2014). *Communicating Conflict: A Multidisciplinary Perspective*. BRILL. https://doi.org/10.1163/9781848882751

Crick, J. M., & Crick, D. (2021). The yin and yang nature of coopetition activities: Non-linear effects and the moderating role of competitive intensity for internationalised firms. *International Marketing Review, 38*(4), 690–716. https://doi.org/10.1108/IMR-01-2019-0018

Crilly, D., Hansen, M., & Zollo, M. (2016). The Grammar of Decoupling: A Cognitive-Linguistic Perspective on Firms' Sustainability Claims and Stakeholders' Interpretation. *Academy of Management Journal, 59*(2), 705–729. https://doi.org/10.5465/amj.2015.0171

Crilly, D., Zollo, M., & Hansen, M. T. (2012). Faking It or Muddling Through? Understanding Decoupling in Response to Stakeholder Pressures. *Academy of Management Journal, 55*(6), 1429–1448. https://doi.org/10.5465/amj.2010.0697

Crutzen, P. J., & Brauch, H. G. (2016). *Paul J. Crutzen: A Pioneer on Atmospheric Chemistry and Climate Change in the Anthropocene (Nobel Laureates)*. Springer.

Czakon, W., Fernandez, A. S., & Minà, A. (2014). Editorial – From paradox to practice: The rise of coopetition strategies. *International Journal of Business Environment*, *6*(1), 1–10. https://doi.org/10.1504/IJBE.2014.058040

Czakon, W., Srivastava, M. K., Le Roy, F., & Gnyawali, D. (2020). Coopetition strategies: Critical issues and research directions. *Long Range Planning*, *53*(1), 101948. https://doi.org/10.1016/j.lrp.2019.101948

Dacin, M. T., Dacin, P. A., & Tracey, P. (2011). Social Entrepreneurship: A Critique and Future Directions. *Organization Science*, *22*(5), 1203–1213. https://doi.org/10.1287/orsc.1100.0620

Daft, R. L. (2010). *Organization theory and design* (10th ed). South-Western, Cengage Learning.

Dagnino, G. B., & Mariani, M. (2010). Coopetitive Value Creation in Entrepreneurial Contexts: The Case of AlmaCube. In S. Yami, S. Castaldo, & G. B. Dagnino (Hrsg.), *Coopetition*. Edward Elgar Publishing. https://doi.org/10.4337/9781849807241.00014

Dahlstrand, Å. L. (1997). Growth and inventiveness in technology-based spin-off firms. *Research Policy*, *26*(3), 331–344. https://doi.org/10.1016/S0048-7333(97)00016-4

Darnall, N., Henriques, I., & Sadorsky, P. (2010). Adopting Proactive Environmental Strategy: The Influence of Stakeholders and Firm Size. *Journal of Management Studies*, *47*(6), 1072–1094. https://doi.org/10.1111/j.1467-6486.2009.00873.x

Darwin, C. (1859). *On the origin of species by means of natural selection, or the preservation of favoured races in the struggle for life*. Murray.

Darwin, C. (1871). *Descent of Man* (Bd. 1). John Murray.

David, F. R. (1989). How companies define their mission. *Long Range Planning*, *22*(1), 90–97. https://doi.org/10.1016/0024-6301(89)90055-1

Davidov, E., Schmidt, P., & Schwartz, S. H. (2008). Bringing Values Back In: The Adequacy of the European Social Survey to Measure Values in 20 Countries. *Public Opinion Quarterly*, *72*(3), 420–445. https://doi.org/10.1093/poq/nfn035

De Hoogh, A. H. B., & Den Hartog, D. N. (2009). Neuroticism and locus of control as moderators of the relationships of charismatic and autocratic leadership with burnout. *Journal of Applied Psychology*, *94*(4), 1058–1067. https://doi.org/10.1037/a0016253

De Hoogh, A. H. B., Greer, L. L., & Den Hartog, D. N. (2015). Diabolical dictators or capable commanders? An investigation of the differential effects of autocratic leadership on team performance. *The Leadership Quarterly*, *26*(5), 687–701. https://doi.org/10.1016/j.leaqua.2015.01.001

De Waal, F. (1982). *Chimpanzee politics*. Harper & Row.

De Witt, A., De Boer, J., Hedlund, N., & Osseweijer, P. (2016). A new tool to map the major worldviews in the Netherlands and USA, and explore how they relate to climate change. *Environmental Science & Policy*, *63*, 101–112. https://doi.org/10.1016/j.envsci.2016.05.012

Deci, E. L. (1975). *Intrinsic Motivation*. Plenum Press. https://doi.org/10.1007/978-1-4613-4446-9

Deci, E. L., & Ryan, R. M. (2000). The „What“ and „Why“ of Goal Pursuits: Human Needs and the Self-Determination of Behavior. *Psychological Inquiry*, *11*(4), 227–268. https://doi.org/10.1207/S15327965PLI1104_01

Deloitte University Press. (2017). *Deloitte global human capital trends: Rewriting the rules for the digital age.* https://www.odenetwork.com/wp-content/uploads/2024/01/2017-Deloitte-Global-Human-Capital-Trends.pdf

Dennett, D. C. (1991). *Consciousness explained.* Little, Brown and Co.

Desmidt, S., Prinzie, A., & Decramer, A. (2011). Looking for the value of mission statements: A meta-analysis of 20 years of research. *Management Decision, 49*(3), 468–483. https://doi.org/10.1108/00251741111120806

Detert, J. R., & Burris, E. R. (2007). Leadership Behavior and Employee Voice: Is the Door Really Open? *Academy of Management Journal, 50*(4), 869–884. https://doi.org/10.5465/amj.2007.26279183

Devece, C., Ribeiro-Soriano, D. E., & Palacios-Marqués, D. (2019). Coopetition as the new trend in inter-firm alliances: Literature review and research patterns. *Review of Managerial Science, 13*(2), 207–226. https://doi.org/10.1007/s11846-017-0245-0

Dierksmeier, C., & Celano, A. (2012). Thomas Aquinas on Justice as a Global Virtue in Business. *Business Ethics Quarterly, 22*(2), 247–272. https://doi.org/10.5840/beq201222225

Dik, B. J., Duffy, R. D., Allan, B. A., O'Donnell, M. B., Shim, Y., & Steger, M. F. (2015). Purpose and Meaning in Career Development Applications. *The Counseling Psychologist, 43*(4), 558–585. https://doi.org/10.1177/0011000014546872

DiVito, L., & Bohnsack, R. (2017). Entrepreneurial orientation and its effect on sustainability decision tradeoffs: The case of sustainable fashion firms. *Journal of Business Venturing, 32*(5), 569–587. https://doi.org/10.1016/j.jbusvent.2017.05.002

DiVito, L., & Ingen-Housz, Z. (2021). From individual sustainability orientations to collective sustainability innovation and sustainable entrepreneurial ecosystems. *Small Business Economics, 56*(3), 1057–1072. https://doi.org/10.1007/s11187-019-00254-6

Dmytriyev, S. D., Freeman, R. E., & Hörisch, J. (2021). The Relationship between Stakeholder Theory and Corporate Social Responsibility: Differences, Similarities, and Implications for Social Issues in Management. *Journal of Management Studies, 58*(6), 1441–1470. https://doi.org/10.1111/joms.12684

Donaldson, T., & Preston, L. E. (1995). The Stakeholder Theory of the Corporation: Concepts, Evidence, and Implications. *The Academy of Management Review, 20*(1), 65. https://doi.org/10.2307/258887

Dorfman, P., Javidan, M., Hanges, P., Dastmalchian, A., & House, R. (2012). GLOBE: A twenty year journey into the intriguing world of culture and leadership. *Journal of World Business, 47*(4), 504–518. https://doi.org/10.1016/j.jwb.2012.01.004

Döring, A. K., Blauensteiner, A., Aryus, K., Drögekamp, L., & Bilsky, W. (2010). Assessing Values at an Early Age: The Picture-Based Value Survey for Children (PBVS–C). *Journal of Personality Assessment, 92*(5), 439–448. https://doi.org/10.1080/00223891.2010.497423

Dosi, G., & Marengo, L. (2007). Perspective—On the Evolutionary and Behavioral Theories of Organizations: A Tentative Roadmap. *Organization Science, 18*(3), 491–502. https://doi.org/10.1287/orsc.1070.0279

Drucker, P. F. (1994). The theory of the Business. *Harvard Business Review, 72*(5), 95–104.

Du, J., Li, N. N., & Luo, Y. J. (2020). Authoritarian Leadership in Organizational Change and Employees' Active Reactions: Have-to and Willing-to Perspectives. *Frontiers in Psychology, 10, Article 3076*. https://doi.org/10.3389/fpsyg.2019.03076

Duan, J., Bao, C., Huang, C., & Brinsfield, C. T. (2018). Authoritarian leadership and employee silence in China. *Journal of Management & Organization, 24*(1), 62–80. https://doi.org/10.1017/jmo.2016.61

Duffy, R. D., & Dik, B. J. (2013). Research on calling: What have we learned and where are we going? *Journal of Vocational Behavior, 83*(3), 428–436. https://doi.org/10.1016/j.jvb.2013.06.006

Dumas, T. L., Phillips, K. W., & Rothbard, N. P. (2013). Getting Closer at the Company Party: Integration Experiences, Racial Dissimilarity, and Workplace Relationships. *Organization Science, 24*(5), 1377–1401. https://doi.org/10.1287/orsc.1120.0808

Durkheim, E. (1954). *The Elementary Forms of the Religious Life* (J. W. Swain, Übers.; 3. Aufl.). The Free Press.

Düwell, M., Hübenthal, C., & Werner, M. H. (2002). *Handbuch Ethik.* J. B. Metzler.

Düwell, M., Hübenthal, C., & Werner, M. H. (Hrsg.). (2011). *Handbuch Ethik* (3., aktualisierte Auflage). Verlag J. B. Metzler.

Eagly, A. H., & Chaiken, S. (1993). *The psychology of attitudes.* Harcourt Brace Jovanovich College Publishers.

Ebrahim, A., Battilana, J., & Mair, J. (2014). The governance of social enterprises: Mission drift and accountability challenges in hybrid organizations. *Research in Organizational Behavior, 34*, 81–100. https://doi.org/10.1016/j.riob.2014.09.001

Ebrahimi, M., Kouchaki, M., & Patrick, V. M. (2020). Juggling work and home selves: Low identity integration feels less authentic and increases unethicality. *Organizational Behavior and Human Decision Processes, 158*, 101–111. https://doi.org/10.1016/j.obhdp.2019.02.005

Ehrhart, M. G. (2004). Leadership and proceduraljustice climate as antecedents of unit-level organizational citizienship behavior. *Personnel Psychology, 57*(1), 61–94. https://doi.org/10.1111/j.1744-6570.2004.tb02484.x

Ellemers, N. (2017). *Morality and the Regulation of Social Behavior: Groups as Moral Anchors* (1. Aufl.). Routledge. https://doi.org/10.4324/9781315661322

Ellemers, N., & Van Den Bos, K. (2012). Morality in Groups: On the Social-Regulatory Functions of Right and Wrong. *Social and Personality Psychology Compass, 6*(12), 878–889. https://doi.org/10.1111/spc3.12001

Ellemers, N., & Van Der Toorn, J. (2015). Groups as moral anchors. *Current Opinion in Psychology, 6*, 189–194. https://doi.org/10.1016/j.copsyc.2015.08.018

Ellemers, N., Van Der Toorn, J., Paunov, Y., & Van Leeuwen, T. (2019). The Psychology of Morality: A Review and Analysis of Empirical Studies Published From 1940 Through 2017. *Personality and Social Psychology Review, 23*(4), 332–366. https://doi.org/10.1177/1088868318811759

English, H. B., & English, A. C. (1958). *A comprehensive dictionary of psychological and psychoanalytical terms: A guide to usage.* Longmans, Green.

Erlei, M., Leschke, M., & Sauerland, D. (2016). *Neue Institutionenökonomik.* Schäffer-Poeschel.

Farh, J.-L., & Cheng, B.-S. (2000). A Cultural Analysis of Paternalistic Leadership in Chinese Organizations. In J. T. Li, A. S. Tsui, & E. Weldon (Hrsg.), *Management and Organizations in the Chinese Context* (S. 84–127). Palgrave Macmillan UK. https://doi.org/10.1057/9780230511590_5

Fauchart, E., & Gruber, M. (2011). Darwinians, Communitarians, and Missionaries: The Role of Founder Identity in Entrepreneurship. *Academy of Management Journal*, *54*(5), 935–957. https://doi.org/10.5465/amj.2009.0211

Fehr, E., & Gächter, S. (2000). Cooperation and Punishment in Public Goods Experiments. *American Economic Review*, *90*(4), 980–994. https://doi.org/10.1257/aer.90.4.980

Feldman, G., Chao, M. M., Farh, J.-L., & Bardi, A. (2015). The motivation and inhibition of breaking the rules: Personal values structures predict unethicality. *Journal of Research in Personality*, *59*, 69–80. https://doi.org/10.1016/j.jrp.2015.09.003

Ferdous, J. (2016). Organization theories: From classical perspective. *International Journal of Business, Economics and Law*, *9*(2).

Ferrell, O. C., & Gresham, L. G. (1985). A Contingency Framework for Understanding Ethical Decision Making in Marketing. *Journal of Marketing*, *49*(3), 87–96. https://doi.org/10.1177/002224298504900308

Fischer, R., & Boer, D. (2015). Motivational Basis of Personality Traits: A Meta-Analysis of Value-Personality Correlations: Motivational Basis of Personality. *Journal of Personality*, *83*(5), 491–510. https://doi.org/10.1111/jopy.12125

Fisher, I. (1892). *Mathematical Investigations in the Theory of Value and Prices*. Yale University.

Fiske, A. P. (1992). The four elementary forms of sociality: Framework for a unified theory of social relations. *Psychological Review*, *99*(4), 689–723. https://doi.org/10.1037/0033-295X.99.4.689

Fontaine, J. R. J., Poortinga, Y. H., Delbeke, L., & Schwartz, S. H. (2008). Structural Equivalence of the Values Domain Across Cultures: Distinguishing Sampling Fluctuations From Meaningful Variation. *Journal of Cross-Cultural Psychology*, *39*(4), 345–365. https://doi.org/10.1177/0022022108318112

Foss, N. J., & Klein, P. G. (2012). *Organizing Entrepreneurial Judgment: A New Approach to the Firm* (1. Aufl.). Cambridge University Press. https://doi.org/10.1017/CBO9781139021173

Foster, J. (2001). Competitive selection, self-organisation and Joseph A. Schumpeter. In D. C. Mueller & U. Cantner (Hrsg.), *Capitalism and Democracy in the 21st Century* (S. 317–334). Physica-Verlag HD. https://doi.org/10.1007/978-3-662-11287-8_16

Freeman, E. R., & McVea, J. (2001). A Stakeholder Approach to Strategic Management. In *The Blackwell handbook of strategic management* (S. 189–207).

Freeman, E., & Werhane, P. (2003). Corporate Responsibility. In C. Frey & H. Wellman (Hrsg.), *A Companion to Applied Ethics* (S. 552–569). Wiley-Blackwell.

Freeman, R. E. (1984). *Strategic management: A stakeholder approach*. Pitman.

Freeman, R. E., Harrison, J. S., Wicks, A. C., Purnell, L., De Colle, S., & Parmar, B. (2010). Stakeholder Theory: The State of the Art. *Academy of Management Annals*, *4*(1), 403–445. https://doi.org/10.5465/19416520.2010.495581

Freeman, R. E., Wicks, A. C., & Parmar, B. (2004). Stakeholder Theory and "The Corporate Objective Revisited". *Organization Science*, *15*(3), 364–369. https://doi.org/10.1287/orsc.1040.0066

French Jr, J. R., & Kahn, R. L. (1962). A Programmatic Approach to Studying the Industrial Environment and Mental Health. *Journal of social issues*, *18*(3), 1–47. https://doi.org/10.1111/j.1540-4560.1962.tb00415.x

Friedman, A. L., & Miles, S. (2002). Developing Stakeholder Theory. *Journal of Management Studies*, *39*(1), 1–21. https://doi.org/10.1111/1467-6486.00280

Friedman, M. (1970). A Friedman doctrine—The Social Responsibility Of Business Is to Increase Its Profits. *The New York Times Magazine*, 32–33 & 122–126.

Friedman, M. (2003). *The Corporation.* Statement in the documentary film (directed by Mark Achbar & Jennifer Abbott), Canada, 0:41:43–0:42:01.

Frömmer, D., Hollnagel, G., Franke-Bartholdt, L., Strobel, A., & Wegge, J. (2021). Linking authentic leadership, moral voice and silence—A serial mediation model comprising follower constructive cognition and moral efficacy. *German Journal of Human Resource Management: Zeitschrift Für Personalforschung*, *35*(4), 436–466. https://doi.org/10.1177/2397002220984440

Frömmer, D., Wegge, J., & Strobel, A. (2014). Risiko durch Verschlossenheit? Das Zusammenspiel von Führung, Mitarbeiterschweigen und Managerversagen. *Wirtschaftspsychologie*, *16*(3), 39–44.

Fry, L. W., Vitucci, S., & Cedillo, M. (2005). Spiritual leadership and army transformation: Theory, measurement, and establishing a baseline. *The Leadership Quarterly*, *16*(5), 835–862. https://doi.org/10.1016/j.leaqua.2005.07.012

Gardner, A., & West, S. A. (2004). Cooperation and Punishment, Especially in Humans. *The American Naturalist*, *164*(6), 753–764. https://doi.org/10.1086/425623

Gardner, W. L., Cogliser, C. C., Davis, K. M., & Dickens, M. P. (2011). Authentic leadership: A review of the literature and research agenda. *The Leadership Quarterly*, *22*(6), 1120–1145. https://doi.org/10.1016/j.leaqua.2011.09.007

Garfield, Z. H., Syme, K. L., & Hagen, E. H. (2020). Universal and variable leadership dimensions across human societies. *Evolution and Human Behavior*, *41*(5), 397–414. https://doi.org/10.1016/j.evolhumbehav.2020.07.012

Garfield, Z. H., Von Rueden, C., & Hagen, E. H. (2019). The evolutionary anthropology of political leadership. *The Leadership Quarterly*, *30*(1), 59–80. https://doi.org/10.1016/j.leaqua.2018.09.001

Garfield, Z. H., Von Rueden, C., & Hagen, E. H. (2024). *The Multi-Capital Leadership Theory: An Integrative Framework for Human Leadership Diversity.* https://doi.org/10.31234/osf.io/emyab

Geddes, B., Frantz, E., & Wright, J. G. (2014). Military Rule. *Annual Review of Political Science*, *17*(1), 147–162. https://doi.org/10.1146/annurev-polisci-032211-213418

George, B. (2003). *Authentic Leadership: Rediscovering the Secrets to Creating Lasting Value.* Jossey-Bass.

George, B., Sims, P., McLean, A. N., & Mayer, D. (2007). Discovering your authentic leadership. *Harvard Business Review*, *85*(2), 129–138.

George, G., Haas, M. R., McGahan, A. M., Schillebeeckx, S. J. D., & Tracey, P. (2021). Purpose in the For-Profit Firm: A Review and Framework for Management Research. *Journal of Management*, *49*(6), 1841–1869. https://doi.org/10.1177/01492063211006450

George, G., Howard-Grenville, J., Joshi, A., & Tihanyi, L. (2016). Understanding and Tackling Societal Grand Challenges through Management Research. *Academy of Management Journal*, *59*(6), 1880–1895. https://doi.org/10.5465/amj.2016.4007

George, G., Merrill, R. K., & Schillebeeckx, S. J. D. (2021). Digital Sustainability and Entrepreneurship: How Digital Innovations Are Helping Tackle Climate Change and

Sustainable Development. *Entrepreneurship Theory and Practice, 45*(5), 999–1027. https://doi.org/10.1177/1042258719899425

Gerstner, C. R., & Day, D. V. (1994). Cross-cultural comparison of leadership prototypes. *The Leadership Quarterly, 5*(2), 121–134. https://doi.org/10.1016/1048-9843(94)90024-8

Gesetz über die unternehmerischen Sorgfaltspflichten zur Vermeidung von Menschenrechtsverletzungen in Lieferketten (Lieferkettensorgfaltspflichtengesetz – LkSG), BGBl.I S. 2959–2969) (2021). https://www.gesetze-im-internet.de/lksg/BJNR295910021.html

Gilley, K. M., Worrell, D. L., Davidson, W. N., & El–Jelly, A. (2000). Corporate Environmental Initiatives and Anticipated Firm Performance: The Differential Effects of Process-Driven Versus Product-Driven Greening Initiatives. *Journal of Management, 26*(6), 1199–1216. https://doi.org/10.1177/014920630002600607

Gino, F., Schweitzer, M. E., Mead, N. L., & Ariely, D. (2011). Unable to resist temptation: How self-control depletion promotes unethical behavior. *Organizational Behavior and Human Decision Processes, 115*(2), 191–203. https://doi.org/10.1016/j.obhdp.2011.03.001

Gnyawali, D. R., Madhavan, R., He, J., & Bengtsson, M. (2016). The competition–cooperation paradox in inter-firm relationships: A conceptual framework. *Industrial Marketing Management, 53*, 7–18. https://doi.org/10.1016/j.indmarman.2015.11.014

Gnyawali, D. R., & Ryan Charleton, T. (2018). Nuances in the Interplay of Competition and Cooperation: Towards a Theory of Coopetition. *Journal of Management, 44*(7), 2511–2534. https://doi.org/10.1177/0149206318788945

Göbel, E. (2017). *Unternehmensethik: Grundlagen und praktische Umsetzung* (5., überarbeitete und aktualisierte Auflage). UVK.

Göbel, M., Ortmann, G., & Weber, C. (2007). Reziprozität: Kooperation zwischen Nutzen und Pflicht. In G. Schreyögg & J. Sydow (Hrsg.), *Kooperation und Konkurrenz* (S. 161–206). Gabler. http://public.eblib.com/choice/publicfullrecord.aspx?p=751364

Goldmann, L., & Böhler, D. (1989). *Mensch, Gemeinschaft und Welt in der Philosophie Immanuel Kants*. Campus Verlag.

Gollwitzer, P. M., & Bargh, J. A. (Hrsg.). (1996). *The Psychology of Action: Linking Cognition and Motivation to Behavior*. Guilford Press.

González-García, S., Rama, M., Cortés, A., García-Guaita, F., Núñez, A., Louro, L. G., Moreira, M. T., & Feijoo, G. (2019). Embedding environmental, economic and social indicators in the evaluation of the sustainability of the municipalities of Galicia (northwest of Spain). *Journal of Cleaner Production, 234*, 27–42. https://doi.org/10.1016/j.jclepro.2019.06.158

Goodstein, J. D., & Wicks, A. C. (2007). Corporate and Stakeholder Responsibility: Making Business Ethics A Two-Way Conversation. *Business Ethics Quarterly, 17*(3), 375–398. https://doi.org/10.5840/beq200717346

Gorgievski, M. J., Stephan, U., Laguna, M., & Moriano, J. A. (2018). Predicting Entrepreneurial Career Intentions: Values and the Theory of Planned Behavior. *Journal of Career Assessment, 26*(3), 457–475. https://doi.org/10.1177/1069072717714541

Gorissen, L., Vrancken, K., & Manshoven, S. (2016). Transition Thinking and Business Model Innovation–Towards a Transformative Business Model and New Role for the Reuse Centers of Limburg, Belgium. *Sustainability, 8*(2), 112. https://doi.org/10.3390/su8020112

Gowdy, J. M., Dollimore, D. E., Wilson, D. S., & Witt, U. (2013). Economic cosmology and the evolutionary challenge. *Journal of Economic Behavior & Organization, 90*, 11–20. https://doi.org/10.1016/j.jebo.2012.12.009

Grandey, A. A., Fisk, G. M., Mattila, A. S., Jansen, K. J., & Sideman, L. A. (2005). Is "service with a smile" enough? Authenticity of positive displays during service encounters. *Organizational Behavior and Human Decision Processes, 96*(1), 38–55. https://doi.org/10.1016/j.obhdp.2004.08.002

Graser, S. (2020, Juli 9). *Rohstoff-Versorgung für Batteriezellen: BMW Group kauft nachhaltiges Kobalt im Wert von rund 100 Millionen Euro in Marokko ein.* Presseclub Deutschland, BMW Group. https://www.press.bmwgroup.com/deutschland/article/detail/T0310907DE/rohstoff-versorgung-fuer-batteriezellen:-bmw-group-kauft-nachhaltiges-kobalt-im-wert-von-rund-100-millionen-euro-in-marokko-ein?language=de

Green, P. I., Finkel, E. J., Fitzsimons, G. M., & Gino, F. (2017). The energizing nature of work engagement: Toward a new need-based theory of work motivation. *Research in Organizational Behavior, 37*, 1–18. https://doi.org/10.1016/j.riob.2017.10.007

Greenleaf, R. K. (2005). Greenleaf on Servant-Leadership: Who Is the Servant-Leader? *International Journal of Servant-Leadership, Vol. 1, Article 5.* https://doi.org/10.33972/ijsl.319

Griffin, D. R. (2007). *Whitehead's Radically Different Postmodern Philosophy: An Argument for Its Contemporary Relevance: An Argument for Its Contemporary Relevence.* State University of New York Press.

Guignon, C. B. (2004). *On Being Authentic.* Routledge.

Günther, K. (1988). *Der Sinn für Angemessenheit: Anwendungsdiskurse in Moral und Recht.* Suhrkamp.

Habermas, J. (1991). *Erläuterungen zur Diskursethik* (1. Aufl). Suhrkamp.

Haidt, J. (2002). „Dialogue between My Head and My Heart": Affective Influences on Moral Judgment. *Psychological Inquiry, 13*(1), 54–56.

Hale, J. R., & Fields, D. L. (2007). Exploring Servant Leadership across Cultures: A Study of Followers in Ghana and the USA. *Leadership, 3*(4), 397–417. https://doi.org/10.1177/1742715007082964

Hall, M., Millo, Y., & Barman, E. (2015). Who and What Really Counts? Stakeholder Prioritization and Accounting for Social Value. *Journal of Management Studies, 52*(7), 907–934. https://doi.org/10.1111/joms.12146

Halpern, P. (1983). Corporate Acquisitions: A Theory of Special Cases? A Review of Event Studies Applied to Acquisitions. *The Journal of Finance, 38*(2), 297–317. https://doi.org/10.2307/2327962

Hamel, G., & Prahalad, C. K. (1989). To revitalize corporate performance, we need a whole new model of strategy. Strategic intent. *Harvard Business Review, 67*(3), 63–76.

Hampe, M. (1998). *Alfred North Whitehead.* C.H. Beck.

Han, Z., Zhu, Z., Wang, D., & Wei, W. (2024). Responsible leadership and employee ethical voice: Mediating role of ethical efficacy and moderating role of moral identity. *Current Psychology, 43*(37), 29516–29527. https://doi.org/10.1007/s12144-024-06564-7

Hannah, S. T., Avolio, B. J., & Walumbwa, F. O. (2011). Relationships between Authentic Leadership, Moral Courage, and Ethical and Pro-Social Behaviors. *Business Ethics Quarterly, 21*(4), 555–578. https://doi.org/10.5840/beq201121436

Harms, P. D., Wood, D., Landay, K., Lester, P. B., & Vogelgesang Lester, G. (2018). Autocratic leaders and authoritarian followers revisited: A review and agenda for the future. *The Leadership Quarterly*, *29*(1), 105–122. https://doi.org/10.1016/j.leaqua.2017.12.007

Harrison, J. S., Phillips, R. A., & Freeman, R. E. (2020). On the 2019 Business Roundtable "Statement on the Purpose of a Corporation". *Journal of Management*, *46*(7), 1223–1237. https://doi.org/10.1177/0149206319892669

Harrison, J. S., & Van Der Laan Smith, J. (2015). Responsible Accounting for Stakeholders. *Journal of Management Studies*, *52*(7), 935–960. https://doi.org/10.1111/joms.12141

Harsanyi, J. C. (1953). Cardinal Utility in Welfare Economics and in the Theory of Risk-taking. *Journal of Political Economy*, *61*(5), 434–435. https://doi.org/10.1086/257416

Harsanyi, J. C. (1955). Cardinal Welfare, Individualistic Ethics, and Interpersonal Comparisons of Utility. *Journal of Political Economy*, *63*(4), 309–321.

Harsanyi, J. C. (1975). Can the Maximin Principle Serve as a Basis for Morality? A Critique of John Rawls's Theory. *American Political Science Review*, *69*(2), 594–606. https://doi.org/10.2307/1959090

Harter, S. (2002). Authenticity. In C. R. Snyder & S. . J. Lopez (Hrsg.), *Handbook of Positive Psychology* (S. 382–394). Oxford University Press.

Hartshorne, C. (1972). The Compound Individual. In *Whitehead's Philosophy, Selected Essays, 1935–1970* (S. 41–46). University of Nebraska Press: originally published in: Philosophical Essays for Alfred North Whitehead, edited by Otis T. Lee, New York: Longmans, Green, S. 193 – 220.

Hays, N. A. (2013). Fear and loving in social hierarchy: Sex differences in preferences for power versus status. *Journal of Experimental Social Psychology*, *49*(6), 1130–1136. https://doi.org/10.1016/j.jesp.2013.08.007

Heisenberg, W. (1963). Die Entwicklung der einheitlichen Feldtheorie der Elementarteilchen. *Naturwissenschaften*, *50*, 3–7. https://doi.org/10.1007/BF00836584

Henderson, J. E., & Hoy, W. K. (1983). Leader authenticity: The development and test of an operational measure. *Educational & Psychological Research*, *3*(2), 63–75.

Henderson, R., & Steen, E. V. den. (2015). Why Do Firms Have "Purpose"? The Firm's Role as a Carrier of Identity and Reputation. *American Economic Review*, *105*(5), 326–330. https://doi.org/10.1257/aer.p20151072

Henrich, J., & Muthukrishna, M. (2021). The Origins and Psychology of Human Cooperation. *Annual Review of Psychology*, *72*(1), 207–240. https://doi.org/10.1146/annurev-psych-081920-042106

Higgins, E. T. (1997). Beyond pleasure and pain. *American Psychologist*, *52*(12), 1280–1300. https://doi.org/10.1037/0003-066X.52.12.1280

Hilliard, A. L. (1950). *The Forms of Value: The Extension of a Hedonistic Axiology*. Columbia University Press.

Hirschi, A., & Fischer, S. (2013). Work values as predictors of entrepreneurial career intentions. *Career Development International*, *18*(3), 216–231. https://doi.org/10.1108/CDI-04-2012-0047

Hitlin, S. (2003). Values as the Core of Personal Identity: Drawing Links between Two Theories of Self. *Social Psychology Quarterly*, *66*(2), 118–137. https://doi.org/10.2307/1519843

Hitlin, S., & Piliavin, J. A. (2004). Values: Reviving a Dormant Concept. *Annual Review of Sociology*, *30*(1), 359–393. https://doi.org/10.1146/annurev.soc.30.012703.110640

Hoang, H., & Gimeno, J. (2010). Becoming a founder: How founder role identity affects entrepreneurial transitions and persistence in founding. *Journal of Business Venturing, 25*(1), 41–53. https://doi.org/10.1016/j.jbusvent.2008.07.002

Hoch, J. E., Bommer, W. H., Dulebohn, J. H., & Wu, D. (2018). Do Ethical, Authentic, and Servant Leadership Explain Variance Above and Beyond Transformational Leadership? A Meta-Analysis. *Journal of Management, 44*(2), 501–529. https://doi.org/10.1177/0149206316665461

Hodgson, G. M. (2002). Darwinism in economics: From analogy to ontology. *Journal of Evolutionary Economics, 12*(3), 259–281. https://doi.org/10.1007/s00191-002-0118-8

Hodgson, G. M. (2013). Understanding Organizational Evolution: Toward a Research Agenda using Generalized Darwinism. *Organization Studies, 34*(7), 973–992. https://doi.org/10.1177/0170840613485855

Hodgson, G. M., & Knudsen, T. (2006a). Dismantling Lamarckism: Why descriptions of socio-economic evolution as Lamarckian are misleading. *Journal of Evolutionary Economics, 16*(4), 343–366. https://doi.org/10.1007/s00191-006-0019-3

Hodgson, G. M., & Knudsen, T. (2006b). Why we need a generalized Darwinism, and why generalized Darwinism is not enough. *Journal of Economic Behavior & Organization, 61*(1), 1–19. https://doi.org/10.1016/j.jebo.2005.01.004

Hodgson, G. M., & Knudsen, T. (2010). *Darwin's Conjecture: The Search for General Principles of Social and Economic Evolution*. University of Chicago Press.

Höffe, O. (Hrsg.). (1999a). *Lesebuch zur Ethik. Philosophische Texte von der Antike bis zur Gegenwart* (2. Aufl.). C.H. Beck.

Höffe, O. (1999b). *Aristoteles* (2., überarb. Aufl.). C.H. Beck.

Höffe, O. (2008a). Einleitung. In *Einführung in die utilitaristische Ethik. Klassische und zeitgenössische Texte* (4., überarb. und erw. Aufl., S. 7–51). C.H. Beck.

Höffe, O. (2008b). Moral. In *Lexikon der Ethik* (7., neubearbeitete und erweiterte Auflage). C.H. Beck.

Hoffman, A. J., & MacKinnon, J. B. (2017). *Finding Purpose: Environmental Stewardship as a Personal Calling* (1. Aufl.). Routledge. https://doi.org/10.4324/9781351285087

Hoffmann, W., Lavie, D., Reuer, J. J., & Shipilov, A. (2018). The interplay of competition and cooperation. *Strategic Management Journal, 39*(12), 3033–3052. https://doi.org/10.1002/smj.2965

Hofstede, G. H. (2001). *Culture's Consequences: Comparing Values, Behaviors, Institutions, and Organizations Across Nations* (2. Aufl.). Thousand Oaks.

Hollensbe, E., Wookey, C., Hickey, L., George, G., & Nichols, C. V. (2014). Organizations with Purpose. *Academy of Management Journal, 57*(5), 1227–1234. https://doi.org/10.5465/amj.2014.4005

Holub, H. W. (2010). *Eine Einführung in die Geschichte des ökonomischen Denkens. 3: Physiokraten und Klassiker* (2. Aufl, Bd. 7). LIT.

Homann, K., & Lütge, C. (2005). *Einführung in die Wirtschaftsethik* (2., korrigierte Auflage, Bd. 3). LIT.

Horwarth, R., & Drucker, P. (2005). Discovering purpose: Developing mission, vision & values. *Strategic Thinking Institute*, 1–9.

House, R. J., Hanges, P. J., Javidan, M., Dorfman, P. W., & Gupta, V. (2004). *Culture, leadership, and organizations: The GLOBE study of 62 societies*. Sage Publications.

House, R., Javidan, M., Hanges, P., & Dorfman, P. (2002). Understanding cultures and implicit leadership theories across the globe: An introduction to project GLOBE. *Journal of World Business, 37*(1), 3–10. https://doi.org/10.1016/S1090-9516(01)00069-4

Howard-Grenville, J., Buckle, S. J., Hoskins, B. J., & George, G. (2014). Climate Change and Management. *Academy of Management Journal, 57*(3), 615–623. https://doi.org/10.5465/amj.2014.4003

Huang, L., & Paterson, T. A. (2017). Group Ethical Voice: Influence of Ethical Leadership and Impact on Ethical Performance. *Journal of Management, 43*(4), 1157–1184. https://doi.org/10.1177/0149206314546195

Hügli, A. (2004). Wert. I. Einleitung. In J. Ritter, K. Gründer, & G. Gabriel (Hrsg.), *Historisches Wörterbuch der Philosophie* (Bd. 12, S. 556–558). Schwabe Verlag.

Hull, D. L. (1988). *Science as a Process: An Evolutionary Account of the Social and Conceptual Development of Science.* University of Chicago Press. https://doi.org/10.7208/9780226360492

Hummels, H., & Argyrou, A. (2021). Planetary demands: Redefining sustainable development and sustainable entrepreneurship. *Journal of Cleaner Production, 278*, 123804. https://doi.org/10.1016/j.jclepro.2020.123804

Hussain, N., Rigoni, U., & Orij, R. P. (2018). Corporate Governance and Sustainability Performance: Analysis of Triple Bottom Line Performance. *Journal of Business Ethics, 149*(2), 411–432. https://doi.org/10.1007/s10551-016-3099-5

Huygens, M., Baden-Fuller, C., Van Den Bosch, F. A., & Volberda, H. W. (2001). Co-evolution of firm capabilities and industry competition: Investigating the music industry, 1877–1997. *Organization Studies, 22*(6), 971–1011. https://doi.org/10.1177/0170840601226004

Inglehart, R. (1997). *Modernization and Postmodernization: Cultural, Economic, and Political Change in 43 Societies.* Princeton University Press.

Jackson, T. (2011). *Wohlstand ohne Wachstum: Leben und Wirtschaften in einer endlichen Welt* (Dt. Erstausg., 1. Auflage). Oekom-Verlag.

James, W. (2012). *Memories and studies.* The Floating Press.

Jawahar, I. M., & McLaughlin, G. L. (2001). Toward a Descriptive Stakeholder Theory: An Organizational Life Cycle Approach. *The Academy of Management Review, 26*(3), 397–414. https://doi.org/10.2307/259184

Jenkins, M., & Floyd, S. (2001). Trajectories in the Evolution of Technology: A Multi-level Study of Competition in Formula 1 Racing. *Organization Studies, 22*(6), 945–969. https://doi.org/10.1177/0170840601226003

Jensen, M. C., & Meckling, W. H. (1976). Theory of the firm: Managerial behavior, agency costs and ownership structure. *Journal of Financial Economics, 3*(4), 305–360.

Jevons, W. S. (1965). *The Theory of Political Economy* (5th Ed, reprinted 1965). Sentry Press.

Jevons, W. S. (1981). *Papers and Correspondence of William Stanley Jevons* (C. R. D. Black, Hrsg.; Bd. 2). Macmillan.

Joas, H. (2017). *Die Entstehung der Werte* (7. Auflage). Suhrkamp.

Johnson, D. D. P., Price, M. E., & Van Vugt, M. (2013). Darwin's invisible hand: Market competition, evolution and the firm. *Journal of Economic Behavior & Organization, 90*, 128–140. https://doi.org/10.1016/j.jebo.2012.12.016

Jolibert, A., & Baumgartner, G. (1997). Values, motivations, and personal goals: Revisited. *Psychology and Marketing*, *14*(7), 675–688. https://doi.org/10.1002/(SICI)1520-6793(199710)14:7<675::AID-MAR3>3.0.CO;2-D

Jones, C. (2001). Co-Evolution of Entrepreneurial Careers, Institutional Rules and Competitive Dynamics in American Film, 1895–1920. *Organization Studies*, *22*(6), 911–944. https://doi.org/10.1177/0170840601226002

Kant, I. (1900ff.). *Gesammelte Schriften* (Preussische Akademie der Wissenschaften, Hrsg.; Bde. 1–22).

Kanter, R. M. (1989). Work and Family in the United States: A Critical Review and Agenda for Research and Policy. *Family Business Review*, *2*(1), 77–114. https://doi.org/10.1111/j.1741-6248.1989.00077.x

Kaplan, H. F. (2011, März). *Das Interesse der Schweine. Der Salzburger Ethiker Helmut F. Kaplan über das Quälen und Töten von Tieren* [Der Spiegel]. https://www.spiegel.de/politik/das-interesse-der-schweine-a-66a0bb75-0002-0001-0000-000076397381

Kaplan, S. (2023). The Promises and Perils of Corporate Purpose. *Strategy Science*, *8*(2), 288–301. https://doi.org/10.1287/stsc.2023.0187

Kaufman, B. E. (2007). The institutional economics of John R. Commons: Complement and substitute for neoclassical economic theory. *Socio-Economic Review*, *5*(1), 3–45. https://doi.org/10.1093/ser/mwl016

Kellett, P. (2002). Football-as-war, coach-as-general: Analogy, metaphor and management implications. *Football studies*, *5*(1), 60–76.

Kepler, J. (1930). *Johannes Kepler in seinen Briefen* (M. Caspar & W. Von Dyck, Hrsg.; Bd. 2).

Kern, M. C., & Chugh, D. (2009). Bounded Ethicality: The Perils of Loss Framing. *Psychological Science*, *20*(3), 378–384. https://doi.org/10.1111/j.1467-9280.2009.02296.x

Kernis, M. H. (2003). Toward a Conceptualization of Optimal Self-Esteem. *Psychological Inquiry*, *14*(1), 1–26. https://doi.org/10.1207/S15327965PLI1401_01

Keul, H.-K., & Schumann, O. J. (2022). Grundpositionen der philosophischen Ethik. In *Handbuch Wirtschaftsethik* (S. 19–28). Springer.

Keynes, J. M. (1936). *General Theory of Employment, Interest and Money*. Macmillan.

Kimberly, J. R. (1979). Issues in the Creation of Organizations: Initiation, Innovation, and Institutionalization. *Academy of Management Journal*, *22*(3), 437–457. https://doi.org/10.2307/255737

Kirkman, B. L., Lowe, K. B., & Gibson, C. B. (2006). A quarter century of culture's consequences: A review of empirical research incorporating Hofstede's cultural values framework. *Journal of international business studies*, *37*, 285–320. https://doi.org/10.1057/palgrave.jibs.8400202

Klepper, S. (2009). Silicon Valley, a Chip off the Old Detroit Bloc. In Z. J. Acs, D. B. Audretsch, & R. J. Strom (Hrsg.), *Entrepreneurship, Growth, and Public Policy* (S. 79–118). Cambridge University Press.

Kluckhohn, C. (1951). Values and value-orientations in the theory of action: An exploration in definition and classification. In *Toward a general theory of action* (S. 388–433). Harvard University Press.

Kluckhohn, F. R., & Strodtbeck, F. L. (1961). *Variations in Value Orientations*. Row, Peterson.

Kluge, F. (2011). Wert. In *Etymologisches Wörterbuch der deutschen Sprache (bearbeitet von Elmar Seebold)* (25., durchgesehene und erw. Aufl). De Gruyter.

Kohlberg, L. (1963). The development of children's orientations toward a moral order I. sequence in the development of moral thought. *Vita humana. International journal of human development*, *6*(1/2), 11–33.

Kohn, M. L. (1969). *Class and Conformity: A Study in Values*. The Dorsey Press.

Kohn, M. L., & Schooler, C. (1983). *Work and Personality: An Inquiry Into the Impact of Social Stratification*. Ablex.

Korman, A. (1974). *The Psychology of Motivation*. Prentice-Hall.

Köseoğlu, M. A., Yildiz, M., Okumus, F., & Barca, M. (2019). The intellectual structure of coopetition: Past, present and future. *Journal of Strategy and Management*, *12*(1), 2–29. https://doi.org/10.1108/JSMA-07-2018-0073

Kotter, J. P. (1995). Leading Change: Why Transformation Efforts Fail. *Harvard Business Review*, 59–67.

Kristjánsdóttir, Ó. B., Fors, E. A., Eide, E., Finset, A., Stensrud, T. L., Van Dulmen, S., Wigers, S. H., & Eide, H. (2013). A Smartphone-Based Intervention With Diaries and Therapist-Feedback to Reduce Catastrophizing and Increase Functioning in Women With Chronic Widespread Pain: Randomized Controlled Trial. *Journal of Medical Internet Research*, *15*(1), e5. https://doi.org/10.2196/jmir.2249

Krugman, Paul. (2009, September 2). How Did Economists Get It So Wrong? *The New York Times Magazine*. https://www.nytimes.com/2009/09/06/magazine/06Economic-t.html

Kurzban, R., Burton-Chellew, M. N., & West, S. A. (2015). The Evolution of Altruism in Humans. *Annual Review of Psychology*, *66*(1), 575–599. https://doi.org/10.1146/annurev-psych-010814-015355

Lacoste, S. (2012). "Vertical coopetition": The key account perspective. *Industrial Marketing Management*, *41*(4), 649–658. https://doi.org/10.1016/j.indmarman.2011.09.013

Langer, J., Feeney, M. K., & Lee, S. E. (2019). Employee Fit and Job Satisfaction in Bureaucratic and Entrepreneurial Work Environments. *Review of Public Personnel Administration*, *39*(1), 135–155. https://doi.org/10.1177/0734371X17693056

Laszlo, A., & Krippner, S. (1998). Systems Theories: Their Origins, Foundations, and development. *Advances in Psychology*, *126*, 47–74. https://doi.org/10.1016/S0166-4115(98)80017-4

Lautmann, R. (1971). *Wert und Norm: Begriffsanalysen für die Soziologie*.

Lawrence, E. R., & Kacmar, K. M. (2017). Exploring the Impact of Job Insecurity on Employees' Unethical Behavior. *Business Ethics Quarterly*, *27*(1), 39–70. https://doi.org/10.1017/beq.2016.58

Lease, R. C., Masulis, R. W., & Page, J. R. (1991). An Investigation of Market Microstructure Impacts on Event Study Returns. *The Journal of Finance*, *46*(4), 1523–1536. https://doi.org/10.1111/j.1540-6261.1991.tb04629.x

Leavitt, H. J. (2005). *Top down: Why hierarchies are here to stay and how to manage them more effectively*. Harvard Business School Press.

Lee, D., Choi, Y., Youn, S., & Chun, J. U. (2017). Ethical Leadership and Employee Moral Voice: The Mediating Role of Moral Efficacy and the Moderating Role of Leader–Follower Value Congruence. *Journal of Business Ethics*, *141*(1), 47–57. https://doi.org/10.1007/s10551-015-2689-y

Lee, J. (2018). Contracts and Hierarchies: A Moral Examination of Economic Theories of the Firm. *Business Ethics Quarterly*, *28*(2), 153–173. https://doi.org/10.1017/beq.2017.54

Lee, J. A., Soutar, G., & Louviere, J. (2008). The Best–Worst Scaling Approach: An Alternative to Schwartz's Values Survey. *Journal of Personality Assessment*, *90*(4), 335–347. https://doi.org/10.1080/00223890802107925

Lee, M. Y., & Edmondson, A. C. (2017). Self-managing organizations: Exploring the limits of less-hierarchical organizing. *Research in Organizational Behavior*, *37*, 35–58. https://doi.org/10.1016/j.riob.2017.10.002

Lemoine, G. J., Hartnell, C. A., & Leroy, H. (2019). Taking Stock of Moral Approaches to Leadership: An Integrative Review of Ethical, Authentic, and Servant Leadership. *Academy of Management Annals*, *13*(1), 148–187. https://doi.org/10.5465/annals.2016.0121

Lepisto, D. A., & Pratt, M. G. (2017). Meaningful work as realization and justification: Toward a dual conceptualization. *Organizational Psychology Review*, *7*(2), 99–121. https://doi.org/10.1177/2041386616630039

Lesch, H., Forstner, U., & Geißler, K. A. (2019). *Ein Physiker und eine Philosophin spielen mit der Zeit*. Patmos Verlag.

Lewin, A. Y., & Volberda, H. W. (2009). The Future of Organization Studies: Beyond the Selection–Adaptation Debate. In C. Knudsen & H. Tsoukas (Hrsg.), *The Oxford Handbook of Organization Theory* (1. Aufl., S. 568–595). Oxford University Press. https://doi.org/10.1093/oxfordhb/9780199275250.003.0022

Lewin, K. (1947). Frontiers in Group Dynamics: Concept, Method and Reality in Social Science; Social Equilibria and Social Change. *Human Relations*, *1*(1), 5–41. https://doi.org/10.1177/001872674700100103

Liden, R. C., Wayne, S. J., Liao, C., & Meuser, J. D. (2014). Servant Leadership and Serving Culture: Influence on Individual and Unit Performance. *Academy of Management Journal*, *57*(5), 1434–1452. https://doi.org/10.5465/amj.2013.0034

Lipton, M. (1996). Demystifying the development of an organizational vision. *Sloan Management Review*, *37*(4), 83–92.

Lonati, S., & Van Vugt, M. (2024). Ecology, culture and leadership: Theoretical integration and review. *The Leadership Quarterly*, *35*(1), 101749. https://doi.org/10.1016/j.leaqua.2023.101749

Lonner, W. J. (1980). The search for psychological universals. In H. C. Triandis (Hrsg.), *Handbook of cross-cultural psychology* (1. Aufl., S. 143–204). Allyn and Bacon.

Lönnqvist, J.-E., Verkasalo, M., Wichardt, P. C., & Walkowitz, G. (2013). Personal values and prosocial behaviour in strategic interactions: Distinguishing value-expressive from value-ambivalent behaviours. *European Journal of Social Psychology*, *43*(6), 554–569. https://doi.org/10.1002/ejsp.1976

Lovas, B., & Ghoshal, S. (2000). Strategy as guided evolution. *Strategic Management Journal*, *21*(9), 875–896. https://doi.org/10.1002/1097-0266(200009)21:9<875::AID-SMJ126>3.0.CO;2-P

Lovejoy, A. O. (1950). Terminal and adjectival values. *The journal of Philosophy*, *47*(21), 593–608. https://doi.org/10.2307/2021804

Luhmann, N. (1989). Ethik als Reflexionstheorie der Moral. In *Gesellschaftsstruktur und Semantik: Studien zur Wissenssoziologie der modernen Gesellschaft.* (1. Aufl., Bd. 3, S. 358–448). Suhrkamp.

Luhmann, N. (1997). *Die Gesellschaft der Gesellschaft* (1. Aufl.). Suhrkamp.

Luhmann, N. (2021). *Soziale Systeme: Grundriß einer allgemeinen Theorie* (18. Aufl.). Suhrkamp.

Lundgren-Henriksson, E.-L., & Kock, S. (2016). Coopetition in a headwind – The interplay of sensemaking, sensegiving, and middle managerial emotional response in coopetitive strategic change development. *Industrial Marketing Management*, *58*, 20–34. https://doi.org/10.1016/j.indmarman.2016.05.012

Luo, J., Kaul, A., & Seo, H. (2018). Winning us with trifles: Adverse selection in the use of philanthropy as insurance. *Strategic Management Journal*, *39*(10), 2591–2617. https://doi.org/10.1002/smj.2935

Luthans, F., & Avolio, B. J. (2003). Authentic Leadership Development. In J. E. Dutton & R. E. Quinn (Hrsg.), *Positive organizational scholarship* (S. 241–258). Berret-Koehler Publishers.

Lysova, E. I., Allan, B. A., Dik, B. J., Duffy, R. D., & Steger, M. F. (2019). Fostering meaningful work in organizations: A multi-level review and integration. *Journal of Vocational Behavior*, *110*, 374–389. https://doi.org/10.1016/j.jvb.2018.07.004

Maak, T., & Pless, N. M. (2006). Responsible Leadership in a Stakeholder Society – A Relational Perspective. *Journal of Business Ethics*, *66*(1), 99–115. https://doi.org/10.1007/s10551-006-9047-z

Magee, J. C., & Galinsky, A. D. (2008). Social Hierarchy: The Self-Reinforcing Nature of Power and Status. *Academy of Management Annals*, *2*(1), 351–398. https://doi.org/10.5465/19416520802211628

Maio, G. R. (2010). Mental Representations of Social Values. *Advances in Experimental Social Psychology*, *42*, 1–43. https://doi.org/10.1016/S0065-2601(10)42001-8

Maio, G. R., & Olson, J. M. (1995). Relations between Values, Attitudes, and Behavioral Intentions: The Moderating Role of Attitude Function. *Journal of Experimental Social Psychology*, *31*(3), 266–285. https://doi.org/10.1006/jesp.1995.1013

Mair, J., & Martí, I. (2006). Social entrepreneurship research: A source of explanation, prediction, and delight. *Journal of World Business*, *41*(1), 36–44. https://doi.org/10.1016/j.jwb.2005.09.002

Mariani, M. M. (2007). Coopetition as an Emergent Strategy: Empirical Evidence from an Italian Consortium of Opera Houses. *International Studies of Management & Organization*, *37*(2), 97–126. https://doi.org/10.2753/IMO0020-8825370205

Markman, G. D., Russo, M., Lumpkin, G. T., Jennings, P. D. (Dev), & Mair, J. (2016). Entrepreneurship as a Platform for Pursuing Multiple Goals: A Special Issue on Sustainability, Ethics, and Entrepreneurship. *Journal of Management Studies*, *53*(5), 673–694. https://doi.org/10.1111/joms.12214

Marquis, C., & Qian, C. (2014). Corporate Social Responsibility Reporting in China: Symbol or Substance? *Organization Science*, *25*(1), 127–148. https://doi.org/10.1287/orsc.2013.0837

Marx, K. (1988). *Das Kapital. Kritik der politischen Ökonomie: Bd. 1 (Marx-Engels-Werke, Bd. 23)* (Separatausgabe). Dietz.

Maslow, A. H. (1965). *Eupsychian Management*. Richard D. Irwin and the Dorsey Press.

Maslow, A. H., & Sokokin, P. A. (1959). *New knowledge in human values*. Harper and Brothers Publishers.

Masocha, R., & Fatoki, O. (2018). The Impact of Coercive Pressures on Sustainability Practices of Small Businesses in South Africa. *Sustainability, 10*(9), 3032. https://doi.org/10.3390/su10093032

Massa, L., Tucci, C. L., & Afuah, A. (2017). A Critical Assessment of Business Model Research. *Academy of Management Annals, 11*(1), 73–104. https://doi.org/10.5465/annals.2014.0072

May, D. R., Chan, A. Y. L., Hodges, T. D., & Avolio, B. J. (2003). Developing the Moral Component of Authentic Leadership. *Organizational Dynamics, 32*(3), 247–260. https://doi.org/10.1016/S0090-2616(03)00032-9

May, D. R., Gilson, R. L., & Harter, L. M. (2004). The psychological conditions of meaningfulness, safety and availability and the engagement of the human spirit at work. *Journal of Occupational and Organizational Psychology, 77*(1), 11–37. https://doi.org/10.1348/096317904322915892

Mayer, C. (2021). The Future of the Corporation and the Economics of Purpose. *Journal of Management Studies, 58*(3), 887–901. https://doi.org/10.1111/joms.12660

McDonough, W., & Braungart, M. (2002). *Cradle to cradle: Remaking the way we make things* (1st ed). North Point Press.

Mead, N. L., Baumeister, R. F., Gino, F., Schweitzer, M. E., & Ariely, D. (2009). Too tired to tell the truth: Self-control resource depletion and dishonesty. *Journal of Experimental Social Psychology, 45*(3), 594–597. https://doi.org/10.1016/j.jesp.2009.02.004

Merleau-Ponty, M., & Böhm, R. (1966). *Phänomenologie der Wahrnehmung (Französische Original-Ausgabe: Merleau-Ponty, M. (1945). Phénoménologie de la Perception. Gallimard, Paris), 6, photomechan. Nachdr.* De Gruyter.

Metcalfe, J. S. (Hrsg.). (1998). *Evolutionary Economics and Creative Destruction.* Routledge. https://doi.org/10.4324/9780203018927

Mirowski, P. (1999). *More heat than light: Economics as social physics: physics as nature's economics* (1. paperback edition, reprinted). Cambridge University Press.

Mitchell, M. S., Reynolds, S. J., & Treviño, L. K. (2017). The study of behavioral ethics within organizations. *Personnel Psychology, 70*(2), 313–314. https://doi.org/10.1111/peps.12227

Mitchell, R. K., Agle, B. R., & Wood, D. J. (1997). Toward a Theory of Stakeholder Identification and Salience: Defining the Principle of Who and What Really Counts. *The Academy of Management Review, 22*(4), 853–886. https://doi.org/10.2307/259247

Montiel, I., Cuervo-Cazurra, A., Park, J., Antolín-López, R., & Husted, B. W. (2021). Implementing the United Nations' Sustainable Development Goals in international business. *Journal of International Business Studies, 52*(5), 999–1030. https://doi.org/10.1057/s41267-021-00445-y

Morand, D. A. (2001). *The processes and effects of programs of status-leveling in organizations.* Paper presented at the annual meeting of the Academy of Management, Washington, DC.

Morris, C. (1956). *Varieties of human value.* University of Chicago Press.

Nagel, T. (1986). *The View From Nowhere.* Oxford University Press.

Nagel, T. (2012). *Mind and cosmos: Why the materialist neo-Darwinian conception of nature is almost certainly false.* Oxford University Press.

Neesham, C., Dembek, K., & Benkert, J. (2023). Defining Value in Sustainable Business Models. *Business & Society*, *62*(7), 1378–1419. https://doi.org/10.1177/00076503221147902

Neffe, J. (2006). *Einstein: Eine Biographie*. Rowohlt-Taschenbuch-Verlag.

Nelson, R. R. (1991). Why do firms differ, and how does it matter? *Strategic Management Journal*, *12*(S2), 61–74. https://doi.org/10.1002/smj.4250121006

Neuhäuser, C. (2011). *Unternehmen als moralische Akteure* (1. Aufl.). Suhrkamp.

Newman, G. E., Bloom, P., & Knobe, J. (2014). Value Judgments and the True Self. *Personality and Social Psychology Bulletin*, *40*(2), 203–216. https://doi.org/10.1177/0146167213508791

Newton, I. (1872). *Sir Isaac Newton's Mathematische Principien der Naturlehre* (Ph. Wolfers, Hrsg.). Oppenheim.

Newton, I. (1898). *Optik oder Abhandlung über Spiegelungen, Brechungen, Beugungen und Farben des Lichts* (W. Abendroth, Hrsg.). Wilhelm Engelmann.

Nida-Rümelin, J., Spiegel, I., & Tiedemann, M. (Hrsg.). (2017). *Handbuch Philosophie und Ethik. Band 2: Disziplinen und Themen* (2. Aufl.). UTB.

Nowak, M. A. (2006). Five Rules for the Evolution of Cooperation. *Science*, *314*(5805), 1560–1563. https://doi.org/10.1126/science.1133755

Nowak, M. A. (2012). Evolving cooperation. *Journal of Theoretical Biology*, *299*, 1–8. https://doi.org/10.1016/j.jtbi.2012.01.014

Oishi, S., Schimmack, U., Diener, E., & Suh, E. M. (1998). The Measurement of Values and Individualism-Collectivism. *Personality and Social Psychology Bulletin*, *24*(11), 1177–1189. https://doi.org/10.1177/01461672982411005

Oler, D. K., Harrison, J. S., & Allen, M. R. (2008). The danger of misinterpreting short-window event study findings in strategic management research: An empirical illustration using horizontal acquisitions. *Strategic Organization*, *6*(2), 151–184. https://doi.org/10.1177/1476127008090008

Ometto, M. P., Gegenhuber, T., Winter, J., & Greenwood, R. (2019). From Balancing Missions to Mission Drift: The Role of the Institutional Context, Spaces, and Compartmentalization in the Scaling of Social Enterprises. *Business & Society*, *58*(5), 1003–1046. https://doi.org/10.1177/0007650318758329

Oncken, A. (1877). *Adam Smith und Immanuel Kant: Der Einklang und das Wechselverhältniss ihrer Lehren über Sitte, Staat und Wirthschaft. Erste Abtheilung: Ethik und Politik* (1. Aufl.). Duncker & Humblot.

Opper, S. (2001). Der Stand der Neuen Institutionsökonomik. *Wirtschaftsdienst*, *81*(10), 601–608.

Owens, B. P., & Hekman, D. R. (2012). Modeling How to Grow: An Inductive Examination of Humble Leader Behaviors, Contingencies, and Outcomes. *Academy of Management Journal*, *55*(4), 787–818. https://doi.org/10.5465/amj.2010.0441

Padilla, A., Hogan, R., & Kaiser, R. B. (2007). The toxic triangle: Destructive leaders, susceptible followers, and conducive environments. *The Leadership Quarterly*, *18*(3), 176–194. https://doi.org/10.1016/j.leaqua.2007.03.001

Parks, L., & Guay, R. P. (2009). Personality, values, and motivation. *Personality and Individual Differences*, *47*(7), 675–684. https://doi.org/10.1016/j.paid.2009.06.002

Parks-Leduc, L., Feldman, G., & Bardi, A. (2015). Personality Traits and Personal Values: A Meta-Analysis. *Personality and Social Psychology Review, 19*(1), 3–29. https://doi.org/10.1177/1088868314538548

Parsons, F. (1909). *Choosing a vocation*. Houghton Mifflin.

Parsons, T. (1951). *The Social System*. The Free Press.

Pauer-Studer, H. (2023). Vertragstheoretische Ethik. In C. Neuhäuser, M.-L. Raters, & R. Stoecker (Hrsg.), *Handbuch Angewandte Ethik* (S. 51–57). J.B. Metzler.

Peirce, C. S. (1999). *The essential Peirce: Selected philosophical writings.: Bd. 2 (1893–1913)* (Peirce Edition Project, Übers.). Iniana University Press.

Peirce, C. S. (with Hartshorne, C., & Weiss, P.). (1960). *Collected Papers of Charles Sanders Peirce I – IV: Principles of Philosophy and Elements of logic* (2. Aufl., Bd. 1). Belknap Press of Harvard University Press.

Peirce, C. S. (with Houser, N., & Kloesel, C.). (1992). *The essential Peirce: Selected philosophical writings: Bd. 1 (1867–1893)*. Indiana University Press.

Pelikan, P. (2011). Evolutionary developmental economics: How to generalize Darwinism fruitfully to help comprehend economic change. *Journal of Evolutionary Economics, 21*(2), 341–366. https://doi.org/10.1007/s00191-010-0178-0

Pellegrini, E. K., & Scandura, T. A. (2008). Paternalistic Leadership: A Review and Agenda for Future Research. *Journal of Management, 34*(3), 566–593. https://doi.org/10.1177/0149206308316063

Peric, M., Durkin, J., & Vitezic, V. (2017). The Constructs of a Business Model Redefined: A Half-Century Journey. *SAGE Open, 7*(3). https://doi.org/10.1177/2158244017733516

Phillips, R. (2003). *Stakeholder Theory and Organizational Ethics: Foreword by R. Edward Freeman* (1. Aufl.). Berrett-Koehler.

Piaget, J. (1965). *The Moral Judgement of the Child* (M. Gabain, Übers.). The Free Press.

Picot, A., Dietl, H., & Franck, E. (2005). *Organisation: Eine ökonomische Perspektive* (4., überarb. und erw. Aufl.). Schäffer-Poeschel.

Pieper, A. (1990). Ethik und Ökonomie. Historische und systematische Aspekte ihrer Beziehung. In B. Biervert, K. Held, & J. Wieland (Hrsg.), *Sozialphilosophische Grundlagen ökonomischen Handelns* (1. Aufl., S. 86–101). Suhrkamp-Taschenbuch-Verl.

Pieper, A. (2017). *Einführung in die Ethik* (7. überarb. u. aktual. Aufl., Nummer 1637). Narr Francke Attempto.

Pinker, S. (2008, Januar 13). The Moral Instinct. *The New York Times Magazine*. https://www.nytimes.com/2008/01/13/magazine/13Psychology-t.html

Pitt, J. C. (2014). "Guns Don't Kill, People Kill"; Values in and/or Around Technologies. In P. Kroes & P.-P. Verbeek (Hrsg.), *The Moral Status of Technical Artefacts* (Bd. 17, S. 89–101). Springer Netherlands. https://doi.org/10.1007/978-94-007-7914-3_6

Podolny, J. M., Khurana, R., & Hill-Popper, M. (2005). Revisiting the meaning of leadership. *Research in Organizational Behavior, 26*, 1–36. https://doi.org/10.1016/S0191-3085(04)26001-4

Popper, K. R. (1969). *Logik der Forschung* (3. verm. Aufl.). Mohr.

Popper, K. R. (1973). *Objektive Erkenntnis: Ein evolutionärer Entwurf* (2.Aufl.). Hoffmann und Campe

Popper, K. R. (2000). *Vermutungen und Widerlegungen: Das Wachstum der wissenschaftlichen Erkenntnis* (Unveränd. Ausg. in 1 Bd). Mohr Siebeck.

Popper, K. R. (2005). *Logik der Forschung* (11. Aufl. durchges. u. erg.). Mohr Siebeck.

Popper, K., R. & Eccles, J. (1987). *Das Ich und sein Gehirn* (6. Aufl.). Piper.

Popper, K. R., Podak, K., & Zimmermann, K. (Regisseure). (1974). *Philosophie gegen falsche Propheten. Sir Karl Raimund Popper* [Video recording]. Hessischer Rundfunk. https://www.dailymotion.com/video/x1tpjok

Powell, W. (1990). Neither market nor hierarchy: Network forms of organization. *Research in Organizational Behavior, 12*, 295–336.

Preston, S. D., & De Waal, F. B. M. (2002). Empathy: Its ultimate and proximate bases. *Behavioral and Brain Sciences, 25*(1), 1–20. https://doi.org/10.1017/S0140525X02000018

Price, G. R. (1995). The nature of selection. *Journal of Theoretical Biology, 175*(3), 389–396. https://doi.org/10.1006/jtbi.1995.0149

Ramarajan, L., & Reid, E. (2013). Shattering the Myth of Separate Worlds: Negotiating Nonwork Identities at Work. *Academy of Management Review, 38*(4), 621–644. https://doi.org/10.5465/amr.2011.0314

Rand, D. G., & Nowak, M. A. (2013). Human cooperation. *Trends in Cognitive Sciences, 17*(8), 413–425. https://doi.org/10.1016/j.tics.2013.06.003

Rawls, J. (1957). Justice as Fairness. *The Journal of Philosophy, 54*(22), 653–662. https://doi.org/10.2307/2021929

Rawls, J. (1999). *A Theory of Justice.* Harvard University Press.

Rawls, J. (2001). *Justice as Fairness: A Restatement* (K. Erin, Hrsg.). Harvard University Press.

Rawls, J. (2005). *Political liberalism.* Columbia University Press.

Raza-Ullah, T. (2020). Experiencing the paradox of coopetition: A moderated mediation framework explaining the paradoxical tension–performance relationship. *Long Range Planning, 53*(1), 101863. https://doi.org/10.1016/j.lrp.2018.12.003

Reschke, C. H., & Kraus, S. (2009). An Evolutionary Perspective on the Management of Stability and Change. *Evolutionary and Institutional Economics Review, 5*(2), 259–278. https://doi.org/10.14441/eier.5.259

Resick, C. J., Hanges, P. J., Dickson, M. W., & Mitchelson, J. K. (2006). A Cross-Cultural Examination of the Endorsement of Ethical Leadership. *Journal of Business Ethics, 63*(4), 345–359. https://doi.org/10.1007/s10551-005-3242-1

Reynolds, S. J. (2006). Moral awareness and ethical predispositions: Investigating the role of individual differences in the recognition of moral issues. *Journal of Applied Psychology, 91*(1), 233–243. https://doi.org/10.1037/0021-9010.91.1.233

Ricciardi, F., Zardini, A., Czakon, W., Rossignoli, C., & Kraus, S. (2022). Revisiting the cooperation–competition paradox: A configurational approach to short- and long-term coopetition performance in business networks. *European Management Journal, 40*(3), 320–331. https://doi.org/10.1016/j.emj.2021.07.002

Ricciardi, F., Zardini, A., & Rossignoli, C. (2016). Organizational dynamism and adaptive business model innovation: The triple paradox configuration. *Journal of Business Research, 69*(11), 5487–5493. https://doi.org/10.1016/j.jbusres.2016.04.154

Richerson, P. J., & Boyd, R. (1998). The evolution of human ultrasociality. In I. Eibl-Eibesfeldt (Hrsg.), *Indoctrinability, Ideology and Warfare: Evolutionary Perspectives* (S. 71–96). Berghahn Books. https://doi.org/10.1515/9781789203950-007

Ritsert, J. (2013). *Wert: Warum uns etwas lieb und teuer ist*. Springer Fachmedien Wiesbaden. https://doi.org/10.1007/978-3-658-02194-8

Robbins, S. P. (1990). *Organization theory: Structures, designs, and applications* (3. Aufl.). Prentice Hall.

Roccas, S., & Elster, A. (2014). Values and religiosity. In V. Saroglou (Hrsg.), *Religion, personality, and social behavior* (S. 193–212). Psychology Press.

Roccas, S., Sagiv, L., Schwartz, S. H., & Knafo, A. (2002). The Big Five Personality Factors and Personal Values. *Personality and Social Psychology Bulletin, 28*(6), 789–801. https://doi.org/10.1177/0146167202289008

Rodrigues, S. B., & Child, J. (2003). Co-evolution and transformation in times of deconstruction: A dynamic multi-level process. *Journal of Management Studies, 40*(8), 2137–2162.

Rohan, M. J. (2000). A Rose by Any Name? The Values Construct. *Personality and Social Psychology Review, 4*(3), 255–277. https://doi.org/10.1207/S15327957PSPR0403_4

Rokeach, M. (1968). *Beliefs, attitudes, and values: A theory of organization and change.* Jossey-Bass.

Rokeach, M. (1973). *The nature of human values.* Free Press.

Rokeach, M. (2000). *Understanding Human Values.* Free Press.

Rombach, H. (1971). *Strukturontologie. Eine Phänomenologie der Freiheit.* Karl-Alber.

Rombach, H. (1980). *Phänomenologie des gegenwärtigen Bewusstseins.* Karl-Alber.

Rombach, H. (1994). *Der Ursprung: Philosophie der Konkreativität von Mensch und Natur.* Rombach

Rombach, H. (2010). *Substanz, System, Struktur. Die Hauptepochen der europäischen Geistesgeschichte* (Bde. 1 & 2). Alber.

Rönnegard, D., & Smith, N. (2019). Shareholder primacy vs. Stakeholder theory: The law as constraint and potential enabler. In J. S. Harrison, J. B. Barney, R. E. Freeman, & R. E. Phillips (Hrsg.), *Cambridge handbook of stakeholder theory* (S. 117–131). Cambridge University Press.

Rosenberg, M. J., Hovland, J., McGuire, W. J., Abelson, P. R., & Brehm, J. W. (1960). *Attitude organization and change: An analysis of consistency among attitude components (Yales studies in attitude and communication).* Yale University Press.

Ross Brennan, D., Turnbull, P. W., & Wilson, D. T. (2003). Dyadic adaptation in business-to-business markets. *European Journal of Marketing, 37*(11/12), 1636–1665. https://doi.org/10.1108/03090560310495393

Rotemberg, J. J., & Saloner, G. (2000). Visionaries, managers, and strategic direction. *The RAND Journal of Economics, 31*(4), 693–716. https://doi.org/10.2307/2696355

Rothschild-Whitt, J. (1979). The Collectivist Organization: An Alternative to Rational-Bureaucratic Models. *American Sociological Review, 44*(4), 509. https://doi.org/10.2307/2094585

Rubin, R. S., Dierdorff, E. C., & Brown, M. E. (2010). Do Ethical Leaders Get Ahead? Exploring Ethical Leadership and Promotability. *Business Ethics Quarterly, 20*(2), 215–236. https://doi.org/10.5840/beq201020216

Ruddiman, W. F., Ellis, E. C., Kaplan, J. O., & Fuller, D. Q. (2015). Defining the epoch we live in. *Science, 348*(6230), 38–39. https://doi.org/10.1126/science.aaa7297

Rutherford, M. (2000). Understanding institutional economics: 1918–1929. *Journal of the History of Economic Thought, 22*(3), 277–308. https://doi.org/10.1080/10427710050122521

Ryan, R. M., & Deci, E. L. (2000). Intrinsic and Extrinsic Motivations: Classic Definitions and New Directions. *Contemporary Educational Psychology*, *25*(1), 54–67. https://doi.org/10.1006/ceps.1999.1020

Ryan, R. M., & Deci, E. L. (2001). On Happiness and Human Potentials: A Review of Research on Hedonic and Eudaimonic Well-Being. *Annual Review of Psychology*, *52*(1), 141–166. https://doi.org/10.1146/annurev.psych.52.1.141

Ryan, R. M., & Deci, E. L. (2020). Intrinsic and extrinsic motivation from a self-determination theory perspective: Definitions, theory, practices, and future directions. *Contemporary Educational Psychology*, *61*, 101860. https://doi.org/10.1016/j.cedpsych.2020.101860

Rynes, S. L., Bartunek, J. M., Dutton, J. E., & Margolis, J. D. (2012). Care and Compassion Through an Organizational Lens: Opening Up New Possibilities. *Academy of Management Review*, *37*(4), 503–523. https://doi.org/10.5465/amr.2012.0124

Sagiv, L., & Roccas, S. (2021). How Do Values Affect Behavior? Let Me Count the Ways. *Personality and Social Psychology Review*, *25*(4), 295–316. https://doi.org/10.1177/10888683211015975

Sagiv, L., Schwartz, S. H., & Arieli, S. (2011). Personal values, national culture and organizations: Insights applying the Schwartz value framework. In N. N. Ashkanasy, C. Wilderom, & M. F. Peterson (Hrsg.), *The handbook of organizational culture and climate* (2. Aufl., Bd. 2, S. 515–537). CA: Sage.

Sagiv, L., Sverdlik, N., & Schwarz, N. (2011). To compete or to cooperate? Values' impact on perception and action in social dilemma games. *European Journal of Social Psychology*, *41*(1), 64–77. https://doi.org/10.1002/ejsp.729

Samuelson, P. A. (1954). The pure theory of public expenditure. *Review of Economics and Statistics*, *36*(4), 387–389. https://doi.org/10.2307/1925895

Santos, F. P., Santos, F. C., & Pacheco, J. M. (2018). Social norm complexity and past reputations in the evolution of cooperation. *Nature*, *555*(7695), 242–245. https://doi.org/10.1038/nature25763

Sarta, A., Durand, R., & Vergne, J.-P. (2021). Organizational Adaptation. *Journal of Management*, *47*(1), 43–75. https://doi.org/10.1177/0149206320929088

Schaber, P. (1997). *Moralischer Realismus* (Bd. 52). Alber.

Schaltegger, S., Freund, F. L., & Hansen, E. G. (2012). Business cases for sustainability: The role of business model innovation for corporate sustainability. *International Journal of Innovation and Sustainable Development*, *6*(2), 95–119. https://doi.org/10.1504/IJISD.2012.046944

Schaltegger, S., & Wagner, M. (2011). Sustainable entrepreneurship and sustainability innovation: Categories and interactions. *Business Strategy and the Environment*, *20*(4), 222–237. https://doi.org/10.1002/bse.682

Schaubroeck, J., Lam, S. S. K., & Peng, A. C. (2011). Cognition-based and affect-based trust as mediators of leader behavior influences on team performance. *Journal of Applied Psychology*, *96*(4), 863–871. https://doi.org/10.1037/a0022625

Schein, E. H. (1996). Culture: The Missing Concept in Organization Studies. *Administrative Science Quarterly*, *41*(2), 229. https://doi.org/10.2307/2393715

Schmalzried, L. K. (2021). Moralisches Handeln von und in Unternehmen (Patricia H. Werhane). In M. S. Aßländer (Hrsg.), *Handbuch Wirtschaftsethik* (2., aktualisierte und erweiterte Auflage, S. 411–420). J.B. Metzler.

Schramm, M. (2006). Der Preis der Werte: Wirtschaftsethische Notizen. *Amos Internationale Zeitschrift für christliche Sozialethik, 4*(1), 11–18.

Schramm, M. (2008a). Gesellschaftsethik im Utilitarismus und in den modernen Vertragstheorien. In A. Rauscher (Hrsg.), *Handbuch der Katholischen Soziallehre* (S. 215–229). Duncker & Humblot.

Schramm, M. (2008b). *Ökonomische Moralkulturen: Die Ethik differenter Interessen und der plurale Kapitalismus.* Metropolis Verlag.

Schramm, M. (2010). Religion und Wirtschaftsethik. Eine „katholische" Perspektive. In E. Mack (Hrsg.), *Forum Wirtschaftsethik: Bd. 18. Nr.1* (1. Aufl., S. 17–23). Nomos.

Schramm, M. (2011). Ethik der Transaktion. Eine mikroanalytische Ontologie des operativen Managements. In S. Grüninger, M. Fürst, S. Pforr, & M. Schmiedeknecht (Hrsg.), *Verantwortung in der globalen Ökonomie gestalten: Governanceethik und Wertemanagement. Festschrift für Josef Wieland* (S. 165–188). Metropolis.

Schramm, M. (2014a). Business Metaphysics. *Forum Wirtschaftsethik (Jahresschrift des DNWE), 22,* 51–58.

Schramm, M. (2014b). Das Abstrakte und das Konkrete. TTIP aus der Sicht einer Business Metaphysics. *AMOSinternational. Gesellschaft gerecht gestalten. Internationale Zeitschrift für christliche Sozialethik, 8*(4), 12–18.

Schramm, M. (2014c). „The Social Nature of Existence". Eine evolutionäre Metaphysik der Solidarität. In J. Hruschka & J. C. Joerden (Hrsg.), *Jahrbuch für Recht und Ethik / Annual Review of Law and Ethics* (Bd. 22, S. 383–413). Duncker&Humblot.

Schramm, M. (2015a). Business Metaphysics. Konturen eines Forschungsprogramms. *Hohenheimer Working Papers Business Ethics and Business Metaphysics. Stuttgart-Hohenheim, 15.*

Schramm, M. (2015b). Die Ethik der Transaktion. Warum eine Business Metaphysics im ope- rativen Management nützlich ist. In M. Maring (Hrsg.), *Vom Praktisch-Werden der Ethik in interdisziplinärer Sicht: Ansätze und Beispiele der Institutionalisierung, Konkretisierung und Im- plementierung der Ethik* (S. 173–191). KIT Scientific Publishing.

Schramm, M. (2016a). Wie funktioniert die Geschäftswelt wirklich? Business Metaphysics und Theorie der Firma. *Ethica, 24*(4), 311–360.

Schramm, M. (2016b). Zwei Fehlschlüsse: Was Business Metaphysics und Business Ethics zum Thema „Ökonomisierung" zu sagen haben. In M. Maring (Hrsg.), *Zur Zukunft der Bereichsethiken—Herausforderungen durch die Ökonomisierung der Welt* (S. 145–166). KIT Scientific Publishing.

Schramm, M. (2017a). How the (Business) World Really Works. Business Metaphysics & „Creating Shared Value". In W. Wieland (Hrsg.), *Creating Shared Value—Concepts, Experience, Criticism (Ethical Economy. Studies in Economic Ethics and Philosophy, Volume 52)* (S. 81–117). Springer.

Schramm, M. (2017b). Wirtschaftsmetaphysik: Konturen eines aktuellen Forschungsprogramms. *Kirche und Gesellschaft, 445.*

Schramm, M. (2019). Business Metaphysics und SustainAbility. Wie ein nachhaltiges Transaktionsmanagement generell funktioniert. In C. Arnold, S. Keppler, H. Knödler, & M. Reckenfelderbäumer (Hrsg.), *Herausforderungen für das Nachhaltigkeitsmanagement: Globalisierung—Digitalisierung—Geschäftsmodelltransformation* (S. 73–95). Springer Gabler.

Schramm, M. (2020). *„Ordonomik" und „Business Metaphysics" im Dialog* (I. Pies, Hrsg.). Lehrstuhl für Wirtschaftsethik an der Martin-Luther-Universität Halle-Wittenberg.

Schramm, M. (2022). Relational Processes in Whitehead's Metaphysics and Commons' Economics. The Relevance of Cosmology for Economic Theory. In L. Biggiero, D. de Jongh, B. Priddat, J. Wieland, A. Zicari, & D. Fischer (Hrsg.), *The Relational View of Economics. A New Research Agenda for the Study of Relational Transactions* (S. 249–275). Springer Nature Switzerland. https://doi.org/10.1007/978-3-030-86526-9_13

Schramm, M. (2023). Transaktionen und Werte. Anregungen der Business Metaphysics. *Hohenheim Working Papers Business Ethics and Business Metaphysics, No. 17. Stuttgart-Hohenheim.*

Schramm, M. (2024a). Relational Process Atomism: Epistemological and Methodological Considerations on the Metaphysics of Transactions. In J. D. Rendtorff, L. Belser, & J. Geraldo Schwengber (Hrsg.), *Advances in Relational Economics* (S. 171–186). Springer Nature Switzerland. https://doi.org/10.1007/978-3-031-75725-9_9

Schramm, M. (2024b). Value Dimensions of the Transaction—A Proposal of Business Metaphysics for Relational Economics. In J. Wieland, S. Linder, J. Geraldo Schwengber, & A. Zicari (Hrsg.), *Cooperation in Value-Creating Networks. Relational Perspectives on Governing Social and Economic Value Creation in the 21st Century (REOG: Relational Economics and Organization Governance)* (S. 187–216). Springer Nature Switzerland. https://doi.org/10.1007/978-3-031-50718-2_9

Schramm, M. (2025a). 42 Abstraktion. In T. Röck & M. Schramm (Hrsg.), *Whitehead-Handbuch. Leben—Werk—Wirkung* (S. 269–271). Metzler (Springer Nature).

Schramm, M. (2025b). 74 Wert. In T. Röck & M. Schramm (Hrsg.), *Whitehead-Handbuch. Leben—Werk—Wirkung* (S. 401–404). Metzler (Springer Nature).

Schramm, M. (2025c). 76 Wirklichkeit. In T. Röck & M. Schramm (Hrsg.), *Whitehead-Handbuch. Leben—Werk—Wirkung* (S. 409–413). Metzler (Springer Nature).

Schramm, M. (2025d). Die Prozesstheorie der Firma. Anregungen der Business Metaphysics für die Relational Theory of the Firm. *Zeitschrift für Wirtschafts- und Unternehmensethik, 26*(3), 391–410.

Schramm, M. (2025e). Ethische Entscheidungskriterien: Ethikkonzeptionen und wirtschaftsdidaktische Konsequenzen. *Zeitschrift für ökonomische Bildung*, 1–56. https://doi.org/10.7808/ZFOEB.2025.14.104

Schuh, S. C., Zhang, X., & Tian, P. (2013). For the Good or the Bad? Interactive Effects of Transformational Leadership with Moral and Authoritarian Leadership Behaviors. *Journal of Business Ethics, 116*(3), 629–640. https://doi.org/10.1007/s10551-012-1486-0

Schumann, O. J. (2022). Aufgaben und Methoden der philosophischen Ethik. In M. S. Aßländer (Hrsg.), *Handbuch Wirtschaftsethik* (S. 13–17). J.B. Metzler. https://doi.org/10.1007/978-3-476-05806-5_2

Schumpeter, J. A. (1947). The Creative Response in Economic History. *The Journal of Economic History, 7*(2), 149–159. https://doi.org/10.1017/S0022050700054279

Schumpeter, J. A. (2013). *Capitalism, socialism and democracy* (R. Swedberg, Hrsg.). Routledge. https://doi.org/10.4324/9780203202050

Schwartz, S. H. (1992). Universals in the Content and Structure of Values: Theoretical Advances and Empirical Tests in 20 Countries. *Advances in Experimental Social Psychology, 25*, 1–65. https://doi.org/10.1016/S0065-2601(08)60281-6

Schwartz, S. H. (1994). Are There Universal Aspects in the Structure and Contents of Human Values? *Journal of social issues, 50*(4), 19–45. https://doi.org/10.1111/j.1540-4560.1994.tb01196.x

Schwartz, S. H. (2006). Les valeurs de base de la personne: Théorie, mesures et applications [Basic human values: Theory, measurement, and applications]. *Revue Française de Sociologie, 42*, 49–288. https://doi.org/10.3917/rfs.474.0929

Schwartz, S. H. (2010). Basic values: How they motivate and inhibit prosocial behavior. In M. Mikulincer & P. R. Shaver (Hrsg.), *Prosocial motives, emotions, and behavior: The better angels of our nature.* (S. 221–241). American Psychological Association. https://doi.org/10.1037/12061-012

Schwartz, S. H. (2015). Basic individual values: Sources and consequences. In D. Sander & T. Brosch (Hrsg.), *Handbook of value: Perspectives from economics, neuroscience, philosophy, psychology and sociology* (1. Aufl., S. 63–84). Oxford University Press.

Schwartz, S. H., & Bilsky, W. (1987). Toward a universal psychological structure of human values. *Journal of personality and social psychology, 53*(3), 550–562.

Schwartz, S. H., & Bilsky, W. (1990). Toward a theory of the universal content and structure of values: Extensions and cross-cultural replications. *Journal of Personality and Social Psychology, 58*(5), 878–891. https://doi.org/10.1037/0022-3514.58.5.878

Schwartz, S. H., & Boehnke, K. (2004). Evaluating the structure of human values with confirmatory factor analysis. *Journal of Research in Personality, 38*(3), 230–255. https://doi.org/10.1016/S0092-6566(03)00069-2

Schwartz, S. H., Cieciuch, J., Vecchione, M., Davidov, E., Fischer, R., Beierlein, C., Ramos, A., Verkasalo, M., Lönnqvist, J.-E., Demirutku, K., Dirilen-Gumus, O., & Konty, M. (2012). Refining the theory of basic individual values. *Journal of Personality and Social Psychology, 103*(4), 663–688. https://doi.org/10.1037/a0029393

Schweppenhäuser, G. (2021). *Grundbegriffe der Ethik* (Vollständig durchgesehene und ergänzte Ausgabe). Reclam.

Scott, W. A., & Scott, R. (1965). *Values and organizations: A study of fraternities and sororities.* Rand McNally.

Searle, J. (1995). *The construction of social reality.* The Free Press.

Searle, J. (1999). *Mind, language and society: Philosophy in the real world* (1. Aufl.). Basic Books.

Searle, J. (2010). *Making the social world: The structure of human civilization* (1. Aufl.). Oxford University Press.

Searle, J. R. (1990). Collective intentions and actions. In P. Cohen, J. Morgan, & M. E. Pollack (Hrsg.), *Intentions in Communication* (Bd. 401, S. 401–416). MA: Bradford Books, MIT Press.

Searle, J. R. (2012). *Wie wir die soziale Welt machen: Die Struktur der menschlichen Zivilisation* (J. Schulte, Übers.; 1. Aufl.). Suhrkamp.

Sen, A. (2000). *Ökonomie für den Menschen: Wege zu Gerechtigkeit und Solidarität in der Marktwirtschaft* (C. Goldmann, Übers.). Carl Hanser Verlag.

Shamir, B., House, R. J., & Arthur, M. B. (1993). The Motivational Effects of Charismatic Leadership: A Self-Concept Based Theory. *Organization Science, 4*(4), 577–594. https://doi.org/10.1287/orsc.4.4.577

Sheldrake, R. (2012). *Der Wissenschaftswahn: Warum der Materialismus ausgedient hat* (J. Lehner, Übers.). O.W. Barth eBook.

Shen, Y., Chou, W.-J., & Schaubroeck, J. M. (2019). The roles of relational identification and workgroup cultural values in linking authoritarian leadership to employee performance. *European Journal of Work and Organizational Psychology*, *28*(4), 498–509. https://doi.org/10.1080/1359432X.2019.1615453

Shepherd, D. A., & Patzelt, H. (2011). The New Field of Sustainable Entrepreneurship: Studying Entrepreneurial Action Linking "What is to be Sustained" with "What is to be Developed". *Entrepreneurship Theory and Practice*, *35*(1), 137–163. https://doi.org/10.1111/j.1540-6520.2010.00426.x

Shepherd, D., & Haynie, J. M. (2009). Birds of a feather don't always flock together: Identity management in entrepreneurship. *Journal of Business Venturing*, *24*(4), 316–337. https://doi.org/10.1016/j.jbusvent.2007.10.005

Shu, L. L., & Gino, F. (2012). Sweeping dishonesty under the rug: How unethical actions lead to forgetting of moral rules. *Journal of Personality and Social Psychology*, *102*(6), 1164–1177. https://doi.org/10.1037/a0028381

Sidanius, J., & Pratto, F. (1999). *Social Dominance: An Intergroup Theory of Social Hierarchy and Oppression*. Cambridge University Press. https://doi.org/10.1017/CBO9781139175043

Sigmund, K. (2010). *The Calculus of Selfishness:* Princeton University Press. https://doi.org/10.1515/9781400832255

Silk, J. B. (2007). Social Components of Fitness in Primate Groups. *Science*, *317*(5843), 1347–1351. https://doi.org/10.1126/science.1140734

Silva, G. M., Gomes, P. J., Carvalho, H., & Geraldes, V. (2021). Sustainable development in small and medium enterprises: The role of entrepreneurial orientation in supply chain management. *Business Strategy and the Environment*, *30*(8), 3804–3820. https://doi.org/10.1002/bse.2841

Simon, H. A. (1982). *Models of bounded rationality*. MIT Press.

Simons, T. (2002). The high cost of lost trust. *Harvard Business Review*, *80*(9), 18–19.

Smith, A. (1952). *An Inquiry Into the Nature and Causes of the Wealth of Nations*. Strahan & Cadeli.

Smith, A. (1978). *Der Wohlstand der Nationen* (H. C. Recktenwald, Hrsg.; Orig.: An Enquiry into the Nature and Causes of the Wealth of Nations, 1776). Deutscher Taschenbuch Verlag (dtv).

Smith, A. (2009). *The Theory of Moral Sentiments (edited with Notes by Ryan Patrick Hanley; Introduction by Amartya Sen)*. Penguin Books.

Smith, M. B. (1969). *Social Psychology and Human Values: Selected Essays*. Transaction Publishers.

Smith, W. K., & Besharov, M. L. (2019). Bowing before Dual Gods: How Structured Flexibility Sustains Organizational Hybridity. *Administrative Science Quarterly*, *64*(1), 1–44. https://doi.org/10.1177/0001839217750826

Snyder, J. C. (2008). Needs exploitation. *Ethical theory and moral practice*, *11*, 389–405. https://doi.org/10.1007/s10677-008-9115-9

Sørensen, J. B. (2002). The Strength of Corporate Culture and the Reliability of Firm Performance. *Administrative Science Quarterly*, *47*(1), 70–91. https://doi.org/10.2307/3094891

Spears, L. C., & Lawrence, M. (Hrsg.). (2002). *Focus on leadership: Servant-leadership for the twenty-first century*. John Wiley & Sons.

Spreitzer, G. M. (1996). Social structural characteristics of psychological empowerment. *Academy of Management Journal, 39*(2), 483–504. https://doi.org/10.5465/256789

Steffen, W., Grinevald, J., Crutzen, P., & McNeill, J. (2011). The Anthropocene: Conceptual and historical perspectives. *Philosophical Transactions: Mathematical, Physical and Engineering Sciences, 1938*(369), 842–867. https://doi.org/10.1098/rsta.2010.0327

Steger, M. F., Dik, B. J., & Duffy, R. D. (2012). Measuring Meaningful Work: The Work and Meaning Inventory (WAMI). *Journal of Career Assessment, 20*(3), 322–337. https://doi.org/10.1177/1069072711436160

Stengel, J. (2011). *Grow: How ideals power growth and profit at the world's 50 greatest companies*. Virgin.

Stenger, G. (2006). *Philosophie der Interkulturalität: Phänomenologie der interkulturellen Erfahrung*. Verlag Karl Alber. https://doi.org/10.5771/9783495860809

Stephenson, P. (2019). Integrating Remote Sensing into Wildlife Monitoring for Conservation. *Environmental Conservation, 46*(3), 181–183. https://doi.org/10.1017/S0376892919000092

Stoelhorst, J. W. (2005). The Naturalist View of Universal Darwinism: An Application to the Evolutionary Theory of the Firm. In J. Finch & M. Orillard (Hrsg.), *Complexity and the Economy: Implications for Economic Policy*. (S. 127–147). Edward Elgar Publishing.

Stoelhorst, J. W. (2008). The explanatory logic and ontological commitments of generalized Darwinism. *Journal of Economic Methodology, 15*(4), 343–363. https://doi.org/10.1080/13501780802506661

Stoelhorst, J. W., & Richerson, P. J. (2013). A naturalistic theory of economic organization. *Journal of Economic Behavior & Organization, 90*, 45–56. https://doi.org/10.1016/j.jebo.2012.12.012

Stoelhorst, J.-W., & Huizing, A. (2006). Why the adaptation-selection debate is misconstrued: A Darwinian view of organizational change. *University of Amsterdam, Netherlands. Sprouts: Working Papers on Information Systems, 6*(16). https://aisel.aisnet.org/sprouts_all/134

Stout, L. A. (2012). *The shareholder value myth: How putting shareholders first harms investors, corporations, and the public* (1. Aufl.). Berrett-Koehler.

Strohminger, N., & Nichols, S. (2014). The essential moral self. *Cognition, 131*(1), 159–171. https://doi.org/10.1016/j.cognition.2013.12.005

Stubbs, W. (2017). Characterising B Corps as a sustainable business model: An exploratory study of B Corps in Australia. *Journal of Cleaner Production, 144*, 299–312. https://doi.org/10.1016/j.jclepro.2016.12.093

Suddaby, R., Elsbach, K. D., Greenwood, R., Meyer, J. W., & Zilber, T. B. (2010). Organizations and Their Institutional Environment—Bringing Meaning, Values, and Culture Back In: Introduction to the Special Research Forum. *Academy of Management Journal, 53*(6), 1234–1240. https://doi.org/10.5465/amj.2010.57317486

Swärd, A. (2016). Trust, Reciprocity, and Actions: The Development of Trust in Temporary Inter-organizational Relations. *Organization Studies, 37*(12), 1841–1860. https://doi.org/10.1177/0170840616655488

Taras, V., Kirkman, B. L., & Steel, P. (2010). Examining the Impact of Culture's Consequences: A Three-Decade, Multilevel, Meta-Analytic Review of Hofstede's Cultural Value Dimensions. *Journal of Applied Psychology, 95*(3), 405–439. https://doi.org/10.1037/a0018938

Tashman, P., Marano, V., & Kostova, T. (2019). Walking the walk or talking the talk? Corporate social responsibility decoupling in emerging market multinationals. *Journal of International Business Studies, 50*(2), 153–171. https://doi.org/10.1057/s41267-018-0171-7

Taylor, C. (1991). *The ethics of authenticity.* Harvard University Press.

Tenbrunsel, A. E., & Messick, D. M. (1999). Sanctioning Systems, Decision Frames, and Cooperation. *Administrative Science Quarterly, 44*(4), 684–707. https://doi.org/10.2307/2667052

Tenbrunsel, A. E., & Smith-Crowe, K. (2008). Ethical Decision Making: Where We've Been and Where We're Going. *Academy of Management Annals, 2*, 545–607. https://doi.org/10.5465/19416520802211677

Terán-Yépez, E., Marín-Carrillo, G. M., Casado-Belmonte, M. D. P., & Capobianco-Uriarte, M. D. L. M. (2020). Sustainable entrepreneurship: Review of its evolution and new trends. *Journal of Cleaner Production, 252*, 119742. https://doi.org/10.1016/j.jclepro.2019.119742

Thielemann, U., & Ulrich, P. (2009). *Standards guter Unternehmensführung: Zwölf internationale Initiativen und ihr normativer Orientierungsgehalt.* Haupt Verlag.

Thomas, K. W., & Velthouse, B. A. (1990). Cognitive Elements of Empowerment: An "Interpretive" Model of Intrinsic Task Motivation. *Academy of Management Review, 15*(4), 666–681. https://doi.org/10.5465/amr.1990.4310926

Tiba, S., Van Rijnsoever, F. J., & Hekkert, M. P. (2020). The lighthouse effect: How successful entrepreneurs influence the sustainability-orientation of entrepreneurial ecosystems. *Journal of Cleaner Production, 264*, 121616. https://doi.org/10.1016/j.jclepro.2020.121616

Tichy, R. (Hrsg.). (2012). *Große Ökonomen und ihre Ideen: Wie Vordenker und Außenseiter Politik und Wirtschaft beeinflusst haben – und was wir heute von ihnen lernen können.* Linde international.

Tidström, A. (2014). Managing tensions in coopetition. *Industrial Marketing Management, 43*(2), 261–271. https://doi.org/10.1016/j.indmarman.2013.12.001

Tomasello, M., Carpenter, M., Call, J., Behne, T., & Moll, H. (2005). Understanding and sharing intentions: The origins of cultural cognition. *Behavioral and Brain Sciences, 28*(5), 675–691. https://doi.org/10.1017/S0140525X05000129

Tomasello, M., & Vaish, A. (2013). Origins of Human Cooperation and Morality. *Annual Review of Psychology, 64*(1), 231–255. https://doi.org/10.1146/annurev-psych-113011-143812

Turchin, P. (2013). The Puzzle of Human Ultrasociality: How Did Large-Scale Complex Societies Evolve? In P. J. Richerson & M. H. Christiansen (Hrsg.), *Cultural Evolution: Society, Technology, Language, and Religion,* (S. 61–74). MIT Press. https://doi.org/10.7551/mitpress/9894.003.0007

Uhlmann, E. L., Pizarro, D. A., & Diermeier, D. (2015). A Person-Centered Approach to Moral Judgment. *Perspectives on Psychological Science, 10*(1), 72–81. https://doi.org/10.1177/1745691614556679

Ulrich, P. (1991). Der andere Adam Smith: Beiträge zur Neubestimmung von Ökonomie als politischer Ökonomie. In A. Meyer-Faje & P. Ulrich (Hrsg.), *St. Galler Beiträge zur Wirtschaftsethik* (Bd. 5, S. 145–190). Haupt Verlag.

Ulrich, P. (2008). *Integrative Wirtschaftsethik: Grundlagen einer lebensdienlichen Ökonomie* (4., vollständig neu bearbeitete Auflage). Haupt Verlag.

Van Den Steen, E. (2005). Organizational Beliefs and Managerial Vision. *Journal of Law, Economics, and Organization, 21*(1), 256–283. https://doi.org/10.1093/jleo/ewi011

Van Den Steen, E. (2010). Culture Clash: The Costs and Benefits of Homogeneity. *Management Science, 56*(10), 1718–1738. https://doi.org/10.1287/mnsc.1100.1214

Van Dierendonck, D. (2011). Servant Leadership: A Review and Synthesis. *Journal of Management, 37*(4), 1228–1261. https://doi.org/10.1177/0149206310380462

Van Dijk, E., & De Dreu, C. K. W. (2021). Experimental Games and Social Decision Making. *Annual Review of Psychology, 72*(1), 415–438. https://doi.org/10.1146/annurev-psych-081420-110718

Van Lange, P. A. M., & Rand, D. G. (2022). Human Cooperation and the Crises of Climate Change, COVID-19, and Misinformation. *Annual Review of Psychology, 73*(1), 379–402. https://doi.org/10.1146/annurev-psych-020821-110044

Van Schaik, C. P., & Kappeler, P. M. (2006). Cooperation in primates and humans: Closing the gap. In C. P. Van Schaik & P. M. Kappeler (Hrsg.), *Cooperation in Primates and Humans Mechanisms and Evolution* (Bd. 132, S. 3–24). Springer. https://onlinelibrary.wiley.com/doi/10.1002/ajpa.20523

Van Vugt, M. (2006). Evolutionary Origins of Leadership and Followership. *Personality and Social Psychology Review, 10*(4), 354–371. https://doi.org/10.1207/s15327957pspr1004_5

Van Vugt, M., Hogan, R., & Kaiser, R. B. (2008). Leadership, followership, and evolution: Some lessons from the past. *American Psychologist, 63*(3), 182–196. https://doi.org/10.1037/0003-066X.63.3.182

Van Vugt, M., & Spisak, B. R. (2008). Sex Differences in the Emergence of Leadership During Competitions Within and Between Groups. *Psychological Science, 19*(9), 854–858. https://doi.org/10.1111/j.1467-9280.2008.02168.x

Verplanken, B., & Holland, R. W. (2002). Motivated decision making: Effects of activation and self-centrality of values on choices and behavior. *Journal of Personality and Social Psychology, 82*(3), 434–447. https://doi.org/10.1037/0022-3514.82.3.434

Von Hayek, F. A. (1937). Economics and knowledge. *Economica, 4*(13), 33–54. https://doi.org/10.2307/2548786

Von Hayek, F. A. (1945). American economic association. *The American Economic Review, 35*(4), 519–530.

Von Hayek, F. A. (1969). Der Wettbewerb als Entdeckungsverfahren. In *Freiburger Studien. Gesammelte Aufsätze* (S. 249–265). Mohr.

Von Rueden, C., & Van Vugt, M. (2015). Leadership in small-scale societies: Some implications for theory, research, and practice. *The Leadership Quarterly, 26*(6), 978–990. https://doi.org/10.1016/j.leaqua.2015.10.004

Vugt, M. V., & Ronay, R. (2014). The evolutionary psychology of leadership: Theory, review, and roadmap. *Organizational Psychology Review, 4*(1), 74–95. https://doi.org/10.1177/2041386613493635

Waal, F. B. M. de. (1996). *Good Natured (No. 87)*. Harvard University Press.

Wächter, L. (2017). Say, Jean-Baptiste. In L. Wächter, *Ökonomen auf einen Blick* (S. 115–118). Springer Fachmedien Wiesbaden. https://doi.org/10.1007/978-3-658-14307-7_17

Wagner, C. (2019). *Managementethik und Arbeitsplätze: Eine metaphysische und moralökonomische Analyse.* Springer Gabler.

Walras, L. (1874). *Eléments d'économie politique pure, ou théorie de la richesse sociale, Lausanne / Paris / Basel; zit. Nach der englischen Übersetzung: (1969): Elements of Pure Economics or the Theory of Social Wealth* (W. Jaffe, Übers.). Scholar's Bookshelf.

Walumbwa, F. O., Avolio, B. J., Gardner, W. L., Wernsing, T. S., & Peterson, S. J. (2008). Authentic Leadership: Development and Validation of a Theory-Based Measure†. *Journal of Management, 34*(1), 89–126. https://doi.org/10.1177/0149206307308913

Wang, H., Tong, L., Takeuchi, R., & George, G. (2016). Corporate Social Responsibility: An Overview and New Research Directions: Thematic Issue on Corporate Social Responsibility. *Academy of Management Journal, 59*(2), 534–544. https://doi.org/10.5465/amj.2016.5001

Weaver, G. R., Trevino, L. K., & Cochran, P. L. (1999). Integrated and decoupled corporate social performance: Management commitments, external pressures, and corporate ethics practices. *Academy of Management Journal, 42*(5), 539–552. https://doi.org/10.2307/256975

Weber, M. (1905). *Die protestantische Ethik und der Geist des Kapitalismus.* Mohr.

Weinberg, S. (1993). *Dreams of a Final Theory.* Vintage Books.

Welsh, D. T., & Ordóñez, L. D. (2014). Conscience without Cognition: The Effects of Subconscious Priming on Ethical Behavior. *Academy of Management Journal, 57*(3), 723–742. https://doi.org/10.5465/amj.2011.1009

Werhane, P. (1985). *Persons, rights, and corporations.* Prentice-Hall.

Werhane, P. (1991). Engineers and management: The challenge of the Challenger incident. *Journal of Business Ethics, 10*, 605–616. https://doi.org/10.1007/BF00382880

Werhane, P. (1998). Moral imagination and the search for ethical decision-making in management. *Business Ethics Quarterly, 8*(1), 75–98. https://doi.org/10.1017/S1052150X00400084

Werhane, P. H. (1999). *Moral imagination and management decision-making.* Oxford University Press, USA.

Werhane, P. (2000). Exporting mental models: Global capitalism in the 21st century. *Business Ethics Quarterly, 10*(1), 353–362. https://doi.org/10.2307/3857720

Werhane, P. (2002). Moral imagination and systems thinking. *Journal of Business Ethics, 38*(1), 33–42. https://doi.org/10.1023/A:1015737431300

Werhane, P. (2006). A Place for Philosophers in Applied Ethics and the Role of Moral Reasoning in Moral Imagination: A Response to Richard Rorty. *Business Ethics Quarterly, 16*(3), 401–408. https://doi.org/10.5840/beq200616331

Werhane, P. (2007). Women leaders in a globalized world. *Journal of Business Ethics, 74*, 425–435. https://doi.org/10.1007/s10551-007-9516-z

Werhane, P. (2008). Mental Models, Moral Imagination and System Thinking in the Age of Globalization. *Journal of Business Ethics, 78*, 463–474. https://doi.org/10.1007/s10551-006-9338-4

Werhane, P. (2013). *Obstacles to ethical decision-making: Mental models, Milgram and the problem of obedience.* Cambridge University Press.

Werhane, P. (2016). Corporate Moral Agency and the Responsibility to Respect Human Rights in the UN Guiding Principles: Do Corporations Have Moral Rights? *Business and Human Rights Journal, 1*(1), 5–20. https://doi.org/10.1017/bhj.2015.1

Werhane, P. (2018). The Linguistic Turn, Social Construction and the Impartial Spectator: Why Do these Ideas Matter to Managerial Thinking? *Philosophy of Management*, *17*(3), 265–278. https://doi.org/10.1007/s40926-018-0086-1

Werhane, P. (2019). Globalization, mental models and decentering stakeholder approaches. *Systems Thinking and Moral Imagination: Rethinking Business Ethics with Patricia Werhane*, 129–144.

Werhane, P., Hartman, L. P., Moberg, D., Englehardt, E., Pritchard, M., & Parmar, B. (2011). Social Constructivism, Mental Models, and Problems of Obedience. *Journal of Business Ethics*, *100*, 103–118. https://doi.org/10.1007/s10551-011-0767-3

Werhane, P., Radin, T. J., & Bowie, N. E. (2003). *Employment and employee rights*. Wiley-Blackwell.

West, D. (2011). The purpose of the corporation in business and law school curricula. *Governance Studies at Brookings*, *19*. https://www.brookings.edu/wp-content/uploads/2016/06/0719_corporation_west.pdf

West, S. A., Griffin, A. S., & Gardner, A. (2007). Evolutionary Explanations for Cooperation. *Current Biology*, *17*(16), R661–R672. https://doi.org/10.1016/j.cub.2007.06.004

Westphal, J. D. (2023). Systemic Symbolic Management, Corporate Social Responsibility, and Corporate Purpose: A Cautionary Tale. *Strategy Science*, *8*(2), 221–232. https://doi.org/10.1287/stsc.2023.0188

Wheeler, J., DeWolf, J. eff, Brode, M., & Cady, S. (2011). Mission, Vision, and Values: What Do They Say? *Organization Development Journal*, *29*(1), 63–78.

Whitehead, A. N. (1920 / 1982). *The Concept of Nature (The Tarner Lectures Delivered in Trinity College November 1919)* (Repr). Cambridge University Press.

Whitehead, A. N. (1925 / 1967). *Science and the Modern World (Lowell Lectures, 1925)*. The Free Press.

Whitehead, A. N. (1926 / 2007). *Religion in the Making. Lowell Lectures, 1926* (5th Printing). Fordham University Press.

Whitehead, A. N. (1929 / 1979). *Process and Reality* (Corrected Edition, ed. by D. R. Griffin / D. W. Sherburne, Paperback Edition). The Free Press.

Whitehead, A. N. (1933 / 1967). *Adventures of Ideas*. The Free Press.

Whitehead, A. N. (1938 / 1968). *Modes of Thought*. The Free Press.

Whitehead, A. N. (with Price, L.). (1954 / 2001). *Dialogues of Alfred North Whitehead* (1st ed). David R. Godine Publisher.

Whiteman, G., & Cooper, W. H. (2016). Decoupling Rape. *Academy of Management Discoveries*, *2*(2), 115–154. https://doi.org/10.5465/amd.2014.0064

Wicks, A. C., Elmore, F. A., & Jonas, D. (2019). Connecting stakeholder theory to the law and public policy. In J. S. Harrison, R. E. Freeman, J. B. Barney, & R. E. Phillips (Hrsg.), *Cambridge handbook of stakeholder theory* (S. 97–116). Cambridge University Press.

Wieland, J. (1996). *Ökonomische Organisation, Allokation und Status*. Mohr Siebeck.

Wieland, J. (2001a). Die Tugend kollektiver Akteure. *Die moralische Verantwortung kollektiver Akteure*, 22–40.

Wieland, J. (2001b). Eine Theorie der Governanceethik. *Zeitschrift für Wirtschafts- und Unternehmensethik*, *2*(1), 8–33.

Wieland, J. (Hrsg.). (2004). *Handbuch Wertemanagement: Erfolgsstrategien einer modernen Corporate Governance* (1. Aufl.). Murmann.

Wieland, J. (2005). *Normativität und Governance: Gesellschaftstheoretische und philosophische Reflexionen der Governanceethik*. Metropolis Verlag.
Wieland, J. (2011). Wertemanagement. In M. S. Aßländer (Hrsg.), *Handbuch Wirtschaftsethik* (1. Aufl., S. 245–252). J. B. Metzler.
Wieland, J. (2018). *Relational Economics: Ökonomische Theorie der Governance wirtschaftlicher Transaktionen*. Metropolis-Verlag.
Wieland, J. (2020). *Relational Economics: A Political Economy*. Springer.
Wieland, J. (2021). Wertemanagement. In M. S. Assländer (Hrsg.), *Handbuch Wirtschaftsethik* (2., aktualisierte und erweiterte Auflage, S. 245–252). J.B. Metzler.
Wieland, J. (2024). *Towards a Relational Theory of the Firm: Relational Governance, Cost and Stakeholder Business Models*. Springer Nature Switzerland. https://doi.org/10.1007/978-3-031-71608-9
Williams, R. M. Jr. (1968). Values. In D. L. Sills (Hrsg.), *International Encyclopedia of the Social Sciences*. Macmillan.
Williamson, O. E. (1991). Comparative Economic Organization: The Analysis of Discrete Structural Alternatives. *Administrative Science Quarterly, 36*(2), 269–296. https://doi.org/10.2307/2393356
Williamson, O. E. (2000). The New Institutional Economics: Taking Stock, Looking Ahead. *Journal of Economic Literature, 38*(3), 595–613. https://doi.org/10.1257/jel.38.3.595
Williamson, O. E. (2010). Transaction cost economics: The natural progression. *American Economic Review, 100*(3), 673–690. https://doi.org/10.1257/aer.100.3.673
Witt, U. (1992). *Explaining Process and Change: Approaches to Evolutionary Economics*. University of Michigan Press.
Witt, U. (1997). Self-organization and economics—What is new? *Structural Change and Economic Dynamics, 8*(4), 489–507. https://doi.org/10.1016/S0954-349X(97)00022-2
Witt, U. (2003). *The Evolving Economy: Essays on the Evolutionary Approach to Economics*. Edward Elgar Publishing.
Wittgenstein, L. (1989). *Philosophische Untersuchungen* (6. Aufl., Bd. 1). Suhrkamp.
Woodruff, A. D. (1942). Personal values and the direction of behavior. *The School Review, 50*(1), 32–42.
Wörz, M. (1990). Einführung in die Perspektiven des Dialogs zwischen Wirtschaft und Ethik. In M. Wörz, P. Dingwerth, & R. Öhlschläger (Hrsg.), *Moral als Kapital: Perspektiven des Dialogs zwischen Wirtschaft und Ethik* (S. 17–44). Akademie der Diözese Rottenburg-Stuttgart.
Wuthnow, R. (1987). *Meaning and Moral Order: Explorations in Cultural Analysis*. University of California Press.
Yang, M., Vladimirova, D., & Evans, S. (2017). Creating and Capturing Value Through Sustainability. *Research-Technology Management, 60*(3), 30–39. https://doi.org/10.1080/08956308.2017.1301001
Young, I. M., & Allen, D. S. (2011). *Justice and the Politics of Difference*. Princeton University Press. https://doi.org/10.2307/j.ctvcm4g4q
Yukl, G. (2014). *Leadership in organizations* (8. Aufl.). Pearson.
Zahra, S. A., Gedajlovic, E., Neubaum, D. O., & Shulman, J. M. (2009). A typology of social entrepreneurs: Motives, search processes and ethical challenges. *Journal of Business Venturing, 24*(5), 519–532. https://doi.org/10.1016/j.jbusvent.2008.04.007
Zeller, C. (2019). *Werte: Geschichte eines Versprechens*. J.B. Metzler.

Zhao, H., Chen, Y., & Liu, W. (2022). Socially Responsible Human Resource Management and Employee Moral Voice: Based on the Self-determination Theory. *Journal of Business Ethics*, *183*(3), 929–946. https://doi.org/10.1007/s10551-022-05082-5

Zheng, Y., Graham, L., Farh, J.-L., & Huang, X. (2021). The Impact of Authoritarian Leadership on Ethical Voice: A Moderated Mediation Model of Felt Uncertainty and Leader Benevolence. *Journal of Business Ethics*, *170*(1), 133–146. https://doi.org/10.1007/s10551-019-04261-1

Zhong, W., Su, C., Peng, J., & Yang, Z. (2017). Trust in Interorganizational Relationships: A Meta-Analytic Integration. *Journal of Management*, *43*(4), 1050–1075. https://doi.org/10.1177/0149206314546373

Zohar, D., & Luria, G. (2010). Group Leaders as Gatekeepers: Testing Safety Climate Variations across Levels of Analysis. *Applied Psychology*, *59*(4), 647–673. https://doi.org/10.1111/j.1464-0597.2010.00421.x

FSC
www.fsc.org
MIX
Papier | Fördert
gute Waldnutzung
FSC® C083411

Kolibri 360 GmbH
Ferdinand-Jühlke-Straße 7
99095 Erfurt, Deutschland
produktsicherheit@kolibri360.de